COLLECTION

COMPLÈTE

DES MÉMOIRES

RELATIFS

A L'HISTOIRE DE FRANCE.

Palma Cayet, quatrième partie.

LEBEL, IMPRIMEUR DU ROI, A PARIS.

COLLECTION

COMPLÈTE

DES MÉMOIRES

RELATIFS

A L'HISTOIRE DE FRANCE,

DEPUIS LE RÈGNE DE PHILIPPE-AUGUSTE JUSQU'AU COMMENCEMENT
DU DIX-SEPTIÈME SIÈCLE;

AVEC DES NOTICES SUR CHAQUE AUTEUR,
ET DES OBSERVATIONS SUR CHAQUE OUVRAGE,

Par M. PETITOT.

TOME XLI.

PARIS,
FOUCAULT, LIBRAIRE, RUE DE SORBONNE, N° 9.
1824.

CHRONOLOGIE NOVENAIRE

DE

PALMA CAYET.

LIVRE QUATRIESME.

[1592] Si en lisant les livres precedents il ne s'y void que morts, assassinats, massacres, revoltes de peuples, batailles, prises et ruynes de villes, je suis encores contraint de continuër d'escrire ceste miserable malice du temps ès années suyvantes.

Au commencement de ceste année mourut la royne doüairiere Elizabeth, vefve du roy Charles IX. Ceste royne a esté en son temps l'exemple de pieté et de charité. Après la mort de sa fille unique qu'elle eut dudit roy Charles, elle se retira de la France et s'en alla à Vienne en Austriche, car elle estoit fille de l'empereur Maximilian, et sœur de Rodolphe à present encores regnant, où elle fit bastir un monastere de religieuses [1] proche son hostel, auquel elle pouvoit

---

[1] *Un monastere de religieuses.* Le couvent de Sainte-Claire fut fondé à Vienne par la veuve de Charles IX. Elle y mourut à l'âge de trente-sept ans. Sa fille unique s'appeloit *Marie-Elisabeth.* Elle étoit morte le 2 avril 1578.

entrer sans estre veuë, et là vescut jusques à sa mort comme religieuse, en veilles, jeusnes et continuelles prieres pour la paix entre les princes chrestiens. Les aumosnes et œuvres de charité qu'elle fit durant qu'elle fut en France, donnerent occasion à plusieurs pauvres d'en regretter son partement. Du depuis son veufvage elle fut recherchée en mariage par le roy d'Espagne, mais elle n'y voulut entendre. Après sa mort le Roy assigna sur le Bourbonnois dont elle jouyssoit pour son doüaire, celuy de la royne Loyse de Lorraine, veufve du roy Henry III, là où ceste Royne, qui estoit aussi un miroir de saincteté et de modestie, ainsi que nous avons dit en nostre histoire de la paix, alla peu après faire sa demeure, et où elle mourut dans Moulins.

Le 16 de ce mesme mois de janvier mourut aussi le duc Jean Casimir, de la maison des comtes palatins du Rhin, administrateur du Palatinat, et curateur de son neveu Frederic, fils de son frere Loys, eslecteur et comte palatin. Ce prince estoit de la religion de ceux que l'on appelle en France pretendus reformez, en Angleterre puritains, et en Allemagne calvinistes ou protestans reformez. Aucuns des lutheriens alemans, qui sont ministres suivant la confession d'Ausbourg, que les calvinistes, leurs ennemis mortels, appellent martinistes à cause que Luther s'appelloit Martin, ne furent point faschez de ceste mort ny de celle du duc de Saxe qui mourut sur la fin de l'an passé, comme nous avons dit, et prescherent mesmes que Dieu les avoit delivrez de deux grands tyrans des consciences. Ils s'attendoient que Richard, duc de Simmer, grand oncle dudit prince eslecteur Frederic, deust avoir l'administration du Palatinat, et qu'il deust faire restablir la confession d'Ausbourg de laquelle il estoit, et changer l'estat de la religion en ces pays-là, ainsi que l'eslecteur Loys son neveu l'avoit faict après la mort de son pere en chassant les calvinistes et y mettant les lutheriens, et comme avoit faict ledit duc Casimir si tost qu'il fut pourveu de l'administration du Palatinat, d'où il osta la confession d'Ausbourg et y restablit la protestante reformée. Mais il en advint tout autrement; car, bien que l'Empereur eust conferé l'administration du Palatinat audict duc de Simmer, les estats de tous les pays dudict prince Frederic son petit neveu s'y opposerent, et soustindrent que leur prince estoit en aage competant pour les gouverner, ayant dix-huict ans passez, et qu'il devoit administrer le Palatinat son patrimoine, et l'Eslectorat quand et quand, suivant les privileges octroyez par la bulle d'or de l'empereur Charles iv aux princes eslecteurs de l'Empire. Le duc Richard, ne se contentant de ces raisons, voulut user de la force, et se saisit de quelques bailliages au haut Palatinat. Le jeune prince eslecteur Frederic se mit en armes contre son grand oncle. Tout s'en alloit porter droict à la guerre; mais les princes voisins firent tant qu'ils les accorderent. Par cest accord le duc Richard remit les pays dont il s'estoit emparé entre les mains du jeune prince eslecteur. Ainsi le calvinisme fut continué au Palatinat, et ce trouble qui y estoit advenu après la mort dudit duc Jean Casimir fut appaisé.

Ce duc fut durant sa vie fort affectionné à ceste religion, et fut un temps qu'il s'attendoit d'estre declaré protecteur de ceux de France, où il avoit amené à leur secours par deux fois deux grandes armées. Il en mena aussi en Flandres au secours du prince d'Orenge, et une autre au secours de l'eslecteur archevesque de Cologne Truchses qui s'estoit declaré de ceste religion. Les armées qu'il amena en France, sans combattre, furent en partie cause de deux edicts de pacification; mais celles qu'il mena aux Pays-Bas et en l'archevesché de Coulogne furent sans grand effect, et ne put empescher que Truchses ne fust privé de son archevesché.

En ce mesme mois de janvier mourut aussi, à Duysseldorp, Guillaume, duc de Cleves et de Juillers, aagé de septante six ans.

Depuis que ce prince se fut raccommodé avec l'empereur Charles le Quint, ainsi que nous avons dit cy-dessus en parlant que la princesse Jeanne d'Albret luy fut promise en mariage, et qu'il eut espousé sa niepce fille de Ferdinand, il demeura tousjours prince fort pacifique en ses pays : toutesfois sa femme et luy ont tousjours esté troublez en leurs entendements et paroles; comme a esté aussi son fils unique le duc Jean, qui avoit en premieres nopces espousé une des filles de la maison de Bade, ce qui a causé beaucoup de desolation en tous leurs pays pour les pretentions des ducs de Prusse et des Deux-Ponts, gendres dudit duc Guillaume, de religions contraires à la catholique romaine, et de l'archiduc Albert, qui, craignant avoir des voisins aussi de contraire religion, y envoya l'admirant d'Arragon avec une armée, ainsi qu'il se peut voir au premier livre de nostre histoire de la paix.

Nous avons dit l'an passé que le pape Innocent IX estoit mort. Le 30 janvier de ceste année, les cardinaux esleurent le cardinal Hypolite Aldobrandin, florentin de nation, qui avoit esté dataire du pape Sixte v et auditeur de la rote, lequel se fit nommer Clement huictiesme. Ainsi qu'avoient faict les deux derniers papes Gregoire et Innocent, il embrassa la cause de ceux de l'union en France, ausquels, par son nonce l'evesque de Viterbe qu'il y envoya exprès, il promit secours d'hommes et d'argent, et y confirma le cardinal Sega en sa legation. L'Italie, l'Espagne et l'Angleterre furent tranquilles en ceste année. L'Allemagne eut quelques remuëments; mais la France, la Flandres et la Hongrie furent merveilleusement affligées de guerre, et principalement la France.

Nous avons dit l'an passé que le duc de Parme, après avoir conféré à Bruxelles avec les ambassadeurs de l'Empereur qui vouloient practiquer un accord entre le roy d'Espagne et les Estats des provinces confederées, s'achemina pour entrer en France suivant le très-exprès commandement du roy d'Espagne, et, d'autre costé, que le duc de Mayenne, après avoir donné ordre à Paris sur ce qui s'estoit passé touchant le faict du president Brisson, se rendit en haste à Soissons, et, pour traitter plus particulierement avec ledit duc de Parme du secours qu'il desiroit donner à Rouën, il en partit en diligence, et le vint rencontrer à Guyse. A leur premiere entre-veuë ils ne traicterent et ne parlerent que de la guerre et du secours de Rouën; mais, au second logis qu'ils firent, qui fut à La Fere, les deux ducs adviserent de donner charge à leurs confidents de traicter ouvertement de l'intention du roy d'Espagne. Le duc de Mayenne se fia de cest affaire au president Janin, et le duc de Parme au president

Richardot et à Diego d'Ibarra. Le roy d'Espagne, ne se souvenant plus de la declaration qu'il avoit faicte en mars l'an 1590, en laquelle il avoit protesté, devant Dieu et ses anges, que tous les preparatifs qu'il faisoit pour la guerre de France n'estoient que pour le repos des bons catholiques sous l'obeyssance de leurs princes legitimes, fit proposer la particularité et le secret de son intention, qui estoit que sa fille l'Infante fust receuë au premier grade et declarée royne de France. A quoy ledit sieur president Janin leur dit que l'on y pourroit entendre moyennant que pour ceste fois on rompist la loy salique, avec condition que ladite Infante dans un an se mariast avec l'advis des princes et officiers de la couronne et estats de France; plus, que, pour ce faict là, il en faudroit traicter avec les ducs de Lorraine, de Guise, de Nemours, de Mercœur, et autres princes, gentils-hommes, capitaines et gouverneurs des places, les satisfaire et les recompenser en choses de ce royaume et avec quelques deniers en don, pour conserver par ce moyen ceux qui estoient du party catholique, et pour attirer du party contraire quelques nobles; aussi qu'il failloit que dez à present ils declarassent et asseurassent quelle assistance Sa Majesté Catholique bailleroit pour les affaires de deçà à madame l'Infante estant faicte royne, attendu que, sans une subvention, en deux ans on consumeroit huict millions d'or, et mesmes que l'on ne pourroit rien faire sans une assemblée des estats.

Les Espagnols ayants repliqué plusieurs choses sur la premiere proposition de la reception de l'Infante et de la commodité que les François en recevroient, Richardot dit qu'il seroit tousjours très-bon de remettre le tout à la volonté de Sa Majesté Catholique, et que tous les François catholiques devoient avoir assez de certitude qu'il ne manqueroit de leur donner assistance et ayde en prenant pour leur royne sa fille l'Infante, veu que jusques icy, sans qu'il y eust un gage si cher, mais le seul zele du service de Dieu et la conservation de la saincte foy envers les catholiques, il avoit despendu tant de millions. Quant à l'assemblée des estats, qu'ils sçavoient bien que l'on les avoit accusez de l'avoir faicte differer jusques à present, qu'ils voyoient bien qu'elle estoit necessaire, mais qu'il y failloit faire resoudre ce que Sa Majesté Catholique desireroit.

A quoy ledit sieur president Janin respondit que le faict des estats estoit un accessoire, comme aussi ce qu'on accorderoit avec les princes et la noblesse, qui devoit seulement servir de couleur pour legitimer ce qui seroit dès à present convenu entr'eux, attendu que les estats ne seroient composez que de personnes qui feroient la volonté du duc de Mayenne sans en sortir nullement. Voylà ce qui se passa en ceste premiere assemblée, de laquelle d'Ibarra donnant advis au roy d'Espagne, il luy manda dans sa lettre, escrite de Nesle le 12 de janvier : « Je cognois clairement que les princes et la noblesse ont intention d'estre seuls en ce maniement pour tirer plus de commodité de Vostre Majesté, et qu'en differant l'assemblée des estats, ce n'est que pour estendre d'avantage l'authorité et domination que de Mayenne a pour le jourd'huy, dont il ne faut douter qu'il ne luy fasche fort de s'en descharger. » Tel estoit l'advis d'Ibarra.

Après ceste premiere assemblée il s'en tint une

autre entre le duc de Mayenne et le president Janin d'une part, et le duc de Parme, Richardot et d'Ibarra de l'autre, où, ayant esté rapporté ce qui avoit esté proposé à la premiere, le duc de Mayenne dit qu'il estoit necessaire de differer ce qui se pretendoit de la part de Sa Majesté Catholique, mais que le moyen pour en faciliter un bon succez estoit d'avoir beaucoup d'argent pour gaigner les volontez de plusieurs qui y seroient concurens, et recompenser et satisfaire aux princes et à la noblesse. Surquoy Richardot luy dit : « Monsieur, proposez ce que vous estimez qu'il faudra faire avec un chacun, car, pour ce qui sera juste et raisonnable, il y aura de l'argent assez; mesmes, en ce que M. le duc de Parme ne pourra resouldre sans avoir eu advis de Sa Majesté Catholique, l'on le fera avoir avec telle diligence que vous en serez content. » Alors M. de Mayenne repliqua : « Je suis d'advis que Monsieur (parlant au duc de Parme) face une assemblée devant luy de messieurs de Vaudemont, de Guise et de Chaligny, et qu'il leur communique l'intention de Sa Majesté Catholique. » Ceste parole mit fin à ceste seconde assemblée. D'Ibara, en l'advis qu'il en donna au roy d'Espagne, dit que le duc de Mayenne sortit de ceste assemblée avec la mesme tiedeur que fit le president Janin.

Sur l'advis du duc de Mayenne, le duc de Parme alla de son quartier à La Fere, où il assembla les trois princes de la maison de Lorraine cy dessus dits, qui estoient les seuls princes de ceste maison qui pour l'heure estoient en l'armée de l'union, ausquels il dit que l'intention du roy d'Espagne estoit que l'on esleust le plustost que faire se pourroit un roy catholique, et leur fit une grande remonstrance sur les droicts de l'infante d'Espagne, et s'estendit beaucoup pour leur vouloir donner à entendre plusieurs obligations que la France avoit au Roy son maistre, et particulierement toute la maison de Lorraine. M. de Mayenne, qui se trouva aussi en ceste assemblée, respondit au duc de Parme qu'il sçavoit la bonne volonté qu'avoient lesdits trois princes de suivre celle de Sa Majesté Catholique, qu'il leur en donneroit plus de clarté, leur specifieroit en particulier les matieres, et qu'il leur rendroit compte de tout.—A quoy les susdits trois princes de la maison de Lorraine ne respondirent rien.

Le 13 de janvier ils s'assemblerent encores pour traicter des matieres dessusdites. D'Ibara, par sa lettre qu'il escrivit au roy d'Espagne sur ce subject, luy manda : « Il y eut hier une assemblée du president Janin et de M. de La Chastre, avec Richardot et moy, sur les mesmes matieres qu'on a commencé de traicter; et ce qu'on y a introduit M. de La Chastre a esté pour asseurer le duc de Guyse que l'on ne traictoit aucune chose à son prejudice, car les suspicions sont fort vives parmy eux. »

Pour mieux cognoistre ce qui se passa ez dernieres assemblées qu'ils firent pour ce subject, j'ay mis icy la lettre qu'escrivit le duc de Parme au roy d'Espagne en mesmes termes qu'il l'a escrite, prejugeant que le lecteur cognoistra assez qu'il entend parler du roy Très-Chrestien quand il parle de de Bearn.

« Afin de passer plus avant sur ceste negotiation et desir que j'ay de pouvoir donner quelque lumiere à Vostre Majesté de ce que je pourrois descouvrir, j'ay retenu long temps ceste despeche au moyen des discours qui se sont passez il y a quatre jours entre le president Janin et M. de La Chastre, deputez du duc de Mayenne pour traicter de ceste affaire avec don Diego de Ibarra et le president Richardot, qui par mon commandement s'assemblerent avec eux. Or les deux vindrent à se declarer, et esperoient que l'on pourroit introduire quelque discours sur la loy salique pour ceste fois, encores qu'ils ne l'osent asseurer pour les difficultez qu'ils sçavent qui se presenteront pour traverser cest affaire, comme estant de telle importance et nouveauté qu'un chacun sçait, faisant nommer la serenissime Infante pour royne souveraine de ce royaume, avec condition qu'elle y viendroit resider dedans six mois, et de là à autres six elle se marieroit selon l'advis des conseillers et ministres de la couronne, disant que lors qu'elle parviendroit à ce point qui est d'estre royne souveraine, qu'elle pourroit peut estre choisir tel mary qu'il luy plairoit sans ce que personne s'y pust opposer; adjoustant à ces conditions qu'il faudroit continuer les loix et coustumes de ce royaume, et les conserver en son entier, et qu'il ne faloit pretendre de mettre des gouverneurs et des garnisons aux places d'autre nation que de la leur, et, puis que le royaume estoit divisé, qu'il n'y avoit apparence de pouvoir si tost ny si facilement chasser le de Bearn bien puissant comme il est, ny appaiser les autres qui se voudroient opposer à ceste resolution; que, devant toutes choses, il estoit necessaire que Vostre Majesté despendist dans le propre royaume, premierement ils dirent huict, puis après ils vindrent à monter à dix millions, pour le moins en deux ans, affin d'appaiser et asseurer le royaume, et le reduire du tout à l'obeyssance de la serenissime Infante, et que la despense de ces deniers se fist par les officiers et ministres du royaume, à la forme et maniere qu'ils ont accoustumé, adjoustant, pour corroborer leurs raisons, qu'estant ceste declaration faicte, la porte leur est du tout serrée pour se pouvoir jamais plus accommoder avec le de Bearn, ny parler d'aucun autre expedient, et leur semble, pour parvenir à ceste fin, que, moyennant lesdits dix millions que l'on despendra en deux ans, lesquels commenceront dèslors que la serenissime Infante sera declarée pour leur royne, et non auparavant, ils feront un grand effect. Outre ce, ils concluent qu'il est force de s'accommoder avec ceux qu'ils appellent princes, et avec les gouverneurs des provinces en particulier et plusieurs autres de la noblesse, tant de ceux qui suivent le party que de ceux qui suivent le party contraire, qui se voudront reduire, attendu que par le moyen de ceux-cy on doit prendre et establir l'affaire en l'assemblée des estats, car autrement on ne le sçauroit faire par les moyens que nous pretendons, et que ces princes et les bien affectionnez de la noblesse desirent : nous disans librement que, pour y parvenir et gagner ces volontez, il faudra une grande somme d'argent, qui toutesfois sera desduite desdits dix millions, outre les charges, proprietez et recompenses qu'on leur fera dans le propre royaume, lesquels aussi ils disent qu'il faudra moderer, pource qu'il ne seroit raisonnable qu'elles fussent telles qu'elles divisassent l'Estat, qu'ils pretendent plus que jamais conserver en son entier, et le font ainsi entendre toutes et quantesfois qu'il vient d'en parler.

« Lesdits dom Diego de Ibarra et Richardot ont respondu à ces propositions ce qui leur a semblé convenable, et particulierement qu'il ne falloit douter qu'engageant Vostre Majesté sa fille en ce royaume, Vostre Majesté ne la voudroit abandonner jusques à ce qu'il fust entierement reduit, comme il est raison, puis qu'à present, sans autre dessein particulier, sinon le general de la conservation de la religion et bien de la chrestienté, Vostre Majesté despend, comme ils sçavent très bien, peu moins de quatre millions par an; que, partant, ils se pourroient bien tenir asseurez pour les deux premieres années de la royauté de la serenissime Infante, et que, voulant venir à ceste promesse, on croit qu'aussi peu voudroient ils obliger Vostre Majesté qu'elle mist en leurs mains toute ceste somme à la fois, mais qu'on la fournira à mesure qu'on la despendra; dequoy il semble qu'ils se devroient contenter, aussi bien que des huit millions qu'ils proposerent au commencement, et non aux dix sur lesquels ils s'arresterent. En fin ils demeurerent sur ce qu'ils dirent qu'ils me feroient response de ce discours et sur ce qui s'estoit proposé entr'eux pour leur donner la resolution que justement on leur devoit bailler, et est ainsi qu'ils me la donnerent hier en presence de Jehan Baptiste de Tassis, qui, au moyen de ce que je luy avois escrit, est revenu de Bruxelles icy; et, pour ce que c'est un affaire de poids et consideration telle qu'on peut estimer, nous demeurasmes un peu pour y bien penser et le resoudre tard; car, l'ayant bien regardé, consideré et pesé avec toutes ses circonstances et dependances, nous fusmes unanimement d'opinion qu'il ne failloit, en quelque sorte que ce fust, leur faire cognoistre que nous n'avons nulle charge de pouvoir passer avant et conclurre ceste negociation sans nouvel advis de Vostre Majesté, attendu les inconveniens qui en peuvent reüssir, desquels le differer l'assemblée des estats en est le moindre, comme il semble qu'ils veulent faire. Neantmoins ils les tiendront, quelque dilation qu'il y ait, et ne sont encore de moindre importance que les propos de la paix qu'ils tiennent tousjours en estat qui, par le moyen des mauvais instrumens que de Mayenne a prez de soy, se pourroit faire lors que moins nous y penserions; outre ce, l'ombrage et soupçon qu'ils ont de Vostre Majesté, de quelques potentats, et l'opinion que plusieurs du royaume se sont imprimez que Vostre Majesté pretendoit plustost par le moyen d'une longueur ruiner ledit royaume, et par ce donner occasion à la division. De sorte que n'ayant, comme je n'ay, aucun advis de promettre ceste somme pour Vostre Majesté, et qu'il faut se resoudre premierement sur tout sans lascher de la main le discours de la serenissime Infante ma maistresse, qui est ce que pour ce fait nous pourrions desirer, nous conclusmes qu'ils se rassembleroient ce jourd'huy, et avec eux Jehan Baptiste de Tassis, et que, sans promettre ny refuser la somme de huit millions, on poursuivroit l'affaire, leur disant que puis qu'on a commencé de parler de cecy, qu'il faut venir au point de la pretention des princes et des autres particuliers de la noblesse, avec d'autres pretensions s'il y en a, afin d'accelerer l'assemblée desdits estats, et parvenir, moyennant l'ayde de Dieu, à la bonne fin qu'eux et nous pretendons de cest affaire, estimant que pendant que nous en traitterons et de la seureté des deniers que l'on doit despendre, outre ce qui a esté employé pour le benefice de la couronne, et de la seureté de la serenissime Infante ma maistresse, lorsqu'elle sera mise dans le propre royaume, et qu'il sera meilleur que la somme qu'ils pretendent soit employée, comme elle est à present, en une armée estrangere et avec des François, et non le tout par leurs mains; qu'il y aura moyen d'avoir response de Vostre Majesté avec declaration de sa royale volonté sur ce point; mesmement l'on ne doit venir à l'execution jusques après le fait de la serenissime Infante, pour laquelle il semble que ladite somme seroit bien employée, veu que Vostre Majesté, sans aucun gage en main, a bien despendu tout ce qu'un chacun sçait, et peut estre luy en faudra despendre autant pour n'abandonner ceste saincte cause, sans aucun autre interest particulier. Lesdits Jean Baptiste de Tassis, dom Diego de Ibarra, et le president Richardot, s'en allerent avec ceste resolution au quartier du duc de Mayenne, et s'estans assemblez avec les susdits M. de La Chastre et president Janin pour guider l'affaire de la sorte que nous l'avions conclu; mais cela ne servit de rien, pour-ce qu'ils leur respondirent que, traicter des particularitez et des pretensions, ce seroit un affaire trop long, et qu'il ne s'y falloit arrester qu'au prealable et devant tout on n'eust conclu le point des millions sur lequel on devoit fonder le reste, qui estoit l'eslection de la serenissime Infante pour leur royne. Estans retournez à moy avec ceste response, ores qu'ils fussent d'advis que je ne pouvois refuser de faire la promesse au royal nom de Vostre Majesté pour lesdits quatre millions pour les raisons susdites et plusieurs autres qu'on peut bien entendre, et nous obligent à ne differer ceste resolution pour estre neanmoins l'affaire si grand et de telle importance et si fragile, n'estant bien seant qu'un serviteur prenne la hardiesse d'offrir chose quelconque qu'il ne soit au prealable bien asseuré qu'elle sera aggreable à son maistre, je leur dy que, puis que nous estions sur nostre partement, ils pourroient s'assembler le jour subsequent, qu'ils pensassent bien ce que je leur disois, afin que tous eussions meilleur moyen de penser aux frais et au service de Vostre Majesté. Et nous estans attendus l'un l'autre, et chacun y ayant pensé de son costé pour parvenir à nostre intention et satisfaire à nos obligations, après avoir bien pensé et repensé sur les inconveniens qui adviendroient s'ils sçavoient que nous n'avons pouvoir de le conclurre, et sçachant la response que Vostre Majesté fit faire au president Janin, par laquelle j'estois asseuré de vostre royale volonté, et touchant avec les mains que, par par faute d'y condescendre, on pourroit non seulement effacer l'affaire de la serenissime Infante en tout point, mais aussi tomber en mil inconveniens sans estre asseurez de voir exclus le de Bearn de ceste couronne, mais, qui plus est, nous l'establirions ; or, en une affaire si precise et contrainte, nous avons, d'un commun consentement, fait election du party qui nous a semblé meilleur pour toute la chrestienté et le royal service de Vostre Majesté, presupposant qu'elle recevroit plus de desplaisir, après avoir tant travaillé et employé tant d'argent et respandu tant de sang, qu'on vinst à perdre de tout poinct une affaire de telle importance, nous ayant esté offert ce qu'ils pretendent, puis que pour l'un, estant une fois rompu, il n'y avoit plus aucun respect, et pour l'autre, ne l'ayant Vostre Majesté agreable, il sera en sa main de le refuser sans consentir ny venir à ce qu'ils proposent et offrent. Et ainsi nous avons conclu, non de leur offrir l'argent net, mais jusques à vingt mil hommes de pied et cinq mil chevaux estrangers payez par Vostre Majesté, avec l'artillerie, vivres et attirail, et douze cens mil escus à la disposition de la serenissime Infante ma maistresse, pour un an, affin d'entretenir ceux du royaume qui nous sembleront propres, taschant auparavant de les contenter de seize mil hommes de pied et quatre mil chevaux, et d'un seul million en deniers pour ce que dessus, affin qu'ils se contentent de ceste assistance pour un an seulement, et y faire toutes les diligences qu'on pourra sans rien rompre; et quand on ne pourra mieux faire, et pour ne venir à un poinct si pernicieux comme est celluy de la perte de toute la chrestienté, nous sommes aussi resolus de nous estendre jusques aux deux ans qu'ils pretendent, persistans toutefois à ce qu'il y ait une armée estrangere entretenuë par Vostre Majesté, pour ce qu'il nous semble que, pour plusieurs respects, il le faut ainsi, afin que plus promptement nous appaisions les choses du propre royaume, et pour plus grande seureté de la serenissime Infante ma maistresse lors qu'elle entrera et residera; surquoy, et sur le remboursement de l'argent despendu et qui se despendra, et les autres poincts qui concernent ceste matiere, on les traictera par le moyen desdits Jean Baptiste de Taxis, dom Diego de Ibarra, et president Richardot, avec le soin, diligence et autorité que Vostre Majesté peut se confier de chacun d'eux, et de moy qui vous suis tant veritablement obligé sujet. C'est donc à ceste heure à Vostre Majesté à se resoudre en cest affaire, et à nous commander faire la necessaire prevention et provision, tant d'hommes que d'argent, afin qu'elle s'en ensuive, sans oublier quelques sommes particulieres pour les extraordinaires, lesquels sans doute seront très grands; et pour les volontez qu'il faudra secretement et separement gaigner, et aussi ce qui sera necessaire pour les Pays Bas, pour leur entretenement et conservation, à quoy il faut aussi pourvoir; et, se resolvant Vostre Majesté d'embrasser ceste negotiation et ceste chrestienté par le chemin que proposent et pretendent le duc de Mayenne et ces François, il me semble, selon mon petit jugement, que, sus toutes choses, on ne doit manquer d'un seul poinct de ce qu'il leur sera promis, et qu'il n'y ait aucun retardement, tant à pourvoir ce qui sera necessaire et conclurre en ces affaires, puis qu'avec ces humeurs, quelque que ce soit de ces deux choses peut non seulement prejudicier, mais la destruire sans espoir de la faire jamais revivre.

« Car, ores que je voye bien que pour parvenir à nostre intention se presenteront une milliasse de difficultez, et telles que ce sera plustost une grace de Nostre Seigneur de les vaincre que non d'industrie humaine, et par ainsi il semble que la crainte surmonte l'esperance d'y pouvoir parvenir, toutesfois, s'il y a moyen aucun, c'est celuy de la particularité et celerité en tout, et, les cognoissans comme nous les cognoissons, nous qui sommes icy, nous hastons le plus que nous pouvons la convocation et assemblée des estats, et tout ce qui nous semble plus propre à ceste fin.

« Et d'autant qu'il n'y a doute qu'ils voudront voir le pouvoir que nous avons de Vostre Majesté pour conclurre l'affaire, comme de raison, je supplie Vostre Majesté de l'envoyer au plustost à celuy qu'il vous plairra pour conclurre et mettre fin, à ce que nous ne demeurions par faute de l'avoir au plus beau du chemin, car je crains fort qu'ils le nous demandent devant l'assemblée des estats et sur le point de declaration que nous pretendons qu'ils feront en faveur de la serenissime Infante ma maistresse, veu que ils sont si curieux en toutes leurs choses : et certes il y auroit du danger de dire qu'il n'y en a point encores, et que d'autre part nous pretendissions leur donner toute satisfaction.

« C'est à la verité un affaire grave et de grand poids, et qui a esté, est et sera de grands frais, lesquels pourveu qu'ils ne passent les huict millions en deux ans qu'ils pretendent qu'il montera pour appaiser la tyrannie, nous nous pourrons contenter. Et quant à moi, je crains qu'il en faudra davantage et pour plus longtemps. Mais d'autre part, venant à considerer qu'il s'en ensuivra que la serenissime Infante sera declarée royne proprietaire de ce royaume, qui est ce que Vostre Majesté pretend et desire, et que, comme il semble, il luy vient si bien à propos, non seulement pour le propre royaume et la religion catholique en general, mais aussi pour les royaumes et Estats de Vostre Majesté en particulier, cela me fait estimer que l'on doit prendre cœur d'aider et procurer de passer outre en ces affaires le plus promptement que faire se pourra.

« J'ay esté très-ayse que Sa Saincteté se soit resoluë de faire cardinal l'evesque de Plaisance, et qu'elle l'ait declaré son legat en ce royaume, pour les raisons que j'escry particulierement en une lettre qui sera avec celle cy, pource que sans doute il aydera avec toute celerité à faire succeder nostre affaire comme nous pretendons; mais, ayant presentement entendu, par un courrier du duc de Sessa qu'il m'a depesché le 30 du passé, la mort du bon pape Innocent qui si bien entendoit ces affaires, et si prudemment les guidoit, je confesse qu'il m'a mis en un grand soucy, non tant pour le regard de ma maison pour l'affection qu'il luy portoit, comme pour le service de Vostre Majesté sur ce que nous avons en main, et pour toute la chrestienté, puis que, par son sainct zele chrestien et prudence, dont il estoit doué, on peut presupposer qu'il eust faict de bons effects.

« Je dy bien que ceste perte nous oblige d'accelerer plus que jamais cest affaire, et condescendre plus facilement à ce que proposent et pretendent ces François, afin que, si le sort tombe sur quelqu'un qui n'entende ces affaires comme les deux papes passez, il nous trouve si avant et si bien establis en iceluy, qu'il ne puisse empescher nostre bon succez. J'espere en Dieu qu'il le nous donnera bon et fort conforme à son sainct service, à celuy de Vostre Majesté qui luy est si conjoint, et qui aura commandé faire les preventions necessaires, et telles qu'on peut esperer de son sainct zele, etc. De Lihons ce 18 janvier 1592. »

Voylà ce que mandoit le duc de Parme au roy d'Espagne touchant la negociation qui se traictoit pour faire l'infante d'Espagne royne de France. Quelques autres lettres furent aussi surprises : dans les unes ledit duc de Parme demandoit audit sieur Roy provision d'argent, et qu'il ne se failloit fier d'en pouvoir recouvrer sur la place d'Anvers, pour le grand nombre qu'il en failloit, tant pour ceste negociation que pour l'entretenement des gens de guerre en Flandres et en France. « Je ne sçay, dit-il, ce que ce sera de nous, ny comme nous pourrons faire vostre royal service en aucun lieu, puis que le tout sera exposé au benefice de la fortune, et que, sans un evident miracle, il n'y a point d'apparence d'obtenir ce qui se pretend avec nul bon succez. »

D'Ibarra dans ses lettres faict les mesmes plaintes, et advertit ledit sieur roy d'Espagne que le payeur general de l'armée avoit baillé cent trente deux mil escus à M. de Mayenne d'une part, que la seule paye de l'armée du duc de Parme se monteroit à cent vingt mil escus d'autre part, et qu'il en failloit bailler encor onze mille au duc de Mayenne; tellement que ledit payeur general de l'armée, qui avoit apporté deux cent cinquante huit mil escus, ayant fourny ces sommes, le duc de Parme demeureroit sans argent. « Car ces François, dit-il, en la proposition de l'eslection de madame l'Infante, font tousjours l'affaire difficile, et le remede, de l'argent. »

Or, nonobstant le manquement d'argent, il y avoit aussi des jalousies entre les ducs de Parme et de Montemarcian. Celluy-cy vouloit preceder cestuy-là, et monstroit une lettre escrite de Rome au mois d'aoust, portant commandement au nom de Sa Saincteté de preceder le Parmesan, ainsi qu'il avoit esté conclu à la congregation de France à Rome, à cause qu'il estoit general de l'armée qu'envoyoit le Sainct Siege, et le duc de Parme ne l'estoit que du roy d'Espagne. Il y avoit toutesfois bien de la difference entr'eux deux, car le Parmesan estoit un vieux et experimenté capitaine, n'y ayant point d'apparence ny de raison qu'il deust permettre qu'un qui n'avoit jamais mené vingt chevaux à la guerre le deust preceder, veu mesmement que toutes ses troupes ne montoient plus qu'à cinq cents chevaux et trois mille Suisses. Montemarcian, pour suivre le commandement qu'il avoit receu de Rome, n'alloit point voir ne conferer avec le Parmesan que rarement, encor c'estoit de nuict, et s'en retournoit tout aussi-tost de peur d'offencer sa qualité : ce qui continua entr'eux, et mesmes, quand ils marcherent en corps d'armée, la bataille fut conduitte par les ducs de Mayenne, de Parme et de Montemarcian, ainsi qu'il sera dit cy-après.

Il y avoit aussi de grandes jalousies entre le duc de Mayenne et le duc de Guyse : ce que les Espagnols entretenoient tout à propos pour afin que le neveu servist d'un contrepoix à l'oncle, ainsi que d'Ibarra le manda au roy d'Espagne. Le duc de Parme fit mesmes bailler audit duc de Guise dix mille escus en deux fois à fin de l'attirer à suyvre la volonté dudit Roy.

Toutes ces choses se faisoient fort accortement par les ministres d'Espagne ; mais les royaux, qui surprenoient tousjours quelques uns de leurs pacquets, les envoyoient au Roy, et trouvoit-on moyen d'en faire tenir les copies au duc de Mayenne, et quelquesfois on luy en a faict voir les originaux. On luy fit voir celle d'Ibarra dans laquelle ces mots estoient : « J'ay faict toutes les diligences que bonnement j'ay peu faire sans chausser aucune jalousie à de Mayenne qui en prend des moineaux qui volent. » Ceste forme d'escrire n'estoit pas bien seante à un homme d'Estat tel qu'estoit Ibarra.

Mais en un autre il y avoit : « Si le duc de Mayenne, comme il doit et dit, est resolu qu'on face ce que Vostre Majesté commande, il ne devroit estre marry qu'on mist Vostre Majesté en possession de quelque place sous quelque couleur qui puisse estre. Partant, j'ay dit au duc de Parme qu'il seroit bon traicter secrettement avec quelques gouverneurs d'icelles pour gaigner ce que l'on pourroit. » Ceste-cy estoit contre l'authorité absoluë que ledit sieur duc avoit en son party, et de ce qu'il avoit faict jurer à tous les gouverneurs en particulier « de ne conferer avec les Espagnols, ny les favoriser, que par sa licence et selon son instruction. »

En un autre il y avoit : « Et encores que nous ouvrions tard les yeux, je pense qu'il seroit bien fait de renforcer l'armée de sorte que le de Bearn se retirast et ne peust empescher ce que l'on intenteroit, envoyer aussi quelque somme d'argent à part pour moyennant ce gaigner les volontez, et non par les mains de de Mayenne, mais par celles du capitaine general de Vostre Majesté, ou des ministres dont elle sera servie, pour mettre le pied aux places d'importance par intelligence ou par force. » Voylà une belle charité espagnolle.

En voicy une autre : « On a opinion que le de Mayenne n'est hors de se conserver avec le de Bearn, et qu'il s'y attend, et M. de Villeroy y estoit sur cela quand nous vinsmes de Paris ; mais je ne le puis croire du duc, ores que je confesse qu'il me scandalize, voyant la jalousie qu'il a des personnes qui traictent avec le duc de Parme et les autres qui sommes icy, et qu'il void estre affectionnez au service de Vostre Majesté, et estre si ardent à son interest qu'il prefere tousjours à tout le reste. »

Ceste jalousie des personnes qui traictoient avec le duc provenoit à cause des Seize de Paris, de ceux du Cordon d'Orleans, du maire Godin de Beauvais, et autres de ceste faction qui solicitoient pour avoir des garnisons espagnoles. Voicy ce que d'Ibarra en mandoit audit roy d'Espagne : « Il est necessaire de renforcer promptement la garnison de Vostre Majesté, de telle sorte que les politiques de ladite ville de Paris de la garnison françoise qui y est pour de Mayenne ne puissent opprimer les catholiques en quelque occasion de revolte, ny traitter à se remettre à de Bearn, et envoyer particulierement garnison à Orleans puis qu'ils la demandent, et demonstrent la mesme bonne devotion au service de Vostre Majesté les catholiques qui y sont que ceux de Paris, et sont avec le mesme soupçon que les politiques ne leur facent un mauvais tour, aydez des mesmes conseillers qui firent le dommage aux autres. »

C'estoit tacitement taxer ledit sieur duc de Mayenne de l'execution qu'il avoit faict faire le 4 decembre l'an passé; mais on luy fit voir ceste-cy aussi pour luy monstrer l'intention des Espagnols. « Par ainsi j'ay dit au duc de Parme qu'il face instance avec de Mayenne à ce qu'il assemble les estats; mais, comme c'est celuy qui les doit convoquer, il pourra en cela ce qu'il voudra si on ne luy baille quelque autre trait, en quoy j'employeray et mettray le soucy que je doy au service de Vostre Majesté. »

Quand le roy Loys unziesme voulut faire hayr le connestable de Sainct Paul au duc Charles de Bourgongne, il fit ouyr au sieur de Contay, serviteur dudit duc, ce que les agents dudit connestable disoient de son maistre et comme ils le mesprisoient : ce qu'il faisoit afin qu'il le luy reportast, pour faire naistre une haine mortelle entre ledict duc et le connestable. Aussi les royaux avoient soucy de faire veoir au duc du Mayenne en quelle estime les Espagnols le tenoient, en luy monstrant les lettres que les ministres d'Espagne rescrivoient de luy au Roy leur maistre, afin de luy faire cognoistre le peu d'occasion qu'il avoit de se fier en ceste nation. D'Ibarra, rescrivant audit roy d'Espagne sur ce que le duc de Mayenne avoit fait pendre quatre des Seize, dont ils disoient que la cause en estoit, non pour avoir faict mourir le president Brisson, mais pour ce qu'ils avoient escrit ceste lettre au roy d'Espagne dont nous avons parlé cy-dessus, « La faute en doit estre, dit-il, au soucy qu'on prend de surprendre les pacquets. » Et le duc de Mayenne mesmes, en la lettre qu'il envoya au roy d'Espagne pour responce aux calomnies que le duc de Feria avoit escrites de luy, ainsi que nous dirons en son lieu, la commence par ces mots : « Sire, j'ay receu par les mains des ennemis la copie, puis l'original, d'une lettre et advis du duc de Feria à Vostre Majesté, plaines d'injures et mesdisances contre moy, qu'ils m'ont envoyé et fait voir, non pour me faire plaisir, mais pour m'exciter, par le tesmoignage de la mauvaise volonté qu'on me porte au lieu d'où je dois esperer mon appuy et secours, à chercher ma seureté vers eux. » Ainsi, par la surprise des pacquets d'Espagne, le Roy entretenoit le duc de Mayenne en desfy et soupçon avec l'Espagnol, et luy faisoit on cognoistre le peu de profit qu'il en pouvoit tirer puis que mesmes le roy d'Espagne avoit ordonné que ce fussent ses payeurs qui payassent les gens de guerre dudit duc, et que l'on ne luy baillast plus l'argent entre ses mains ny à son thresorier. L'estat auquel les affaires estoient au commencement de ceste année fit que pour un temps toutes ces jalousies et desfiances demeurerent couvertes, et unanimement s'accorderent pour aller secourir Rouen en attendant l'intention du roy d'Espagne sur les propositions cy dessus dites. Voyons tout d'une suitte ce qui se passa en ce siege.

L'an passé nous avons dit comme le sieur de Villars avoit donné l'ordre requis pour deffendre Rouen, et comme le Roy avoit logé toute son armée aux environs, et que l'exercice en laquelle s'employoient les assiegez journellement estoit à faire des sorties.

Plusieurs ont escrit que si le mareschal de Biron se fust logé à son arrivée entre la ville et le fort, qu'il eust faict un grand service au Roy, et eust pu s'en rendre maistre, mais que ceste faute donna loisir au sieur de Villars de se recognoistre, qui mit dedans le vieil fort le capitaine Bois-rosé, lequel, à la veuë de l'armée royale, y fit travailler avec telle diligence jour et nuict jusques à quinze cents personnes, qu'en moins de trois semaines il le fit munir et fermer de tous costez.

Sur la lettre que le Roy avoit envoyé par un heraut dans Rouën à ce qu'ils eussent à le recognoistre et luy rendre l'obeyssance qu'ils luy devoient, sinon qu'il seroit contraint de tenter la force et se servir des moyens que Dieu luy avoit mis en main, assemblée de ville se tint, où, le 2 decembre, fut respondu de bouche audit heraut qu'il dist à son maistre qu'ils estoient tous resolus de plustost mourir que de recognoistre un heretique pour roy de France, et qu'ils n'avoient moins de cœur à soustenir leur antique religion que les calvinistes à soustenir leur heresie.

En la procession generale qui y fut faicte depuis l'eglise Nostre Dame jusques à celle de Sainct Ouën, où le sieur de Villars, gouverneur, toutes les cours souveraines et la Maison de Ville estoient, l'evesque de Bayeux dit la grande messe, et le penitencier de l'eglise de Rouën fit une predication interpretant ce texte de l'Escriture : *Nolite jugum ducere cum infidelibus,* à la fin de laquelle il fit lever la main à tous les assistans et protester de plustost mourir que de recognoistre le Roy (qu'il nommoit Henry de Bourbon, pretendu roy de France). En ceste procession il y avoit trois cents bourgeois, tous pieds nuds, avec chacun un flambeau de cire blanche, et, au devant d'eux, un estandard où il y avoit un crucifix : ceux-cy marchoient les premiers, puis les suyvoient quinze cents jeunes enfans, tous vestus de blanc.

Il y eut en ce commencement de siege beaucoup de brouillements en ceste ville, car il y avoit aussi des catholiques zelez qui se mesfioient dudit sieur de Villars, et disoient que luy et l'abbé Desportes s'entendoient avec le Roy, et fondoient leur dire sur ce que ledit sieur de Villars avoit eu du duc de Mayenne le gouvernement de Rouën comme par force, pource que, quand il en fut pourveu, ç'avoit esté pour ce qu'il estoit monté du Havre de Grace avec une galere et quinze vaisseaux armez en guerre dans lesquels il y avoit bien quinze cents soldats, mille desquels il avoit faict descendre et cabaner à une petite isle à la portée du canon de Rouen, ce qui fut la cause du voyage qu'y fit le duc de Mayenne en juillet 1591, où arrivé, et ayant conferé avec le vicomte de Tavannes, lieutenant pour l'union en ceste province, l'evesque de Rosse, escossois, suffragant de Rouen, le president de La Porte et le sieur de La Londe, touchant ce qui estoit à faire pour appaiser ledit sieur de Villars, il envoya un gentil-homme le trouver pour sçavoir quel subject il avoit eu de venir en armes si près de Rouen. Villars fit response que l'on l'avoit trompé de toutes les promesses qu'on luy avoit faictes, et, jugeant qu'on ne luy feroit pas mieux à l'advenir, estoit venu là, d'où il ne partiroit point si on ne luy donnoit le gouvernement de Roüen et la lieutenance generale au gouvernement de Normandie, et que si M. de Mayenne ne luy accordoit cela, qu'il se rendroit du party royal. Ce qu'ayant esté rapporté audit sieur duc, il fut contraint de se resouldre de luy donner tout ce qu'il demandoit, et prendre le plus d'asseurance de luy qu'il pourroit pour afin qu'il demeurast ferme au party de l'union. Ce que dessus, proposé par quelques catholiques zelez, et sur un advis qu'ils eurent de la practique qu'avoit eu ledit sieur abbé Desportes avec le docteur Bellanger, ainsi que nous avons dit, fut occasion de faire comme une esmotion populaire devant le logis dudit abbé, et faisoient courir un bruit que deux evesques du party royal estoient entrez dans la ville desguisez, et traictoient avec luy pour rendre la ville au Roy par le consentement dudict sieur de Villars, et qu'il failloit les mettre tous deux dehors la ville. Ce bruit estant trouvé faux, ceste esmotion fut incontinent appaisée. Le succez des sorties et escarmouches leur fit peu après changer d'opinion.

Cependant tout cecy les royaux mirent deux canons à la coste de Turinge et deux à la plaine du fort, et commencerent à tirer tellement qu'il fut impossible à ceux du fort de travailler plus le jour à descouvert. L'on a escrit que si le mareschal de Biron l'eust plustost fait faire, comme il pouvoit, il eust empesché la fortification du fort, et le siege n'eust tiré en la longueur qu'il fit.

Le sieur de Bois-rozé, qui estoit dans le vieil fort, fit une sortie avec cinq cents soldats qu'il separa en trois troupes, ce qu'il fit en plain jour sur les deux heures après midy, et donna si furieusement qu'il fit abandonner aux royaux les deux premieres tranchées, et les contraignit de se retirer vers le canon, où ils firent un gros pour venir aux mains. Bois-rozé les envoya encor attaquer par deux cents des siens, lesquels d'abordade firent quitter la troisiesme tranchée aux royaux; mais ils en furent rechassez si chaudement qu'ils n'eurent plus d'envie d'y retourner. Cependant le baron de Biron arriva avec la cavalerie et l'infanterie qui estoit logée au Mesnil, où, après que la tranchée fut gaignée et regaignée par deux fois des uns et des autres, il fit faire une si rude charge qu'il contraignit Bois-rozé de songner à sa retraicte; mais, comme Bois-rozé voulut faire emporter le corps d'un soldat qui avoit esté tué auprès de luy, et ne le laisser en la possession des royaux, ledit baron, qui vit ce soing de faire emporter ce corps, fit faire une charge où ils s'y opiniastrerent tous si bien que ce corps fut pris et repris par cinq fois; mais Bois-rozé fut enfin contraint de le quitter, ayant luy-mesmes receu une harquebuzade qui luy avoit emporté tous les os de la jambe gauche, et fit sa retraicte au pas, faisant tousjours combattre ses soldats, allant sur une jambe, appuyé sur deux des siens, jusques à ce qu'il fust sur le bord du fossé. Il y eut en ce combat quantité de blessez de part et d'autre, mais toutesfois plus des assiegez que des assiegeans. Du depuis Bois-rozé fut mené dans la ville pour se faire plus aysement penser, là où il medita la grande sortie dont nous parlerons cy-dessous, et en sa place fut mis le chevalier Picard.

Le capitaine Boniface fit aussi peu après une sortie par la porte Cauchoise sur le sieur de Sainct Denis Mailloc, qui s'estoit voulu accommoder de l'eglise de Sainct Gervais presque desmolie et ruinée. Ceste sortie fut faicte si promptement et legerement qu'il demeura cent ou six vingt royaux sur la place, et les autres furent contraints de se retirer aux corps de garde de la vallée d'Yonville et au mont aux Malades.

Plus, dans Rouën on fit esquiper en guerre quelques petits bateaux et barques, lesquels tous les jours butinoient, tantost d'amont vers Le Pont de L'Arche, tantost d'aval vers Caudebec, emmenans quelquesfois des bateaux chargez de foins, avoines, moruës et autres munitions, d'autresfois des prisonniers et des bestiaux.

Le 27 decembre, le sieur du Rolet, ayant practiqué avec Langonne, lieutenant du capitaine Marc, qui commandoit au chasteau du bout du pont de Roüen, pour le faire introduire dans ledit chasteau, l'intelligence estant double, tramée et continuée à dessein par le sieur de Villars, fut pris prisonnier par Langonne, qui, feignant aller parler à luy, et luy ayant donné assignation de se trouver seul auprès des Emmurées, y alla; mais Langonne, ayant fait mettre quinze soldats dans l'une des caves des maisons ruinées qui estoient là, sortit du chasteau avec un soldat, tous deux armez de jacque de maille. Le sieur du Rolet, qui se fioit en sa parole, ayant laissé quelques siens harquebusiers sur la ruyne d'une muraille des Emmurées, s'advança pour parler à luy. Se saluans, Langonne, pensant se saisir de du Rolet et l'empoigner au collet, ne put. Du Rolet, jugeant de son intention, tira son espée et luy en donna d'un revers pensant luy couper la teste, mais il rencontra la jacque de maille qui destourna le coup. Aussi-tost l'embuscade sortit de la cave, et tous ensemble se jetterent sur ledit sieur du Rolet, le saisirent et emmenerent dans le chasteau, et de là dans Roüen, nonobstant les efforts que firent les siens de tirer des harquebuzades de dessus la muraille des Emmurées. M. de Villars le fit mettre prisonnier dans le vieil Palais. Cecy doit servir d'exemple à ceux qui veulent faire de telles entreprises, de ne se fier jamais que les plus forts à leurs ennemis.

Villars, qui se doutoit aussi des politiques qui estoient dedans la ville, par le conseil de l'abbé Desportes, practiqua un advocat nommé Mauclerc, qui contrefaisant le royal les hantoit, et les mit en deliberation de quelque entreprise pour le service du Roy. Il feignit si bien d'estre royal que l'on luy descouvrit une entreprise qui se devoit faire sur la porte Cauchoise par laquelle on devoit faire entrer les royaux. Un huissier des comptes, un procureur et un sergent de la compagnie du capitaine Saturnin, estans accusez par luy, furent pris, et, après avoir esté apliquez à la torture, furent pendus et estranglez le samedy 4 de janvier par arrest de la cour, laquelle, pour faire craindre à l'advenir ceux qui voudroient entreprendre quelque chose, fit aussi publier par tous les carrefours de Rouën un autre arrest du 7 janvier, en ces mots:

« La cour a faict et faict très-expresses inhibitions et deffences à toutes personnes, de quelque estat, dignité et condition qu'ils soient, sans nul excepter, de favoriser en aucune sorte et maniere que ce soit le party de Henry de Bourbon, ains s'en desister incontinent, à peine d'estre pendus et estranglez.

« Ordonne ladite cour que monition generale sera octroyée audit procureur general, *nemine dempto*, pour informer contre tous ceux qui favoriseront ledit Henry de Bourbon et ses adherans; et, d'autant que les conjurations apportent le plus souvent la ruine totale des villes où telles trahisons se commettent, est ordonné que, par les places publiques de ceste ville et principaux carrefours d'icelle, seront plantées potences pour y punir ceux qui seront si mal-heureux que d'attenter contre leur patrie, et à ceux qui descouvriront lesdites trahisons, encor qu'ils fussent complices, veut ladite cour leur delict leur estre pardonné, et outre ce leur estre payé la somme de deux mille escus à prendre sur l'Hostel de Ville.

« Le serment de l'union faict le 22 janvier 1589, et confirmé par plusieurs arrests, sera renouvellé de mois en mois en l'assemblée generale qui pour cest effect se fera en l'abbaye Sainct Oüen de ceste ville. Est enjoint aux habitans de l'observer inviolablement de poinct en poinct selon sa forme et teneur, à peine de la vie, sans aucune esperance de grace.

« Enjoint très-expressement ladite cour à tous les habitans d'obeyr au sieur de Villars, lieutenant de M. Henry de Lorraine en ce gouvernement, en tout ce qui leur sera par luy commandé pour la conservation de ceste ville, comme aussi aux soldats entretenus par ladite ville qui seront tenus d'obeyr promptement aux mandemens dudit sieur, à peine de la vie.

« Faict à Rouen, en parlement, le 7 janvier 1592. Signé de La Cousture. »

Voylà les procedures que tint Villars pour se rendre maistre absolu de Rouën.

Le dernier jour de l'an les royaux commencerent leur batterie contre le vieil et nouveau fort avec onze pieces de gros canon estant rangez en la plaine Saincte Catherine, et trois autres placées au bois de Thuringe, et continua ceste batterie depuis une heure après midy jusques à cinq heures du soir, sans faire beaucoup d'exploict.

Le premier jour de l'an la solemnité de l'ordre du Sainct Esprit se fit dans l'eglise de Dernetail, là où, par le commandement du Roy, M. le mareschal de Biron, comme le plus ancien des chevaliers qui se trouva en ceste ceremonie, donna l'ordre à M. l'archevesque de Bourges et à M. le baron de Biron son fils.

Le troisiesme janvier, les royaux, pensant au changement du guet surprendre le vieil fort, firent entrer dans le fossé, par trois divers endroicts, de quatre à cinq cents soldats, et tuërent ou prirent prisonniers tous ceux qui y estoient qui leur resisterent, et se firent maistres d'un petit logis prochain d'une casemate; mais, sur les huict heures du matin, le capitaine La Riviere-Harel sortit du vieil fort, entra dans le fossé, et en fit sortir les royaux, où plusieurs demeurerent.

Le lendemain arriverent à Croisset, sous la conduitte du comte Philippes de Nassau, plusieurs vaisseaux de guerre de Holande dans lesquels il y avoit trois mil hommes de pied, entre lesquels estoit la compagnie des gardes du prince Maurice, avec huict canons et quelques coulevrines et beaucoup de munitions de guerre, qui estoit le secours qu'envoyoient au Roy les Estats des provinces confederées, lesquels, à leur arrivée, tirerent jusques à cinquante coups de canon pour saluër la ville. Les historiens holandois disent qu'estans arrivez devant Rouën, ledit comte y prit son quartier, et se retrancha à la façon des Pays-Bas, et y eut volontiers faict telle guerre qu'ordinairement se faict ès sieges de villes audit pays, sans y espargner son canon qu'il fit jouër d'une vollée ou deux en ruine sur la ville, mais que cela fut pris en mauvaise part par le mareschal de Biron, maistre de l'ost, qui le luy envoya deffendre; dont ledit sieur comte ne fut pas trop content, et ne se sceut tenir qu'il n'en dist quelque mot de travers.

Les jours suivans ce ne furent à l'accoustumée qu'escarmouches et canonades tirées d'une part et d'autre. Le treiziesme dudit mois, vingt-sept vaisseaux de guerre, tant navires que heuz, approcherent du vieil palais, et tireren quelques quatre-vingts coups de canon contre la ville; mais, ayans esté aussi saluez dudit vieil palais et du boulevard de la porte Cauchoise, ils se retirerent un peu plus loing vers Croisset, pour ce que l'un d'iceux fut percé à eau d'un coup de canon tiré du vieil palais.

Depuis ce temps il ne fut faict grand exploict, fors que de tirer les uns sur les autres à la maniere accoustumée, le canon se faisant ouyr des deux costez. Il y avoit tousjours quelques escarmouches où de part et d'autre quelqu'un y demeuroit. Il ne se passa un seul jour ny une seule nuict que ledict sieur de Villars ne montast de la ville au fort Saincte Catherine; bref, il usa durant ce siege d'une telle vigilance et soin, soit à commander et ordonner à un chacun ce qu'il devoit faire, soit à faire penser et medicamenter les soldats blessez, donnant à chacun de l'argent selon son merite, qu'il gaigna tellement le cœur des gens de guerre, qu'il estoit entierement obey. Il demanda au chevalier Picard et aux capitaines Perdrier et Jacques qui estoient dedans le fort s'ils vouloient avec leurs troupes se rafreschir dans la ville, mesmes il y fit monter le capitaine Boniface avec son regiment affin de prendre leur place; mais, comme ils estoient gens de guerre et soldats, ils ne voulurent en sortir pour ce que c'estoit le lieu le plus attaqué et où ils esperoient acquerir de l'honneur, tellement que tous ensemble y demeurerent.

Les royaux, voyans que leur canon ne faisoit telle execution qu'ils desiroient, firent eslever les terres en quelques lieux en forme de cavalier affin de donner droict au pied des corps de garde dressez dedans le vieil et nouveau fort, ce qui fut faict si promptement que le jour mesme il y en eut dix ou douze hommes de tuez; mais le sieur de Villars pour y remedier usa de telle diligence à faire travailler nombre de pionniers, qu'il fit dresser une espaule haute, suffisante et massive assez pour arrester les balles et la furie du canon. S'il eust esté attaqué en une petite place il n'eust pas peu faire cela, mais en une grande ville, où on ne manque point de gens pour travailler, cela luy estoit facile; car, comme disoit le feu admiral de Chastillon, les grandes villes sont fournies de tant d'hommes qu'elles sont ordinairement les sepultures des armées, et principalement quand il y a des gens de guerre dedans.

Le vingt-sixiesme dudit mois, les lansquenets qui estoient dans les Capuchins sortirent aussi pour escarmoucher les royaux jusques aux trenchées et barricades qui estoient vers les Chartreux. Après qu'ils eurent tiré quelques harquebuzades, ils se virent en un instant comme enveloppez de trois cents hommes de pied et de deux cents chevaux, ce qui les fit songer à leur retraicte, les uns vers les Capuchins, les autres, plus chaudement poursuivis, passerent la riviere d'Aubete, et entrerent dans la prairie; mais, aussi-tost que l'alarme fut donnée, ceux du mont Saincte Catherine sortirent pour les secourir si à point, les uns donnans en teste aux royaux, les autres donnans en flanc, qu'ils empescherent de poursuivre plus oultré lesdits lansquenets. M. de Villars y accourut aussi au bruit de l'alarme, accompagné de nombre de cuirasses, ayant donné ordre que le sieur de La Londe assemblast le plus de gens de cheval et de pied qu'il pourroit, et le suivist; mais, si tost qu'il fut arrivé hors la barricade des Capuchins, ayant veu que quelques uns des siens s'estoient advancez pour secourir le jeune Brebion dit Plumetot, abbatu de son cheval d'un coup de mousquet voulant les rallier près de luy, picqua droict à eux; mais il se vid incontinent entouré par de la cavalerie royale où il se trouva en grand danger et poursuivy de prez par un cavalier, et y fust demeuré sans le secours que luy donna le jeune baron de Mailloc et autres gentils-hommes et capitaines qui le suivoient, lesquels, en combattant, la plus-part d'eux, aux despens de leur vie, luy donnerent moyen de faire retraicte vers le gros des siens qui d'autre costé aussi estoient aux mains avec les royaux, et estoient si bien meslez, tant cavalerie qu'infanterie, que le cheval dudit sieur de Villars fut tué sous luy; mais, soudain remonté, et la cavalerie de la ville estant venuë, il la rengea en quatre escadrons, et se prepara de combattre à la faveur du canon qui commençoit à tirer, quand le baron de Biron, qui conduisoit les royaux, voyant qu'il estoit tard, fit sonner la retraicte; car ceste escarmouche et combat dura depuis midy jusques à quatre heures et demie. Le sieur de Villars y perdit cinq de ses capitaines et plusieurs soldats. Du costé des royaux il en mourut nombre, et ledit baron eut aussi son cheval tué sous luy. Tout le reste de ce mois de janvier se passa en canonades qui se tiroient de part et d'autre, avec tousjours quelques escarmouches qui se faisoient à la porte Cauchoise, vers Sainct Sever, et en d'autres endroits.

Le 2 fevrier le chevalier Picard, estant au vieil fort, fut blessé d'une balle d'artillerie à la cuisse, dont il mourut quatre jours après, bien qu'il fust pensé fort soigneusement par le sieur de Bailleul, gentil-homme du pays de Caux. Beaucoup de ceste maison des Bailleuls ont esté très-experts en l'art de chirurgie, et mesmes dans Paris, pour le grand soulagement qu'ils y ont donné à plusieurs impotens : encores à present, quand quelqu'un s'est demis quelque membre ou qu'il a la jambe rompuë, l'on dit par commun proverbe : *Il le faut mener au Bailleul,* tant ces personnages ont esté souverains et charitables en l'art de chirurgie. Ledit chevalier Picard fut enterré après sa mort dans l'abaye Saincte Catherine.

Ceux de Rouen devindrent si coustumiers de faire des sorties et aller à l'escarmouche de leur propre volonté, que le sieur de Villars fit estroictement deffendre d'en faire plus sans son consentement. Les royaux aussi pour la seconde fois s'estans logez dans le fossé du vieil fort, et couverts d'aiz et clayes plastrées et couvertes de terre et gazon à ce que le feu n'y pust penetrer ny les offenser, ne laisserent d'en estre deslogez le 8 fevrier par un grand nombre de feux artificiels qui furent jettez par dessus le parapet du bastion regardant le bois de Thuringue, et leur falut encor abandonner de nouveau leur logis, ce qui ne se fit sans que quelques-uns n'y demeurassent.

Cependant que toutes ces choses se passoient devant Rouën, le Roy eut advis que le duc de Parme estoit arrivé à La Fére, ainsi que nous avons dit, et qu'il avoit amené avec luy dix mille hommes de pied et trois mille chevaux, et s'estoit joint avec les troupes du duc de Mayenne, composées de quinze cents chevaux et de quatre à cinq mil hommes de pied, et aussi avec les troupes de Sfondrate, duc de Montemarcian, qui avoit encor trois mille Suisses et cinq cents chevaux, lesquels tous ainsi assemblez faisoient un corps d'armée de cinq mille chevaux et dix-huict mille hommes de pied.

Les ducs avec leur armée s'acheminerent à Peronne où, au conseil qui y fut tenu de ce qu'ils devoient faire, George Baste fut d'advis qu'il failloit surprendre le Roy, ayant opinion que l'armée royale devant Rouen estoit petite; et que plusieurs se seroient retirez en leurs maisons à cause des fatigues de l'hyver, et par ce moyen qu'ils feroient aysement entrer du secours dans Rouen.

Le duc de Parme inclinoit à cest advis; toutesfois il ne fut rien deliberé sur cela pour ce qu'ils ne sçavoient au vray quelles estoient les forces du Roy; et, pour ce que le succez du secours qu'ils vouloient donner à Rouen dependoit de l'occasion qui s'en presenteroit; ils firent advancer leur armée de ce costé là.

Le Roy, qui desiroit luy mesme les recognoistre, estoit party du siege de Rouen avec quinze cents cuirasses et quinze cents argoulets, et marcha avec telle diligence qu'auparavant que les ducs eussent aucune nouvelle de luy, il enleva le quartier du duc de Guyse qui estoit à leur avantgarde, lequel fut pillé, et y eut nombre de prisonniers et de morts.

Cest exploit fut cause que le duc de Parme fit depuis marcher son armée en bataille de peur des surprises que le Roy eust pu faire, n'ayant avec luy que de la cavalerie. Il departit doncques son infanterie en trois escadrons : les deux premiers marchoient de front, mais de telle sorte qu'il restoit un grand espace entre les deux, tellement que le troisiesme, qui les suivoit, en un besoin se fust pu ranger au milieu des deux autres. Il mit au devant de ces escadrons, par maniere d'avantgarde, quelques compagnies d'harquebusiers à cheval. Les chariots de l'armée marchoient à la file, tant à droict qu'à gauche des escadrons de l'infanterie. Entre les chariots et l'infanterie marchoit le canon. Après les chariots suivoient deux bandes de cavalerie qui marchoient sur les aisles, puis un gros hot de cavallerie qui servoit d'arrieregarde.

En ceste ordonnance l'armée des ducs s'achemina à Aumale pour y venir loger. Le Roy aussi y pensoit faire son logis. Les coureurs de part et d'autre s'y rencontrerent et commencerent l'escarmouche. Le Roy, qui se vid si près de son ennemy avec forces du tout inegales, sans aucune infanterie ny sans canon, fit mettre pied à terre à deux cents harquebuziers à cheval que l'on appelloit en ce temps-là dragons, pour l'amuser tandis qu'il feroit passer ses troupes au delà d'une petite riviere qu'il desiroit mettre entre eux et luy. Cependant que la cavalerie royale passoit sur un pont le Roy faisoit luy mesme la retraicte. Le duc de Parme, avec toute l'armée estant en bataille, ne voulant rien faire dont on le pust accuser de temerité, et ne croyant point que le Roy se fust là acheminé avec si peu de forces, faisoit ferme, et, sans y penser, donna au Roy ce benefice du temps pour la retraicte qu'il faisoit; mais, l'ayant recognu un peu tard, il fit faire une charge si rude aux dragons qui avoient mis pied à terre, que peu se sauverent : le Roy mesmes en ceste charge receut un coup d'harquebuze au defaut de la cuirasse, qui luy brusla sa chemise et luy meurdrit un peu la chair sur les reins.

Sa Majesté ayant passé de là le pont, et rengé en ordre toute sa cavalerie, le duc de Parme ne voulut s'hazarder de passer l'eau, tant à cause de la nuict qui estoit proche, que pource que ce pays est montüeux et plein de bois où il n'avoit jamais passé. Du depuis il alla prendre Aumale, qui ne fut pas seulement saccagé et pillé, mais presque ruyné et destruit.

Sur ceste rencontre plusieurs discours furent faicts. Le Roy estant retourné à Dernetail, le mareschal de Biron, jaloux du salut et de la santé de son prince, luy en tint de grosses paroles, luy remonstrant que ce n'estoit point aux roys de France à faire les mareschaux d'armées. Sa Majesté print tout ce que l'on luy en dit de bonne part.

Or le Roy avoit mis dans la ville de Neuf-chastel M. de Givry avec la cavalerie legere, qui pouvoient estre trois cents bons chevaux. Le duc de Parme, ne voulant rien laisser derriere luy qui luy pust empescher ce qu'il pretendoit faire pour le secours de Rouen, et principalement en sa retraicte, s'il en avoit besoin, ou au secours qui luy pourroit venir de La Fere, là où il avoit mis la plus-part de ses munitions de guerre, resolut d'avoir ceste place qui estoit et de nature et d'art fort foible et sans aucuns remparts. Le 11 fevrier, qui estoit le jour de mardy gras ou caresme-prenant, il y fit acheminer en un instant toute l'armée et son artillerie. M. de Givry, sommé, quoy qu'il eust commandement exprès de Sa Majesté de se gouverner avec dexterité en cest affaire, suivant l'occasion, et de ne perdre point en ceste place les troupes qu'il luy laissoit en sa conduite, fit response qu'il tenoit la place pour le roy de France et non pour le roy d'Espagne.

Sur ceste response le duc de Parme, estimant que cela luy estoit faire un affront, sçachant bien que M. de Givry cognoissoit bien la foiblesse de Neuf-chastel et la puissance de son armée, fit battre de furie ceste ville, resolu d'y faire donner l'assaut et de la forcer. M. de Givry, se voyant mener si rudement, jugea qu'il falloit parler de composition, ce qu'il fit entendre au duc de Parme, lequel fit semblant de n'y vouloir entendre : toutesfois il commit cest affaire au sieur de La Motte, et le duc de Mayenne à M. de La Chastre, beau-pere dudit sieur de Givry, lesquels accorderent ceste composition à la charge que ledit sieur de Givry et tous ses gens de guerre sortiroient tous avec leurs armes et bagages. Pour ce jour, à cause de la proximité de la nuict, ceste composition ne put venir à execution. Le lendemain, dez le matin, ils observerent les uns et les autres ce qu'ils avoient promis. Les Espagnols, voyant sortir ceste cavalerie qui estoit très-belle et en bonne conche, se repentirent de la composition, et eurent envie de ne la pas garder ; mais la foy de leur general et les seigneurs françois qui estoient en ceste armée furent l'occasion qu'elle fut observée, de peur aussi que cela ne tirast à consequence.

Ainsi M. de Givry sorty de dedans Neuf-chastel, le gouverneur de la ville, qui s'estoit retiré au chasteau, n'ayant voulu entendre à aucune composition sur le peu de seureté qu'il jugea estre pour luy à cause de quelques particuliers ennemis qu'il avoit en l'armée des ducs, qui luy mettoient à sus qu'il estoit de ceux qui avoient tué feu M. de Guise à Blois, se prepara à se deffendre, et les ducs à l'assaillir, et principalement le duc de Parme, lequel, fasché de ceste resistance qu'il appelloit temerité, fit travailler incontinent à la mine et à la sappe, fit dresser ses batteries et tirer si furieusement que la bresche estant faicte il vouloit faire donner l'assaut, quand, par le moyen de quelques entremetteurs, l'accord de la reddition fut arresté à condition que ledit gouverneur seroit conduit en lieu de seureté; mais il fut, ce dit l'historien Campana, *ucciso da poi ch' accompagnato da buona scorta fu condotto sicuro á confini patutti* (1).

Depuis ceste reddition de la ville et chasteau de Neuf-chastel les ducs s'advancerent jusques à sept lieues près de Rouen; mais, advertis que le Roy estoit à cheval pour les recevoir, ils tindrent plusieurs conseils sur ce qu'ils devoient faire. Or, aux choses de la guerre, les resolutions secrettes sont les plus seures guides pour venir à une heureuse fin de ce que l'on desire faire. Les ducs voyoient bien en effect qu'il n'y avoit point de moyen lors de secourir Roüen en aucune façon, quelque volonté qu'ils en eussent. Ils firent courir divers bruits, tantost d'assieger Diepe pour faire divertir celuy de Roüen : ils allerent mesmes loger à Bomerville; mais, sur leur irresolution, le 27 fevrier, ils receurent la nouvelle de la sortie que ceux de Roüen avoient faicte. Ceste sortie, pour avoir esté la plus memorable qui se soit faicte durant ces dernieres guerres, est digne d'estre icy recitée un peu au long.

Nous avons dit que quand le capitaine Bois-rozé fut blessé à la jambe gauche, à la sortie qu'il fit du vieil fort, qu'il se fit conduire dans la ville pour se faire

---

(1) Il fut tué après avoir été conduit sous bonne escorte au lieu convenù.

mieux penser, et qu'attendant le temps de sa guerison il meditoit comme il pourroit faire quelque digne exploit si tost qu'il pourroit monter à cheval, et qu'il travailloit de l'esprit puis qu'il ne pouvoit rien faire du corps. Or journellement, depuis sa blessure, il envoya une barque de dix-sept à dix-huict tonneaux, esquipée en guerre, faire des courses sur la riviere, qui luy ramenoit tousjours quelques prises. Par le moyen de ceste barque il faisoit descendre quelques soldats, gens advisez, à deux où trois lieuës de Rouën, qui, feignans estre de l'armée du Roy, s'y en alloient rendre, recognoissoient quels regiments entroient en garde aux tranchées, combien de compagnies, quel nombre de soldats il y avoit à chacune d'icelles, quelles troupes estoient logées aux plus proches villages, et quelle quantité d'hommes il y pouvoit avoir. Ils travaillerent tant en plusieurs voyages qu'ils y firent, retournans tousjours avec la barque (car ils sçavoient le lieu et le temps qu'elle les devoit reprendre), qu'ils rapporterent audit Bois-rozé l'estat au vray de l'armée du Roy, jusques au nom de tous les capitaines et officiers des compagnies, et le lieu de tous leurs logements.

Bois-rozé, sur leurs rapports, ayant formé son dessein en soy-memes de ceste sortie, et l'ayant premedité assez long-temps, sort du lict, se faict monter à cheval, et va trouver le sieur de Villars qui estoit à disner au vieux palais, lequel il trouva sur le pont-levis sortant pour aller à son logis. Villars, voyant Bois-rozé, luy dit :

« Je m'estonne de vous voir icy en l'estat enquoy vous estes; vous devriez vous tenir au lict jusques à ce que soyez guery. » Bois-rozé luy fit responce : « Le desir que j'ay de vous communiquer un dessein que j'ay en l'esprit me fait oublier mon mal affin d'en pouvoir resouldre avec vous : si vous voulez ensuivre mon conseil, et me faire l'honneur de le croire, je vous feray faire le plus brave et genereux acte qui fut jamais faict en place assiegée. » Villars, qui avoit toute sorte de creance en luy, et desireux de faire quelque acte signalé pour accroistre sa reputation, le print par la main, et luy dit : « Mon amy, il ne tiendra pas à moy que ne fassions quelque genereux exploict ; j'ay faict tout ce temps passé plusieurs desseins et resolu de les executer, mais j'en ay esté tousjours destourné par mes capitaines. » Bois-rozé lui dit : « C'est à ce coup que vous ne les debvez croire, et tenez pour tout asseuré qu'il n'y a que Dieu seul qui peut destourner ce dessein, et crois fermement qu'il le permettra, car, executant ce que je desire, proposez vous que l'orage seul tumbera sur les huguenots. Monsieur, depuis que j'ay esté blessé j'ay faict toutes sortes de diligences pour apprendre les nouvelles de l'estat de l'armée, et ay faict en sorte que j'ay eu un estat au vray du nombre des hommes qui y sont, et particulierement de ceux qui entrent en garde aux tranchées, combien de regiments entrent en garde chacun jour, quel nombre de compagnies, et quelle quantité de soldats y a à chacune ; en voilà mesme l'estat que je vous baille, voyez-le. » Villars le print et le leut. Bois-rozé lors luy dit : « Tout cela vous peut il pas asseurer de faire une sortie sur vos ennemis, tuer, prendre et razer toutes les tranchées, prendre et enlever les canons des batteries, acte qui ne s'est jamais faict par des assiegez ? »

Villars se print à rire, et luy dit: « Mon amy, ostez vous cela de l'esprit; » comme voulant dire : Cela ne se peut faire. Bois-rozé luy dit encor : « Monsieur, je le feray. Si vous vous resolvez à faire demain une sortie, la faisant, l'escarre tumbera sur les regiments huguenots de Pilles et Boisse qui entrent ce soir en garde, et ne peut avoir en ceste garde plus de huict cents hommes. Vous en pouvez faire sortir deux mille pour les combattre, faire vostre execution et retraicte devant qu'ils puissent estre secourus. Vous pouvez loger vos troupes la nuict dedans le fossé sans alarme, à dix pas de leurs logements, et par ce moyen ils seront aux mains premier qu'ils ayent loisir de prendre les armes; et, pour moy, j'yray avec ma compagnie droict au canon de la premiere batterie; cela faict, si j'ay le temps, j'yray à l'autre, et y feray le semblable. » Villars ne se put empescher de rire de voir Bois-rozé si passionné et comme il parloit. Mais Bois-rozé, le voyant rire, luy dit : « Vous vous mocquez de m'ouyr parler de l'artillerie; j'auray revanche; mais que le coup soit faict, et je m'asseure que vous m'en sçaurez gré. » Villars luy dit : « Si vostre jambe ne vous faict trop de mal, je serois bien ayse que vinssiez avec moy au fort affin de vous faire veoir le lieu où sont logez les ennemis, et sur le champ resouldre avec vous de ce qui se peut faire. » Bois-rozé luy dit : « Allons, monsieur, là où il vous plaira, je ne sens nul mal. Le desir que j'ay de voir l'execution de ce brave dessein me faict tout oublier. » Ils montent au fort. Par les chemins ils discourent quel nombre d'hommes il conviendroit faire sortir, en combien de troupes, les lieux où il les failloit loger, dont ils demeurerent d'accord du tout. Estans arrivez au fort, Villars luy monstra les tranchées, les logemens des royaux de la poincte du bastion de Thuringue, et generallement tout ce qui s'estoit faict depuis sa blessure. Cela fait, ils se retirerent à part dans une chambre où ils discoururent de toutes les difficultez qui pouvoient arriver, qui furent soudain resoluës : de maniere que Villars resolut d'entreprendre la sortie, voyant à l'œil la facilité qui y estoit, et mesme que ce dessein se pouvoit executer sans peril. Il faict appeller les sieurs de Guitry (1), La Lande Pericard, Canonville, Grosmenil, Perdrier, Boniface, et quelques autres, ausquels il fit entendre le desseing que luy avoit proposé Bois-rozé sans leur dire la resolution qu'il avoit prise. Tous en general y contredisent, les uns disans une raison, les autres une autre : « Quel besoin avez vous, monsieur, luy dit un d'entr'eux, de hazarder aucun combat? vous estes à la veille d'estre secouru : tous combats sont doubteux. Vous estes plein d'honneur d'avoir soustenu un si long siege. Si vous faictes ceste sortie, et que les ennemis en soient advertis, ils se rendront si forts que, se meslans avec vos hommes, ils entreront pesle-mesle, et prendront vostre place. » Bois-rozé prit la parole et dit : « Monsieur, si vous croyez tels advis vous ne ferez jamais rien qui vaille la peine d'en parler. Que s'est il fait en ce siege digne de memoire ? Vous avez

---

(1) *Les sieurs de Guitry*. Ce sieur de Guitry s'appelle Guitry Fours, qui, ayant espouzé femme de la famille de Guitry, en porte le nom par la convention de son mariage; ce qu'il faut icy noter, pource qu'ès guerres de Savoye nous avons parlé du sieur de Guitry, qui est le chef de la maison, et se nomme Guitry Berticheres, et a esté tousjours du party royal. (Note de l'Auteur.)

gardé un rampart et le fossé de vostre place : n'y a il eu que vous au monde qui aye faict cela? Pour le hazard de la sortie, il n'y en peut avoir en se gouvernant comme l'on le peut faire. La faisant, il se fera ce que jamais assiegez n'ont faict jusques à present. Tout ce qui s'est jamais faict par des assiegez aux sorties qu'ils ont faictes, ç'a esté de faire abandonner les tranchées, et tuer et prendre ce qui leur a faict resistance, prendre les enseignes, enclouër quelques pieces d'artillerie, et brusler les pouldres qu'ils ont trouvées. Il faut faire d'avantage, il faut prendre le canon, je l'ay promis, et je le feray. » A ces mots, ils se prirent tous à rire, comme croyans que cela estoit impossible. Bois-rozé, s'ennuyant d'estre si long temps là (pour sa playe qui luy faisoit extremement mal), dit à Villars : « Monsieur, permettez moy que je me retire à mon logis, et ne croyez, je vous supplie, tels advis. Je vous conjure au nom de Dieu de ne changer de resolution. » Villars le prend par la main, et luy dit tout bas : « Mon amy, je le feray quoy qu'il puisse arriver; si tout reüssit selon nostre intention, vous et moy en aurons seuls l'honneur. » Bois-rozé luy dit : « Monsieur, tout l'honneur vous en demeurera, je me contenteray que l'on die que je suis autheur du dessein et seul de vostre advis, et d'avoir pris le canon. » Ce discours finy, Bois-rozé se retira chez luy, et Villars envoya tous ses capitaines en leur logis pour souper, et leur enjoignit de le venir trouver sur les trois heures après minuict avec leurs armes, et leur dit qu'il estoit resolu, si l'occasion se presentoit, d'executer ceste entreprise.

Une heure avant le jour le sieur de Guitry vint

trouver M. de Villars, auquel il fit entendre qu'il avoit opinion que les royaux estoient advertis de son entreprise, d'autant qu'à chasque moment ils demandoient à ceux qui estoient en garde quelle heure il estoit, et qu'ils s'estonnoient que l'on ne faisoit point de sorties, et s'il seroit bien tost jour. Ce rapport mit de Villars en quelque doubte que son entreprise ne fust descouverte; ce qui le fit envoyer le sieur de Fel sur la poincte du bastion vers Thuringue pour apprendre s'il y auroit apparence ou quelque verissimilitude que les royaux se doutassent de leur entreprise. De Fel, ayant demeuré quelque espace de temps, entendit un des soldats de l'union qui se mit à parler avec un de ceux du Roy, car ils estoient si proches l'un de l'autre qu'il n'y avoit qu'un sac de toille plain de terre entr'eux, et, entr'autres propos, ils en tenoient de pareils à ceux qui avoient esté rapportez par Guitry. Lors de Fel, prenant la parole, dit au soldat royal : « Pour le present on n'a pas moyen de faire des sorties, veu les fatigues supportées par les gens de guerre depuis quatre mois; mais, si nous estions aussi gaillards comme au commencement du siege, on ne vous laisseroit *si* long temps à repos, et vous iroit on veoir plus souvent. » A quoy le soldat royal ne fit aucune response. Dequoy de Fel print bonne opinion, et s'en revint trouver de Villars, et luy dit qu'il n'y avoit aucune apparence que les royaux eussent eu advis de son entreprise. Sur ce rapport Villars commença à faire preparer un chacun; il envoya dire à Bois-rozé qu'il se tinst prest pour satisfaire à ce qu'il luy avoit promis de prendre le canon. Il donna charge au maire La Londe d'advertir les douze capitaines de la ville de tenir quelque nombre de leurs bourgeois prests de marcher au lieu et heure qu'il leur seroit ordonnée, ce qu'il fit sur les cinq heures du matin, leur faisant commandement de conduire à heure presente vingt-cinq harquebusiers à la porte Sainct Hylaire, auquel lieu il se trouveroit affin de commander ce qui seroit à faire, à quoy chacun d'eux obeyt.

Au bruit qui courut dans la ville que l'on vouloit faire une sortie generale, non seulement tous les gens de guerre, mais les bourgeois se mirent tellement en armes, qu'il en monta plus de deux mille au fort, et le sieur de Villars fut contraint d'envoyer dire au capitaine qui estoit en garde à la porte Martinville de ne laisser passer aucuns bourgeois et de les renvoyer chacun en son quartier. Le maire La Londe, en ayant faict sortir quelques-uns par le guichet de la porte Sainct Hilaire, renvoya les autres border les murailles.

Sur les sept heures du matin, après que le sieur de Villars eut faict tirer un coup de canon pour signal à chacun de donner où il avoit ordonné, le capitaine Boniface avec son regiment de gens de pied, soustenu des compagnies du chevalier d'Oize, La Bracquetiere et La Riviere, estans à pied avec la cuirasse et le casque en teste, sortirent du fort par le fossé du costé de la riviere regardant Thuringue; le capitaine Jacques avec son regiment de pied, et compagnie de gens de cheval estans aussi à pied, par le costé regardant les Chartreux et Dernetail; et le sieur de Bois-rozé avec sa compagnie de gens de pied, le capitaine Pericard, dit La Lande, avec son regiment, par le flanc du vieil fort, soustenus par Canonville et Guitry avec leurs compagnies de cavalerie, estans aussi à pied avec la cuirasse et casque en teste, et le capitaine Perdriér seul avec sa compagnie de gens de cheval, ordonnée pour tenir ferme à ce que la retraicte fust plus aisée.

Le sieur de Bois-rozé, tirant droict à l'artillerie plantée au front du vieil fort, commença à renverser gabions et barricades, et à chasser les royaux qui y estoient en garde. Ayant tué tout ce qui voulut resister, cependant qu'il poursuivoit ceux qui fuyoient, les autres qui le suivoient tuerent tout ce qu'ils rencontrerent, et gaignerent cinq grosses pieces de canon qu'ils amenerent (aydez de quelques gens de travail), avec cordes et à force de bras, jusques sur le bord du fossé du vieil fort, et en enclouërent deux autres. Cependant les capitaines Boniface, Jacques et La Lande, de leur part, tuoient tout ce qu'ils rencontroient dedans et dehors les corps de garde et trenchées, renversans et culbutans par la plaine les gabions et barricades, et mettans le feu à la plus grande partie des logemens. Ils furent depuis les sept heures du matin jusques sur les neuf heures en cest exercice, qu'ils furent forcez de se retirer par le mareschal de Biron qui estoit logé à Dernetail, et leque, sur l'alarme qui se donna, arriva au secours avec nombre de cavalerie et infanterie. Ce combat fut long et furieux. Les royaux, outre la perte de cinq canons, perdirent une enseigne et cinq cens hommes tuez sur la place. Entre les morts se trouverent de remarque le marquis d'Espinay et le frere du sieur de Piles, de prisonniers, les maistres de camp de Boisse et de Piles. Les assiegez n'y perdirent que quarante hommes. Sur l'aprèsdinée une trefve de deux heures fut accordée pour recognoistre de part et d'autre les morts, laquelle finie les royaux recommencerent à tirer quelques volées de canon contre le vieil fort, ce qu'ils continuerent quelques jours suivans.

L'advis de ceste sortie, porté aux ducs de Mayenne et de Parme, leur fit tenir plusieurs conseils : les uns y soustenoient qu'il falloit donner teste baissée au secours de Rouen, et que l'armée royale estoit à demy deffaicte et estonnée d'un tel succez, qui estoit l'opinion du duc de Parme. Mais, comme dit Campana, M. de Mayenne voyant que c'estoit son advis, il luy dit qu'il le suivroit en toute entreprise, quelque difficile et dangereuse qu'elle fust, en la qualité de Charles de Lorraine, mais que comme lieutenant general du royaume de France, qu'il ne luy seroit jamais reproché d'avoir fait une telle faute, laquelle ne pourroit avoir d'autre fruit que la perte de leur armée et de leur party. « Quelle victoire par la force pourrions nous esperer, car, luy dit-il, nos ennemis ont au Pont de L'Arche, qui n'est qu'à quatre lieuës de Rouën, une bonne retraicte pour tous accidents? Posons le cas qu'ils demeurent fermes dans leurs retranchements : y a-il apparence de les y forcer maintenant sans que nous en soyons repoulsez veu leur grand nombre? Je suis d'opinion, pource que nostre cavalerie a besoin de se rafraischir des fatigues passées, que nous la conduisions en un lieu où l'on trouve des vivres à commodité pour la nourrir, et là où l'on se puisse camper seurement jusques à ce que l'on voye clair dans le dessein de nostre ennemy, lequel sans doute avec le temps luy-mesme nous fera naistre quelque occasion pour mettre fin à ceste guerre, et que cependant on hazarde de faire entrer quelques secours de gens de pied et de cheval dans Roüen, avec quelque argent. » Après que le duc de Parme y eut pensé, et receu advis que les royaux pressoient Roüen plus qu'auparavant, et cogneu que le sieur Villars leur avoit rendu par escrit les royaux plus estonnez qu'ils ne l'estoient en effect, il commença, comme dit ledit Campana, à estre *più cauto che primo* (1), advoüant l'opinion de M. de Mayenne. Aussi, après qu'ensemblement ils eurent choisi huict cents hommes de pied pour s'aller jetter dans Roüen, lesquels y entrerent le huictiesme mars, ils resolurent de se retirer sur la riviere de Somme, ce qu'ils firent, et le bruit fut que le duc de Parme vouloit assieger Ruë; mais, sur une plainte qu'il fit courir contre ceux de l'union, qui luy avoient rendu ceste entreprise facile en faisant oster l'eau des fossez de ceste ville, ce qu'il disoit ne pouvoir estre faict, il dispersa son armée au delà de ladicte riviere, comme s'il eust voulu la renvoyer en Flandres, et demeura là quelque temps attendant d'executer son dessein, comme nous dirons cy-après.

Le Roy n'estoit lors de ladite grande sortie au siege devant Roüen, car il estoit monté à cheval quelques jours auparavant avec la plus grand part de sa cavalerie, pour à toutes occasions recognoistre luy mesmes ce que faisoient ses ennemis et les entreprendre; mais, quand il eut veu qu'ils estoient repassez la Somme, il revint au siege de Roüen le 15 de mars. Desirant de le continuer et d'emporter ceste ville avec le temps, il fit venir du Pont de L'Arche trois grands basteaux du port de huict cens muids, couverts et remparez de gazons, garnis d'artillerie, et quelques barques esqui-

(1) Plus rusé qu'au commencement.

pées en guerre. Il fit aussi dresser, des deux costez de la riviere, deux forts sur lesquels il fit mettre dix pieces de canon, qui fut cause que les assiegez ne tirerent plus aucune commodité de ce costé-là, qui est le dessus de la riviere de Seine.

Villars, dans Roüen, continua de faire plusieurs petites sorties, et avec quelques-uns de ses capitaines, à la faveur de son canon, il tira mesmes quelquesfois la bague hors de la ville à la veuë des royaux. Il bravoit la fortune qui luy sembloit rire à son dessein (que plusieurs ont escrit avoir esté de se rendre maistre de la Normandie, bien que d'autres ayent escrit le contraire). Il desiroit tousjours sçavoir l'estat des assiegeans, chose qui luy estoit facile, et qui se fait plus d'ordinaire aux sieges qui se font ès guerres civiles qu'aux estrangeres, car pour ce faire il faisoit sortir quelques-uns de ses capitaines, lesquels ayans passé l'eau alloient repasser au Pont de L'Arche, et revenoient en l'armée royale portans l'escharpe blanche. Un nommé le capitaine La Vigne, qu'il avoit envoyé à cest effect, fit plus, car, ayant eu quelque accez vers le sieur du Fayl Belesbat, chancelier de Navarre, il fit dire au Roy qu'il s'offroit de luy livrer le boulevert de la porte Cauchoise, et en vint si avant en paroles, que moyennant dix mil escus il promit de le faire. Sur cest offre il eut liberté d'entrer dans la ville et d'en sortir quand il vouloit. Mais, fidelle à Villars, et luy ayant descouvert son dessein, qui estoit de prendre prisonnier ledit sieur du Fayl et tirer quelque argent du Roy, il entretint quelque temps ceste practique, descouvrant par ce moyen tout ce qui se faisoit au siege. Or, voyant qu'il ne la pouvoit plus continuer, il manda audit sieur du Fayl qu'il desiroit parler à luy, lequel y ayant envoyé un de ses freres qui estoit de robe longue, après quelques paroles qu'ils eurent, La Vigne, accompagné d'un second, se saisit de luy et l'emmena prisonnier dedans Roüen.

Le Roy, qui pensoit que ce siege tourneroit en longueur, congedia la pluspart de sa noblesse, et envoya refraischir aux provinces voisines et aux proches garnisons plusieurs regiments, ne se doutant pas que ses ennemis deussent espier ceste occasion et s'en servir comme ils firent peu après; car, aussi tost qu'ils en eurent eu advis, et qu'ils sceurent que l'armée royale estoit par ce moyen diminuée de plus de moytié, et mesmes que le Roy estoit allé à Diepe pour rompre une entreprise que lesdits ducs de Parme et de Mayenne avoient sur ceste ville là, ils rassemblerent en un jour leurs troupes, et firent un corps d'armée de cinq mille chevaux et douze mille hommes de pied. Ayans tous passé la Somme au Pont Dormy, et en quatre jours fait trente lieuës et passé quatre rivieres, le vingtiesme d'avril au matin, n'estans qu'à trois lieuës de Roüen, ils commencerent à cheminer en ordre de bataille, qui estoit du tout pareil à celuy de leur premiere venuë à Aumale, et arriverent ce soir là mesme à une lieuë près de Roüen.

Le mareschal de Biron, qui estoit logé à Dernetail, ayant dès le jour d'auparavant eu advis de l'acheminement de l'armée des ducs et de leurs desseins, alla en personne en advertir M. le cardinal de Bourbon et M. le chancelier qui estoient aussi à Dernetail, et en envoya à l'instant advis au Roy, lequel arriva de Dieppe la nuict mesmes. Cependant ledit sieur mareschal fit conduire sept pieces d'artillerie à Bans, village au dessus et à une lieuë de Dernetail, tirant vers le Pont de L'Arche, là où il se mit en bataille et separa son canon en trois parts pour recevoir le duc de Parme qui venoit coucher dans la vallée de ce costé là de Dernetail, ce qui occasionna tous les marchans de se retirer dudit camp toute la nuict au Pont de L'Arche. Les navires de guerre se retirerent aussi en mesme temps, après avoir tiré quelques coups de canon vers la ville. Le Roy demeura toute la nuict en un moulin près de Bans, et fut en bataille presque trente heures, faisant tousjours escarmoucher les plus advancez de ses ennemis.

Le duc de Mayenne ayant pris son logis au Boscguillaume, et le duc de Parme à Neauville, ils mirent en conseil s'ils devoient, avant qu'entrer à Roüen, aller presenter le combat au Roy qui les attendoit en bataille rengée audit Bans. Pour les diverses opinions il ne fut rien resolu ; et sur le soir les ducs de Mayenne, de Guyse et d'Aumale, avec le cardinal de Plaisance, qui se disoit legat, et autres seigneurs, entrerent dans Roüen, et allerent assister au *Te Deum* qui se chanta dans la grande eglise.

Après avoir prins leur refection ils se retirerent tous en leurs quartiers. Au conseil qu'ils tindrent le soir, après plusieurs discours s'ils devoient aller attaquer le Roy, le duc de Parme et les Espagnols, qui estoient de ceste opinion, soustenoient *che dovessero, senza di mora, tener dietro à Re, ne lasciarlo di posta fin che arrivato no l'avessero, e combattutolo, mentre egli si trovasse debole di forze, poiche rinvigorito avrebbe loro apportato nuovo e importante travaglio* (1). Mais le duc de Mayenne et les seigneurs

(1) Qu'ils devoient marcher droit au Roi, et le combattre pendant

françois leur dirent : « Sçavez vous ce que vous voulez faire ? Vous voulez que nous poursuivions un prince qui tient tous les ponts qui sont sur la riviere de Seine, qui peut se retirer en beaucoup de places fortes qu'il a en sa puissance, et passer tantost d'un costé de la riviere, tantost de l'autre, et qui nous amusera pendant que ses forces luy arriveront de tous costez pour nous faire changer de condition; car, au lieu que nous le poursuivrions, nous serions de luy poursuivis, pour ce qu'il peut, à cause des places qu'il tient, reduire nostre armée à disette de vivres : ce que cognoissant bien, il ne faudra pas à trouver quelque oportunité pour puis après nous forcer au combat. Nous n'avons en ceste armée au plus que pour quatre ou cinq jours de vivres; Roüen n'en a esté aucunement secouru. Il est donc meilleur et plus seur d'aller assieger Caudebec où il y a plusieurs bleds : aussi ce sera le vray moyen de desboucher le bas de la riviere et la rendre libre jusques au Havre, d'où ceux de Roüen et nostre armée pourront tirer plusieurs commoditez. »

Le duc de Parme, qui cognoissoit la verité de ce qu'ils disoient, et qu'il ne se pouvoit executer autre chose que leur proposition, ne voulut les laisser sans une repartie sur son opinion, et leur dit que la plus grande faute que pouvoit commettre un general d'armée estoit de ne sçavoir pas vaincre en se servant du temps et de l'occasion, principalement de l'espouvante et de la fuitte de son ennemy, et que s'il estoit creu maintenant, qu'il esperoit en moins de quatre jours mettre leur ennemy commun en tel estat que

qu'il étoit foible, parce que, si on lui donnoit le temps de rassembler ses forces, il leur susciteroit des obstacles nouveaux et insurmontables.

jamais il ne s'en pourroit relever. Quelques seigneurs françois se sousrirent de ceste rodomontade, et luy dirent qu'il avoit oublié le proverbe commun, *Doversi fare il ponte dell'oro à nimico che fugge* (¹). « Nous cognoissons, luy dirent-ils, celuy contre qui nous sommes armez pour combattre, il est tousjours à cheval pour nous chercher, croyez que nous l'aurons sur les bras plustost que beaucoup ne pensent. »

Après plusieurs autres propos ils resolurent d'aller assieger Caudebec. Le duc de Parme dez le lendemain changea de logis, et commença à faire tourner la teste de son armée de ce costé là. Ceste petite ville fut investie le vingt-quatriesme de ce mois par l'infanterie valonne, laquelle eut de la peine à se loger aux environs à cause que les vaisseaux de guerre que le Roy avoit devant Roüen y estoient à l'ancre, lesquels tiroient force canonnades sur eux. Le duc de Parme, ayant le prince son fils auprès de luy, avec le sieur de La Motte Gravelines, devisans du lieu où ils dresseroient la batterie, receut une mousquetade au bras droict entre le coude et la main, dont la balle demeura dans le bras. C'a esté la premiere et derniere fois que ce duc ait esté blessé, bien qu'il se soit trouvé en beaucoup de hazards en executant de grands exploicts militaires. Tout blessé qu'il estoit, il considera le flus et reflus de la Seine et les environs de Caudebec, puis s'alla faire penser. Le lendemain il commença à dresser ses batteries, faisant tirer sur les vaisseaux des Holandois qui estoient venus au siege de Roüen, lesquels incontinent leverent l'ancre avec les autres qui y estoient aussi, et s'en allerent mettre

(¹) Qu'on doit faire un pont d'or à l'ennemi qui fuit.

devant Quillebeuf. L'admiralle, pour sa pesanteur, demeura devant Caudebec aggravée, et fut contraincte de demeurer à sa discretion.

Le lundi 26 on commença dez le matin à battre Caudebec. Il y avoit dedans quelque cinq cents hommes pour la deffendre, ausquels le Roy avoit mandé qu'il leur donneroit secours dans le mardy; mais il n'y avoit point d'apparence qu'ils pussent tenir dans ceste place, à laquelle en moins de deux heures le duc pourroit faire bresche, donner l'assaut, et les tailler tous en pieces. Les chefs aymerent mieux aussi sortir à composition, emporter leurs armes et bagages, et estre conduits en lieu de seureté, que de se perdre. Les Espagnols et les Italiens vouloient toutesfois les tailler en pieces, et soustenoient que l'on ne les devoit recevoir à composition, mais que la place et ceux qui estoient dedans devoient estre mis à feu et à sang pour la blessure de leur general. Le duc leur dit que s'il faisoit cela il se monstreroit barbare. « Dites moy, leur dit-il, peut-on estre bon soldat sans se bien deffendre, et peut-on se deffendre sans offencer? On ne peut faire aucune distinction des personnes en tel acte. » Ainsi Caudebec rendu au duc de Parme, on mena la plus-part des vivres qui y estoient dedans à Roüen. Mais ceste mesme journée le duc receut advis certain que le Roy estoit à cheval pour le venir trouver et luy presenter la bataille. Alors les François luy dirent: « Vous avons nous pas bien dit que nous n'avions que faire de le poursuivre, et que nous ne l'aurions que trop tost sur les bras? Où serions nous si nous l'eussions poursuivy? » Aux conseils qu'ils tindrent sur cest advis, ils resolurent de chercher un lieu pour s'y fortifier, là où ils l'attendroient pour le combattre ou pour voir ce qu'il voudroit faire, et cependant qu'ils s'ayderoient du temps et de l'occasion. « Car de s'en retourner, disoient-ils, d'où nous sommes venus, il n'y a plus nulle apparence ny aucun moyen. »

Ils estoient bien d'accord de choisir un lieu pour s'y fortifier, mais ils furent fort discordans en l'eslection. Le duc de Parme proposa d'aller à l'Islebonne, lieu assez fort, et disoit, pour fortifier son opinion, qu'ils auroient Le Havre de Grace derriere eux, dont ils tireroient toutes les commoditez dont l'armée auroit besoin. Les autres disoient : « Si l'armée s'achemine à l'Islebonne, le Roy se mettra entre Caudebec et l'Islebonne, et ayant repris Caudebec, Roüen se trouvera plus resserré qu'auparavant. Enfin ils resolurent de se camper à Ivetot. Voyons pendant qu'ils tenoient ces conseils ce que le Roy faisoit.

Aussi tost qu'il fut adverty à Diepe que les ducs venoient très-forts donner la teste baissée droict à Roüen et le secourir, il manda de toutes parts que l'on le vinst trouver. Voyant que les ducs ne l'avoient esté attaquer à Bans, et qu'ils estoient allez prendre Caudebec, il s'en alla au Pont de L'Arche. En six jours son armée estant accreuë de trois mille chevaux et six mille hommes de pied, il en partit le vingt-huictiesme d'avril avec vingt pieces de canon, et fit advancer son armée vers Fontaine Le Bourg.

Le 29 d'avril le Roy et toute son armée arriverent à une demy-lieuë d'Ivetot où il prit son champ de bataille. Il se fit ceste journée plusieurs charges et combats : c'estoit des deux costez à qui feroit paroistre le plus sa dexterité et sa valeur.

Le lendemain le Roy voulut luy mesme recognoistre Ivetot où le duc de Mayenne estoit logé, et lequel disposoit lors de l'armée pour la blessure du duc de Parme auquel il avoit fallu incizer le bras pour luy oster la balle qui y estoit demeurée : il en sortit tant de sang dont il devint si foible qu'il ne pouvoit monter à cheval. Il se fit en ceste recognoissance une charge où les royaux poursuivirent les ligueurs jusques dans leur logis d'Ivetot, et en tuërent quelques-uns et prinrent quarante-cinq prisonniers.

Les deux jours suivans se passerent en legeres escarmouches de part et d'autre. Aucuns ont escrit que les charges qui se firent furent plustost pour s'entremonstrer leur façon militaire que de s'entre-endommager judicieusement.

Le troisiesme de may le Roy, ayant envie de se rendre maistre d'un tertre qui faisoit le milieu du logis de ses ennemis, d'où il les eust peu endommager beaucoup, y envoya nombre d'infanterie pour s'y retrancher : mais incontinent le duc de Mayenne y fit aller le maistre de camp Capizuca avec son regiment et quelques Espagnols qui le leur firent quitter, et du depuis y mirent quatre pieces d'artillerie pour plus asseurer leurs logemens : de part et d'autre ce n'estoit que canonnades.

Le Roy voyant que ses ennemis n'avoient autre soin que de se retrancher sans vouloir sortir que peu de leurs logemens, bien qu'il les invitast au combat par toute raison de guerre, il resolut de changer de champ de bataille et de s'aller mettre entre ses ennemis et l'Islebonne, et les tenir comme assiegez, ce qu'il fit. Alors ceux de la ligue patirent beaucoup à cause des vivres qui commencerent à leur manquer, n'en pouvans recevoir de nulle part: et au contraire le Roy en avoit en abondance, qui luy venoient de Diepe et de Sainct Valery. Il se fit alors plusieurs charges en divers endroicts où il mourut de bons soldats de part et d'autre. En un soir il se fit presque une bataille entre les deux armées. Ceux de la ligue furent très-mal menez, car, outre qu'il y en demeura sur la place beaucoup de tuez, et aucuns de qualité, il y eut aussi beaucoup de blessez, et d'autres qui coururent hazard de la mort et de la prison, mesmes les principaux, entr'autres les ducs de Mayenne et de Guyse qui se trouverent presque environnez des royaux, et eurent bien de la peine à se sauver. Le fils du duc de Parme, d'un autre costé, ayant voulu s'advancer avec quelques lances, fut rechassé si soudain jusques dans son logement qu'il laissa plusieurs des siens sur la place et ne se sauva qu'à peine, son cheval estant tué sous luy.

Le Roy tenoit tellement ses ennemis comme assiegez dans leurs logemens, que le bruit fut par toute la France qu'ils n'en sortiroient jamais sans prendre passe-port de luy. La cherté estoit extreme parmy eux; le lot de vin y valoit un escu et haulsoit de jour en jour de prix, la livre de pain dix sols, et ainsi de toutes autres choses; il n'estoit pas jusques à l'eau dont ils avoient beaucoup de disette. Les pluyes continuelles qu'il fit lors incommodoient grandement leurs gens de pied. Plusieurs chevaux et de grand prix leur moururent faute de foin. L'argent ne leur manquoit pas moins que toutes les autres choses. Au contraire, l'armée du Roy croissoit tous les jours, et abondoit de toutes sortes de vivres.

Le 14 de may le Roy desirant gaigner la poincte d'un petit bois où ils s'estoient retranchez, lequel estoit proche de leur champ de bataille, et où estoient en garde six cents Espagnols et Valons, sur la pointe du jour il les fit assaillir si promptement, que, leur retranchement gaigné, la plus grande partie fut taillée en pieces, et ne s'en sauva que bien peu qui à toute fuitte se sauverent au gros de leur armée. Ce fut lors que le duc de Parme, bien que beaucoup incommodé pour sa blessure, se fit porter par leur armée, encourageant les siens au combat, pensant que les royaux deussent poulser plus outre et le forcer à la bataille : tout du long du jour ce ne furent que diverses charges et escarmouches. Il fit venir auprès de luy tous les seigneurs du conseil de guerre, et, sur la proposition qu'il leur fit qu'il failloit ou regaigner le bois perdu et empescher les royaux de s'y fortiffier, ainsi qu'il sembloit qu'ils vouloient faire, ou mourir tous les armes au poing, ils furent tous de son opinion, et pour ce faire il fit advancer six mil hommes de pied en deux escadrons, ayans un petit escadron volant au front avec mille chevaux legers pour les soustenir, puis il fit mettre quelques pieces de canon sur une montagnette pour les favoriser. Le Roy d'autre costé s'advança tellement avec une partie de son armée, qu'il n'y avoit entre luy et ses ennemis qu'une petite campagne raze sans bois ny riviere. Des deux costez ils commencerent à s'entre-saluër à coups de canon; mais, bien qu'ils s'escarmoucherent fort de part et d'autre, et que plusieurs bons soldats furent là tuez, si ne vinrent-ils point à un combat general : tant d'un costé que d'autre il fut bien tiré trois cens coups de canon, puis sur le soir chacun se retira en son logement.

Les ducs, se voyans si mal menez, et le Roy prest de forcer leur place d'armes à Ivetot, resolurent de changer de logis, et aller camper à un quart de lieuë de Caudebec, ce qu'ils firent la nuict du 18 dudit mois, le plus secrettement qu'ils purent, sans sonner tambour ny trompette : les derniers mirent le feu dans leurs logis. Ceste retraicte, bien qu'ils la firent en très-bon ordre, leur fut honteuse; mais ils l'aimerent mieux faire de nuict que de jour de crainte d'estre desfaicts, ainsi qu'il est advenu jadis à plusieurs grands capitaines qui vouloient se conserver la reputation : encores le temps qui estoit pluvieux et obscur y ayda beaucoup. Ils perdirent toutesfois quelque peu de leur bagage.

Le duc de Parme se mit au lict estant à Caudebec, et le duc de Mayenne, ayant donné l'ordre requis pour la seureté des logements de leur armée, devint aussi un peu malade. La cherté de vivres s'augmentoit. Plusieurs chefs de leurs gens de guerre ne songeoient qu'à trouver les moyens de se pouvoir retirer à sauveté. Le Roy, qui ne laissoit escouler aucune occasion pour les endommager, estant adverty que le quartier de leur cavalerie legere que conduisoit George Baste et Charles de Croy estoit logée à Ranson, à un trait d'harquebuze de leur champ de bataille, resolut de leur enlever ce quartier là, ce qui luy succeda comme il avoit projetté; car, s'estant presenté avec la pluspart de sa cavalerie vis à vis où estoit logée l'armée des ducs qu'il entretint en escarmouches, il envoya d'un autre costé le mareschal de Biron, lequel en mesme temps donna dans Ranson, tailla en pieces tout ce qui s'y trouva les armes au poing : quelques-uns se sauverent à la fuitte, et entr'autres Baste, laissant pour butin aux royaux grand nombre de beaux chevaux, leurs mulets, leur vaisselle d'argent, quelques milliers d'escus et tout leur bagage.

Les ducs, ayans perdu leur cavalerie legere qui estoit de dix-sept cornettes, ne penserent plus qu'à pouvoir eschapper de tomber sous les armes du Roy, qui leur tenoit à toute heure, comme on dit en commun proverbe, l'espée dans les reins. Ils ne le pouvoient faire qu'en passant la riviere de Seine, et se retirer le plus diligemment qu'ils pourroient vers Paris : ce qu'ils resolurent faire. Le Roy ny tous les François ne croyoient point que le duc de Parme et les Espagnols, qui se disoient estre du tout curieux de leur reputation, voulussent se retirer de la façon, et que plustost ils se feroient voye par la force pour s'en retourner en Flandres; mais ils furent deceus de la bonne opinion qu'ils avoient d'eux, et l'advis vint à Sa Majesté, sur le soir du 22 may, que les ducs, ayans fait venir quantité de barques de Rouën, avoient fait un pont sur lequel avoit passé la pluspart de leur armée, et qu'il ne restoit à passer que le fils du duc de Parme et l'arrieregarde, laquelle passa en bel ordre le lendemain matin, et sans perte abandonnerent ainsi Caudebec. Le Roy, ayant mis le sieur de La Garde avec son regiment dedans, print sa cavalerie et s'en alla passer au Pont de L'Arche, pensant atteindre les ducs au passage de la riviere d'Eure; mais ils cheminerent à si grandes journées, que Sa Majesté se desista de les poursuivre et renvoya son armée se refraischir en diverses provinces. Les Espagnols en ce passage mirent le feu en plusieurs lieux, et le duc de

Parme ne dormit point de bon œil qu'il ne fust repassé la Seine à un autre pont de barques qu'il fit dresser à Charanton, d'où il passa en Brie, s'en alla à Chasteau-tierry, et de là retourna en Flandres, comme nous dirons cy-après.

Alors que le Roy faisoit passer et repasser par force la Seine au duc de Parme, et que les royaux se res-jouissoient d'avoir contraint un si puissant ennemy de retourner en Flandres, il advint en ce mesme mois de may en divers lieux qu'ils firent de grosses pertes; entr'autres devant la ville de Craon que messieurs les princes de Conty et de Dombes tenoient assiegée.

Ceste ville est située dans les marches d'Anjou, entre la Bretaigne et le Mayne, sur la riviere d'Oudon. Le sieur du Plessis de Cosme commandoit dedans pour l'union. Elle servoit de seule retraicte à ceux de ce party du pays du Mayne et d'une partie de l'Anjou, qui fai-soient une infinité de courses sur les royaux en toutes ces provinces là. Ce fut ce qui occasionna M. le prince de Conty, qui estoit lieutenant general de l'armée qu'a-voit le Roy ez pays de Touraine, Anjou et le Mayne, d'aller assieger ceste ville, et pourquoy le Roy aussi manda à M. le prince de Dombes de s'y rendre avec toute l'armée qu'il avoit en Bretagne. En ce siege il y avoit quantité de seigneurs et gentils-hommes qui avoient troupes, entr'autres messieurs le duc de Mont-bazon, d'Amville, de Rambouillet, de Bouillé pere et fils, le marquis de Vilaines, d'Avaugour, de L'Estelle, de Pichery, et autres. Les mareschaux de camp es-toient le sieur de Racan pour l'armée de M. le prince de Conty, et le sieur de Pruneaux pour celle de M. le prince de Dombes, dans laquelle il y avoit de belles troupes d'Anglois et quelques compagnies de lansquenets.

M. de Mercœur, qui commandoit seul en ces provinces là pour l'union, considerant l'importance que ce luy seroit de perdre ceste place qui luy servoit de frontiere, resolut à quelque peril que ce fust de la secourir. Or il avoit gaigné de son party le marquis de Belle-isle, fils du mareschal de Rets, avec sa place de Machecou, et plusieurs gentils-hommes, lesquels quitterent l'escharpe blanche, prenans leur excuse sur ce qu'ils avoient demandé plusieurs fois audit sieur prince de Conty secours contre le duc de Mercœur et les Espagnols qui endommageoient grandement leurs terres. D'autre part, M. de Bois-dauphin avec la noblesse du Maine qui estoit du party de l'union s'estoient retirez auprès de luy, ce qui luy faisoit avoir de belles troupes de cavalerie. Son infanterie espagnole, commandée par dom Jean d'Aguila, estoit en bonne conche (1). Ayant amassé toutes ses troupes et tous ses amis, avec quatre canons, il se resolut de faire lever le siege de Craon ausdits sieurs princes, ou de les combattre et de les desfaire, ce que dèslors il s'asseura de faire à cause de la longueur de ce siege où les soldats avoient paty, et tout le plat pays des environs leur estant ennemy pour la perte qu'ils avoient faicte de leurs bestiaux. Ainsi le duc de Mercœur fit marcher son armée vers Craon en belle ordonnance, où il arriva le vendredy au soir d'après la Pentecoste, et fit tirer trois coups de canon pour monstrer aux assiegez qu'il estoit là pour leur secours, et, dez le lendemain matin à soleil levant, il alla attaquer le

(1) *En bonne conche*: en bon état.

chasteau de Bouchedeuxheures qui est sur le bord de la riviere, dans lequel estoit le commandeur de Thorigny.

Le sieur de Lestelle fut commandé par M. d'Anville d'aller audit Bouchedeuxheures avec cinquante chevaux pour considerer la contenance du duc de Mercœur et en rapporter nouvelles certaines; mais, y arrivant, il trouva que l'assaut se donnoit au chasteau, et fut cause de sauver ledit commandeur et quelques-uns des siens qui voyans la place emportée s'estoient jettez dans la riviere à nage.

Après la prise de ce chasteau M. de Mercœur, sans faire en cest endroit là passer le gué de la riviere à son armée pour aller attaquer M. le prince de Conty qui estoit dans le champ de bataille, fit marcher les siens la teste baissée droict au quartier de M. le prince de Dombes, ledit sieur de Lestelle les costoyant tousjours, la riviere entre deux, jusques à ce qu'ils fussent à un petit pont que l'on avoit faict pour la communication des armées desdits sieurs princes, où il trouva desjà le tiers de l'armée de l'union passée par ledit pont pour venir au champ de bataille où s'estoient joincts les princes et leurs armées. Ce que voyant Lestelle pria les sieurs de Sainct Fal, de Beauvau et de Cordouan, d'aller dire ausdits sieurs princes ce qu'ils avoient recognu de leur ennemy, et qu'à son advis il seroit à propos de combattre ce qui estoit passé, qui facilement seroit taillé en pieces, et que par ce moyen on auroit meilleur marché du reste. Cest advis, proposé au conseil que tenoient lors lesdicts sieurs princes, fut trouvé bon par eux et par M. d'Anville; mais plusieurs opinions s'y trouvans contraires, M. le prince

5.

de Dombes envoya dire audit sieur de Lestelle qu'il se retirast à la cornette blanche, ce qu'il fit.

Cependant le duc de Mercœur fit passer le pont à toute son armée, prit sa place de bataille entre l'armée royalle et la ville de Craon, et s'attaqua lors une escarmouche qui dura près de dix heures sans y recognoistre grand avantage d'une part ny d'autre. M. de Montbazon commença le combat, où il fut porté par terre, et, ayant esté remonté, il retourna encores à la charge, où il perdit quelques gentils-hommes. Le sieur de Pichery fit aussi une autre charge où il fut blessé, et quelques-uns des siens tuez et blessez. Alors messieurs les princes assemblerent tous les seigneurs et capitaines de l'armée au champ de bataille pour demander leur advis de ce qui estoit à faire, d'autant que le champ de bataille leur estoit fort desavantageux. Le sieur de Lestelle, opinant le premier, dit qu'il n'estoit point temps de parler de cela, ny de retraicte, pour les inconveniens qui s'en pourroient suivre, et qu'il failloit que les coups d'espées ou la nuict les tirast hors du champ de bataille, ce que le sieur Hardy, mareschal des logis de l'armée de M. le prince de Dombes, approuva et fut de cest advis; mais tout le reste opina le contraire, fors messieurs les princes et M. d'Anville qui vouloient combattre à quelque prix que ce fust, mais en fin ils se laisserent aller à la pluralité des voix de ce conseil, et fut commandé au sieur d'Apchon, qui portoit la cornette blanche, de se retirer au petit pas, et au sieur de Lestelle de se joindre avec luy. Ainsi M. le prince de Conty s'achemina après la cornette blanche, et estant desjà à quelque mil pas, M. le prince de Dombes, faisant la retraicte, l'envoya prier de se retirer. Ceste retraicte se fit par lesdits sieurs princes avec un grand regret et les larmes aux yeux, se mandans l'un à l'autre : « Dites à mon cousin que nous sommes trahis. » Aussi tost que ledit sieur prince de Conty fut descendu en un vallon et creux chemin, il trouva, à deux cents pas de là, l'armée de ceux de l'union en teste, et toute l'armée de M. le prince de Dombes en desroute, la plus-part de ceux qui l'accompagnoient ayant pris la fuitte. Ce prince, se voyant ainsi abandonné, après avoir fait tout ce que l'on peut faire par les armes, et ayant diverses fois combattu, ne luy restant plus que trente chevaux, fut contraint et forcé par les gentils-hommes qui estoient près de luy de se retirer, comme avoit faict M. le prince de Conty avec pareil desplaisir, n'ayant auprès de luy lors de sa retraicte que vingt-cinq chevaux. Ils se retirerent à Chasteau-gontier, tous deux par divers chemins, tournant toutesfois tousjours la teste, et donnans coups d'espées et de pistolets.

En ceste journée il se perdit beaucoup de gens de bien et bons soldats, et y fut tué en combattant le sieur de Bascon, capitaine des gardes de M. le prince de Dombes, et de prisonniers furent pris les sieurs de La Rochepot, de Racan, d'Apchon et de Lestelle, lesquels furent menez à Nantes. Tous les canons, plusieurs cornettes et enseignes de gens de pied, demeurerent aux victorieux. Voylà l'effect de ceste journée, qui fut fort prejudiciable au service du Roy en ces provinces là, car dez le lendemain, lesdits sieurs princes ne trouvans personne qui voulust demeurer pour garder Chasteaugontier et soustenir la premiere furie de ceux de l'union, M. le prince de Conty se retirant vers Angers, et M. le prince de Dombes à Vitré en Bretagne, le duc de Mercœur se saisit de Chasteaugontier, et tout d'une main de la ville de Laval où les habitans contraignirent le marquis de Vilaines de se retirer, ce qu'il n'eust fait s'il eust eu des gens de guerre pour reprimer la volonté des habitans, dont les deux tiers estoient affectionnez au party de l'union.

Le duc de Mercœur, estant venu non seulement à chef de secourir Craon, mais aussi ayant desfaict une telle armée et pris ces deux villes, voyant que ceux de Mayenne et de Saincte Susanne, qu'il fit sommer, estoient resolus de se bien deffendre, retourna en Bretagne, et passa auprès de Vitré. Ceux de dedans, pensans qu'il les deust assieger, avoient faict abbatre leurs faux-bourgs; mais sans s'y amuser il tourna à gauche, et s'en alla passer par Chasteaugyron, et se retira à Nantes.

Plusieurs ont escrit et parlé diversement de ceste journée, et que lesdits sieurs princes y ont esté ou trahis, ou très-mal servis par ceux qui avoient les charges en leurs armées.

Premierement, pour le peu d'ordre que l'on avoit donné d'amunitionner les soldats de bales, car au fort du combat ils furent contraints de tirer sans balles, et de mettre des pierres dans leurs harquebuzes, et en telle necessité il faillut aller parmy la cavalerie querir des balles de pistolets. Voylà une grande faute et desordre dont quelques-uns ont tenu que le duc de Mercœur avoit eu advis.

Secondement, en l'eslection du champ de bataille pris trop près de la ville, et en lieu du tout desadvantageux pour la cavalerie, ayant laissé la place advantageuse au duc, qui avoit la ville de Craon à son dos. Car, disoit-on, dez que l'advis fut venu de l'acheminement du duc avec son armée, il failloit faire recognoistre les forces qui eussent esté suffisantes pour donner bataille, faire retirer la plus-part du canon à Chasteau-gontier, n'en retenir que ce qui eust esté necessaire pour la bataille, et marcher droict au devant du duc pour le combattre et le contraindre de se retirer.

Tiercement, on remarquoit la faute de n'avoir pas creu l'advis du sieur de Lestelle, qui estoit de combattre l'armée du duc demie passée : car si cela se fust faict il n'y avoit doute que messieurs les princes eussent gaigné la journée.

Mais la derniere et plus grande faute fut de n'avoir suivy ce qu'avoit opiné ledit sieur de Lestelle, de ne partir du champ de bataille, quelque desadvantageux qu'il fust, et y maintenir le combat jusques à la nuict : car si cela se fust faict l'on eust faict la retraicte sans peril ny perte de canon; car, disoit-on, c'est une maxime generale, que jamais armée qui faict sa retraicte de jour, à la teste d'une armée ennemie, n'a encouru que perte et dommage : les exemples en sont infinis, et les raisons y sont toutes apparentes; car l'armée qui se retire ne peut, estant suivie, combattre en ordre de bataille à cause des tournetestes qu'il faut faire à toute heure, aussi que les soldats n'entendent qu'à leur retraicte, et non à combattre, le vulgaire pensant tousjours estre une fuite, et non une retraicte, ce qui oste le courage aux gens de guerre, et au contraire l'augmente aux autres qui suivent, croyans plustost aller à la victoire et au pillage qu'au combat.

Voylà ce que plusieurs ont escrit sur ceste journée. Du depuis M. le prince de Conty s'estant retiré à Angers et refaict son armée, le Roy y envoya messieurs les mareschaux d'Aumont et de Laverdin, et mit on le siege devant Rochefort, ainsi que nous dirons cy-après. Voyons maintenant ce qui se passa en ce temps-là en la vendition de Ponteaudemer et au siege de Quillebeuf.

Le siege estant devant Roüen, le Roy fit recognoistre la place de Quillebeuf; en ayant consideré l'assiette, il resolut de s'en saisir, et en donna le gouvernement à M. le grand escuyer de Bellegarde le douziesme jour de may, avec pouvoir de la fortifier; et pour son lieutenant M. du Fayl-Belesbat, chancelier de Navarre, fut nommé et envoyé pour commencer la fortification, à laquelle ayant travaillé quinze jours ou trois sepmaines, et recognu l'importance de ceste place, il se resolut de s'en faire gouverneur, et eut pour le soustenir en son dessein M. le mareschal de Biron, dequoy le baron de Biron son fils advertit M. le grand, qui se resolut par sa presence de rompre ce dessein, et partit de l'armée avec sa maison seulement. Estant à Lizieux il voulut tenter la volonté dudit sieur du Fayl; mais il recognut que l'advis qu'on luy avoit donné estoit veritable. Il despescha au Roy, et l'advertit de l'affaire, il en escrivit à M. de Montpensier, gouverneur de Normandie, et rechercha ses amis pour l'ayder à une entreprise qu'il fit sus ladite place. Le Roy sur cet advis depescha les sieurs du Plessis Mornay, de Janbeville, Marcel et Vienne, conseillers du conseil d'Estat, lesquels, estans arrivez à Quillebeuf, firent changer d'advis audit sieur du Fayl, qui promit d'obeyr et de se retirer : mais il se saisit tellement, soit de regret ou autrement, que deux jours après il mourut, et fut enterré sur un boulevart auquel il avoit donné son nom. Il estoit fils de la fille unique de ce grand chancelier Michel de L'Hospital, lequel luy avoit laissé par testament sa bibliotheque; aussi estoit il homme de lettres. Le jour mesme qu'il mourut M. le grand entra dans Quillebeuf, et fut accompagné du sieur d'Haqueville, gouverneur de Ponteaudemer, et d'autres qui se retirerent le lendemain, qui estoit le premier de juillet, et entr'autres ledit sieur du Plessis qui alla retrouver le Roy. L'on employa un ou deux jours à voir le dessein dudit sieur du Fayl que M. le grand vouloit retrancher, et, comme il en discouroit avec l'ingenieur Erard, il eut advis que M. de Mayenne, qui estoit à Rouen, envoyoit des troupes du costé de Ponteaudemer, dont il donna advis audit sieur d'Haqueville.

Après que le duc de Parme, comme nous avons dit, eut repassé la Seine auprès de Charenton, il tira droict à Chasteauthierry. Le legat Sega et le duc de Guise s'enfermerent dans Paris, et M. de Mayenne s'en retourna pour donner ordre à Roüen, craignant un nouveau siege. Il mena avec luy deux mille Suisses, douze cents que François que Lorrains, et nombre de cavalerie. Plusieurs ont escrit que cependant il ne laissoit d'entretenir le Roy d'un traicté de paix, et que les deputez d'une part et d'autre s'assemblerent à Dernetail pour cest effect, mais que ce qu'il en faisoit n'estoit que pour entretenir Sa Majesté cependant qu'il feroit donner l'ordre requis dans Roüen. Les Seize de Paris en prindrent l'alarme, et firent courir une infinité de faux bruits pour augmenter les jalousies entre ledit duc de Mayenne et le duc de Guise, et entr'autres que le duc de Mayenne estoit d'accord avec le Roy, et luy avoit promis de luy faire rendre toutes les villes de l'Isle de France, à la charge qu'il auroit pour luy, outre le gouvernement de la Bourgongne, celuy de Guyenne que madame de Mayenne avoit desiré fort d'avoir à cause des terres qu'elle y avoit, et que son fils auroit le gouvernement de Champagne qui devoit appartenir à M. de Guise. Mais les effects que fit le duc de Mayenne depuis firent paroistre le contraire de tous ces faux bruits; car le bourg de Dernetail, lequel avoit esté si soigneusement conservé par les royaux, fut bruslé par ceux de l'union afin qu'ils ne s'y vinssent plus loger; et, pour rendre libre la navigation de Roüen au Havre de Grace, et pour oster ce camors que l'on leur dressoit à Quillebeuf, il se resolut, voyant que l'armée du Roy estoit divisée, une partie estant vers Caën, et l'autre que conduisoit le mareschal de Biron, qui costoioit le prince de Parme pour l'empescher de rien entreprendre à son retour, de se rendre maistre de Ponteaudemer et de Quillebeuf.

Pour Ponteaudemer il gaigna ledit sieur de Hacqueville par argent, ainsi que plusieurs ont escrit, lequel alla le 3 de juillet à Quillebeuf disner avec M. le grand, et, après avoir visité avec luy les commencements des fossez faicts par le feu sieur du Fayl, il se retira, et la nuict suivante il mit ledit sieur de Mayenne dans la ville de Ponteaudemer, en laquelle se trouverent lesdits sieurs Marcel, Jambeville, Vienne, et autres, qui furent arrestez prisonniers.

Ce mesme jour sur le vespre l'armée de M. de

Mayenne investit Quillebeuf du costé de Ponteaudemer. Elle estoit composée d'environ cinq mil hommes,
tant en cavalerie qu'infanterie, lesquels se vindrent
loger à la portée du mousquet des fossez. Du costé de
la mer en mesme temps les assiegez apperceurent de
loing des vaisseaux, ce qui leur fit croire que c'estoit
à bon escient.

Quatre des vaisseaux hollandois de ceux qui estoient au siege de Roüen estoient encores au port
de Quillebeuf : voyans ceste affaire ils demanderent
congé. Ceux qui estoient auprès de M. le grand luy
conseillerent de les retenir, au moins les vaisseaux,
canons et munitions qui estoient dedans, mais il les
laissa aller avec toute sorte de courtoisie, disant qu'il
estoit plus à propos que le mal fust au dehors que
dedans. Cependant que ceux-cy s'en vont les autres
s'approchent, et, voulans passer devant la ville pour
aller gaigner le dessus, ils furent empeschez à coups
de canon, et l'un des vaisseaux, percé de canonnades,
prit eau et demeura sur le sable. Ceux qui estoient dedans se sauverent, et le laisserent le reste de ce jour
et une partie de la nuict, jusques à ce que le reflus le
ramena avec les autres, ayant esté rabillé. Ainsi Quillebeuf fut investy, et ne demeura libre aux assiegez que
le haut de la riviere du costé de Caudebec et de Roüen.
Quillebeuf estoit un village habité de gens rudes qui
vivoient sans juges et sans police, où les matelots y
sont experimentez et hazardeux ; mais le plus fort y
donnoit la loy au plus foible ; il ne s'y payoit point de
tailles ; peu ou point de religion parmy le commun de
ce rude peuple. La ville, si ville se peut nommer, est
en un fonds, bastie de petites maisons sur le bord de la

Seine; à l'entour il y a des montagnes ou falaizes plus hautes d'un costé que d'autre : ce qui fait qu'il y a une longue ruë au milieu. Le flus et reflus de la mer apporte des commoditez à ceste petite ville. Le destroit est dangereux, et peu ou point de matelots l'osent passer sans avoir des Quillebois qui les conduisent seurement. Il n'y avoit ny fossé ny muraille quand M. du Fayl-Belesbat y entra, qui avoit deliberé de la faire nommer Villenry ; et pour faire sa fortification il enferma beaucoup de terre, et voulut la faire monter jusques au haut de la montagne. Il laissa ceste falaise qui alloit de la ville jusques au haut sans fossé ny palissade. Au haut de la montagne il fit les fossez d'un bastion, et, continuant le fossé de cent pas en cent pas, il laissa la marque des bastions à faire. La place avoit une lieuë françoise de rond. Le fossé quand le siege commença estoit en largeur et hauteur de quatre pieds.

M. le grand, se voyant assiegé, fit aussi tost une reveuë de tout ce qu'il y avoit dans Quillebeuf : il s'y trouva quarante cinq soldats et dix gentilshommes avec luy, et fort peu d'habitans ; mais il la trouva garnie de bonnes coulevrines et canons, et de trente ou quarente pieces de fer qu'il fit tirer des vaisseaux appartenans à des marchans de Quillebeuf. Il y trouva aussi qu'il y avoit trois milliers de pouldre, une piece de vin, cinquante de cildre, douze caques de biscuit, toutesfois sans aucun pain pour le souper du soir qu'il fut assiegé, ny farine, ny bled, ny moulins, et falut que luy et les siens eussent recours au biscuit pour ce premier repas. Il donna incontinent advis du siege et de l'estat de la place au Roy, et en escrivit aussi au sieur de Chatte, gouverneur de Dieppe, et au sieur de La Garde, gouverneur de Caudebec. La nouvelle portée à M. le comte de Thorigny, il se jetta dans la place avec six gentilshommes, un page et un valet de chambre. Ledit sieur de La Garde fit aussi incontinent embarquer le sieur de Flassac, son neveu, avec cinquante soldats, tout le pain cuit et toute la farine qui estoit dans Caudebec, du bled, des moulins à bras, de la pouldre, des armes et des vivres, ce qu'il en put trouver. Ce secours arriva le matin, et quinze heures après que Quillebeuf fut assiegé, où il n'y avoit ny pain, ny farine, ny bled; et ce jour là sans ce secours les assiegez se fussent couchez sans souper.

Les assiegeans le sixiesme juillet gaignerent le dessus de la riviere, ce que le jour d'auparavant ils avoient essayé de faire; et, nonobstant les coups de canon que l'on leur tira de Quillebeuf, ils passerent, et occuperent de ce jour là le haut et le bas de la riviere pour empescher les vivres et le secours. Mais pour tout cela on ne laissa d'apporter souvent des nouvelles aux assiegez par le flus et reflus; et mesmes le septiesme jour du siege M. de Grillon y entra avec deux de ses amys, et apporta quelques vivres dans son batteau. Ceux qui tenoient le chasteau de Tancarville, qui estoit de l'autre costé de l'eau vis à vis de Quillebeuf, ne faisoient point la guerre. La nuict suivante le baron de Neufbourg y entra avec six gentilshommes, qui tesmoigna un grand regret de ce qu'avoit faict son frere d'Haqueville à Ponteaudemer. Mais toute ceste noblesse, ny les soldats ny les habitans, ne paroissoient point en une place de si grande estenduë.

Les assiegeans, ayans employé quelques jours à faire

des tranchées qui estoient autant profondes que les fossez de la ville, envoyerent sommer M. le grand; mais le trompette fut renvoyé sans estre escouté. Il n'y avoit pas grande apparence d'opiniastrer la garde de ceste place, qui n'estoit autre chose qu'une grande campagne environnée de fossez qui n'estoient en quelques endroits que de quatre pieds de largeur et autant de hauteur; en d'autres les advenuës en estoient libres. Les quatre et cinquiesme jours du siege les assiegeans tirerent cinquante ou soixante vollées de canon. Les assiegez ne quitterent jamais le dehors, et principalement la nuict ils y jettoient des sentinelles. Les jours ensuyvans se passerent sans aucun effect de part et d'autre. Il y eut quelques coups de canon tirez dans la ville qui firent peu de mal. Le seiziesme juillet la batterie fut plus rude. Il y eut un bastion qui endura trois ou quatre cents coups de canon; mais la terre que le boulet faisoit tomber estoit rejettée au dedans par les soldats qui n'abandonnerent jamais les fossez. Le canon cessé, les assiegez se preparerent à l'assaut, et mesmes les seigneurs souperent contre la breche tous armez. Ce jour et les deux suyvans se passerent en l'attente de l'assaut.

Cependant le Roy ayant commandé à messieurs le comte de Sainct Paul, d'O et de Fervaques de secourir la place, ils userent de telle diligence qu'ils assemblerent en dix jours douze cents chevaux et nombre d'infanterie, dont les assiegeans advertis se resolurent de faire un dernier effort, et de faire donner un assault general avant que d'estre contraincts de lever le siege; et le dixneufiesme juillet, à neuf heures du soir, les assiegeans tirerent deux coups de canon, qui estoit leur signal pour l'assaut general. En cest assault le sieur de Vitry donna à la breche, où se rencontra M. le grand avec quelques uns des siens. Au commencement ils combattirent avec la pique quelque temps de part et d'autre. Les assaillans estoient en grand nombre; mais, après avoir longuement disputé et tué quatre des assiegez, ils se retirerent avec perte. Tremblecourt donna au hault de la falaize, et monta sur le boulevart, armé de toutes pieces, mais il ne fut suivy de personne; il descendit et retourna, puis remonta pour la seconde fois sur le mesme boulevart où estoit accouru le sieur de Serrecane, lieutenant de M. le grand, qui le repoulsa du hault en bas du boulevart dans le fossé. Le sieur de Villars fit donner les siens entre la riviere et la falaize, où ils ne trouverent ny eau ny barricade, de sorte qu'il leur fut aisé d'entrer de ce costé là. Ils se jetterent, les uns dans les maisons, les autres dans les navires, pour piller; mais le comte de Torigny, accourant là avec un sien page et un vallet de chambre, empescha le reste d'y entrer. Le lieu estoit estroit, et y avoit un grand vaisseau qui servoit de baricade. Les Quillebois qui gardoient ce costé l'ayans abandonné, y revindrent avec M. de Grillon qui accourut au bruit de ceste allarme chaude. Ceste troupe ferma le passage à ceux qui estoient dehors, et enferma ceux qui estoient dedans, la plus-part desquels furent tuez ou prisonniers. Ainsi de tous costez ceux de l'union estans repoulsez, et le combat cessé, ils se resolurent de lever le siege, ce qu'ils firent de bon matin, et se retirerent à Ponteaudemer. Voylà comme le siege fut levé de devant Quillebeuf, lequel dura trois semaines, où ceux de l'union perdirent de bons soldats, et tirerent trois mil cinq cents coups de canon sans rien faire. Des assiegez il n'y eût que cinq soldats de tuez et vingt de blessez.

Le jour que le siege se leva il arriva dans Quillebeuf force munitions de guerre et des vivres que le commandeur de Chatte envoyoit de Dieppe, et le lendemain le secours parut. Messieurs de Sainct Pol, d'O et de Fervaques visiterent la place, et y mirent des hommes et des vivres, s'esmerveillans qu'une campagne et non pas une ville avoit resisté plus par resolution et bonne mine que par raison.

L'issuë en fut bonne, et ne fit pas cognoistre la temerité des assiegez d'avoir, contre toute raison, opiniastré la garde d'une campagne degarnie d'hommes, de munitions, de vivres, de fossez et de palissades; laquelle depuis, ayant esté munie, a incommodé ceux de Rouen autant que le fort de Gournay fit les Parisiens, ainsi que nous dirons cy après.

Les susdits seigneurs, ayans sejourné deux jours dans Quillebeuf, partirent avec toutes leurs troupes, et M. le grand aussi, pour aller trouver le Roy qui batoit la ville d'Espernay, que le duc de Parme avoit pris pendant le sejour qu'il fit à Chasteauthierry en s'en retournant aux Pays-Bas.

En ce siege fut tué d'un coup de canon le mareschal de Biron. C'estoit un valeureux seigneur, et aussi entendu general d'armée qu'aucun autre qui ait esté de son temps. De descrire icy les batailles où il s'est trouvé, les armées qu'il a conduictes, et les actions militaires qui ont rendu son nom immortel, cela se trouve assez dans les historiens qui ont escrit depuis l'an 1550 jusques à present.

Espernay estant rendu au Roy à composition, il y mit dedans le baron de Vignoles, puis il congedia le prince d'Anhalt et ses reistres, avec les lansquenets qu'il avoit de reste. Comme M. le mareschal de Bouillon les avoit amenez, il les accompagna aussi jusques sur la frontiere, où, ainsi que quelques uns ont escrit, ils devaliserent tous les vivandiers des troupes dudit sieur mareschal, et mesmes ils proposerent de se saisir de sa personne pour l'asseurance de ce qui leur pouvoit estre deu. Aussi-tost qu'ils furent passez la Meuse ils commencerent à se separer, qui cent d'un costé, qui plus qui moins d'un autre, pour s'en retourner le plus promptement qu'ils pourroient en leurs provinces. Quand au prince d'Anhalt, il demeura encor ceste année deçà le Rhin avec quelques troupes, et fit la guerre pour ceux de Strasbourg contre le cardinal de Lorraine. Ceste guerre procedoit à cause de l'eslection de deux evesques de Strasbourg, ainsi que nous dirons cy après. Ceux qui ont escrit de l'utilité qu'apporta ceste armée de reistres en France, s'accordent tous qu'elle avoit esté *di più gravezza a gli amici che di danno a' nimici* (1).

Avant que de dire comme le sieur de Maugiron livra Vienne au duc de Nemours, des prises et reprises d'Antibes, et de ce qui s'est passé en Provence, Dauphiné et Languedoc, voyons ce que fit le prince Maurice pendant le voyage que le duc de Parme fit en France en ceste année, et de ce qui se passa au Pays-Bas jusques à son retour.

Aussi-tost que le duc de Parme en fut party pour entrer en France, ce ne furent que plaintes, tant des

(1) Plus à charge à ses amis que nuisible à ses ennemis.

gens de guerre qu'il y laissa, lesquels n'estoient point payez, que pour les foulles qu'ils faisoient aux provinces où ils hyvernoient.

Le prince Maurice, desirant se prevaloir de son absence, par l'intelligence qu'il eut avec le baron de Pesch, dressa une entreprise au mois de mars sur la ville de Mastricht, et amassa en la Canpeigne quelques quatre mille hommes, tant de pied que de cheval, et, avec certains bateaux qu'il avoit sur la riviere de Meuse, il pensoit entrer du costé de Vyck, qui est une partie de la ville située à l'autre rive, tandis que l'escalade se donneroit en un autre endroict. Mais, comme les eschelles se trouverent trop courtes, au bruit que l'on fit l'alarme se donna en la ville, qui intimida ceux des bateaux à ne faire leur devoir, ce qui fit faillir l'entreprise; et s'en retourna le prince sans rien faire, fasché du peu de devoir que ses gens avoient faict du costé de la riviere. Ledit sieur de Pesch, estant descouvert d'avoir esté de l'entreprise, se retira avec le prince en Hollande, où depuis il eut charge d'une compagnie de cavallerie. En retournant de ce voyage par la Canpeigne ils prindrent en passant le chasteau de Berkeyck. Les Espagnols pour le recouvrer y accoururent et l'assiegerent, mais les Estats y envoyerent quelques troupes qui les empescherent de le reprendre.

Il y avoit en ce temps-là deux factions en la religion pretenduë reformée dedans la ville d'Utrecht : les consistoriaux et les jacobites. Ceux-cy ainsi appellez à cause d'un ministre d'un de leurs temples appellé Sainct Jacques, et l'autre à raison d'un autre ministre qui disoit que la discipline et censures ecclesiastiques ne se pouvoient exercer sans consistoire. Les consistoriaux, quatre ou cinq ans auparavant, le comte de Leycestre estant gouverneur, duquel ils estoient caressez et favorisez, avoient chassé de la ville aucuns des plus notables jacobites qui mesdisoient du consistoire, lesquels estoient de grand parentage et les mieux venus entre la commune. Or, un jour que les consistoriaux s'en doutoient le moins, quelques bourgeois se mirent de grand matin en armes, et s'addresserent aux logis de ceux qui avoient le plus soustenu le consistoire qu'ils prindrent prisonniers, et en mesme temps les menerent vers la porte et les mirent hors la ville, puis rappellerent ceux qui auparavant en avoient esté chassez.

Quand le prince Maurice prit Zutphen, Deventer et Delfziel, il avoit resolu de se rendre maistre et de Groëningue et de Stenvich; mais le siege que mit le duc de Parme devant Knotzenbourg luy fit quitter pour un temps son entreprise. Le succez de toutes ces choses nous l'avons dit cy-dessus. Les Groëningeois escrivirent au comte Pierre Ernest de Mansfeld, lieutenant en l'absence du duc de Parme aux Pays-Bas, et mesmes au roy d'Espagne, pour les supplier de donner ordre affin de les faire delivrer de l'estat miserable où ils estoient reduits par les garnisons voisines des gens des Estats que le prince Maurice avoit mis en plusieurs forts aux environs de leur ville. Ils envoyerent aussi leurs deputez à l'Empereur, qui le supplierent d'avoir le soin qu'une telle ville que la leur, qui s'estoit volontairement et librement donnée dez l'an 1536 à la maison d'Austriche à la charge que l'on les maintiendroit contre tous ennemis, ne tom-

6.

bast sous la puissance des ennemis de ceste maison, et que pour leur secours il estoit besoin, non d'une armée de cinq ou six mille hommes, mais d'une armée royale forte pour reconquester une partie de la Frise occupée par les garnisons du prince Maurice et des Estats. L'Empereur, ne pouvant de luy beaucoup en ceste affaire pour les empeschements nouveaux qui luy estoient survenus en Hongrie, en escrivit au roy d'Espagne en leur recommandation, lequel manda audit comte de Mansfeldt que, sur toutes choses, il donnast ordre à la Frise, et mist les Groëningeois hors de doute. Mansfeldt leur avoit jà envoyé neuf mil florins pour soulager leur pauvre commune; il despescha aussi incontinent Verdugo avec six mil hommes, tant de pied que de cheval, qui alla en Frise; mais il n'y fit pas grand exploict, sinon que d'y reprendre quelques petits forts et quelques tranchées.

Le prince Maurice cependant ayant assemblé les estats particuliers de Zelande à Mildebourg, et requis secours d'hommes et d'argent pour attaquer les Espagnols l'esté prochain, afin de dresser une armée pour assieger les places qui incommodoient ceux de leur party en Frise et en Overyssel, et entr'autres Steenvich, où le capitaine La Coquielle, walon de nation, qui y commandoit avec seize enseignes de gens de pied, y avoit retiré tous ceux qui avoient vendu Gertruydemberghe au duc de Parme, ainsi que nous avons dit cy-dessus l'an 1589, et ceux de la garnison de Deventer qui avoient promis de ne porter point les armes d'un an contre le prince et les Estats, tellement que tous ces gens de guerre ramassez et determinez endommageoient fort par courses ceux du party des Estats, les estats de Zelande ayant accordé au prince Maurice ce qu'il leur demandoit, il s'en retourna en Holande, et, sur l'advis qu'il eut que le duc de Parme estoit assez empesché en France, il amassa toutes ses troupes des garnisons où ils estoient, dressa son armée, et le 20 may alla investir Steenvich.

La Coquielle, se voyant investy, fit assembler toute sa garnison, et leur dit ces mots : « Je desire, mes compagnons, qu'en ce siege que nous voyons s'apprester, vous et moy acquerions l'honneur que desirent acquerir ceux qui font le mestier que nous faisons en deffendant bien une place assiegée, laquelle est forte et d'art et de nature, car toute la campagne qui l'environne ce sont marais où l'ennemy ne se peut camper que malaysément. Pour l'artifice, elle est enceinte de bonnes murailles bien remparées, bien flanquées, avec de bons fossez. Mais toutesfois, pour ce qu'il advient beaucoup d'accidens aux sieges de villes, et mesmes qu'il n'y a aucune valeur ny generosité d'hommes qui peust resister dans une place, bien qu'elle fust inexpugnable, assiduellement combattue sans secours, c'est pourquoy je desire vous representer quelques particularitez qui peuvent advenir, affin qu'ayant vostre opinion je face une resolution de ce qu'il nous faudra faire jusques à la fin de ce siege; car les perils que l'on a preveus de longue main sont plus aisez à supporter quand ils adviennent. Il n'est pas vray semblable que nos ennemis puissent accroistre de beaucoup leurs forces qu'ils ont en ce siege, pour ce qu'ils sont contraincts de laisser leurs places garnies de gens de guerre, de peur des entreprises et surprises que les braves soldats et serviteurs de Sa Majesté Catholique y pourroient faire; bref, nous voyons maintenant tous ceux à qui nous avons affaire. Pour le secours que nous pouvons esperer, bien que je ne vueille faire aucun fondement sur celuy que nous devons attendre du duc de Parme, duquel nous avons eu advis qu'il a faict lever le siege de Rouen, si vous diray-je qu'il n'a eu charge de Sa Majesté Catholique d'entreprendre ce voyage avec les forces qui estoient en ces Pays-Bas que pour faire ce seul exploict, sans s'obliger à aucune autre nouvelle entreprise, et de retourner incontinent de deçà. Mais bien, quand il ne reviendroit pas si tost, il ne faut pas penser que le comte de Mansfeld nous laisse perdre icy, ny Verdugo, tant pour son interest que pour son honneur, car ceste place est de son gouvernement. Or, posons le cas que nos ennemis croissent à milliers, et que nous soyons sans esperance de secours : je ne doute point toutesfois qu'usant moderement des munitions de guerre que nous avons dans ceste ville, nous ne facions recevoir une honte à nostre ennemy et le contraignions de lever son siege honteusement. Pour tout cela je ne desire point vous contraindre de soustenir un siege dans ceste ville, mais je vous prie que vous me disiez un chacun de vous ce qu'il pense estre besoin de faire, comme il se faudra gouverner, et jusques à quel temps l'on peut juger que nous pourrons tenir et soustenir ce siege. »

La Coquielle n'eut plustost achevé ce mot, que les capitaines tous d'une voix luy dirent qu'il leur faisoit tort, et qu'il sembloit qu'il doutast de leur fidelité, ce qu'il ne devoit faire; et, levans les mains, luy protesterent que jusques à la derniere goutte de leur sang ils deffendroient ceste place pour Sa Majesté Catholique. Dequoy La Coquielle, bien ayse d'avoir cogneu leur affection, se promit une bonne yssuë de ce siege, ce qui ne luy advint pour avoir eu affaire à un courageux ennemy, lequel s'estoit logé dez le commencement au village de Havelt, du costé de l'orient de la ville, et trois jours après il fit loger sa cavalerie à Giethoorn, et de pas en pas, par le moyen des tranchées qu'il fit, il osta la campagne aux assiegez, et le huictiesme jour du siege, après que toutes les approches furent faictes et le camp bien retranché, ils commencerent à dresser la batterie de vingt-quatre pieces de canon, qu'ils firent tirer de telle furie qu'à plus d'une lieuë de là la terre en trembloit, et furent tirez ce jour plus de sept mille coups de canon, le sieur de Famas, general de l'artillerie, n'y espargnant balles ny poudres, de sorte qu'il falut sur le soir faire cesser la batterie parce que le canon, trop eschauffé, donnoit par dessus la ville au quartier du comte Guillaume de Nassau, où il tua quelques soldats. La baterie cessée, les assiegez ne s'en firent que moquer, ballians leur rampart, comme si cela ne leur eust non plus nuy que des coups de balets et non de boulets, avec beaucoup de propos de gausseries qu'ils disoient aux assiegeans.

Le treziesme du mois la batterie recommença, plus furieuse qu'auparavant, depuis les quatre heures du matin jusques à six heures du soir, où il fut tiré douze mil coups de canon; et, combien que la bresche ne fust suffisante, si est-ce que le prince fit approcher cinq esquadrons comme pour donner un assaut, mais on ne passa pas plus avant pour ceste fois.

Les assiegez faisoient souvent des sorties bien furieuses, tantost sur un quartier, tantost sur l'autre du camp des Estats, où ils prenoient tousjours quelques prisonniers, dont ils en pendirent aucuns hors du rempart. Entre autres ils firent une camisade le dix-septiesme dudit mois avec environ cinq cents hommes, et, gaignans les trenchées, se ruërent sur la compagnie du capitaine Olthoven qu'ils deffirent et taillerent en pieces.

Le capitaine Cornput, du regiment des estats de Frise, inventa certaine machine de bois en forme d'une petite tour à trois estages, qui se montoit et desmontoit par vis si haut que de là on pouvoit descouvrir tout ce qui se faisoit en la ville, à chacun desquels estages y avoit quelques mousquetaires qui empeschoient que nul ne se pouvoit trouver ny par les rues ny au rempart : ce qui fut cause que les assiegez percerent les maisons de l'une en l'autre sans qu'il leur fust besoin d'aller par les ruës, et descouvrirent toutes les maisons qui s'y trouverent couvertes de paille, affin que les assiegeans n'y pussent tirer du feu. Et comme cest engin de bois leur empeschoit le plus l'accez à leur rempart, ils bracquerent quelques pieces d'artillerie pour l'abbatre, et, combien qu'il fust tout à jour, si est-ce qu'ils en emporterent de tels esclats avec perte d'hommes, qu'en fin, ny pour promesses, ny pour menaces, les chefs n'y purent plus faire entrer les soldats, et ainsi ceste machine devint inutile depuis.

Environ la fin du mois de juin, le gouverneur Verdugo, sçachant bien que les assiegez dedans Steenvich avoient faute de poudre, envoya deux cents cinquante soldats avec chacun un sac de dix ou douze livres faire une espreuve s'ils pourroient entrer en la ville, et, pour plus grande asseurance, envoya un homme les advertir à quelle heure ils viendroient, affin que les assiegez faisans au mesme temps une sortie de ce costé-là, il leur fust tant plus aysé d'y entrer. Mais cest homme ayant esté pris par ceux du camp du prince, et bien interrogé, il descouvrit le secours qui devoit venir, lequel ne faillit à l'heure que le gouverneur avoit mandé, lequel bien attendu au passage, il y en eut deux cents qui furent taillez en pieces, le surplus se sauva qui put. Ce qu'entendans les assiegez, et que de plus en plus leurs gens se diminuoyent, ayans perdu le comte Ludovic de Berghe, les capitaines Blondel, Hessel, les lieutenans de Steenbach et de Camega, et plusieurs autres, voyans aussi qu'il n'y avoit point d'espoir de les pouvoir delivrer, et que tant leurs vivres qu'autres munitions leur deffailloient, penserent de parler de composition; mais, pource que le prince Maurice vouloit avoir tous ceux qui avoient livré Gheertruydemberghe au duc de Parme, afin d'en faire ce qu'il voudroit, il ne fut rien fait pour ceste fois, alleguans que dès le commencement du siege ils avoient tous juré de vivre et mourir egalement, à raison dequoy la condition de l'un ne devoit pas estre pire que l'autre, aymans mieux mourir en combattant, qu'estans prisonniers après la ville renduë et estre pendus.

Sur ce le prince fit redoubler sa batterie jusques à soixante cinq pieces de canon qui foudroyoient tout dans la ville, outre les trois mines qui jouërent le quatriesme de juillet, et firent un tel eschec des soldats qui estoient dessus et au pied du rempart, qu'on n'y voyoit qu'hommes voller en l'air, et y donna telle ouverture qu'on fust bien allé à cheval à l'assaut. L'effect desquelles mines le prince Maurice voulant recognoistre, s'en estant approché, receut une harquebusade de dedans la ville en la jouë gauche, mais sans danger, dont il guerit tost après. Les assiegez, bien estonnez de tels foudroyemens, desesperans de se pouvoir maintenir plus long temps, craignans en si belles et spacieuses bresches d'estre emportez d'assaut, consentirent tous d'un commun accord de parlementer et traitter d'apoinctement, ce que le prince leur accorda; et le lendemain, cinquiesme de juillet, fut conclu et arresté que les assiegez sortiroient avec l'espée, et jureroient de ne porter les armes outre le Rhin de demy an contre les Estats.

En ceste sorte fut la ville de Stenvich renduë au prince Maurice après avoir enduré vingt-neuf mille coups de canon, et que ledit sieur y eut perdu environ quinze cents hommes et beaucoup de blessez, entr'autres le colonel François Veer et Horatio son frere, le colonel du regiment de Vest-Frise, Guillaume de Dorp, dont il mourut, et plusieurs autres. La ville rendue, le capitaine Berestein y fut mis en garnison avec quatre compagnies. Le camp des Estats y demeura si long temps ès environs, que les remparts furent reparez, les fossez nettoyez et relevez, et tous les retranchemens applanis. Ceux qui avoient livré Gheertruydemberghe n'estans comprins en l'accord, autant qu'il en fut attrapé furent pendus. La Coquielle et tous les siens, avec les blessez, les malades et les bagages, furent conduits jusques en la comté de Benthen, ez frontieres de Vestphale.

Le duc de Parme estoit allé prendre des eauës de Spa quand Stenvich fut rendu au prince Maurice, ainsi que le raportent plusieurs relations qui s'accordent en cela, et disent qu'après que ledict sieur duc eut repassé la Seine à une lieuë au dessus de Paris sur un pont de bateaux qu'il fit faire exprès, il s'en alla à Chasteauthierry, où il sejourna quelque temps pour attendre de l'argent de Flandres afin de payer son armée, ayant entretenu ses soldats depuis son entrée en France, en leur baillant seulement deux escus par mois, et que, leur ayant faict donner une paye, il s'estoit retiré pour aller aux eauës de Spa, *per esser molto indebolito, uscitogli gran quantità di sangue del braccio, et però debile, et afflitto più dalla sua vecchia indispositione* (1).

Le duc de Parme, estant donc malade à Spa, rescrivit au comte de Mansfeldt qu'il eust à secourir Stenvich, puis solicita par escrits, commanda et menaça les Espagnols qui estoient aux garnisons de se joindre audit sieur comte : mais ils n'en voulurent rien faire qu'ils ne fussent satisfaicts de ce qui leur estoit deu. Il commanda aussi au colonel Mondragon, gouverneur de la citadelle d'Anvers, d'entrer avec cinq mille hommes et cinq pieces d'artillerie au païs de Champeigne, ce qu'il fit, et assiegea le chasteau de Vesterloo, lequel se rendit le 18 juillet par composition. Passant oultre, il alla devant Tournhout qui se rendit pareillement le 20, et celuy de Bergheve le 21, qui estoient trois places par lesquelles les gens des Estats travailloient tousjours le pays de Brabant et autres

(1) Pour être beaucoup affoibli, à cause de la grande quantité de sang qui lui étoit sorti du bras lorsqu'il fut blessé devant Caudebec; ce qui le rendoit débile, avec ce qu'il étoit affligé de sa vieille indisposition.

lieux circonvoisins : ce que l'on faisoit affin de tascher à faire destourner le prince Maurice de ses desseins ; mais tout cela ne servit de rien, car l'armée ne se pouvant assembler promptement pour secourir Stenvich, ils le laisserent ainsi perdre, et l'Espagnol put encor cognoistre la verité de ce vieil proverbe françois : *Qui trop embrasse mal estreint.* Pensant envahir la France, il se trouva n'avoir pas assez dequoy seulement pour dompter les Estats, ce qui fut cause qu'il perdit ceste année les deux plus belles forteresses qu'il eust au pays d'Overyssel et au pays de Tuente ; car le prince Maurice, tout d'une suite poursuyvant la victoire de Stenvich, envoya son armée devant la ville et fort chasteau de Covoerden au pays de Tuente ; et luy, ayant tiré de son armée douze cents hommes et cinq pieces d'artillerie, il marcha vers la ville d'Otmarson dans laquelle commandoit Alphonse de Mendosse, lequel voyant qu'avec sa cavalerie il n'y pouvoit faire aucun service durant le siege, il en sortit avec soixante chevaux, et passa au travers des troupes du prince, promettant à ceux d'Otmarson de faire tant envers le colonel Verdugo qu'il leur ameneroit du secours. Le sieur de Famas, general de l'artillerie, ayant dressé sa batterie, la nuict mesme estant prez du canon, il fut tiré de la ville, au son de sa parole, d'une harquebusade en la teste, duquel coup il fut tué. Le prince le regretta fort, estant un de ses principaux conseillers au faict de la guerre, et très-experimenté au faict de l'artillerie. Les assiegez, après quelques volées de canon, presumans que s'ils s'opiniastroient le prince se voudroit venger sur eux de la mort dudit Famas, demanderent composition qui leur fut accordée. En mesme temps que la garnison espagnole sortoit, la garnison y assignée de la part des Estats y entra, et ce mesme jour le prince vint retrouver toute son armée devant Covoerden.

Le Drossart, entendant la venue du camp du prince, brusla la ville et abatit tous les jardins et hayes d'alentour pour ne rien laisser où ses ennemis se peussent mettre à couvert. Ce nonobstant, le prince Maurice se retrancha peu à peu jusques au bord du fossé du chasteau qui est fort d'assiette, de nature et d'artifice, et qui estoit estimé imprenable. Il y avoit un ravelin près de la porte qui garantissoit le pont, lequel fut mis incontinent par terre. Ce nonobstant, les assiegez ne laissoient de faire des sorties assez furieuses. Ils en firent une en plein midy où ils taillerent en pieces toute une compagnie, capitaine, lieutenant et enseigne, et ne s'en sauva au plus qu'unze soldats. Pour empescher toutes ces sorties le prince fit dresser quelques pieces de canon afin de rompre le pont, ce qui fut fait. Or cest esté estoit du commencement fort sec, qui fut cause que tant plus aysement il assiegea ceste place tout à l'entour, voire mesmes ès lieux marescageux; et, comme les fossez du chasteau estoient profonds et larges, après qu'il eut fait escouler le plus qu'il put les eaux, il les fit pied à pied remplir en roulant terre à terre de la largeur de dix ou douze pieds tant seulement, et, à mesure que le fossé se remplissoit, ce qui estoit remply se couvroit de nuict avec des planches posées sur des estançons, restant par dessous une forme de galerie qui se continua petit à petit si long temps qu'elle vint au pied du rempart. Les planches par dessus estoient couvertes de terre et de gazons, affin que les assiegez n'y pussent jetter le feu; car autrement ne la pouvoient ils offenser de leur artillerie. Puis par ceste gallerie vindrent les premiers à la sappe du rempart, sans que rien les pust empescher. Et, comme ce rempart estoit armé de gros troncs d'arbres et membres de bois, tant croisez que couchez à droit, la terre et quelques faissines entre-deux, ceste terre ostée il fut deliberé d'y mettre le feu.

Le duc de Parme, sçachant de quelle importance estoit Couvoerden, comme la clef de tout le pays de Frize, Drenthen et Groninghe, envoya quatre mil hommes de pied et quinze cents chevaux sous la conduite de Verdugo, gouverneur du Groningeois, pour tascher à en faire divertir le siege; mais s'estant approché, et trouvant le prince bien retranché, il alla se camper à Enlichom pour couper les vivres qui venoient au camp des Estats du costé de la ville de Zwol, et fit faire force signals pour faire entendre aux assiegez qu'il estoit là pour leur secours. Après y avoir sejourné quelques jours, voyant qu'il en venoit en abondance par autres endroits, il delibera d'attaquer les tranchées : ce qu'il fit faire du commencement bien à propos par le comte Fregnano Sessa avec cent braves soldats esleus qui, ayans passé la premiere tranchée, se mirent à crier *Victoire!* mais ils furent au mesme instant repoulsez par le comte de Hohenloo qui y accourut en toute diligence, et en fit demeurer plusieurs sur la place; puis le canon du prince donnant au travers de quelques escadrons, Verdugo fut contraint de faire faire retraitte, toutesfois tousjours escarmouchants et marchans en gens de guerre, comme s'ils eussent resolu d'y retourner encor une autre fois.

Les assiegez, voyans leur secours retiré, quittans tout espoir, sentans leurs rempars tellement sappez qu'il ne restoit qu'à y mettre le feu, leurs deffenses et parapets entierement abbatus, et qu'il n'y avoit homme si hardy qui s'y ozast monstrer s'il n'estoit las de vivre, aymerent mieux rendre la place par capitulation.

Verdugo s'estant ainsi retiré avec ses troupes, et Covoerden tombé en l'obeyssance des Estats, le prince Maurice, qui durant le siege n'avoit voulu sortir hors de son camp pour le combattre, craignant de perdre une si belle occasion qu'il avoit en main pour se faire maistre de ceste place, après y avoir mis garnison et donné ordre à la reparation des remparts et ruines et à l'applanissement de ses trenchées, partit avec toute son armée et poursuivit les Espagnols tirans vers le Rhin et voulans le repasser à l'endroict de la ville de Berck. Mais comme le prince les talonnoit de si près, Verdugo, sentant ses gens descouragez qui se retiroient à la file passant à costé de la ville de Vezel, le prince tousjours le poursuivant, s'alla camper à l'abry d'une petite ville en Vestphale nommée Bocholt, où le prince ne l'osa attaquer, car il n'y avoit qu'un chemin assez estroit pour y aborder, au reste une grande fondriere et plaine marescageuse entre-deux. Ce qui fut cause que le prince, sans le vouloir poursuivre plus avant, comme l'automne estoit jà fort avancé et que les pluyes et mauvais temps de l'hyver approchoient, s'en retourna en Holande, et mit son armée en garnison aux villes jusques au printemps, ainsi que nous dirons l'an suivant.

Cependant aussi que Verdugo se retiroit de l'autre

costé au pays du Liege pour y faire hyverner ses troupes, le duc de Parme faisoit ses preparatifs pour entrer la troisiesme fois en France; mais la mort l'en empescha, ainsi que nous dirons sur la fin de ceste année. Retournons voir en France ce qui s'y faisoit.

Au mesme temps que le duc de Mayenne gaigna le gouverneur de Ponteaudemer, ainsi qu'il a esté dit cy-dessus, le duc de Nemours aussi qui estoit à Lyon, et toutesfois divisé de volonté d'avec ledit duc de Mayenne, voulant, ainsi que plusieurs ont escrit, s'y establir une souveraineté particuliere, comme il se pourra plus aysement juger à la suitte de ceste histoire, practiqua le sieur de Maugeron, lequel, contre la fidelité qu'il devoit au Roy, prenant pour plainte et subject que l'on luy avoit refusé un brevet de quelque benefice qu'il avoit demandé pour un des siens, nonobstant tout le bon accueil que luy avoit faict Sa Majesté peu de jours auparavant, entra en practique avec le duc de Nemours, et luy promit de luy livrer les forts qui sont dans Vienne, appellez Pipet, Saincte Colombe et La Bastie, moyennant, ainsi que plusieurs ont escrit, nombre de deniers. Le jour de l'execution assigné entr'eux au dixiesme jour de juillet, le duc de Nemours fit sçavoir son entreprise au duc de Savoye son cousin, et, sur la proposition faicte entr'eux qu'il estoit facile, en joignant leurs forces et gaignant Vienne à leur devotion, de conquester tout le Dauphiné en l'absence du sieur Desdiguieres qui estoit lors en Provence, le duc de Savoye laissa sa deliberation qu'il avoit d'envoyer ses troupes aux environs de Geneve pour y faire rebastir le fort de Versoy et autres forts afin de boucler encor ceste ville, à quoy le poussoit fort dom Olivares (1), et fit assembler ses troupes auprès du lac du Bourget, où se trouverent de sept à huict mil hommes espagnols, savoyards et italiens, lesquels sous la conduitte dudit dom Olivares se rendirent tous à Lyon, où ils passerent le Rosne et la Sosne, et s'en allerent loger à Sainct Safforin d'Ozon.

La trefve entre le Lyonnois et le Dauphiné avoit esté jurée solemnellement par les chefs, tant d'une part que d'autre, dez le vingt-cinquiesme de may : mais quiconque veut rompre une trefve ne trouve que trop d'occasions. Le duc de Nemours en print une sur un homme d'armes qu'il disoit estre retenu prisonnier dans Sainct Marcellin, et de quelques damoiselles à Grenoble, contre les conventions de ladite trefve. Ce fut le subject qu'il fit publier pour la rompre, et pour lequel, disoit-il, il reprenoit les armes. Ainsi les troupes de Savoye et les siennes joinctes ensemble, faisans bien dix mil hommes de pied et plus de quinze cents maistres, s'acheminerent vers Vienne. Maugeron, suivant son accord, luy livra lesdits forts qui commandent du tout à la ville, tellement que les habitans furent contraints de changer de party et recevoir M. le marquis de Saint Sorlin pour gouverneur, et le sieur de Disemieux pour lieutenant.

Le duc de Nemours, pensant que la surprise de ceste ville occasionneroit quelque remuement aux autres places du Dauphiné voisines, se tint trois jours dans Vienne et son armée aux environs; mais tous les gouverneurs des places qui tenoient pour le Roy blasmerent l'acte de Maugeron, et delibererent tous de se bien deffendre s'ils estoient attaquez. Le duc voyant

---

(1) *Olivares.* Aucuns disent Olivara. (Note de l'Auteur.)

que rien ne bransloit, il mena son armée dans le Dauphiné, et, pour contenter l'armée de Savoye, alla assieger le fort des Eschelles, qui est entre la Savoye et le Dauphiné, lequel le sieur Desdiguieres avoit auparavant pris sur les Savoyards affin d'avoir un passage à Chambery. Ayant battu ce fort de six pieces de canon, le quatriesme jour d'aoust, la bresche estant faicte, les marquis de Trevic et de Treffort firent donner l'assaut si furieusement qu'ils entrerent dans le fort, tuerent quatre-vingts harquebusiers, mais ils y perdirent beaucoup de leurs meilleurs hommes. Le reste des royaux s'estans retirez dans une eglise qui estoit encor bien fortifiée au milieu du fort, le duc de Nemours, voyant qu'il ne les eust peu tirer de là sans perte, les receut à composition.

Sur la nouvelle de la prinse de Vienne et entrée du duc de Nemours en Dauphiné, le sieur Desdiguieres, qui estoit au fin fonds de la Provence là où il estoit allé, y accourut. Mais avant que de dire comme le colonel Alphonse d'Ornano et luy joignirent leurs troupes ensemble pour empescher les desseins du duc de Nemours, voyons pourquoy il estoit allé en Provence.

M. de La Valette, gouverneur pour le Roy en la Provence, ayant assiegé Roquebrune au mois de fevrier de ceste année, fut tué d'une harquebuzade. C'estoit un seigneur prudent, valeureux, et fort affectionné au service du Roy, qui fut une grande perte. Le sieur Desdiguieres prejugeant que le duc de Savoye ne faudroit jamais de se prevaloir de ceste mort, et que les villes et forteresses de la Provence qui estoient demeurées en l'obeyssance du Roy pourroient estre esbranlées de cest accident, il s'y achemina encor une fois et alla joindre ses troupes avec celles du sieur de Montaut, cousin germain dudit feu sieur de La Valette, à qui les autres gentilshommes et capitaines avoient defferé le commandement en attendant que le Roy y donnast ordre et y pourveust d'un autre gouverneur. Ces forces, joinctes ensemble, ne resisterent pas seulement aux efforts du duc de Savoye, mais mesmes ledit sieur Desdiguieres le contraignit de se mettre sur la deffensive; car, après avoir repris Draguignan et s'estre rendu maistre de Dignes et de quelques autres places, il alla jusques sur les confins de la Provence, où il fit sentir mesmes les incommoditez de la guerre aux subjets du duc de Savoye, lequel, attendant des forces nouvelles du Milanois et du Piedmont, s'estoit retiré dans Nice qui est la premiere ville frontiere de la Provence, laquelle les ducs de Savoye ont usurpée jadis sur les comtes de Provence. Ceste ville est située sur la riviere de Pallon, où lesdits ducs y ont faict bastir une forte citadelle, tellement qu'Antibe sert maintenant de frontiere de ce costé-là.

Or le present duc de Savoye s'estoit aussi emparé d'Antibe depuis la mort du feu Roy, et y tenoit une forte garnison. Le sieur Desdiguieres, se trouvant lors sur ces frontieres, dressa une entreprise sur ceste ville qui luy reussit, s'en rendit le maistre, et en chassa les Savoyards, puis s'en alla au commencement de juin assieger et battre Biotte sur ladite riviere de Pallon proche de Nice, à la veuë du duc, lequel, ayant receu quelques troupes italiennes, les conduit luy mesmes au devant des royaux qui vouloient passer ladite riviere, et fit faire plusieurs retranchements aux siens afin d'empescher le passage, ce qu'ils firent pour quelques jours. Mais le sieur Desdiguieres, desirant voir le duc de Savoye de plus près et entrer aux frontieres d'Italie, passa ceste riviere à un gué qu'il y trouva, accompagné de huict cens cavaliers ayant chacun un harquebusier en croupe, avec lesquels il attaqua les retranchemens des Savoyards, lesquels il leur fit quitter, et leur donna la chasse jusques sur le bord des remparts de Nice où estoit le duc de Savoye, qui vid devant ses yeux la perte de beaucoup des siens. Les mousquetaires savoyards et le canon, qui estoient sur les remparts de Nice, firent retirer les royaux, lesquels, ayant repassé la riviere après avoir faict plusieurs courses sur ces frontieres là, vindrent à Sainct Laurent, d'où ledit sieur Desdiguieres partit incontinent pour attaquer Vense, ville où y a evesché, et dans laquelle il y avoit une bonne garnison; mais, ainsi que l'on faisoit les approches, et qu'il s'apprestoit de battre ceste ville de six pieces de canon, les nouvelles cy dessus dites luy furent apportées, sçavoir que le sieur de Maugeron avoit livré Vienne au duc de Nemours, et que le duc avoit rompu la trefve et estoit entré avec une puissante armée en Dauphiné, ce qui fut cause qu'il ne continua ce siege; et, ayant donné ordre le plus promptement qu'il put aux affaires de la Provence en attendant que M. le duc d'Espernon, qui s'y acheminoit avec une armée, y fust venu, il print en toute diligence la route du Dauphiné avec toutes ses troupes, et y arriva sur la fin de juillet. On a escrit que ceste rupture de trefve et ceste armée jettée dans le Dauphiné n'estoit que pour faire faire une revulsion des forces dudit sieur Desdiguieres qui pressoit par trop le duc à Nice.

Pendant le siege dudit fort des Eschelles, les sieurs colonel Alfonse et Desdiguieres, ayants joints leurs forces, vindrent attaquer Sainct Marcellin qu'ils emporterent d'abord par composition. Ils pensoient inciter par là le duc de Nemours à quelque secours, et à quitter le Pont de Beauvoisin pour les venir voir : ce qui n'estant pas arrivé, ils marcherent à luy, et prindrent le logis de La Coste Sainct André. M. de Nemours, au contraire, reculant de combattre, laissa le Dauphiné, et alla prendre pour logis Sainct Genis et les retranchements que dom Olivarez y avoit faits l'année precedente en trois sepmaines qu'il y sejourna, pendant lequel temps toutes ses troupes avoient remué force terre. Alphonse et Desdiguieres, voyans la difficulté qu'il y avoit de venir à un combat, veu le lieu où le duc s'estoit retiré, et l'incommodité que c'estoit de tenir si grandes troupes ensemble et les nourrir sans esperance de les employer, prindrent pour conseil de se separer, le sieur Alphonse pour faire gros à Moras et le fortifier, comme il fit aussi Beaurepaire et Seteme, Desdiguieres pour se retirer aux garnisons en attendant quelque meilleure occasion. L'armée du duc de Nemours sejourna quelque temps audit Sainct Genis sans bouger ; en fin elle fit semblant de prendre le chemin de Seteme, comme si elle eust voulu assieger ceste place ; mais tost après ceste grande armée se desbanda et ruina d'elle mesme sans autre effect, et le duc de Nemours se retira à Lyon.

Or le duc de Savoye, ayant receu nouvelles forces de cavallerie et d'infanterie, voyant ledit sieur Desdiguieres empesché dans le Dauphiné, rentra avec ses forces dans la Provence par dessus un pont de barques qu'il fit faire sur la riviere de Pallon, et son lieutenant general, Cæsar d'Avalos, assiegea La Cagne qui se rendit incontinent à composition. Ceux du dedans furent conduits à Antibe, où il fit faire, comme rapportent les relations italiennes, *il guasto à la campagna, tagliando non pur le biade presso che mature, ma gli arbori ancora, e le vigne* (le desgast aux environs, coupant non seulement les bleds qui estoient murs, mais les arbres et les vignes). Ainsi ceux d'Antibe, se voyans menassez d'un siege, firent souvent des sorties à la faveur du canon. En quelques escarmouches ils furent victorieux, en d'autres ils eurent du pire. Cela dura quelques jours, pendant lesquels ils esperoient secours de M. d'Espernon que le Roy envoyoit en ceste province avec une armée. Mais le duc de Savoye, ayant receu encor de nouvelles troupes, fit investir de plus près Antibe, et se saisit du chasteau de Canne afin d'empescher le secours qu'ils pourroient avoir de ce costé là, mit bonne garnison dans Grasse, qui est une cité episcopale dont Antibe est du diocese, et fit venir douze pieces d'artillerie de Nice, qui furent amenées par mer, avec lesquelles il fit commencer une rude batterie du costé de Sainct Sebastien, où, ayant faict breche, il fit donner l'assaut le dernier jour de juillet. Les siens entrerent de force dans une partie d'Antibe que l'on appelle La Borgade, et les François se retirerent, les uns dans la vieille ville là où est le chasteau, les autres au fort qui est sur le bord de la mer, et les femmes et les enfans aux eglises. En ceste journée les Savoyards firent un grand butin dans ceste ville. Le duc, voulant avoir le chasteau, y fit faire bresche avec trois pieces de canon, où il fit promptement donner l'assaut; mais les siens furent si rudement repoulsez avec le canon et des feux d'artifices, qu'il y en eut grand nombre de tuez, et luy mesmes pensa l'estre d'un coup de canon. Pour avoir perdu de ses meilleurs soldats en cest assault, il ne laissa de faire recommencer la batterie, et fit faire une grande bresche du costé de Nice. Mais, voyant que les François ne discontinuoient leurs sorties, où ils faisoient mourir force Savoyards, et se presentoient resolus à la bresche pour la soustenir, le duc leur fit remonstrer qu'ils estoient hors d'esperance de secours, et que les siens avoient taillé en pieces trois cents François que l'on leur envoyoit pour les secourir, et qu'ils ne pouvoient eschapper de tumber à la longue sous sa puissance. Les assiegez, se voyans reduits à deux cents cinquante de cinq cents qu'ils estoient, accepterent la composition de sortir vies sauves, et ceux du fort, où estoit le frere du comte de Bar et le sieur de Canaus, s'estans rendus aussi le septiesme d'aoust à composition de sortir armes et bagages, furent tous desvalisez et la plus-part tuez. Ceste ville fut entierement pillée et saccagée par le duc de Savoye. Le pillage se monta à plus de trois cens mille escus, oultre qu'il fallut que les habitans rachetassent leurs maisons de trente mille escus. Les Savoyards trouverent dans ceste place dix pieces de canon de fonte et dix-sept de fer, deux galeottes et trois navires. Le duc, estant ainsi maistre d'Antibe, mit le comte de Martinengue dedans pour gouverneur avec une garnison d'Italiens et d'Espagnols, et depuis il s'en retourna avec la duchesse sa femme sur ses galeres à Nice, là où il receut les nouvelles que le sieur Desdiguieres estoit entré dans le

Piedmont : ce qui le contraignit de tirer la plus-part de ses forces de la Provence, là où le duc d'Espernon alla reprendre Antibe ainsi que nous dirons cy après, et d'aller deffendre ses propres pays.

Le sieur Desdiguieres, comme nous avons dit, à son depart d'avec le colonel Alphonse, mit toutes ses troupes aux garnisons; mais ce ne fut pour y estre long temps, car il leur donna assignation de se trouver trois semaines après à Briançon pour l'execution d'une entreprise bien haute et difficile qu'il desiroit faire sur le Piedmont. Ce seigneur ne fit pas ceste entreprise sans l'apprehender beaucoup pour une infinité de grandes considerations, principalement d'autant qu'il sçavoit assez que le Roy avoit tant d'affaires ailleurs, qu'il ne s'en osoit promettre si tost l'assistance et secours qu'il en eust tiré en quelque autre saison. Neantmoins l'utilité qu'il prevoyoit en pouvoir redonder à la France luy fit passer toutes difficultez.

L'armée doncques du Roy, sous la charge et conduitte du sieur Desdiguieres, passa le mont Genevre le 26 septembre, et se mit en gros à Sezannes et autres lieux circonvoisins. Le mesme jour ceste armée se separa en deux sur le matin, dont une partie print le chemin vers Pragela, tirant à La Perouse et à Pignerol pour faire entreprise sur ces deux places, l'autre vers Suze, où il y avoit esperance de faire quelque exploict. De ces trois entreprises l'une seulle succeda, qui fut celle de La Perouse, car la ville fut prise la nuict mesme à une heure après minuict; et quant à Pignerol, l'escallade fut presentée au chasteau, et de quatre eschelles il n'en fut dressé que deux, dont l'une se trouva courte, et l'autre fut renversée et rompuë.

Les faux-bourgs de Suze furent pris, mais la garde d'iceux leur eust apporté si peu de commodité qu'ils furent quitez, et les troupes qui y estoient s'allerent rejoindre avec l'autre partie de l'armée en la ville de Perouse le dernier de septembre, afin d'en attaquer le chasteau qui tenoit encor depuis la prise de la ville. Pendant ce siege on fit une course jusques à Ausasq, qui est un bourg à la plaine, où il y a un chasteau au dessus de Pignerol, qui fut pris et garnison y establie. Ce mesme jour le capitaine Francisque Cacherano, qui commandoit audit chasteau de La Perouse, voyant le canon prest en batterie, rendit la place, et en sortit vie et bagues sauves le lendemain; et, après avoir pourveu à la garde et seureté de la place, l'armée partit de La Perouse le 3 octobre, et fit logis à Briqueras et autres lieux proches en la plaine de Piedmont.

A l'abord de ceste armée, et dez le premier jour d'octobre, la tour de Luzerne se rendit et toute la valée de Luzerne. Le lendemain à la poincte du jour quelque infanterie s'advança jusques au fort de Mirebouc, faisant semblant de presenter le petard, ce que ceux du dedans ne voulurent attendre, ains se rendirent la vie, armes et bagues sauves. Ces deux forts de Luzerne et de Mirebouc donnent libre le passage du Dauphiné par la vallée de Queiras jusques à la plaine du Piedmont, et la ville de La Perouse est un beau chemin pour le charroy du canon.

Or, estant l'armée à Briqueras le 3 d'octobre, le sieur Desdiguieres eut advis que les Savoyards faisoient un gros à Vigon, et qu'il y pouvoit desjà avoir treze cents fantassins barricadez, lesquels y attendoient encores le regiment de Purpurat et autres forces, tant de cheval que de pied. Dès le lendemain le sieur Desdiguieres marcha droit audit Vigon avec environ trois cents maistres et six cents harquebuziers, tant à cheval qu'à pied, et arriva environ les neuf heures du matin : la cavalerie environna Vigon cependant que l'infanterie vint, qui gaigna d'abord les premieres barriquades, reduisant les Savoyards dedans la place, où ils mettoient toute leur asseurance, et à la verité ils s'y estoient très-bien accommodez. Le combat de main à main dura l'espace de deux heures; mais en fin, quelque resistance qu'ils peussent faire, les barricades furent forcées et eux taillez en pieces, sauf quelques hommes de commandement qui demeurerent prisonniers : leur resistance fut grande parce qu'ils eurent loisir de se resouldre. Ceste troupe estoit commandée par le colonel Branqueti qui y fut tué. Dix drapeaux y furent gaignez, que le sieur Desdiguieres envoya depuis au Roy par le baron de Jous. Des François il y eut seulement six capitaines ou hommes de commandement blessez, deux chevaux legers et une douzaine de soldats morts. Ceste desfaicte apporta grande terreur à tout le Piedmont. Ceux des valées de Lucerne, Angrongne et La Perouse, presterent incontinent le serment de fidelité en corps, et ceux des trois ordres en particulier, comme d'un peuple et pays nouvellement conquis, à la charge que le Roy confirmeroit leurs privileges.

Le duc, qui estoit à Nice, se trouva estonné de ces nouvelles, tant parce que le Piedmont estoit desgarny des forces qu'il avoit faict descendre en Provence pour le siege d'Antibe, comme nous avons dit, que pour se voir attaqué dans sa propre maison, au lieu qu'auparavant il assailloit celle d'autruy. Cela fut cause qu'il s'y rendit incontinent avec le plus de forces qu'il put; mais, n'estant encore assez fort, il fit naistre dextrement quelque apparence de traicté par l'entremise du comte Morette, offrant aux François de remettre Berre, Grace, Sallon de Craux, Antibe, et ce qu'il tenoit en Provence. On jugea soudain que c'estoit pour gaigner un peu de temps et prendre le logis de Saluces : dequoy le sieur Desdiguieres l'eust bien prevenu s'il n'eust resolu de fortifier Briqueras, l'assiette duquel estoit belle, en la plaine et au meilleur lieu du Piedmont; joint qu'il ne vouloit pas entreprendre tant de besongne à la fois, ayant cela pour maxime qu'il vouloit voir clair et marcher pied à pied aux affaires.

Ceste fortiffication de Briqueras fut continuée avec une diligence incroyable, et telle que la place fut mise en deffense tost après. Nul n'estoit aussi exempt du travail; les chefs monstrerent l'exemple à porter les gazons, et l'infanterie, au lieu d'autres vicieuses occupations, y travailla continuellement et comme par emulation l'un de l'autre. On fit venir des pionniers des valées de Luzerne, d'Angrongne, Ours, Pragela et La Perouse. Bref, en moins de trois semaines ou un mois, ceste place fut revestuë de six ou sept bastions grands et forts pour resister à une grande armée. Ç'a esté une grande hardiesse et gloire au sieur Desdiguieres d'entreprendre de passer les monts avec cinq cents chevaux et trois mille hommes de pied françois, à la veuë d'un prince tel qu'est le duc de Savoye, assisté des forces du roy d'Espagne son beau-pere, et ce dans le cœur de son pays. Voylà à quoy le sieur Desdiguieres employa son armée depuis le 26 septembre jusques au 10 novembre. Pendant le temps de ladite fortification, la cavallerie françoise alla souvent à la guerre bien avant dans le pays sans trouver aucune resistance.

Le duc cependant faisoit son gros à Salluces, ayant appellé ses forces de toutes parts. Le Milanois arma soudain. Une partie des troupes que le duc avoit en Provence repasserent le col de Tende pour le joindre, comme aussi firent toutes les forces qu'il avoit deçà les monts, que don Olivares et autres chefs luy menerent en toute diligence. Don Amédée s'y rendit aussi, et en son lieu le marquis de Trefort fut pourveu du gouvernement de Savoye. Tandis que le duc apprestoit ses forces, les François faisoient tousjours quelques courses sur son pays. Ayans eu advis que ceux de Dormesan se barricadoient et vouloient discontinuer de payer leur contribution, le 11 novembre, le sieur du Poët y fut envoyé avec deux cents chevaux, le regiment de Bearnon et six compagnies de Languedoc. Aussi tost qu'il y fut arrivé, il les envoya sommer avant qu'attaquer les barricades pour n'exposer ce pauvre peuple au pillage. Comme ils se virent investis et les François prests à donner, ils mirent les armes bas et se rendirent à composition. Les gens de guerre qui se trouverent dans ce bourg se retirerent à Rivalte, à un mil de là, et les François ayans repeu dans ce bourg l'espace de deux heures, du Poët fit battre aux champs afin d'eviter les excez que les soldats y eussent pu commettre, car on vouloit soulager les gens du plat pays comme amys, et les traicter doucement pour s'en servir à un besoin.

Le sieur Desdiguieres avoit donné ordre de faire venir de l'artillerie que jà dès long-temps il avoit mise aux Eschilles, ancienne frontiere de la France du costé du pas de Suze, place qu'il avoit prise quelques années auparavant. La conduitte dudit canon est chose remarquable, ayant esté transporté à force de bras par le chemin de La Perouse, et, à mesure qu'il arrivoit dans une vallée ou parroisse, tout le peuple le trainoit jusques à la prochaine vallée ou parroisse voisine qui l'alloient recevoir sur leurs limites, le convoioient sur leurs voisins, et ainsi de main en main le canon acheva de passer les monts, et le 13 de novembre il arriva dans Briqueras : ce qui donna une allegresse aux François de voir encor un coup les fleurs de lis en bronze delà les monts. On fit tirer une volée à toutes ces pieces, qui estoient trois canons et deux coulevrines, calibre de roy : le bruit en put estre entendu jusques dans Thurin et autres lieux bien esloignez.

Ce mesme jour le duc vint loger avec son armée à Ville franche, et le lendemain arriverent aussi les sieurs de Gouvernet et de Buous, ledit sieur de Gouvernet conduisant deux cents maistres et cent harquebusiers à cheval que le colonel Alphonse envoyoit du Dauphiné, et le sieur de Buous deux cents maistres, cinquante carabins et quatre cents harquebusiers à cheval que le duc d'Espernon envoyoit aussi de Provence, où il estoit arrivé, audit sieur Desdiguieres.

Le seiziesme du mesmes mois le sieur Desdiguieres, estant monté à cheval avec partie de l'armée, alla recognoistre le logis de Cavours qu'il deliberoit prendre le lendemain. C'est une petite villette close de murailles de brique, au pied d'une petite montagne, laquelle il semble que nature ait voulu planter tout au milieu de la plaine de Piedmont pour servir comme de guette ou de citadelle à tout le pays des environs. Sur le haut du rocher il y a un chasteau presque inaccessible, dans lequel ceux de la maison de Raconis, à un puisné de laquelle maison Cavours estoit escheu en partage, souloient tenir leurs titres et ce qu'ils avoient de plus precieux pour l'asseurance qu'ils avoient en ceste place, où de tout temps y avoient une paye morte de dix ou douze soldats. La ville est située au bas de ladite montagnette, fermée de muraille de brique, et où y peut avoir environ trois cents maisons. On peut faire le tour, tant de ladite montagnette que de la ville, dans une petite heure, en se pourmenant et allant le pas. Voylà sa grandeur; sa hauteur est d'environ demy mille. La ville regarde la descente des Alpes droit à Briqueras qui est située au pied d'icelles, et en est distant environ de quatre mille, qui font deux petites heures, distant aussi de Pignerol quatre mille, trois mille d'Ausasq, autant de Barge et de Lucerne qui est plus avant que Briqueras dans la valée d'Angrongne, et n'approche Cavours ladite montagne de plus près que de deux mille, qui est à l'endroit de Bubiano. Ceste lieuë de plaine est garnie d'utins, prairies et terres labourables, des plus fertiles de tout le pays. De l'autre costé, tirant vers le Po et la grande plaine de Piedmont, est Vigon et Ville-franche tout joignant le Po, où nous avons dit que le duc s'estoit logé avec son armée, estant esloignée ladite ville de Ville-franche de Cavours d'environ quatre mille.

Au depart de Briqueras, qui fut le 17, le sieur Desdiguieres resolut de marcher en bataille si d'avanture le duc vouloit venir aux mains, comme il y avoit apparence à cause du voisinage du logis qu'il alloit occuper, et importance d'iceluy, si d'avanture il estoit forcé, joint que son armée surmontoit en nombre d'infanterie et cavallerie celle du Roy, que ledit sieur Desdiguieres rengea en quatre escadrons de cavalerie et deux bataillons de gens de pied. Les sieurs de Gouvernet et de Buous estoient à l'advantgarde, ayant chacun un escadron de deux cents chevaux et plus, et un bataillon de gens de pied au milieu, composé des regiments de La Vilette, de Montmorin et de six compagnies de Languedoc, lequel bataillon estoit commandé par le sieur d'Auriac, qui devoit disposer des enfans perdus selon l'occasoin et assiette des lieux. A la bataille marchoit ledit sieur Desdiguieres avec la cornette blanche, sa compagnie de gens d'armes, qui estoit grande et forte, et celles des sieurs de Morges; le sieur du Poët à la main gauche, et dans son escadron sa compagnie, celles du baron de Briquemaut, de Blagnieu, de La Buisse, et trois autres; entre les deux escadrons, un gros bataillon de gens de pied garny de grande quantité de picques et mousquetaires, commandé par le sieur de Pravaut. L'armée en telle ordonnance approcha dudit Cavours, où on eut l'advis que le duc s'advançoit avec ses forces.

Les François se logerent tard à Cavours, car on demeura long temps en la place de bataille sur les faulses alarmes qu'on eut; mais le duc ne parut point. Le 18, le sieur Desdiguieres recognut le chasteau où estoient entrez plusieurs gens de guerre savoyards, et jugea que ce seroit un grand advantage de se loger sur une croupe de roc opposée à une tour qui deffend ledit chasteau, bien qu'elle en soit separée de cent ou six vingts pas. Ce logis fut gaigné avec une grande difficulté, et falut apporter par un chemin très-apre et très-rude grande quantité de sacs pleins de terre et de fumier sur ladite croupe de roc : à quoy furent taxez par billets, tant les gens de cheval que de pied, qui tous firent si grande diligence et s'y employerent d'un tel courage, que l'execution fut presque aussi prompte que le commandement. L'artillerie arriva de Briqueras le 19. Ce mesme jour le sieur Desdiguieres eut advis comme le duc se remuoit pour ne laisser perdre ceste place à sa veuë. Le 20, on mit le canon en batterie contre ladite tour, nommée Bramesan, qui a esté construite pour occuper un endroit qui se treuve seul le long de la creste de ladite montagne, dont on peut regarder le chasteau à droicte ligne, le reste n'estant qu'un roc taillé en forme de croissant. Après beaucoup de coups perdus, on efleura seulement les machecoulis de ladite tour, et, pour ne rien perdre à faute de n'entreprendre, les François essayerent à l'entrée de la nuict de s'y loger, mais ils trouverent qu'il n'estoit encores temps.

Le 21 le sieur Desdiguieres, ayant eu advis que le duc devoit secourir les assiegez, assembla dez le matin les chefs de l'armée pour adviser si on devoit continuër le siege ou aller au devant du duc pour le combattre. Ceste question, qui n'estoit petite, fut bien tost vuidée par une rencontre d'opinions de continuer l'un et ne laisser eschapper l'autre; et pour cest effect chacun print sa tasche, qui à choisir la place de bataille, qui à faire clorre les advenuës de pallissades, qui à la batterie : bref ils employerent tellement la journée, qu'après avoir battu ladite tour depuis les deux heures du matin jusques à cinq heures du soir, on l'emporta de force nonobstant qu'elle fust proche du chasteau.

Le 22, à cinq heures du matin, les sentinelles des François qui estoient en garde sur le haut du rocher, d'où l'on pouvoit voir à clair le fort de Briqueras, ouyrent une salve d'harquebusades de ce costé là, dont ils advertirent à l'instant le sieur Desdiguieres. Or c'estoit le duc qui, estant party de Vigon à l'entrée de la nuict, estoit allé à Briqueras donner une camisade, pensant y surprendre les François; et tint à peu que les Savoyards n'emportassent la place, car ils rompirent les palissades et monterent jusques sur la poincte d'un des bastions; mais ils en furent chassez et renversez à coups de main, de crosse d'harquebuze et à coups de pierre, et furent contraints de laisser nombre de morts et leurs eschelles dans le fossé.

Sur cest advis ledit sieur Desdiguieres monta à cheval avec sa cavalerie, et alla prendre sa place de bataille à deux harquebuzades de Cavours sur le chemin de Briqueras, incertain de ce qu'on rapporteroit dudit Briqueras. Il s'advança, et ledit sieur du Poët quand et luy, au devant de ceux qu'on y avoit envoyez à toute bride; et, dès qu'on sceut la faillite, ledit sieur Desdiguieres jugea que les Savoyards se retirans après ceste desfaveur pourroient faire beau jeu. Il se mit donc à les suivre le grand pas sur le chemin de leur retraicte avec sa cavalerie et environ trois cents harquebusiers à cheval, laissant le sieur d'Auriac pour commander le reste de l'armée qui estoit demeurée au siege. Il aborda les Savoyards sur les neuf heures du matin à un village nommé Greziliane, dans un pays couvert d'utins, où il luy fut très-malaysé d'y dresser des escadrons pour combattre. Les Savoyards avoient un ruisseau devant eux, une chaussée, et, à l'une et à l'autre main, des jardins et chemins couverts et très-propres pour eux qui avoient là toute leur infanterie, et au contraire le sieur Desdiguieres n'avoit que trente ou quarante carabins, et environ deux ou trois cents harquebusiers à cheval. Ceux de l'advantgarde françoise, portez de l'ardeur de combattre, firent des charges, et receurent celles des Savoyards qui donnerent jusques sur le bord du ruisseau. En mesme temps le sieur du Poët, s'advançant avec son escadron, se mesla parmy la cavalerie savoyarde, et leur fit une rude charge en laquelle le chevalier de La Mante, qui la menoit, y fut pris, et quelques morts demeurerent sur le champ. Le sieur du Poët retourné en sa place, n'ayant commandement de passer outre, les harquebusiers à cheval françois qui s'estoient advancez, ayants mis pied à terre, coururent après les Savoyards, cuidans que toute la cavalerie suivist; mais l'ordre de l'advantgarde n'estant pas bien disposé, cela provoqua les Savoyards à faire encore une autre demie charge pour tousjours donner temps à leur infanterie de tirer pays. Ledit sieur Desdiguieres se trouva lors de ladite charge sur le bord du ruisseau, où il fit un tourne bien à temps et à propos avec fort peu de gens qui le suivoient, comme il alloit départant les commandemens de lieu à autre, et remena ses ennemis d'où ils estoient venus. En chemin faisant il fit placer quelques harquebusiers dans les clostures des jardins du village, que les Savoyards abandonnerent du tout sans oser donner la bataille : il y eut bon nombre de morts abandonnez aussi. Après que ledit sieur Desdiguieres eut sejourné quelque temps dans le village, et consideré la contenance de son ennemy qui se retiroit par un pays advantageux pour l'infanterie, il s'en retourna à Cavours pour continuër son siege.

Les assiegez avoient peu aisement voir une partie de ce combat, et, jugeant par la contenance du retour des assiegeans quelle en avoit esté l'issuë, firent quelque demonstration de vouloir parlementer. Le sieur Desdiguieres y envoya un trompette qui les trouva assez ployables, mais divisez entr'eux, de sorte qu'ils remirent à faire response le lendemain. Depuis le 23 novembre les assiegez s'estans rasseurez rompirent le parlement du jour precedent. Ce mesme jour on continua à battre une partie du corps de logis du chasteau qui regardoit vers la ville. Le 26 le sieur Desdiguieres resolut de faire mettre sur le plus haut de la montagne deux canons pour faire la sommation de plus prez. Les soldats les tirerent à force de bras depuis le pied de la montagne jusques autant qu'il se trouva de terre pour affermir leurs pas : ce fut la premiere stance. On alla après assoir sur le roc vif, à demy la montagne, deux argus, ou autrement deux tours, avec lesquels on les tira avec deux cables l'un après l'autre tout affustez. Mais la difficulté se trouva à les placer à ceste moitié de chemin attendant que les argus fussent remuez à la sommité du roc pour leur faire faire le saut entier, et qu'on eust dressé les appans comme des rabats de jeu de paulme, pour suppleer à l'inegalité du rocher, dentelé et creusé en maints endroits par où le canon devoit passer, lequel se fust indubitablement caverné et accroché en chemin sans ce remede. On s'employa depuis ledit jour vingt sixiesme novembre jusques au premier decembre à mettre les pieces en batterie sur le haut de ladite montagne, dont on battit à plomb une terrasse qui couvroit l'entrée dudit chasteau, et effleura on quelques tours sans autrement faire bresche qui fust suffisante.

Le mercredy, deuxiesme decembre, au poinct du jour, le duc de Savoye essaya de jetter environ cent cinquante hommes de secours dans le chasteau, portans chacun un sachet de douze à quinze livres de farine. Le commencement et le milieu de son entreprise luy succedda, car, avec une resolution bien grande, ledict secours fut conduit jusques dans le milieu de l'armée françoise, et monta une partie du rocher. Mais ils crierent trop tost *Vive Espagne!* Les corps de garde des François, s'estans entendus et entresecourus l'un l'autre, les rencontrerent comme ils passoient une pointe du roc. Il en demeura de morts sur la place soixante-six et vingt-deux de prisonniers, entr'autres deux capitaines, l'un arragonnois et l'autre milanois: le reste se sauva à la fuitte. Hierosme de Versel, maistre de camp, qui commandoit dans ladite place, demanda encor à parlementer ce jour mesme tandis que l'on continuoit la batterie, monstrant n'avoir faute d'asseurance et de courage, mais apprehendant sur tout le reproche et le rigoureux chastiement de son maistre. En fin la necessité où il se vid reduit, et la difficulté d'estre secouru, luy firent passer par dessus ces considerations.

Le lundy, deuxiesme decembre, ils firent faire une

chamade pour retirer leurs morts, ausquels les François voulurent rendre ce charitable office de leur donner sepulture. C'estoient la plus-part soldats d'eslite tirez cinq pour compagnie de toute l'infanterie de l'armée savoyarde, sçavoir : cinquante Espagnols, cinquante Milanois et cinquante Neapolitains; lesquels le duc et dom Olivares avoient conduit environ deux mil par deçà Vigon, sur le chemin de Ravel. Le vendredy quatriesme les assiegez, se sentans obligez du soin qu'on avoit voulu avoir de leurs morts, envoyerent un alfier espagnol pour en remercier le sieur Desdiguieres, et le prier de plus de permettre audict alfier de faire faire les ceremonies funebres à ses compagnons, mesmes à ce capitaine espagnol qui conduisoit leur secours : ce que ledit sieur octroya volontiers, et recognut lors deux choses : l'une, qu'ils estoient près de leur fin, l'autre que Hierosme de Versel et le comte de Lucerne estoient bien ayses de faire jetter la premiere planche du parlement à un Espagnol.

Le samedy 5 au matin ils envoyerent leur capitulation par escrit, qu'on leur accorda avec toutes les ceremonies qu'ils requirent. Le dimanche ladite capitulation fut accomplie. Le comte Emanuël de Lucerne et Hierosme de Versel sortirent avec cinq cents hommes de guerre, ayans enduré six cent cinquante coups de canon. Ils passerent tout à travers de l'infanterie françoise, laquelle estoit en bataille, et furent conduits, par les sieurs de Villars et d'Hercules avec la compagnie du sieur Desdiguieres, jusques sur le chemin de Vigon où estoit le duc, qui vid perdre ceste place à sa veuë, n'y ayant que deux lieuës françoises. Voylà comme ceste place, très-forte d'elle mesme, après avoir soustenu vingt jours le siege, fut en fin prise par les François.

Environ ce mesme temps le marquis de Trefort, qui fut après le despart de dom Amedée pourveu du gouvernement de Savoye, comme nous avons dit, ayant assemblé des troupes en Savoye, et estant bien informé de la mauvaise garde que faisoient ceux de Morestel près de Grenoble, surprint ceste place, cuidant par ce moyen servir de quelque revulsion, et attirer les forces du sieur Desdiguieres du Piedmont : ce que ledit sieur ne fit, ains donna ordre à tout ce qui fut expedient, tant pour la garde dudit Cavours que des autres places qu'il avoit prinses dans le Piedmont; et, voyant qu'il ne pouvoit attirer le duc à un combat, il retira son armée aux hivers de Briqueras, Cavours, et de six ou sept autres petites places, et distribua en outre cinquante compagnies de gens de pied sur la frontiere du Dauphiné et du Piedmont : quoy fait, il repassa en Dauphiné avec partie de sa cavalerie. Le duc de mesme separa son armée, qui de jour en jour s'amoindrissoit, aux garnisons, se disposant aussi pour le printemps, de sa part, de faire quelque grand effort du costé de la Savoye.

Aussi-tost que le duc d'Espernon fut arrivé en Provence avec ses troupes, et qu'il eut desployé le pouvoir que luy avoit donné le Roy de commander en ceste province, il y trouva une grande inclination et affection à la noblesse royale de ce pays là, à beaucoup de la justice et du peuple. Le traictement qu'avoit faict le duc de Savoye à Antibe et aux environs fit penser mal à plusieurs de l'union de l'intention dudit duc, et l'eurent du depuis en haine. Il y en eut mesmes quelques uns qui quitterent le party de l'union et vindrent se rendre à M. d'Espernon. Le sieur de Carses et plusieurs de la noblesse et des bonnes villes, quoy que devenus ennemis du duc de Savoye, ne laisserent de continuer la guerre aux royaux; mais ledit sieur duc d'Espernon, ayant suivy les mesmes intelligences qu'avoit ledit feu sieur de La Valette, son frere, avec tous les gouverneurs des provinces voisines pour le Roy, assembla au commencement du mois de novembre une armée composée de huict mille hommes de pied, huict cents chevaux et douze canons, avec laquelle il tint la campagne en toute ceste province, fit tenir ceux du party de l'union dans l'enclos de leurs murailles, et marcha droict à la frontiere vers Antibe, où, après avoir gaigné tous les forts de ce costé là, et chassé les garnisons qu'y avoit mis le duc de Savoye, il assiegea, batit et reprit Antibe, et ferma entierement les passages de ce costé là audit duc. Voylà ce que j'ay peu recouvrir de ce qui s'est passé de là le Rosne en ceste année, tant en Provence qu'en Dauphiné, Savoye et Piedmont; car, quant à ceux de Geneve, la guerre ne s'y fit en ceste année que par courses qu'y firent les garnisons, tant d'une part que d'autre, les Savoyards conduits par le baron d'Ermanse, et ceux de Geneve par le baron de Conforgien, et ne s'y perdit que trente ou quarante hommes en toutes les rencontres qui s'y firent.

Le dix-neufiesme jour d'octobre l'armée de M. le duc de Joyeuse fut desfaicte devant Villemur, et luy en se pensant sauver se noya dedans le Tar. Affin de mieux entendre comme ceste desfaicte advint, il est de besoin de dire plusieurs choses qui se passerent au Languedoc auparavant ce siege de Villemur.

Après la mort du mareschal de Joyeuse, le plus jeune de ses enfans, qui estoit grand prieur de Languedoc, delaissa l'ordre de Malte, et fut appellé duc de Joyeuse, car ses deux freres aisnez, qui estoient et sont encores à present vivants, estoient M. l'illustrissime cardinal de Joyeuse, et l'autre estoit M. du Bouchage, qui avoit quitté les mondanitez et s'estoit rendu de l'ordre des capucins, n'ayant eu de madame de Bouchage sa femme, qui estoit sœur du duc d'Espernon, que madame la duchesse de Montpensier d'à present an 1607 que j'escris ceste histoire.

Or ce jeune duc de Joyeuse au printemps de ceste année, estant chef pour le party de l'union dans Thoulouse et aux autres villes de ce party en Languedoc, assembla une armée de sept à huit cents cuirasses et cinq mille hommes de pied, avec laquelle il desira se rendre maistre de la campagne.

Au commencement du mois de may le gouverneur de Castres ayant une entreprise sur Lautrech qu'il pensoit surprendre, l'entreprise estant double, ceux qu'il y envoya, qui estoient deux regiments de gens de pied et deux cents chevaux sous la conduitte du baron de Montoison, du maistre de camp Gondin et du sieur de Violet, furent tous desfaicts par ledit sieur duc de Joyeuse qui leur avoit dressé une embuscade. Deux cents furent pris prisonniers, et quelque trois cents cinquante se sauverent au chasteau de La Trappe : le reste fut taillé en pieces. Pour battre le chasteau de La Trappe le duc de Joyeuse envoya querir du canon à Alby : les assiegez, après avoir enduré dans ceste place trente coups de canon, furent contraints de se rendre prisonniers du duc.

Après cest exploict ledit sieur duc alla mener ses troupes aux environs de Montauban, où furent exercées plusieurs hostilitez. Ceux de Montauban, alarmez d'un tel voisin et si puissant, en advertissent tous les seigneurs, entr'autres le sieur de Themines, seneschal de Quercy. Mais, cependant qu'ils donnent ordre à leurs affaires, ledit sieur duc de Joyeuse se rendit maistre sans coup frapper de Monbequin, Monbartier et Monbeton, puis s'achemina au fort de La Barte qu'il print par composition après y avoir fait perte de quatre-vingts soldats. Mais plusieurs ont escrit qu'il ne fit entretenir la capitulation, et que les soldats furent tous tuez contre la foy promise.

La Barte prinse, il attaqua et battit le chasteau de Mauzak l'espace de quelques jours, et, après y avoir tiré trois cents coups de canon, finalement le print par composition. Le fort Sainct Maurice luy fut aussi rendu : tellement que, continuant la route de sa prosperité, il s'achemina à Villemur, et l'assiegea avec tout l'artifice et diligence dont il se put adviser. Cependant ceux de Montauban despescherent encor d'autres messagers devers le sieur de Themines, lequel alla supplier M. d'Espernon, qui s'acheminoit en Provence avec de belles troupes, de luy donner assistance pour secourir Villemur. Ledit sieur duc la luy ayant promise, Themines envoya, sous la conduitte du sieur de Pedouë, quarante six hommes, tant cuirasses que harquebusiers, qui arriverent de nuict dans Villemur, et asseurerent le sieur de Reniers, seigneur de Villemur, que le secours s'assembloit.

La venuë de M. d'Espernon donnoit grande esperance aux royaux de ces quartiers là d'une prochaine bataille : toutesfois, son armée n'ayant esté levée par le commandement du Roy que pour s'acheminer en Provence, il leur dit : « Je me contenteray de faire lever le siege de Villemur au duc de Joyeuse, ce que j'espere faire. » Themines ayant amassé quelques troupes vint se joindre audit sieur duc d'Espernon, lequel s'achemina droict vers Villemur. M. de Joyeuse adverty de sa venuë, jugeant la partie mal faicte, leva son siege et se retira.

Quelques jours après M. d'Espernon s'achemina en Gascongne, laissant la meilleure partie de ses forces ez mains du sieur de Themines. Or il y a en la plaine de Montauban une maison champestre nommée La Court dont le sieur de Themines se voulut rendre maistre. Pour executer son dessein il y conduit ses troupes et l'artillerie; mais M. de Joyeuse ayant advis de la mauvaise garde que faisoient les royaux, il les chargea de nuict si à propos qu'il en tua environ quatre cents et en fut blessé grand nombre : plus, il se saisit des deux coulevrines de Montauban, et prit prisonniers quelques habitans qui leur servoient de conduite. Mais sans la valeur du sieur de Themines, qui fut comme la barriere qui garentit le reste des troupes, ceux de l'union eussent emmené aussi bien le canon que les deux coulevrines : mais il le conserva et remena seurement à Montauban. Ceste desfaicte advint le 19 juillet.

Depuis que M. d'Espernon se fut acheminé en Provence, M. de Joyeuse, mettant ses troupes aux garnisons, donna loisir de moissonner et faire la recolte en ce pays là. Toutesfois il avoit tousjours Villemur pour son principal dessein, et pour en faciliter l'issuë il se campa devant le dixiesme septembre.

Ledit sieur de Reniers laissant sa place au baron de Mauzac, assisté du sieur de Chambert et du capitaine La Chaize, il se retira à Montauban en intention d'assembler du secours et de faire lever le siege. Sur ces entrefaictes le sieur de Desme arriva à Montauban avec quelques forces, lequel alla s'enfermer dans Villemur.

Or M. de Joyeuse avoit pour ses principaux confidents les sieurs d'Onous et de Montberaut. Par leur advis il rangea tellement l'estat de son armée, qu'en l'assiette et ordonnance d'icelle on n'eust sceu rien remarquer qui ne portast tesmoignage d'un bon sens et grande suffisance au mestier de la guerre. Sa diligence fut grande à faire les approches, non toutesfois bastantes à surmonter les empeschements, où d'heure à autre l'active prevoyance des assiegez luy donnoit de nouveaux embarassements.

S'estant advancé pied à pied, il commença à faire sa batterie de huict pieces de canon et deux coulevrines. Comme il estoit sur le poinct de renforcer la batterie le sieur de Themines retourna à Montauban, où, ayant mis l'affaire sur le bureau, il se resolut de conduire à Villemur un si bon renfort qu'il pourroit suppleer, tant à la foiblesse des murailles qu'aux autres incommoditez de la place.

Le dixneufiesme de septembre, environ les neuf heures de nuit, il s'achemina à Villemur, accompagné de six vingts maistres et deux cents harquebusiers. Au milieu du chemin il fit mettre pied à terre à sa cavallerie, et, ayant donné ordre que les chevaux fussent seurement r'amenez à Montauban, il se jetta dans Villemur sans que les assiegeans s'en apperceussent.

Le lendemain vingtiesme de septembre, M. de Joyeuse, ayant faict bresche par une furieuse batterie, fit donner l'assaut, où les siens furent soustenus et bravement repoulsez par Themines. Ce que voyant le duc de Joyeuse, il fit continuer la batterie encores le jour ensuivant aussi furieuse que le precedent, sans toutesfois qu'elle facilitast aux assiegeans aucune advantageuse execution.

Les Tholozains, qui desiroient que ceste place fust de leur party, luy envoyerent renfort de poudres, boulets, picques, et bon nombre de fourches de fer, et un regiment de gens de pied, qui n'eurent plustost prins quartier, qu'en une saillie que firent les assiegez une partie fut taillée en pieces.

Les affaires de Villemur estans en cest estat, M. le mareschal de Montmorency, à present connestable, ne voulant perdre une place de son gouvernement, et ayant eu advis du sieur de Reniers que la conservation d'icelle n'estoit moins facile que honorable, despescha les sieurs de Chambaut et de Lecques avec de belles troupes, leur commandant expressement de faire lever le siege de Villemur à quelque prix que ce fust. Leur diligence seconda si à propos son intention, qu'ayans fait quelque bref sejour à Montauban pour se rafraischir, ils prindrent resolution de choquer M. de Joyeuse : mais, comme ils furent à Sainct Leophaire d'où ils chasserent la garnison de l'union, les consuls de Montauban leur envoyerent dire qu'ils avoient eu advis que M. le marquis de Villars avoit joint ses forces à celles de M. de Joyeuse, et que par ensemble ils se disposoient à faire quelque grand effort (cest advertissement estoit faux, et donné auxdits consuls par un qui estoit mal informé de l'estat dudit sieur marquis); ce qui fut cause que lesdits sieurs de Chambaut et de Lecques, jugeans le combat hazardeux, adviserent de temporiser quelques jours, et, faisans camper leurs troupes, tascherent à se prevaloir des occasions qui se presenteroient. Ils eurent encor un second advis que les sieurs d'Onous, de Sainct Vensa, d'Apsier et autres, avoient amené aux assiegeans renfort d'environ douze cents hommes, ce qui estoit vray et fut ce qui les fit tenir fermes en leur resolution. Ceux de Montauban, à qui la perte de Villemur importoit, soliciterent tous les gouverneurs pour le Roy aux provinces voisines. Pour M. le mareschal de Matignon, il s'excusa sur l'estat de la Gascongne, qui ne luy permettoit de desmembrer son armée; mais M. de Missillac (ou Rostignac, gouverneur de la haute Auvergne, celuy duquel nous avons parlé cy dessus en la journée d'Issoire) se disposa d'y mener luy mesmes ses troupes.

M. de Joyeuse en ayant eu advis, desirant avant sa venuë combattre lesdits sieurs de Chambaut et de Lecques qui estoient campez à Bellegarde, les alla recognoistre avec sa cavalerie, et les surprit tellement au despourveu à Bellegarde, que la cavalerie royale tourna le dos pour un temps, et se mit en desordre, qui eust esté beaucoup plus grand sans la resolution des sieurs de Chambaut et de Lecques, qui, faisans ferme, firent tirer quelques coups de canon avec lesquels ils arresterent ledit duc. Il se fit alors quelques charges, et, après que ledit duc eut cogneu que les royaux estoient en lieu fort, il se retira.

Peu de jours après le vicomte de Gourdon et le sieur de Giscart se rendirent à Montauban avec leurs compagnies. Mais, aussi-tost que ledit sieur de Missillac y fut arrivé avec cent maistres et bon nombre d'harquebusiers à cheval, la matiere estant mise en deliberation, les royaux se resolurent à la bataille. Ceste resolution prinse, l'armée se mit en campagne, repartie en trois : le sieur de Missillac conduisoit l'avantgarde, la bataille estoit commandée par le sieur de Chambaut, et l'arrieregarde par le sieur de Lecques.

Sur l'advis qu'ils eurent que le duc avoit escarté sa cavalerie et fait loger aux quartiers, ils prirent party de ne laisser eschapper si belle occasion, et, laissans l'artillerie à Sainct Leophaire, on fit advancer l'armée sous le voile obscur de la nuict. M. de Joyeuse avoit quelques jours auparavant fait loger au picquet sa cavalerie; et, combien que les sieurs d'Onous et de Monberaut, se craignans que les royaux leur donnassent quelque extrette au despourveu, lui conseillassent de continuër ceste procedure, il n'en voulut toutesfois rien faire, s'asseurant d'estre à point nommé adverty du delogement des royaux par une damoiselle voisine de Montauban, laquelle toutesfois, pour quelque diligence qu'elle employast pour advertir ledit sieur duc, si ne le put elle faire si à temps que les royaux ne luy fussent sur les bras.

Or son armée estoit composée de six cents maistres et quatre mil hommes de pied, comprins quatorze cents lansquenets. L'armée royale estoit de cinq cents maistres et deux mil cinq cents harquebusiers. Les royaux firent advancer cinq cents harquebusiers conduits par le sieur de Clouzel pour garder la forest de Villemur, et pouvoir à la faveur d'icelle parquer leurs forces en lieu advantageux. Estans au bout de la forest ils eurent divers advis, les uns disans que le duc estoit en champ de bataille, les autres au contraire asseurans qu'il se tenoit coy, ce qui cuyda les mettre en confusion : mais le sieur de Chambaut leur dit, sans entrer en plus longs propos, qu'il se failloit resoudre à vaincre ou mourir. A ceste parole le sieur de Pedouë s'offrit audit sieur de Missillac de se saisir du champ de bataille moyennant l'assistance de dix soldats : ce qu'il executa, et tout soudain retourna devers ledit sieur de Missillac pour l'advertir de l'advantage dont il s'estoit prevalu.

La damoiselle dont nous avons parlé cy dessus avoit, mais tard, donné advis à M. de Joyeuse du progrez des royaux. Aussi-tost qu'il l'eut receu, il fit appeller sa cavalerie par le signal de trois coups de canon : ce que les royaux ayans entendu, jugerent incontinent de l'estat de son armée, et aussi-tost le sieur de Missillac s'achemina au champ de bataille avec son advantgarde, flanquée et favorisée des cinq cents harquebusiers dont nous avons parlé cy-dessus. Il n'y fut plustost parqué qu'on fit alte pour adviser comme on pourroit attaquer le premier retranchement que le duc avoit dressé le long du chemin qui tire de la forest à Villemur. La resolution fut que les sieurs de Clouzel et Montoison feroient ceste attaque avec leurs regiments.

Ainsi que le soleil se levoit, le dix-neufiesme octobre, le premier retranchement, où M. de Joyeuse avoit laissé deux cents soldats, fut attaqué par lesdits sieurs de Clouzel et de Montoison, qui se rendirent bien tost maistres de ce premier retranchement, et ceux qui le gardoient s'estans retirez au second y furent promptement poursuivis. Ce fut là où il fut le plus combattu. Les ennemis mesmes du duc de Joyeuse ont escrit de luy que, se voyant ainsi surpris sans avoir eu advis de l'acheminement des royaux, il fit de necessité vertu, et monstra tant de haut courage et de bon sens, usant d'une telle diligence à envoyer renforcer la garde des autres forts, que, si sa brave resolution eust esté secondée des siens, l'honneur de la victoire eust esté contesté plus longuement. Toutesfois le second retranchement fut disputé une demie heure durant par quatre cents harquebusiers que ledit duc y avoit envoyez; mais, survenant tout d'un mesme temps le reste de l'armée royale, et le sieur de Themines estant sorty de Villemur, qui, donnant à dos, avoit renversé desjà les premieres barricades, ce fut audit sieur duc de Joyeuse à songer à se retirer aux Condomines où estoit son camp et son artillerie. Ceste retraicte toutesfois se fit avec de l'esbahissement que les siens prindrent de se voir si chaudement poursuivis des royaux, tellement qu'ils se mirent tous generalement à la fuitte vers le Tar pour se sauver par dessus le pont qu'ils y avoient basty : mais les royaux ayans gaigné le gué et coupé le pont, grand nombre de ceux qui pensoient traverser le Tar s'y noyerent.

Ledit sieur duc voyant tous les siens l'abandonner, et que les royaux avoient jà gaigné son camp et l'artillerie, pensant traverser le Tar pour se sauver, accompagné de deux gentils-hommes, il fut entrainé par la violence de l'eau, et se noya, au grand regret des siens et de tous ceux de son party.

La cavalerie royale, ayant passé le gué, donna sur ceux qui estoient en l'eau, et poursuivit long temps les fuyards, et tailla en pieces tout ce qu'elle rencontra. Le Tar se vit lors, l'espace d'une grande harquebuzade, tout plain et jonché des corps de tous ceux qui avoient eu recours à cest element. En ceste deffaicte, outre ledit duc, ceux de l'union perdirent deux mille hommes. On avoit auparavant faict retirer cinq pieces de canon des huict dont on avoit faict breche, et n'y en eut que trois de prises avec les deux coulevrines que ledit duc avoit gaignées à La Court, comme nous avons dit cy dessus. Vingt-deux enseignes furent prises. De prisonniers, le nombre ne passa point quarante-trois. Les royaux y perdirent dix hommes seulement. Et quant à Villemur, ayant enduré deux mil coups de canon, les assiegez n'y perdirent que dix-sept soldats. Le corps de M. de Joyeuse fut tiré de l'eau le mesme jour et porté à Villemur, et du depuis rendu aux siens pour luy faire les derniers devoirs.

Voylà ce qui s'est passé en la desfaicte et mort dudit sieur duc de Joyeuse, dont les Thoulousains et la noblesse du party de l'union en ceste province furent pour un temps bien estonnez.

Ledit sieur illustrissime cardinal de Joyeuse estoit revenu de Rome à Thoulouse sur le commencement de cest esté; ledit comte de Bouchage, que l'on nommoit pere Ange, y estoit aussi aux Capucins, et la maison de Joyeuse se vid lors reduicte sans y avoir aucun d'eux qui portast l'espée (1). La noblesse dudit

(1) *Qui portast l'espée.* Cela s'entend des enfans dudit feu sieur ma-

party et les Tholosains prierent ledit sieur cardinal de prendre la charge de leur conduitte, ce qu'il ne voulut jamais accepter. Le sieur du Bouchage, estant capucin, en fit le mesme refus; mais, après plusieurs conseils tenus sur ce subject, par dispense du Pape et par le congé de son general, il quitta l'habit de capucin, et fut declaré gouverneur pour l'union au pays de Languedoc.

Il s'estoit passé plusieurs remuëments en ces quartiers là touchant ce gouvernement de Thoulouze. Le marquis de Villars, beau-fils de M. de Mayenne, en disoit estre pourveu par l'union, et avoit une fois chassé la maison de Joyeuse et tous ceux de leur party hors de Thoulouse. Mais du depuis les Joyeuses en firent sortir ledit sieur marquis de Villars et ceux de son party, qui se retirerent en quelques villes et chasteaux vers le Limousin et Perigord, là où mesmes ils firent lever le siege aux royaux de devant Sainct Yriez La Perche qu'avoit assiegé M. le comte de La Voûte, à present duc de Ventadour, où plusieurs grands seigneurs royaux furent tuez, entr'autres messieurs le comte de La Rochefoucaut et La Coste de Mezieres. Durant mesmes ledit siege de Villemur plusieurs ont escrit que ledit sieur marquis de Villars fut supplié de joindre ses troupes avec ledit sieur duc de Joyeuse, ce qu'il ne fit, et que leur division aporta plus de commodité aux royaux de desfaire ledit duc. On a recognu que les partialitez entre les grands de ce party ont esté cause de sa ruyne. Le comte de Bouchage, repre-

---

reschal de Joyeuse, car le comte de Beaupré porte aussi le mesme nom et armes de Joyeuse. (Note de l'Auteur.)

nant donc l'habit de seculier (1), prit le nom de duc de Joyeuse, et se comporta avec grande prudence pour appaiser une infinité d'esmotions populaires des Thoulousains, jusques à la reduction de leur ville, ainsi que nous dirons en son lieu.

Au mesme mois que ledit duc de Joyeuse fut ainsi desfaict devant Villemur, M. le mareschal de Bouillon desfit aussi le sieur d'Amblize, grand mareschal de Lorraine, devant la petite ville de Beaumont, à trois lieuës près de Sedan; ce qui advint en ceste façon.

M. le mareschal de Bouillon allant reconduire les reistres, comme nous avons dit, outre ses troupes particulieres, le Roy le renforça des regiments du sieur de Chambaret et de Montigny et de quelque cavalerie. Après le despart des reistres il avoit donné le rendez-vous desdites troupes audit Beaumont. Un capitaine qui estoit dans ceste petite ville, peu forte de muraille et de fossés, leur ferma les portes, et dit que M. de Nevers l'avoit mis dedans ceste ville, et non le mareschal de Bouillon, avec autres responces aigres: toutesfois, ayant depuis recognu sa foiblesse, pensant venir parler audit sieur mareschal, il fut pris et pendu pour sa desobeissance. Les susdites troupes s'allerent loger dans Beaumont, que ledit sieur mareschal resolut de faire du tout desmanteler, et avoit jà faict conduire des gens de Sedan pour ce faire, quand il eut advis que ledit sieur d'Amblize amassoit toutes les forces des garnisons de Verdun, Clermont, Dun, Ville-franche, et autres lieux, et avoit fait un gros d'armée de huict

(1) *Reprenant donc l'habit de seculier.* Henri de Joyeuse, après avoir perdu une épouse qu'il aimoit éperdument, étoit entré dans l'ordre des Capucins en 1587.

cents chevaux et deux mille hommes de pied, avec quelques petites pieces : ce qui le fit changer de volonté, et au contraire envoya incontinent à Beaumont ausdites troupes de la poudre, de la mesche, des picques et autres choses necessaires qu'il jugea y estre de besoin pour se deffendre s'ils y estoient attaquez.

Le huictiesme jour d'octobre d'Amblise brusla le fort et le village de Marq, et vint loger le dimanche unziesme devant Beaumont. Le lendemain ayant faict sommer ledit sieur de Montigny, qui estoit un vaillant gentil-homme du pays de Picardie, et les autres capitaines qui estoient dedans Beaumont de se rendre à luy, sinon qu'il les feroit tous tailler en pieces, ils dirent au trompette : « Dites à vostre maistre que s'il nous veut donner son canon, et à chacun de nos soldats cent escus, que nous quitterons ce logis. » D'Amblise, fasché de cette response, dit: « Foy de gentil-homme, je leur donnerai à chacun un cordeau, puis qu'ils sont si temeraires. » Tout aussi-tost il fit tirer quelques coups de ses pieces, et fit faire ses approches. Les royaux firent quelques sorties pour l'en empescher, et y eut ceste journée forces escarmouches. Mais le mardy, dez le grand matin, il commença à faire jouer deux gros canons qu'il avoit faict venir en diligence de Ville-franche, et continua tellement sa batterie le long du jour, qu'il esperoit y faire donner l'assaut et l'emporter.

Le bruit du canon estant entendu à Sedan par ledit sieur mareschal, qui avoit mandé aux gouverneurs et aux gentils-hommes voisins de l'assister, resolut avec ce qu'il avoit d'aller secourir Beaumont, et partit de Sedan ce mesme jour sur le midy avec trois cents bons chevaux, et arriva si à propos auprès de Beaumont, que, s'estant advancé avec environ cent chevaux, il parut avec ce nombre seulement jusques devant les murailles, se contentant, après avoir attaqué une bonne escarmouche et quelques coups de pistolets donnez, d'avoir asseuré ceux de dedans, par quelques cavaliers qu'il y fit entrer, qu'il estoit là pour leur secours, empeschant d'Amblise à faire donner l'assaut où il se preparoit à l'heure mesme, la bresche estant raisonnable; et par ce moyen aussi il donna loisir aux assiegez de remparer la bresche toute la nuit.

Après cela il se retira à une lieuë et demie de là dans Raucourt, où estant, et se representant la perte toute evidente, faute de secours, non tant de la place que des regiments de Chambaret et de Montigny, et des compagnies des chevaux legers des sieurs de La Tour et Flavigny, et en suitte la perte de Mouzon, qui estoit le principal dessein des Lorrains, sur ces considerations, il jugea estre besoin de hazarder un combat. L'ayant resolu, le lendemain au matin il monta à cheval, fortifié encor de quatrevingts bons chevaux amenez de Maubert par le sieur de Rumesnil qui y estoit gouverneur, et de quelques deux cents harquebuziers de ses subjects, et avec cela il alla droict vers Beaumont, au mesme lieu qu'il avoit recognu le jour de devant. Ayant faict advancer deux gros de cavalerie, il fit repousser les Lorrains qui s'advançoient pour lui trancher le passage d'un vallon et favoriser la retraicte à quelques uns de leur infanterie logez dans des censes qui estoient à leur main gauche. Il se fit là une rude charge.

Cependant ledit sieur d'Amblise, ayant à sadite main gauche ses lansquenets, et son infanterie lorraine qu'il avoit assemblée en un gros bataillon près de son artillerie, fit advancer trois gros pour gaigner une montagne dont ledict mareschal de Bouillon se vouloit prevaloir; mais le mareschal, qui avoit rangé sa cavalerie en quatre gros, en fit advancer deux si tost qu'il vit remuer les Lorrains, lesquels se meslerent incontinent au combat, comme aussi fit en mesme temps ledit sieur mareschal avec son gros, suivy du sieur de Rumesnil qui menoit le quatriesme. Au commencement de ce combat, le sieur d'Amblise, ayant rompu son bois, receut une harquebuzade dans sa visiere qui luy transperça la teste, dont il mourut à l'instant. Il fut lors bien combatu de part et d'autre; mais la cavalerie de Lorraine, voyant leur general mort, voulut se retirer auprès du bataillon de leur infanterie et du canon qui tiroit, tant contre ceux de Beaumont que contre le secours du dehors; mais, aussi tost qu'elle eut essayé à le faire, les François la poursuivirent si chaudement qu'elle fut toute mise à vau de route, abandonnant leur infanterie à la misericorde des victorieux.

En ceste charge ledit sieur mareschal fut blessé de deux coups d'espée, l'un au visage, sous l'œil droit, et l'autre au petit ventre; ce qui l'empescha de poursuivre la victoire, et donna la charge aux sieurs de Rumesnil et de Betancourt de donner sur ceste infanterie : ce qu'ils firent avec un tel heur, qu'aidez d'une sortie que firent ceux de dedans ils la mirent en pieces. Les Lorrains perdirent leur chef, leur artillerie, et toutes leurs cornettes et enseignes, plus de sept cents morts sur la place, et nombre de prisonniers, entre lesquels estoient plusieurs capitaines, avec leur maistre de camp le sieur d'Esne. Quatre cents lansquenets du regiment du colonel Schevaw, estans pris prisonniers, furent renvoyez avec la baguette blanche, sous leur foy de ne porter les armes d'un an contre le Roy, contre ceux de Strasbourg, et contre ledit sieur mareschal sur ses terres de Sedan. Les royaux perdirent en ceste desfaicte fort peu de gens, sans aucune personne de marque.

Après que ce siege fut ainsi levé les troupes assiegées eurent commandement de revenir en France et de se rendre au siege de Rochefort en Anjou, ce qu'ils firent. Pour les Lorrains, ils furent fort estonnez de ceste perte, qui leur vint très-mal, car ils avoient aussi en ce temps là une nouvelle guerre contre ceux de Strasbourg, ainsi que nous dirons cy après. Quant au mareschal de Bouillon, après avoir emporté l'honneur d'une telle victoire, où il avoit esté blessé, il se retira à Sedan, et mit ses troupes, que le Roy entretenoit, en garnison, une partie audit Sedan et l'autre à Stenay. Ce ne furent depuis que courses sur la Lorraine et sur le Verdunois, et le duc de Lorraine cogneut dèslors que le Roy luy avoit donné un homme de guerre en teste qui la luy portoit dans son propre pays, et que le succez que les princes de la ligue s'estoient proposez de la prise de leurs armes ne seroit tel qu'ils se l'estoient imaginé.

Cependant que le mareschal de Bouillon se faisoit penser de ses blessures, son esprit ne songeoit qu'à nouvelles entreprises sur le duc de Lorraine. Il fit recognoistre la ville de Dun sur la riviere de Meuze, à huict lieuës de Sedan, par Noël Richer, homme advisé et de valeur, lequel ayant rapporté l'estat de ceste ville, et comme il y avoit moyen d'y entrer avec des petards, après plusieurs discours qu'ils eurent ensemble, il se resolut d'executer ceste entreprise la nuict d'entre le dimanche et le lundy, sixiesme et septiesme jours de decembre, et pour ce faire il partit de Sedan le dimanche, sur les trois heures après midy, assisté d'une belle troupe de cavalerie, ayant donné aux autres troupes des garnisons de Sedan et Stenay le rendez-vous à sept heures du soir du mesme jour au village d'Inaut, une lieuë près de Stenay; car ces troupes estoient lors logées en trois villages près de Dousi, à trois lieuës ou environ de Sedan, revenans, après la prinse du chasteau de Charmoy près Stenay, de faire une course en Lorraine et sur le Verdunois; lesquelles troupes se trouverent audit rendez-vous, et, ayant marché jusques à un quart de lieuë près de Dun, ledit sieur mareschal fit mettre pied à terre à tous ceux qu'il avoit choisis et esleus pour donner les premiers à l'execution, et lors il mit l'ordre qu'il voulut y estre observé. Il commanda audit Richer de prendre le premier petard, au sieur Tenot, capitaine de ses gardes, le second, à du Sault le tiers, à Betu le quart, et à La Chambre le cinquiesme. Deguyot, lieutenant de Tenot, portoit les mesches. Le capitaine du Saut et Boursie avoient un treteau. Après eux marchoient le sieur de Marry avec dix hommes armez et dix harquebuziers, puis quarante hommes armez commandez par le sieur de Caumont, avec deux cents harquebusiers.

Au petit fauxbourg qui est devant la porte il y avoit quatre soldats qui y faisoient garde, l'un desquels, appercevant Richer et Deguyot qui marchoient, leur tira une harquebusade, en leur demandant : *Qui va là?* ce qui ne les arresta pas, ains passerent outre. Mais incontinent, estans encores eslongnez de la muraille de cinquante pas, la sentinelle leur demanda : *Qui va là?* et, les voyant marcher sans mot dire, leur tira, et encor deux autres après. En mesme temps Richer leur dit qu'ils avoient tort, et qu'il estoit un pauvre homme marchant que les huguenots avoient desvalizé. Le gouverneur, nommé Mouza, là venu à cest alarme, s'enquiert. Richer marche tousjours : de sorte que les bourgeois, recognoissans qu'il s'approchoit, luy crierent qu'il s'arrestast ; et luy, se voyant à six pas de la porte, leur dit : « Je viens pour faire apprester le logis à M. de Bouillon qui veut disner aujourd'huy dedans Dun. »

A ces mots ce ne fut plus qu'harquebuzades, au son desquelles Richer posa son petard, qui fit grand bruict, et fit son effect à la premiere porte. Il posa l'autre à la seconde, qui fit aussi bien. Mais soudain ceux de dedans abbatirent le rateau ou herse, et d'une pierre porterent Richer par terre. Le capitaine Tenot print le troisiesme petard des mains de du Sault, et le fit jouër contre le rateau, qui fit fort peu ; il reprint le quatriesme que portoit Betu, lequel posé fit un trou où un homme en se courbant fort près de terre pouvoit passer. Les harquebuzades cependant n'estoient espargnées par les assaillis sur les petardiers, ny les coups de pierre qu'ils jettoient sur eux par les deux tours des deux costez de la porte. Par ce trou entrerent bien soixante hommes, nonobstant tout ce que purent faire ceux de Dun, et donnerent jusques au milieu de la ville ; mais les assaillis ayans faict tomber une autre forme de rateau, les royaux ne purent plus passer que par dessous une des pieces dudict rateau, et si ce passage estoit si dangereux, que de vingt qui s'hasarderent d'y passer il y en eut quinze de blessez.

Ainsi les assaillans se trouverent fort peu dedans, et au contraire ceux de Dun, ralliez en divers lieux, en grand nombre, y ayant dans ceste ville deux compagnies de cavalerie et une d'infanterie, outre quatre autres qui estoient dedans la ville basse qui ne peurent secourir la ville haute, leur ayant la poterne ou petite faulse porte qui descend en bas esté fermée par ceux qui estoient jà entrez, lesquels se purent trouver environ six vingts dans la ville, où le combat dura depuis les trois heures jusques à sept au matin, sans que ledit sieur mareschal, qui estoit dehors, pust sçavoir des nouvelles de ceux de dedans, sinon par les assaillis qui estoient sur la porte où il faisoit tousjours faire de l'effort et y entrer file à file, quoy qu'ils criassent que tous les royaux estoient perdus. Bref, les combats furent si divers et la chose si douteuse, que le sieur de Caumont après avoir esté blessé, et retiré en un logis avec trois ou quatre, les assaillis le prindrent et le garderent plus d'une heure. Autant en advint d'un autre costé à Betu et à du Sault, ausquels le gouverneur Mouza, voyant les choses tournées à son desadvantage, se rendit leur prisonnier. Environ une demie heure après la pointe du jour le sieur de Loppes, en sondant la muraille par le commandement dudit sieur mareschal, et ayant trouvé que ceux de dedans travailloient à ouvrir la poterne qui descend à la ville basse, et voyant qu'elle ne pouvoit estre ouverte de quelque temps, se fit apporter une eschelle où luy et quelques-uns monterent, et, après la porte ouverte, donna passage à ceux qui le suivirent, lesquels firent retirer tous les assaillis dedans une forte tour proche de la premiere porte. En ces combats, qui durerent plus de quatre bonnes heures, la plus-part des royaux qui estoient entrez dans Dun furent blessez : ledit Tenot, le capitaine Camus et Folquetiers y furent tuez. En fin, sur le midy, ceux qui s'estoient retirez dans ladite tour se rendirent prisonniers de guerre, de sorte que la ville haute fut toute reduite. Ceux qui estoient en la basse ville, estonnez de tel effect, y mirent le feu, et, saisis d'effroy, s'enfuyrent. Voylà comme M. le mareschal de Bouillon surprint Dun au commencement de decembre.

En ce mesme temps le roy d'Espagne, desirant du costé des Espagnes faire entrer des forces en France par terre, et faire la conqueste de la Guyenne, qu'il estimoit aisée tandis que le Roy estoit aux environs de Paris, essaya de s'emparer de Bayonne, à l'ayde de deux armées, par mer et par terre. De longue main le gouverneur de Fontarabie avoit practiqué une intelligence avec un medecin nommé Blancpignon, lequel recevoit souvent des lettres de luy en termes couverts et prins de la medecine, pour acheminer leur entreprise sur Bayonne.

Ce medecin s'entendoit avec un Espagnol habitué d'assez long temps dans Bayonne, et ces deux avoient acheminé leur entreprise si avant, qu'une flotte de quelques vaisseaux et une armée par terre estoit preste à l'execution, quand un lacquay, envoyé de Fontarabie avec lettres parlant de medeciner et saigner le malade, fut surprins par le seigneur de La Hilliere, gouverneur de Bayonne, lequel, ayant faict prendre le medecin et l'Espagnol, en peu d'heures descouvrit tout leur dessein. Il delibera de donner une extrette aux Espagnols entrepreneurs, ce qu'il ne put executer à cause de la resolution de l'Espagnol prisonnier, lequel ne voulut escrire les lettres qu'il luy vouloit faire escrire, ains aima mieux mourir que de servir de piege pour faire attraper le gouverneur de Fontarabie, et fut decapité publiquement avec le medecin. C'est assez traicté de ce qui s'est passé sur les frontieres de la France; voyons ce qui se passoit en la ville capitale et aux environs.

Après la reprise d'Espernay le Roy, ayant renvoyé les reistres, retint auprès de luy une petite armée que conduisoit le baron de Biron, et s'en vint vers Paris. Il envoya vers M. d'Espernon à ce qu'il luy remist entre les mains l'estat d'admiral de France, ce qu'il fit, et Sa Majesté en pourveut ledit sieur baron de Biron.

Le Roy estant à Sainct Denis, desirant bloquer Paris tout autour par des forts, afin qu'il n'entrast nuls vivres dedans que par sa volonté et sur ses passeports, il fit dresser de nouveau un fort à Gournay, distant de trois lieuës de Paris. Ce fort fut fait dans une isle qu'entouroit la Marne au lieu de fossez; les bastions n'estoient que de terre. M. de La Nouë y fut mis gouverneur dedans avec une forte garnison, six pieces de canon et les munitions necessaires, pour empescher de ce costé là tout ce qui eust peu venir à Paris par la Marne. Corbeil et Sainct Denis tenoient comme bouclez le haut et le bas de la riviere de Seine. Ceux de Chevreuse, Porché-Fontaine, et autres chasteaux des environs du costé de l'Université, faisoient tant de courses et si souvent jusques dans les fauxbourgs, que peu de chose pouvoit entrer dans Paris sans les passeports des gouverneurs des places pour le Roy.

Sur la construction de ce fort à Gournay, et sur un bruit qui courut parmy les Parisiens que le Roy vouloit deffendre d'oresnavant tous les passeports qui permettoient de faire sortir et entrer des marchandises dans Paris, il se tint une assemblée de ville le 26 octobre. Or, soit à dessein ou autrement, ou par la licence que prirent les gouverneurs des places qui tenoient pour le Roy aux environs de Paris, il s'estoit practiqué du depuis la levée du siege qu'en payant certains droicts, on faisoit entrer et sortir de la marchandise dans Paris. Plusieurs Parisiens alloient et venoient par passe-ports aux places du Roy, et la necessité qu'ils avoient endurée dans Paris, l'abondance qu'ils voyoient aux villes royales, et la commodité qu'ils retiroient de trafiquer, en fit changer à beaucoup l'opinion de leur ligue. Ce fut pourquoy ceux qui favorisoient le party royal dans Paris, dont il y en avoit grand nombre, ainsi qu'il se pourra aysement juger cy-après, pensant faire naistre quelque occasion pour le service du Roy, firent faire ceste proposition : Qu'il failloit envoyer vers le roy de Navarre, en attendant la tenue des estats, pour avoir le trafic et commerce libre, tant pour la ville de Paris qu'autres bonnes villes de France. Ceste proposition fut trouvée si bonne par plusieurs, que, si le duc de Mayenne ne se fust rendu à Paris incontinent, il y eust pu naistre quelque changement. En l'assemblée qui se tint dans la Maison de Ville le 6 de novembre il leur dit : « Messieurs, j'ay esté adverty qu'il s'estoit faict icy quelques propositions d'envoyer vers le roy de Navarre pour traicter avec luy : ce que j'ay trouvé fort estrange pour estre chose fort contraire à ce qu'avons par ensemble juré. Toutesfois je ne l'impute pas à aucune mauvaise volonté qu'ayent ceux qui l'ont proposé, ains à la necessité très-grande que chacun de vous peut avoir. Mais vous sçavez tous que j'ay deliberé faire assembler les estats dans ce mois pour pourvoir au general des affaires, et au particulier de vostre ville. Vous sçavez combien de princes, seigneurs et villes se sont unis avec nous, desquels nous ne devons ny pouvons honnestement nous departir : aussi vostre condition seroit beaucoup plus mauvaise de faire vos affaires sans eux. J'espere que tous ensemble prendrons quelque bonne resolution, pour laquelle executer, sans avoir aucune consideration de mon interest particulier, j'exposeray, comme j'ay fait cy-devant, pour vostre conservation très-librement mon sang et ma vie. Mais cependant je prie ceux qui ont fait telle proposition de s'en vouloir departir ; et, s'ils ne le faisoient, j'aurois occasion de croire qu'ils sont mal affectionnez à nostre party, et traicter avec eux comme ennemis de nostre religion. »

M. de Mayenne, à son arrivée dans Paris, y trouva les deux partis ou factions des politiques et des Seize esgalement fortes, et que mesmes ils faisoient entr'eux une conference en la presence du sieur de Belin, gouverneur de Paris, et du prevost des marchans, pour tascher à les accorder. Avant que parler de ceste conference, voyons comme les politiques, depuis la mort du president Brisson, dont nous avons parlé l'an passé, se recognurent, s'assemblerent, et se banderent ouvertement contre la faction des Seize.

Tous ceux qui ont escrit de ce subject s'accordent que, bien que plusieurs dans Paris auparavant la mort du president Brisson portassent couvertement affection au party royal, si n'osoient-ils en parler à l'ouvert, pource que les Seize leur tenoient tousjours le pied sur la gorge, et prenoient garde de prez à toutes leurs actions, mais que, depuis ceste mort, et qu'ils virent que Louchart et ses compagnons eurent esté pendus par le commandement de M. de Mayenne, ils commencerent, disent-ils, à s'assembler dez le mois de janvier au commencement de ceste année, et se jurerent ensemblement un support commun; que le commencement de leurs assemblées se fit chez le sieur d'Aubray, l'un des colonels de la ville, qui avoit esté autres-fois prevost des marchans, et qui estoit d'une des bonnes familles de Paris, et du depuis en l'abbaye Saincte Geneviefve, au logis de l'abbé, là où en ces assemblées se trouverent des ecclesiastiques, des gens de justice, des officiers de la Maison de Ville, des colonels, des capitaines, et autres bourgeois. Les premieres propositions qui furent faictes en ces assemblées estoient :

I. Qu'il failloit d'oresnavant que les bonnes familles et les gens d'honneur se recogneussent et se joignissent ensemblement pour estre les plus forts, et resister à certaines personnes qui se disoient catholiques zelez et se faisoient appeler les Seize, que l'on cognoissoit assez estre gens de neant, personnes abjectes, de basse condition, qui vouloient tout entreprendre et manier les affaires de la ville, lesquels avoient commencé une revolte qui saigneroit à jamais, s'estoient attaquez à la cour de parlement, et de leur propre authorité avoient faict mourir de mort violente M. le president Brisson; qu'ils continuoient encor leurs revoltes et entreprises avec les Espagnols, vouloient renverser tout ordre, ne faisoient que brouiller les affaires, et estoient la cause de toutes les miseres que souffroit la France des guerres civiles.

II. Que pour s'opposer aussi ausdites entreprises, il failloit que aux eslections des offices et charges de la ville empescher à l'advenir que nul desdits Seize n'y fust pourveu, et n'endurer plus qu'aucun eust authorité dans la Maison de Ville qu'il ne fust de la qualité requise.

III. Et que, comme les Seize avoient tiré leur nom de l'establissement qu'ils avoient faict d'un conseil des seize quartiers, qu'aussi il failloit que les seize colonels de Paris fussent les chefs pour s'opposer, chacun en son quartier, aux entreprises des Seize, et practiquer sous chasque colonelle le plus de capitaines et de bourgeois que l'on pourroit, affin de se rendre forts, et d'ayder par ce moyen à M. de Mayenne, qui avoit si bien commencé en faisant pendre quatre desdits Seize, exterminer du tout ceste faction, dont il en reüssiroit ce bien que l'on pourroit chasser aussi les Espagnols de Paris qui n'estoient soustenus que par eux, et par ce moyen il y auroit esperance d'avoir un jour la paix, de restablir le trafic, de sortir des malheurs où ils estoient à present, et de jouïr de leurs maisons des champs, de leurs rentes et de leurs heritages.

Ceste practique fut si bien menée et conduitte, que

des colonels de Paris il y en eut treize qui se declarerent ennemis des Seize, tous les quarteniers de la ville, excepté quatre, grand nombre de capitaines et bourgeois, lesquels estoient sous main soustenus par toute la cour de parlement, excepté cinq qui favorisoient encor les Seize, et de toutes les autres cours souveraines.

Ce party dedans Paris devint incontinent fort. En ce commencement on ne parloit que de ruyner les Seize, et de tascher à chasser les Espagnols et empescher qu'il n'en entrast en garnison dans la ville plus grand nombre que ceux qui y estoient, et mesmes, quand le duc de Parme, après le siege de Roüen, repassa la Seine à Charenton, lesdits colonels furent tousjours en armes, firent faire doubles gardes à la porte de Bussy, et le colonel Passart, avec le grand Guillaume, capitaine, y menerent leurs compagnies ensemblement pour s'y rendre plus forts, et ne cesserent de s'y tenir jusques à ce que ledit duc fust esloigné de la ville. Plusieurs parloient à l'ouvert contre les Seize. Aucuns particuliers mesmes userent de voye de faict. Un gentil-homme françois, vestu à l'espagnole, fut battu en qualité d'Espagnol; et mesmes il fut pendu par authorité de justice quelques particuliers des Seize pour leurs crimes. Quelques uns aussi s'enfuirent de peur de punition. Bref, il se passa plusieurs particularitez contre eux depuis le commencement de ceste année jusques sur la fin de septembre, qu'il fut tenu une assemblée au logis dudit sieur abbé de Saincte Geneviefve en laquelle se trouverent plusieurs personnes de qualité, et là fut commencé de parler (sur le subject du fort que l'on bastissoit à Gournay) qu'il failloit entendre à la paix avec le Roy, et y fut dit que les guerres seroient perpetuelles, à faire comme l'on faisoit; que tout estoit ruiné; qu'il valloit mieux, pour aquerir paix et soulager le pauvre peuple, se jetter entre les bras du Roy, qui estoit prince remply de clemence, qui sans doute les recevroit humainement, et vivroit on sous luy en paix en l'exercice de la religion catholique-romaine; qu'il estoit le vray heritier de la couronne de France; que jamais la race des princes de Bourbon ne laisseroit Paris en paix si la maison de Lorraine ou autre estranger entroit à la couronne; qu'infailliblement il falloit recognoistre le Roy et se sousmettre à luy, et qu'il n'y avoit autre moyen de repos et salut qu'en le recognoissant; que si on ne le faisoit de gré à gré, aussi bien qu'il emporteroit Paris de force, tellement qu'il valloit mieux traicter avec luy en temps opportun, que d'attendre pour y estre portez par la corde au col; et, pour conclusion, qu'il falloit necessairement faire la paix et recognoistre le Roy, autrement que tout seroit perdu; qu'il ne falloit plus attendre secours du Pape pour resister à la force du Roy, ny aux armes des princes de Lorraine, ny aux doublons d'Espagne, et que tout cela estoit des chimeres; et, pour parvenir à la recognoissance du Roy, il failloit d'oresnavant veiller et faire tout ce qu'il seroit possible pour son advancement, et ruiner tous ceux qui y voudroient contredire. Après ceste proposition il fut long temps devisé des moyens et ordre pour y parvenir. Il fut leu aussi un memoire de l'ordre qu'il failloit tenir d'oresnavant pour leur assemblée, pour sçavoir des nouvelles, pour prendre le signal et le mot du guet, et les endroits où l'on se devoit addresser. Ils disposerent quatre maisons des colonels où tous les jours, à certaines heures, ils iroient conferer de ce qu'il faudroit dire et faire : pour l'Université et Cité, au logis de d'Aubray ; au quartier du Louvre, en la maison de Passart ; au quartier de Greve, au logis de Marchand ; au quartier des Halles, au logis de Villebichot.

En ce mesme temps que les politiques de Paris tramoient la reduction de ceste ville en l'obeyssance du Roy, M. Rose, evesque de Senlis, alla trouver le colonel d'Aubray qu'il estimoit chef de ce party ; il luy dit qu'il failloit que tous les catholiques des deux partis qu'il voyoit à present dans Paris entrassent en quelque conference et se reconciliassent les uns avec les autres, et qu'il failloit tous s'unir contre les heretiques. Mais il n'eut pour response de luy que quand tous les Seize auroient esté punis de leurs crimes qu'il adviseroit à ce qu'il auroit à faire. Les docteurs Genebrard et Boucher en parlerent aussi à quelques autres colonels qu'ils cognoissoient, et ceste affaire fut si avant menée, que les politiques, pour ne donner aucun subject de croire qu'ils ne vouloient entendre à aucune reconciliation, trouverent bon, pour descouvrir les desseins des Seize, que le colonel Marchant, et Lambert, quartenier, de la part des politiques, en traictassent avec l'advocat Le Gresle de la part des Seize, lesquels, ayans parlé ensemblement, promirent chacun de leur part de faire comparoir les principaux d'entr'eux en un logis proche de la maison du sieur L'Huillier. De la part des politiques s'y trouverent les colonels L'Huillier, Marchand et Pigneron ; de celle des Seize, Acarie, Le Gresle, Bordereuil Rosny et Senault.

L'Huillier,(1) prenant le premier la parole, leur dit :
« M. le colonel Marchand nous a faict entendre que vous nous avez recerchez pour vous reconcilier et joindre avec nous ; c'est chose qui se pourra faire, moyennant que chacun s'humilie, obeysse et recognoisse ceux qu'ils doivent honorer par honneur. »

Acarie, pour les Seize, dit : « Messieurs, nostre intention est que ceux qui se disent catholiques le facent paroistre par bonnes actions, qu'ils considerent bien que la division produit ordinairement des mesdisances et calomnies, et les mesdisances des intentions irreconciliables, et que, pour eviter les maux qui en pourroient ensuivre au prejudice de la religion catholique, apostolique et romaine, et de la ville environnée des ennemis, il est très à propos en ce temps assoupir et esteindre telles divisions et s'unir tous ensemble pour resister à l'heretique et à ses fauteurs. Pour ces considerations nous avons tenté tous moyens pour y parvenir et en conferer avec vous, non en qualité de colonels, mais comme estans catholiques. »

Plusieurs propos furent tenus d'une part et d'autre, recognoissant chacune part le dommage et nuisance qu'aporteroient telles partialitez. Senaut dit que, pour l'effect d'une bonne reconciliation, il luy sembloit, sauf meilleur advis, qu'il seroit bon que les uns et les autres se submissent à leurs peres spirituels, et que, comme ledit Le Gresle leur en avoit communiqué, en estans quasi demeuré d'accord jusques à estre entrez à la nomination, il estoit bien seant leur rendre cest honneur.

(1) *L'Huillier*. Il fut peu de temps après nommé prévôt des marchands, et ce fut lui qui ouvrit à Henri IV les portes de Paris.

Que de la part des Seize, ils avoient advisé de supplier messieurs Genebrard, archevesque d'Aix, Rose, evesque de Senlis, Boucher, curé de Sainct Benoist, et de Cueilly, curé de Sainct Germain de Lauxerrois, d'en prendre la peine. « Et de vostre part, dit-il en parlant à L'Huillier, vous pouvez faire le semblable envers ceux que le colonel Marchant et le quartenier Lambert avoient choisis, qui estoient les sieurs abbé de Saincte Geneviefve, Seguier, doyen de l'eglise de Paris, Benoist, curé de Sainct Eustache, et Chavignac, curé de Sainct Suplice, et que l'on adviseroit du jour pour les assembler. » Ils trouverent tous cest advis bon : toutesfois depuis il fut changé. Pour ce jour il ne fut faict autre chose.

Le bruit de ce pourparlé estant venu jusques aux oreilles du prevost des marchands et autres magistrats, lesquels, jugeans diversement ce qui en pourroit arriver, se voulurent mesler de cest affaire, et furent les politiques et les Seize mandez le lundy ensuyvant, et prevenus par le president d'Orcey, prevost des marchands. Il loüa l'intention de ceux qui avoient promeu et commencé cest œuvre, leur fit entendre qu'il y vouloit avoir part et y apporter tout ce que doit un magistrat de ville qui n'a point plus de repos et contentement que de voir et cognoistre une bonne union entre les citoyens, et que pour cest effect il en communiqueroit avec le gouverneur, lequel il sçavoit tendre au mesme but, et tiendroit advertis les uns et les autres pour se trouver à l'heure et au lieu qui seroient choisis.

Ayans eu commandement les uns et les autres de se trouver le mercredy suyvant chez le sieur de Belin, gouverneur de Paris, en nombre de cinq ou six, il advint que, tant d'un party que d'autre, ils delaisserent les ecclesiastiques pour l'animosité qui estoit entre aucuns d'eux, et les magistrats civils servirent en leur place.

De la part des politiques se trouverent les sieurs L'Huillier, Passart, Marchant, Villebichot, du Fresnoy, Feullet, de La Haye, Santeuil et Le Roy, tous colonels; et de la part des Seize, Acarie, Le Gresle, Alvequin, Bordereuil Rosny, Senault, Messier et de Sansa.

Là fut proposé par le sieur de Belin (¹), et après par le prevost des marchands, combien ils loüoient ceste reconciliation et en desiroient voir l'accomplissement, admonesterent chacun d'y apporter ce qu'il pourroit, et à ceste fin qu'on leur fist entendre le commencement et le progrès de l'affaire.

L'Huillier pour les politiques, et Acarie pour les Seize, les ayans chacun remercié et fait entendre comme tout s'estoit passé jusques à ce jour, et mesmes ledit L'Huillier comme on les en avoit recherchez, ils monstrerent tous avoir un extresme desir de voir l'effect d'un si bon œuvre, dont ils auroient supplié les magistrats d'y tenir la main. Lors arriva d'Aubray, auquel fut fait recit par ledit sieur gouverneur de ce qui avoit esté desjà dit, et que le meilleur moyen estoit d'eslire certain nombre de part et d'autre pour ensemblement et en leur presence conferer et adviser aux remedes, et le prierent d'en estre l'un et d'y as-

---

(¹) *Le sieur de Belin* : François de Faudoas d'Averton, comte de Belin. Il avoit été prisonnier de Henri IV, n'avoit pu s'empêcher d'apprécier ses grandes qualités, et lui étoit secrètement dévoué.

sister, ce que pareillement firent ses compagnons et les Seize aussi. Mais il dit (1) que quant à luy il n'avoit besoin de reconciliation, ne vouloit mal à personne, qu'il estoit bon catholique, et n'assisteroit point à la conference, bien tiendroit-il ce qui y seroit conclud et arresté.

Nonobstant son refus, le prevost des marchans fit une liste de cinq de chacune part, en laquelle fut d'Aubray nommé avec L'Huillier, Passart, Marchant et Pigneron, lequel arriva à l'instant, tellement qu'ils se trouverent là unze colonels, et de la part des Seize furent nommez Acarie, Le Gresle, Senault, Alvequin et Bordereuil Rosny, à tous lesquels fut dit qu'ils se trouvassent le lendemain jeudy au mesme lieu pour entrer en matiere, et adviser aux moyens et remedes pour esteindre ces partialitez; et pour l'heure ne furent tenus autres propos.

Le jeudy ils se trouverent tous au mesme lieu en la presence dudit sieur gouverneur et du prevost des marchands. Ceste assemblée commença par la plainte que fit le colonel Marchant de ce qu'aucuns des predicateurs des Seize avoient desjà presché que les politiques recerchoient les Seize d'accord. Il en fut faict un grand bruit, lequel cessé, un des Seize dit que les remedes convenables pour esteindre la division estoient de ne recognoistre jamais le roy de Navarre, quelque catholique qu'il se fist. Lors d'Aubray dit : « Messieurs, je ne voy pas qu'on ait parlé de ce pour-

(1) *Mais il dit.* D'Aubray, beaucoup plus prononcé que les autres politiques, voyoit avec peine cette conférence. Il pensoit que son unique résultat seroit d'aigrir les deux partis beaucoup plus qu'ils ne l'étoient auparavant.

quoy on nous a fait entendre qu'estions assemblez. Quant à nous, nous sommes tousjours demeurez en l'union de la ville, en l'obeyssance de M. de Mayenne, de la cour de parlement, de M. le gouverneur et des magistrats; si vous autres (parlant aux Seize), qui vous estes joincts avec le Pape et l'Espagnol, voulez entrer en nostre union, nous procurerons pour vous envers M. de Mayenne, la cour de parlement et les magistrats, qu'ils vous y reçoivent, et n'est besoin d'autre reconciliation pour mon particulier, n'ayant querelle à personne. »

Après quelques reparties et disputes à qui avoit esté de tous eux le premier de la ligue, et qui y avoit le plus fourny, d'Aubray dit encores : « Nous avons occasion de nous plaindre de ce qu'on baille aux predicateurs des memoires et billets sur lesquels, sans discretion, ils preschent et taxent plusieurs gens d'honneur jusques à les monstrer au doigt. Il faut deffendre cela, et n'appartient aux predicateurs de se mesler de l'Estat, ains seulement de reprendre les vices. » Un des Seize luy respondit que les predicateurs n'estoient point indiscrets pour prescher à l'apetit d'aucun, et que ce n'estoit à luy de leur prescrire ce qu'ils avoient à dire, et qu'ils preschoient la verité. A quoy repliqua d'Aubray : « Tout leur est permis, ce semble, puis qu'ils ne recognoissent point la cour pour leurs juges. »

Sur ce luy fut dit par ledit sieur gouverneur que, pour le regard des predicateurs, ce n'estoit à eux de leur faire leur leçon, mais que luy et le prevost des marchands parleroient à M. le legat, qui les manderoit et leur feroit entendre ce qu'ils auroient à faire, et, s'il advenoit qu'ils y contrevinssent, qu'il y avoit moyen de chasser ceux qui feroient le contraire. Et par ce que ces propos sembloient empescher ce qu'ils esperoient de la conference, ils furent rompus, et chacun admonesté de parler modestement et sans collere ny reproche des choses passées. Puis le prevost des marchans fit lecture de ce qu'il avoit escrit pendant leur contestation, estimant, disoit-il, qu'il estoit bon de dresser des articles pour leur reconciliation, et les faire publier.

Et par ce qu'en ces articles il avoit mis que les predicateurs seroient priez de ne plus prescher sur memoires et billets, aussi que la cour de parlement seroit suppliée d'oublier le passé, et que d'oresnavant l'on n'useroit plus de ces mots, *Politiques* et *Seize*, un des Seize luy dit, quand aux predicateurs, qu'il n'estoit besoin d'en parler, puis que ledit sieur gouverneur avoit remis ce qui les concernoit à M. le legat.

Pour le regard des mots *Politiques* et *Seize*, qu'il ne les failloit supprimer, d'autant que celuy qui feroit les actions d'un politique meriteroit porter ce nom; et quant aux Seize, que c'estoit un nom honorable, et que l'on ne faisoit aucun deshonneur à ceux qui en estoient de les appeler ainsi; toutesfois, si pour eviter les noises et contentions on les vouloit oublier, on le pourroit consentir; mais si on le vouloit esteindre par ignominie, il ne se pourroit souffrir, et falloit qu'il leur demeurast.

Quand à la cour de parlement, qu'il n'estoit aucunement necessaire qu'ils la suppliassent d'oublier les choses passées, et que sur ceste priere d'oblivion elle se voudroit prevaloir et dire que les Seize ne se pourroient plus pourvoir, et seroient exclus et forclos de les recuser; que la recusation estoit de droict, et encores qu'il ne fust raisonnable qu'un qui se pretendoit offensé d'avoir esté emprisonné, comme toute la cour le pretend avoir esté par les Seize, fust le juge de celuy qui l'auroit mené en prison, ou qui y auroit presté ayde et conseil, si est-ce qu'aucuns de la cour avoient assisté au jugement des procès de Michelet, du Jardin et autres que l'on avoit animeusement et par vengeance poursuivis et recerchez pour choses assoupies, et que l'on pouvoit aussi remarquer plusieurs autres poursuittes faictes en haine contre les Seize depuis le 4 decembre.

Mesmes que l'on avoit usé de plusieurs reproches des choses passées et calomnies, desquelles l'on avoit demandé justice au conseil de M. de Mayenne, en la cour et au chastelet, et neantmoins on ne l'avoit peu obtenir; que quand on s'addressoit à un commissaire pour informer, il remettoit la partie au lieutenant criminel, et le lieutenant criminel à la cour de parlement : tellement que l'on voyoit à veuë d'œil que c'estoit partie faicte contr'eux.

Qu'il y avoit encor plusieurs dez leurs lesquels estoient absens pour les animeuses recherches que l'on faisoit contr'eux sans partie civile, pour raison de quelques pretendus meurtres d'heretiques; et que si on vouloit oublier, il falloit les faire revenir en seureté, et entr'autres Thomasse, Jacquemin et Desloges, lequel avoit tué un soldat huguenot qu'il avoit prins à une sortie de la ville pendant le siege, dont toutesfois il estoit recherché.

Sur ce fut respondu par L'Huillier aux Seize : « Vous ne voulez donc point recognoistre la cour, ny qu'on face justice? Qui seront doncques nos juges? — Est-il raisonnable, dit Marchant, que ceux qui ont tué de sang froid un Flamang de bon lieu, et quelques autres qui ont desrobé, demeurent impunis, et qu'on les laisse parmy nous? Et quant à ceux dont vous parlez, ils ont bien esté jugez, et avoient commis beaucoup d'autres crimes que ceux dont il y a preuve au procès. »

Les Seize continuant leurs discours sur les occasions qu'ils soustenoient avoir de recuser le parlement: « Mais, disoient-ils, si par zele de religion s'est commis indiscrettement acte qui se doive excuser, nous supplirons M. de Mayenne avec cognoissance de cause de le remettre et abolir? Et pour le regard de ceux qui ont esté condamnez à la mort, nous disons seulement que les poursuittes ont esté animeuses et par vengeance, et n'estimons pas que les juges de la cour de parlement qui ont voulu souiller les mains au sang innocent n'en soient punis, et remettons le tout à Dieu qui en sera le dernier juge. »

Ces paroles sonnerent très mal aux oreilles des magistrats et des politiques qui les reprirent aigrement, et jugerent qu'il n'y avoit point moyen de desopiniastrer ces gens-là. Ledit sieur gouverneur, lequel avoit fait sortir ses gens affin de n'en rien ouyr, leur dit qu'il ne failloit plus qu'ils tinssent telles paroles, et que le tout seroit tenu sous le secret, et mesmes que les uns et les autres ne se souviendroient aucunement de ce qu'ils s'estoient reprochez en particulier.

Le lendemain le prevost des marchans envoya querir Senault, auquel il bailla quelques articles escrits de sa main, contenant en substance que, pour appaiser les divisions et partialitez qui estoient en la ville, provenantes de ce qu'aucuns bourgeois avoient des affections et inclinations contraires à celles que doivent avoir bons et naturels François, il estoit necessaire d'admonester tous les bourgeois de la ville de lever telles opinions qu'ils avoient conceuës les uns des autres, quitter toutes divisions et partialitez, rendre l'obeyssance et reverence aux ecclesiastiques et magistrats, s'unir plus estroittement pour la deffence de la religion et de la ville contre l'hereticque et ses fauteurs, conformement aux serments de l'union cydevant faits : deffences de soy provoquer par injures et reproches passées, ny user de menaces, et admonester chacun de veiller et observer si aucuns de fait ou de parole aydoient et favorisoient l'ennemy, pour en advertir le magistrat et en faire faire justice exemplaire.

Par ces articles les Seize se trouverent taxez d'avoir eu des affections contraires à celles que doivent avoir les naturels François, les trouverent bons en ce qui estoit dit qu'il falloit s'unir plus estroittement contre l'heretique et ses fauteurs, conformement aux serments de l'union cydevant faicts. Cela fut cause qu'ils presenterent encor des memoires audit prevost des marchans, à ce que dans lesdits articles il fust aussi adjousté que deffences seroient faictes à toutes personnes de plus nommer le Roy (en parlant du roy de Navarre), ny d'injurier les garnisons espagnoles, et que les commissaires du chastelet, sans demander permission au lieutenant criminel, ny le lieutenant criminel à la cour, informeroient contre les contrevenants aux serments de l'union. Ledit sieur prevost des marchans ne tint beaucoup de compte de ces memoires. Et en l'assemblée qui se tint chez ledit sieur de Belin après que M. de Mayenne fut arrivé à Paris, M. le president Janin, de la part dudit sieur duc, s'y trouva et tous les deputez des politiques et des Seize. Là ledit prevost des marchans fit lecture de tout ce qu'il avoit mis par escrit: mais les politiques ny les Seize n'en voulurent demeurer d'accord. Leur contestation vint sur le serment de l'union, où les Seize vouloient qu'on y adjoustast de ne traicter jamais d'accord avec le roy de Navarre, ses fauteurs et adherans. Les politiques soustenoient qu'il ne devoit rien estre adjousté audit serment, et qu'il devoit estre renouvellé seulement comme on l'avoit juré en decembre 1591, et pour cest effect ils en presenterent la forme qui avoit esté faicte au quartier de Passart, disans que plus de deux cens des Seize ne l'avoient voulu signer, et que ceux qui l'avoient signé y avoient mis des modifications à leur plaisir.

Ceste forme ayant esté leue par ledit sieur president Janin, qui advoua l'avoir dressée, il s'enquit quelles raisons avoient meu les particuliers de ne la signer puisque le prince l'avoit commandé, et qu'on ne devoit souffrir cela. Auquel les Seize respondirent que pour ce qui concerne la police temporelle on est de verité obligé d'obeyr au prince, mais, y allant de la religion et d'un serment, il en falloit communiquer aux docteurs de l'Eglise, comme on avoit faict quant les autres serments furent faicts dez le commencement de la ligue.

Ceste dispute en engendra d'autres, et vindrent tellement en paroles sur ceux d'entr'eux qui avoient fait des assemblées, du depuis ledit mois de decembre, sans l'authorité du magistrat, que d'Aubray dit aux Seize : « C'est trop disputé, nous nous faisons grand tort de parler à vous autres. Qui estes vous? » Et tenant en main un exemplaire de l'abolition que M. de Mayenne avoit fait publier sur le fait du president Brisson, dont nous avons parlé cy-dessus, « Voylà, leur dit-il, vostre reproche sur le front; vous estes par là reprouvez, desadvouez et diffamez, gens sans chef et sans adveu, ausquels sont faictes deffences de vous nommer les Seize, et neantmoins vous prenez ce mot à grand honneur; nous ne devrions pas seulement parler à vous. » Un des Seize luy respondit : « Nous n'avons que faire, par la grace de Dieu, de l'abolition, et ne l'avons demandée ny poursuivie, ny aucun des nostres, comme n'estant necessaire et sans occasion. Et neantmoins par icelle ne nous est deffendu de nous nommer les Seize. » D'Aubray soustenant le contraire, l'abolition fut leuë par le sieur L'Huillier, dans laquelle il se trouva : « Nous faisons très expresses inhibitions et deffences à toutes personnes, de quelque qualité ou condition qu'elles soient, et sous quelque pretexte ou occasion que ce soit, mesmes à ceux qui se sont cy devant voulu nommer le conseil des Seize, de faire plus aucunes assemblées pour deliberer ou traicter d'affaire quelconque, à peine de la vie et de rasement de maisons èsquelles se trouveront lesdites assemblées avoir esté faictes. » Après ceste lecture les Seize se leverent sur pieds, et dirent : « Nous sommes gens de bien, et n'avons que faire de ceste abolition ny tous les nostres, et ne nous peut telle abolition apporter aucune infamie; si vous avez autre opinion vous vous monstrez vous mesmes desobeyssans et contrevenans à ce qu'elle porte, parce qu'il y a deffence de s'en souvenir, et vous nous en faictes reproche. Vous nous reprochastes hier mesmes que nous estions desunis de la ville et desobeyssans aux magistrats : nous n'estimons pas que vos compagnons vous veulent advouer. » D'Aubray leur fit response : « Vous avez bien dit pis en la derniere assemblée de messieurs de la cour de parlement, et de verité nous avons un desadveu de parler avec vous; messieurs nos compagnons, ausquels nous avons communiqué, ne le trouvent pas bon et nous en desadvouent: » Après ceste parole ce ne furent plus que reproches, et ainsi sortirent les uns et les autres avec disposition de soustenir chacun leur party.

Par le rapport que l'on fit à M. de Mayenne de ce qui s'estoit passé en ces assemblées, on cognut que les Seize estoient plus opiniastres qu'auparavant en leurs desseins, qu'ils ne vouloient recognoistre la cour de parlement ny la justice, et avoient dans l'ame esperance de se pouvoir venger dudit duc et de la cour qui avoient faict pendre ceux de leur faction. Ces assemblées estans jugées pouvoir apporter à la longue quelque remuëment, ledit sieur prevost des marchans eut commandement d'entretenir les Seize en la continuation d'icelles, et que cependant on ruineroit ce party petit à petit comme pernicieux et dangereux pour l'Estat de la France. Les politiques, d'autre costé, qui publioient ne vouloir tenir que de M. de Mayenne et suivre sa volonté, desdaignerent de conferer d'avantage avec les Seize : tellement que toutes ces conferences furent sans effect, et les Seize firent courir un bruit que M. de Mayenne, ledit sieur de Belin, gouverneur, et le prevost des marchans, ne vouloient pas que ceste reconciliation entr'eux et les politiques fust faicte, de peur d'estre diminuez de leur authorité et leurs grandeurs retranchées. Mais, n'osans plus presenter aucune requeste en leur nom, ils s'adviserent de faire presenter une requeste à M. de Mayenne par les docteurs et predicateurs de leur faction : la lecture d'icelle fera juger aysement quelle estoit leur intention.

« Depuis le desastre advenu en la ville de Paris, par la mort violente d'aucuns bons bourgeois catholiques, le 4 decembre dernier, bannissement et proscription des autres, l'audace des ennemis de la religion catholique et partizans du roy de Navarre s'est de tant augmentée, et leurs practiques tant advancées dans la ville, où ils entrent, sortent, traictent, parlent et font ce qu'ils veulent, que l'on ne peut attendre qu'une ruine evidente de la religion et l'establissement de l'heresie, si Dieu, par sa toute bonté, ne previent les desseins de nos ennemis, et que de brief l'on y pourvoye. Et d'autant que le conseil des bons catholiques, qui estoit celuy qui espouvantoit l'ennemy et dissipoit ces entreprises, a esté interdit et leurs assemblées deffendues, de sorte que l'ennemy fait maintenant ce qu'il veut par l'intelligence des politicques ses adherans ausquels l'on a baillé toute authorité que l'on a arrachée des mains des bons catholiques, iceux suppliants sont contraints, à leur grand regret, d'entrer à present aux solicitations, prieres et requestes, et embrasser le soin et la vigilance qu'avoient les catholiques, et qu'ils exerçoient par leurs assemblées et conseils maintenant rompus et dissipez, et se mesler des affaires seculieres, en tant qu'elles peuvent servir pour la manutention de la religion catholique en ce royaume de France, qu'ils voyent perdre à veuë d'œil faute de conduite et commandement, et pour avoir negligé les requestes cy-devant faictes de la part des catholiques, qui, au lieu d'estre exaucez, advouez et maintenus, ont esté refusez, negligez, dissipez et injustement tourmentez ; qui a esté et sera la ruine du party de la religion catholique, si Dieu, de sa toute puissance, n'y met ordre, et que ceux qui ont le commandement au party, mesmement M. de Mayenne, qui y tient le premier rang, n'amende ce qu'il a fait faire, et pourvoye aux affaires par les moyens qui ensuivent, que les suppliants luy representent pour leur descharge envers Dieu et les hommes, et qu'il ait, s'il luy plaist, à y remedier promptement, attendu la necessité des affaires.

« En premier lieu, d'ordonner que le serment de l'union des catholiques soit reiteré entre les mains de M. le legat, representant Sa Saincteté, chef de ceste union catholique, afin qu'il n'y ait plus qu'un party, avec peine ordonnée contre les contrevenants, desquels, comme des heretiques, politiques, detracteurs de nostre Sainct Pere et de son authorité, du roy d'Espagne et des princes catholiques chefs d'icelle union, ecclesiastiques et predicateurs, soit faicte diligente recherche et punition, suivant les saincts canons et ordonnances de nos roys Très-Chrestiens. »

Le serment soit reiteré devant les magistrats, qui donneront ordre contre les contrevenants. Et pour la punition des heretiques et autres, il sera faict edict s'il est besoin, et en temps et lieu.

« Qu'il soit faict deffences de parler d'accord ou

composition avec le roy de Navarre, heretique, relaps et excommunié, et ses adherans, et ce par edit qui soit esmologué. »

Ce sont paroles vaines qui ne meritent y avoir esgard ny en faire cas.

« Que les catholiques affectionnez que l'on a exilez et bannis soient revoquez promptement, et deffences faictes à messieurs du parlement de ne cognoistre des causes desdits catholiques, suivant l'arrest du conseil general de l'union, et aussi de cesser les poursuites intentées contre un grand nombre desdits catholiques qui sont en peine pour certains heretiques tuez durant les troubles, que lesdits sieurs du parlement estiment crime, encores qu'ils ayent esté tuez comme ennemis, et en temps et action de guerre. »

Monsieur r'appellera les absens quand il jugera estre expedient et que son authorité sera conservée. Et quand à la cour de parlement, c'est un corps auquel il ne peut toucher, comme necessaire pour l'exercice de la justice, et au surplus capable pour cognoistre ce qui est crime ou non.

« Qu'il luy plaise ordonner que, tant à sa suitte que en ses armées, il y ait predicateurs, chapelains et confesseurs, selon l'ancienne ordonnance de la discipline militaire, et deffences aux gens de guerre de loger ny leurs chevaux ez lieux desdiez au service de Dieu. »

C'est chose que Monsieur desire quand il les pourra appointer; et au surplus qu'il ne permettra que les saincts lieux soient polluez.

« Que tous benefices soient distribuez selon le sainct concile de Trente, et non à gens de guerre ny laïcques. »

L'injure du temps ne peut permettre un ordre lequel il fera avec le temps.

« Qu'il luy plaise lever le soupçon et crainte touchant le voyage de M. le cardinal de Gondy à Rome. »

Il ne sçait que c'est de ce voyage et ne l'advoue.

« Que convocation generale soit faicte à Paris des estats de France sans plus differer, pour proceder à l'eslection et nomination d'un roy Très-Chrestien et catholique. »

Il procurera, si faire se peut licitement, que l'assemblée soit dans un mois.

« Qu'il soit donné secours promptement à la ville de Paris, et les garnisons estrangeres augmentées, et oultre icelle y mettre trois cents hommes de cheval pour deffendre la ville des incursions ordinaires de l'ennemy. »

Que les ministres du roy d'Espagne baillent à Monsieur ayde et moyens, et il y advisera d'y mettre des forces telles qu'il luy plaira.

« Que le parlement soit purgé des partisans du roy de Navarre, ensemble les magistrats de la ville, colonels et capitaines, lieutenants et enseignes, qui ont adheré et adherent à l'ennemy; et en leur lieu y establir et commettre de bons catholiques, et ce plustost que faire se pourra. »

La saison ne requiert aucun remuement, et partant les choses demeureront en l'estat qu'elles sont.

« Qu'il luy plaise d'approfondir la conspiration laquelle, par la grace de Dieu, s'est descouverte le jeudy 26 du present mois, pour pourveoir aux maux qui en adviendront s'il n'en est faict bonne et briefve justice, et, pour mettre la religion et la ville en seureté, ne perdre ceste occasion. »

Monsieur a esté informé que telle entreprise ne procedoit de mauvaise intention, mais du desir qu'aucuns bourgeois avoient de trouver quelque prompt remede pour sortir de leur misere, ce que l'on doit plustost excuser que punir.

« Faict au conseil d'Estat tenu près Monsieur, à Paris le 12 decembre 1592. Signé Baudouin. »

Voylà les requestes des predicateurs des Seize, et la response qui leur fut faicte par le conseil d'Estat du duc de Mayenne. Je laisseray le jugement libre au lecteur pour considerer comme ceux-là vouloient changer l'ordre accoustumé de la France, et comme ceux-cy le desiroient conserver sous l'authorité des magistrats accoustumez. Bref, les Seize en vouloient aux politiques, demandoient et procuroient que l'on fist justice de ceux qui avoient dit qu'il failloit envoyer vers le Roy (de Navarre), comme il a esté dit cy-dessus, pour avoir le traffic et commerce libre. Mais, voyans les susdites responses du conseil de M. de Mayenne estre contre leur intention, ils entrerent, comme l'on dit d'ordinaire, de fievre en chaut mal, et se mirent tellement à detracter mesmes de M. de Mayenne, qu'il les eut en horreur, comme aussi eurent tous les gens de bien du party de l'union. La suitte de ceste histoire le donnera assez à cognoistre.

Quant aux politiques, ils se mirent tous sous l'appuy de M. de Mayenne pour un temps, et firent si bien que le susdit sieur L'Huillier, qui estoit maistre des comptes, fut esleu puis après prevost des marchands

Les principaux d'entr'eux advertirent le Roy de leurs desseins. Ledit sieur abbé de Saincte Geneviefve luy faisoit sçavoir par lettres tout ce qui se passoit, lesquelles lettres le Roy recevoit par M. de Nevers; auquel abbé Sa Majesté faisoit rescrire ce qu'il devoit faire pour son service. Le sieur Langlois, qui estoit eschevin de la ville, luy rescrivoit aussi. Ils travaillerent tous beaucoup pour la reduction de Paris, ainsi que nous dirons cy après.

Si dans Paris les politiques s'opposoient aux Seize, ceux de ce party dans Orleans n'en faisoient pas moins à ceux du Cordon (1). Au commencement de ceste année le sieur de Sigongne, de Marché-noir, dont nous avons parlé cy-dessus, qui portoit la cornette du duc de Mayenne à la bataille d'Ivry, s'estant retiré dans Orleans, practiquoit des reffugiez qui y portoient les armes, et s'y estoient retirez de toutes parts des prochaines villes royales, lesquels, pour leur entretenement ordinaire, alloient fort loin de tous costez à la guerre avec un grand hazard : ce que descouvert par le sieur de Comnene qui y commandoit en l'absence de M. de La Chastre, entra en opinion dudit sieur de Sigongne, principalement sur la despence qu'il faisoit, excedant de beaucoup son ordinaire. Il en advertit M. de Mayenne, qui manda aux maire et eschevins d'Orleans qu'ils eussent à se saisir de sa personne. Mais les partialitez des politiques et de ceux du Cordon furent occasion que lesdits gouverneur, maire et eschevins resolurent, de peur de remuëment, de le faire sortir de leur ville : dont adverty de leur resolution, il ayma mieux les prevenir que d'attendre leur comman-

(1) *Ceux du Cordon.* On nommoit ainsi les ligueurs orléanais.

dement; et ainsi sortit d'Orleans, puis print l'escharpe blanche avec quelques gentils-hommes qui le suivoient. Ceux d'Orleans publierent que ledit sieur de Sigongne s'entendoit avec quelques habitans politiques, et practiquoit lesdits refugiez gens de guerre, affin de se rendre maistre d'Orleans pour le Roy, mais que son dessein fut sans effect.

Nonobstant ceste sortie du sieur de Sigongne, les politiques et ceux du Cordon continuërent de part et d'autre leurs assemblées pour l'eslection nouvelle de leurs maire et eschevins, et s'y faisoit de grandes menées et brigues des deux costez. Ceux du Cordon briguoient, tant pour estre continuez, craignans que les politiques, qui estoient des meilleures familles de la ville et leurs capitaux ennemis, y parvinssent, que pour l'authorité et le profit qu'ils faisoient en leurs charges; les politiques, pour sortir du joug de ceux du Cordon, et tascher à conserver leur ville libre et françoise sans avoir des garnisons d'Espagnols dont on les menaçoit, qui estoit l'intention de ceux du Cordon. Ceste eslection fut quelque mois retardée et differée par la discretion dudit sieur de Comnene, lequel fit attendre le retour de M. de La Chastre qui devoit sur ce apporter l'intention du conseil de M. de Mayenne. Durant ce temps la resolution qu'il avoit prise du commencement luy servit de beaucoup, car, quand il voyoit les politiques oppressez par ceux du Cordon, il les favorisoit pour ne leur donner occasion d'entreprendre un remuëment avec desespoir; et quand il advenoit que les politiques vouloient abuser de sa faveur contre ceux du Cordon, il faisoit tourner la chance à la faveur de ceux-cy : de façon que les uns disoient qu'il estoit politique, et les politiques qu'il estoit du Cordon, sans que les uns ny les autres peussent juger qu'il faisoit ce qui estoit expedient pour lors, usant ainsi de prudence, moyennant laquelle il contrepesa les affaires et partialitez. Si les gouverneurs des places de l'union, qui demeurerent fermes en ce party sous l'authorité de M. de Mayenne, n'eussent usé de ceste prudence par le commandement particulier dudit sieur duc et de son conseil, ce n'eust esté dans toutes les grandes villes que meurdres, massacres et exils, et la faction la plus forte eust executé sa passion sur l'autre avec telle animosité qu'il s'en fust ensuivy la perte generale de la monarchie françoise. Or ce n'estoit pas leur intention de la perdre, comme ils ont protesté et juré plusieurs fois entr'eux, mais seulement de ne recognoistre point le Roy s'il n'estoit catholique, et de ne traicter point avec luy d'aucune paix qu'en general, et non separement. Du depuis ils y adjousterent ceste clause, de ne le recognoistre point, mesmes estant catholique, sinon que ce fust par le commandement de Sa Saincteté. Mais le succez des affaires leur fit à tous changer de volonté, excepté audit sieur duc et à trois ou quatre des grands de ce party, lesquels, suivant leurdit serment, ne recogneurent Sa Majesté qu'après qu'il a eu l'absolution de Sa Saincteté. Entre les catholiques politiques et les catholiques zelez il n'y pouvoit avoir de milieu ; aussi beaucoup de catholiques qui n'estoient des zelez, ne voulans comme eux estre espagnols, demeurerent fermes pour un temps dans le party de l'union sous l'authorité de M. de Mayenne ; mais ils furent comme contraints de le quitter à la fin, et de se jetter dans le party politique, qui ne ressembloit à celuy des zelez (lesquels ne respiroient que sang, et avoient protesté de n'espargner jusques à leurs propres freres qui leur seroient contraires, usans de ce mot d'ordinaire, que qui n'estoit pour eux estoit contre-eux), ains se conformoient à la volonté des gouverneurs des villes, et ne respiroient que la tranquilité et l'utilité publique. J'ay mis ces distinctions afin que le lecteur discerne mieux quel estoit l'estat des villes du party de l'union.

M. de La Chastre, estant de retour à Orleans, establit des maire et eschevins à sa devotion, et priva de ces charges ceux de la faction du Cordon : ce ne fut sans luy en garder une arriere-pensée; puis il sortit d'Orleans avec quelques pieces de canon et les troupes qu'il avoit auprès de luy, et s'en alla prendre Chasteau Neuf sur Loire, auprès de Gergeau, qui luy fut incontinent rendu. Retourné à Orleans, il s'en alla en Berry, où peu après il commença à faire traicter du mariage du baron de La Chastre son fils avec la fille du feu comte de Montafier et de madame la princesse de Conty qui avoit espousé en premieres nopces ledit sieur comte. Ce mariage fut consommé à Maisonfort en Berry sur la fin de ceste année.

Cependant M. d'Antragues, qui desiroit rentrer dans Orleans, et qui tenoit ses garnisons à Boisgency et autres places de ce duché dont il estoit gouverneur pour le Roy, practiquoit avec les politiques d'Orleans (que l'on appelloit francbourgeois), et tenoit tellement sa practique asseurée, qu'il manda au Roy, s'il luy plaisoit s'approcher d'Orleans, qu'il se promettoit de le faire entrer dedans par le moyen de ses bons amys les franchourgeois. Le Roy, qui estoit, tantost à Melun, tantost vers Mante, et qui faisoit rafreschir une partie de ses troupes vers Estampes et au Gastinois, voulut, ne desdaignant cest advis, luy mesme recognoistre le comportement des Orleannois en une cavalcade qu'il y fit en une nuict; mais, ayant bien consideré les corps de garde par les feux qu'ils faisoient, les rondes par les lumieres, et les sentinelles par le bruict, il dit au sieur d'Antragues : « Voylà des gens qui n'ont envie de se laisser surprendre, ny de faire rien pour vous. » Et sur ceste parole Sa Majesté se retira, et s'en alla depuis au devant du duc de Parme qui s'apprestoit d'entrer en France pour la troisiesme fois.

M. de La Chastre, ayant sceu que le Roy s'estoit approché si près d'Orleans, s'y rendit incontinent, et y mit l'ordre qu'il jugea necessaire pour tenir ceste ville à sa devotion, puis, ayant amassé des forces, s'achemina avec des pieces moyennes au bailliage de Dunois pour contraindre quelques vilotes et bourgades closes au payement des tailles, et vint jusques à Cloye. Aussi tost le sieur de Lierville, qui commandoit dans Chasteaudun, advertit tous les royaux des places voisines et la noblesse, lesquels monterent si diligemment à cheval, qu'en deux jours ils s'assemblerent assez forts pour combattre ledit sieur de La Chastre, lequel, s'advançant en sa retraicte, et ayant sceu l'amas des royaux, se diligenta d'aller loger à Bacon pour s'y prevaloir d'un gay qui n'en est qu'à un quart de lieüe; ce qui luy servit à propos, car le lendemain matin il n'eut faict si tost passer l'eau aux siens, que les royaux qui les poursuivoient parurent; mais luy, s'advançant vers Orleans, cheminant en bon ordre et en pays advantageux pour son infanterie, fut la cause que les royaux se retirerent chacun chez eux.

Après la prise de Chartres le chasteau d'Auneau fut rendu au Roy. Celuy qui estoit dedans se retira à Orleans. Sur la fin de ceste année il fit une entreprise sur ce chasteau, qu'il executa, et s'en rendit maistre, ce qui incommoda fort les Chartrins : toutesfois au commencement de l'an suivant ceste place fut reprise et quelques autres chasteaux qui furent desmantelez par M. de Nevers, ainsi que nous dirons l'an suivant. Voylà ce qui se passa de plus remarquable en ces quartiers là durant ceste année.

Dans la susdite requeste presentée par les predicateurs des Seize, ils demandoient au duc de Mayenne qu'il luy pleust lever le soupçon et crainte touchant le voyage de M. le cardinal de Gondy à Rome, et M. de Mayenne leur fit responce qu'il ne sçavoit que c'estoit de ce voyage. Nous avons dit aussi cy dessus comme les Seize, dans leurs memoires de l'an 1591, avoient supplié M. de Mayenne qu'il luy plust escrire au Pape de leur pourveoir d'un autre evesque que dudit sieur cardinal, mais que le conseil dudit sieur duc n'avoit tenu compte de leurs memoires. Or le Roy voyant que les ambassades qu'il avoit envoyées à Rome, sous le nom de messieurs les princes de son sang, et des ducs, pairs et officiers de la couronne, avoient esté tant traversez par les agents d'Espagne à Rome et par ceux de l'union, qu'il n'en estoit reüssy aucune utilité, il delibera d'y envoyer M. le cardinal de Gondy (qui s'estoit retiré comme neutre à sa maison de Noësi), non pas comme son ambassadeur, mais qu'en allant comme un cardinal de saincte Eglise à Rome, lors que les

Venitiens envoyeroient pour prester l'obedience à Sa Saincteté, qu'en traictant d'autres affaires ils mettroient celles de France en avant, et qu'en fortifiant leurs raisons ledit sieur cardinal, qui s'y trouveroit lors, diroit à Sadite Saincteté la vraye intention de Sa Majesté touchant sa conversion à l'Eglise catholique-romaine.

Ledit sieur cardinal, pour le bien de la religion et de l'Estat de la France, et pour le service qu'il devoit au Roy, entreprit ce voyage. Mais, dez qu'il fut aux frontieres d'Italie, les agents d'Espagne, qui avoient sceu son acheminement, circonvenants Sa Saincteté, le persuaderent de mander audit sieur cardinal que s'il venoit à Rome, et qu'il pretendist luy parler en aucune façon des affaires du prince de Bearn (ainsi appelloit-il le Roy), des heretiques ny de leurs fauteurs, qu'il demeurast en France. M. le cardinal de Gondy, sans entrer aux terres ecclesiastiques, s'achemina jusqu'à Florence, où, par la persuasion desdits agents d'Espagne, qui estoient merveilleusement allarmez de ce que ledit sieur cardinal s'acheminoit à Rome, Sa Saincteté luy envoya encor un jacobin, qui sans aucun respect du lieu où il le trouva (qui estoit à l'Ambrosiane), ne sans en parler à M. le grand duc qui y estoit, il luy fit deffences d'entrer dedans l'estat de l'Eglise, usant mesmes de quelques paroles rudes : ce qui ne fut pas trouvé bon de beaucoup de personnes. Quelques-uns ont escrit que ce que Sa Saincteté en fit lors estoit pour monstrer et donner à cognoistre qu'il gouvernoit du tout son pontificat. Le grand duc, qui est prince souverain, ne voulant rien aigrir, ne fit pas semblant de tout ce que fit ce jacobin, et les choses se traicterent par obeyssance avec prudence, tellement que ledit sieur cardinal puis après obtint de Sa Saincteté de l'aller voir à Rome.

Après qu'il y eut eté quelque temps, il entra un jour en devis assez familier avec Sa Saincteté, et, après luy avoir dit l'intention de Sa Majesté touchant sa conversion, il luy dit en ces termes : « Mais, Pere Sainct, voyant la submission très-devote du Roy, quelle difficulté faictes vous? n'avez-vous pas la puissance de le recevoir ? » Le Pape lors luy respondit : « Qui en doute? mais il est requis que je laisse frapper à ma porte plus d'une fois, afin de cognoistre mieux si l'affection est telle qu'elle doit estre. » Ledit sieur cardinal insistant, luy dit encores que donc il luy plust ouvrir le sein de l'Eglise pour y recevoir son fils premier né. « Je le feray, dit le Pape, quand il sera temps. » Ledit sieur cardinal ayant adverty le Roy de ce que luy avoit dit Sa Saincteté, et de toutes les difficultez et autres empeschements qui se pourroient presenter à Rome pour la conversion du Roy, il y fut procedé de la façon que nous dirons cy après.

Nous avons dit au commencement de ceste année les conferences entre les ducs de Mayenne et de Parme avec leurs agents sur la volonté que le roy d'Espagne avoit que sa fille fust esleuë royne de France, et ce que le duc de Parme avoit mandé audit sieur Roy sur ce subject, et des millions d'or qu'il conviendroit y despendre pour parvenir à son intention. Le roy d'Espagne ayant receu ses lettres et celles de Diego d'Ibarra, il leur envoya premierement, pour la grande plainte qu'ils faisoient de n'avoir point d'argent, ny pour France, ny pour Flandre, pour quinze cents mil escus de lingots d'or et d'argent, qui furent apportez d'Italie sur deux cents mulets, lesquels, après avoir traversé la Savoye, la Franche-Conté et autres provinces, arriverent à Namur où ils furent monnoyez. Mais cela ne dura rien, et n'estoit pas seulement suffisant pour payer une partie de ce qui estoit deu à la gendarmerie : tellement que les agents d'Espagne se trouverent incontinent aux mesmes necessitez qu'ils estoient auparavant.

Dans la lettre que Diego d'Ibarra rescrivit à dom J. d'Idiaques, conseiller d'Estat d'Espagne, il luy mandoit : « Pour parvenir à la fin que nous desirons pour les affaires de France, j'eusse tenu pour plus asseuré que les armes et la negociation eussent esté du tout en la puissance du duc de Parme, et crains fort que, les divisant, il n'en advienne la conformité qui est necessaire pour acheminer le tout d'un mesme pas et à mesme temps, etc. » Puis après : « Car venant le duc de Feria pour maistre de la negociation, il ne voudra en rien dependre de l'authorité du duc de Parme, ny le duc de Parme s'esforcer de faciliter avec les armes les bons succez. Et pour un tel cas eust esté fort à propos le marquis du Guast, qui est venu pour servir en ceste journée, qui a cognoissance de ceste charge, etc. » Ceste lettre estoit l'intention du duc de Parme, qui eust desiré que le marquis du Guast, italien, eust eu la charge du duc de Feria. Mais le roy d'Espagne en disposa tout autrement, et envoya le duc de Feria pour la negotiation, et le comte de Fuentes pour les armes.

Cependant que ceux cy s'acheminoient pour se rendre en Flandres, le duc de Parme, revenant de prendre

les eaux de Spa, arriva le unziesme octobre à Bruxelles.
Les historiens italiens disent que ce duc avoit donné
advis au roy d'Espagne de son indisposition, laquelle
estoit telle que les medecins n'avoient nulle bonne esperance de sa santé, ny qu'il deust encor beaucoup
vivre, et qu'il supplia ledit sieur Roy qu'il peust au
moins reveoir encor une fois l'Italie pour donner
l'ordre requis après sa mort pour la seureté de ses
deux principautez à sa posterité. Dequoy ledit Roy
ayant esté bien informé par medecins espagnols, et
tenant sa vie pour desesperée, il envoya en diligence
ledit comte de Fuentes, beau frere du duc d'Albe,
avec amples instructions et commissions pour les affaires de France et de Flandres : mais il ne put arriver
assez à temps pour parler audit sieur duc de Parme,
lequel estoit party de Bruxelles et arrivé à Arras le 16
novembre pour se trouver aux estats de ceste province qui s'y devoient tenir, et y faire l'assemblée de
ses troupes pour entrer la troisiesme fois en France.
Ce duc, voulant faire paroistre qu'il n'estoit point si
malade qu'on l'estimoit, montoit tous les jours à cheval et se promenoit sur les fossez d'Arras, ce qu'il fit
quinze jours durant. Le 2 de decembre ayant fait encor
cest exercice et retourné à son hostel, il se trouva las,
car il n'y avoit que son courage qui resistoit à la foiblesse de ses membres : or un de ses vieux serviteurs
domestiques, le voyant descendre de cheval, le regarda
d'une œillade pleine de compassion, ce qu'advisant,
il luy dit : « Mon amy, il n'y a plus de remede, il faut
que je finisse. » A ceste parole son secretaire Cosme
Massi luy dit, pour luy donner courage : « Il me
semble le contraire, et que Vostre Altesse a meilleur

visage que de coustume. — *No, no*, dit le duc, *son finito* (1); allons songer aux expeditions ausquelles je puis encor donner ordre. » Ayant fait escrire beaucoup d'affaires d'importance, il se coucha le soir au lict, ne pensant estre si près de sa mort, et se mit comme à dormir; mesmes les siens pensoient qu'il reposast. Sur la minuict ceux qui le veilloient furent esbays qu'il s'estoit tourné à la mort. Incontinent tous ceux de sa maison accoururent dans sa chambre. Jean Sarrasin, abbé de Sainct Vast d'Arras, y vint, et luy donna le sacrement de l'extreme-unction. Mais le duc, ayant perdu la parole, ouvroit seulement les yeux et regardoit un chacun, et à la poincte du jour il passa de ceste vie en l'autre. Voylà comment mourut en son lict Alexandre Farneze, duc de Parme, après s'estre trouvé en tant de batailles, de sieges de villes et de rencontres, n'ayant jamais esté blessé que devant Caudebec, ainsi que nous avons dit. Le 3 decembre, sur la nuict, son corps estant porté dans l'abbaye Sainct Vast, accompagné de trois cents torches, les cloches de toute la ville sonnantes, après que les vigiles furent chantées par les moynes, il fut mis dans une sale où il fut embausmé. Son cœur, ses yeux, sa langue et ses entrailles furent enterrées dedans ladite abbaye. Le lendemain il luy fut faict un service fort honorable où tous les grands seigneurs italiens, espagnols et flamans assisterent; puis fut conduit par la Lorraine en Italie, suivy de huict vingts chevaux tous en dueil. Plusieurs services funebres luy furent faicts aussi en beaucoup de villes d'Italie, et principalement à Rome, lieu de sa naissance, comme estant grand gonfalonnier heredi-

(1) Non, non; c'en est fait.

taire de l'Eglise; et le peuple romain luy fit dresser une statuë taillée en marbre, laquelle fut mise au Capitole.

Au mesme temps de ceste mort le Roy s'estoit acheminé avec deux mille chevaux vers Corbie, et avoit mandé à toutes les garnisons de la Picardie de le venir trouver, esperant de combattre ledit duc, ou de le charger à toutes propres commoditez, quoy que son armée fust composée de sept à huict mil hommes de pied et de cheval; mais Sa Majesté ayant sceu sa mort, il revint vers Senlis et à Sainct Denis, puis alla à Chartres, où il se resolut d'aller à la rencontre de Madame, sa sœur, qui estoit partie de Bearn pour le venir voir, et de faire un voyage en Touraine et en Anjou: ce qu'il fit, ainsi que nous dirons l'an suivant.

Quand à l'armée du duc de Parme, après sa mort elle n'augmenta: aucuns se mutinerent encor et s'emparerent de quelques places, entr'autres de Maulbuge, et firent plusieurs hostilitez. Le comte de Fuentes eust desiré de prendre la charge du gouvernement des Pays Bas; mais les grands de ces païs alleguerent que le roy d'Espagne leur avoit promis qu'advenant la mort du duc de Parme, ils ne seroient gouvernez que par un seigneur flamang. Pendant ceste contention, et que les courriers alloient en Espagne pour en rapporter l'intention du Roy, le comte Pierre Ernest de Mansfelt, qui avoit esté designé encor lieutenant èsdits Pays Bas durant que le feu duc de Parme eust esté en France, continua ceste charge, et depuis y fut confirmé par lettres du roy d'Espagne, attendant la venuë de l'archiduc Ernest d'Austriche, frere de l'Empereur, qui fut pourveu de ce gouvernement; mais il ne put arriver à Bruxelles qu'en l'an 1594, ainsi que nous dirons en son lieu.

Cependant que ledit comte Pierre Ernest de Mansfelt gouvernoit les Pays-Bas, son fils, le comte Charles, fut declaré lieutenant general de l'armée espagnole qui estoit sur les frontieres vers la Picardie, avec laquelle il entra en France, assiegea et prit Noyon, comme nous dirons aussi l'an suivant. Quant au comte de Fuentes, quoy qu'il n'eust la qualité de gouverneur des Pays-Bas, il l'estoit en effect, et, sçachant l'intention du roy d'Espagne, il ordonnoit avec d'Ibarra de toutes les finances, et ne se faisoit rien que par leur advis.

La premiere chose que le comte de Fuentes fit, ce fut de faire rechercher ceux qui avoient manié les deniers royaux. Le secretaire du feu duc de Parme fut arresté prisonnier, et, ayant rendu compte de ce qu'il avoit eu en maniement des deniers publics au nom de son maistre, il fut mis en liberté; mais plusieurs autres furent punis, les uns par la corde, les autres par la bourse. Il travailloit suivant l'intention dudit Roy son maistre de trouver de l'argent pour les affaires de France et de Flandres, mais cela fut peu, eu esgard à l'entreprise que les Espagnols s'estoient imaginez de pouvoir gaigner les gouverneurs de chasque place par argent; aussi le succez n'advint pas suivant leur dessein.

Plusieurs aussi ont escrit (1) que le duc de Mayenne, lequel du vivant du duc de Parme se laissoit mener

---

(1) *Plusieurs aussi ont escrit.* Voyez à cet égard les Mémoires de Villeroy, qui font partie de cette série. Villeroy entre dans les plus grands détails sur les négociations dont il fut chargé à cette époque par le duc de Mayenne.

à certaines conditions de paix avec le Roy par la practique du sieur de Villeroy, lesquelles estoient grandement advantageuses pour luy, changea de volonté aux nouvelles de sa mort, esperant estre par cy après le seul lieutenant aux armées du roy d'Espagne en France, et de ne recevoir plus les traverses et rebuts qu'il avoit senties aux voyages dudit feu duc de Parme, et que cela fut la principale cause que l'on ne parla plus au party de l'union que de tenir leurs estats pour l'eslection d'un roy, que l'on ne vid plus que bulles publier par toutes les villes de ce party, et plusieurs mandements du duc de Mayenne sur ceste assemblée. En ce theatre ils jouèrent tous divers personnages: les Espagnols et les Seize esperoient faire perdre l'authorité que ledit duc de Mayenne avoit en son party, et luy pensoit se la conserver et l'augmenter par leur moyen, en tenant lesdits pretendus estats.

Nous avons dit qu'il avoit fait expedier des lettres de mareschal de France à M. de La Chastre; mais, affin qu'il y en eust quatre, suivant le nombre accoustumé en France, il delibera d'en faire encor trois, sçavoir, les sieurs de Rosne, de Boisdaufin et de Sainct Paul. Pour l'estat d'admiral, il en fit expedier lettres au sieur de Villars, gouverneur de Rouën, et ce affin qu'au party de l'union ils eussent des mareschaux et un admiral, et que par ces tiltres leur pretenduë assemblée d'estats eust plus d'apparat.

Le veille de Noël mesmes, l'arrest donné à Chalons contre le rescrit en forme de bulle du Pape portant pouvoir et mandement au cardinal Sega, qui se disoit legat en France, d'assister et authoriser ceux de l'union à l'eslection d'un roy, fut bruslé sur les degrez du

Palais: ce qui fut faict par le commandement dudit duc. J'ai mis icy cest arrest de Chaalons, à la lecture duquel on cognoistra mieux l'intention de ceux qui l'ont donné que ce que j'en pourrois escrire.

« Sur ce que le procureur general du Roy a remonstré à la cour que les rebelles et seditieux, pour executer les meschans et malheureux desseins qu'ils ont de longue main projettez pour usurper ceste couronne sur les vrais et legitimes successeurs d'icelle, non contens d'avoir remply le royaume de meurtres, massacres, brigandages et pilleries, et avoir d'abondant introduit l'Espagnol, très-cruël et très-pernicieux ennemy de la France, voyans que les habitans des villes rebelles commençoient, comme d'une longue lethargie et pasmoison, à retourner à soy et reprendre le chemin dont Dieu et nature les obligent envers leur roy legitime, pour du tout amortir et reboucher les pointes et aiguillons de la charité vers leur patrie qui se resveilloient en eux, et remettre ce royaume en plus grand trouble et division que devant, se disposent de proceder à l'eslection d'un roy, pour à laquelle donner quelque couleur ils ont faict publier certain escrit en forme de bulle portant pouvoir et mandement au cardinal de Plaisance d'assister et authoriser ladite pretenduë eslection; en quoy lesdits rebelles et seditieux descouvrent apertement ce qu'ils ont jusques icy tenu caché, et qu'ils n'ont fait que prendre le pretexte de la religion pour couvrir leur malheureuse et damnable conjuration, chose que tout bon François et catholique doit detester et abhorrer comme directement contraire à la parole de Dieu, aux saincts decrets, conciles et libertez de l'Eglise Gallicane, et qui ouvre la porte à l'entiere ruine et eversion de toutes polices et societez humaines instituées de Dieu; mesmement de ceste tant renommée et florissante monarchie; la loy fondamentale de laquelle consiste principalement en l'ordre de la succession legitime de nos rois, pour la conservation de laquelle tout homme de bien et vray François doit exposer sa vie plustost que souffrir qu'elle soit alterée et violée, comme le gond sur lequel tourne la certitude et repos de l'Estat, requerant y estre pourveu.

« La cour, en en entherinant la requeste faicte par le procureur general du Roy, l'a receu et reçoit appellant comme d'abus de l'octroy et impetration de ladite bule et pouvoir y contenu, publication, execution d'icelle, et tout ce qui s'en est ensuivy, l'a tenu et tient pour bien relevé, ordonne que Philippes, du tiltre de Sainct Onuphre, cardinal de Plaisance, sera assigné en icelle pour defendre audit appel, et vaudront les exploits faicts en ceste ville de Chaalons à cri public, et seront de tel effect et valeur comme si faits estoient à personne ou domicile. Et cependant exhorte ladite cour tous prelats, evesques, princes, seigneurs, gentils-hommes, officiers et subjets du Roy, de quelque estat, condition et qualité qu'ils soient, de ne se laisser aller ou gaigner aux poisons et ensorcellements de tels rebelles et seditieux, ains demeurer au devoir de bons et naturels François, et retenir tousjours l'affection et charité qu'ils doivent à leur roy et patrie, sans adherer aux artifices de ceux qui, sous couleur de religion, veulent envahir l'Estat et y introduire les barbares Espagnols et autres usurpateurs; faict très-expresses inhibitions et deffences à toutes personnes de tenir ny d'avoir chez soy ladite bulle, icelle publier, s'en ayder, ou favoriser lesdits rebelles, ny se transporter aux villes et lieux qui pourroient estre assignez pour ladite pretenduë eslection, sur peine aux nobles d'estre degradez de noblesse et declarez infames et roturiers, eux et leur posterité, et aux ecclesiastiques d'estre descheus du possessoire de leurs benefices et punis, ensemble tous contrevenans, comme criminels de leze majesté et perturbateurs du repos public, deserteurs et traistres à leur pays, sans esperance de pouvoir obtenir à l'advenir pardon, remission ou abolition; et à toutes villes, de recevoir lesdicts rebelles et seditieux pour faire ladicte assemblée, les loger, retirer ou heberger.

« Ordonne ladite cour que le lieu où la deliberation aura esté prise, ensemble la ville où ladicte assemblée se fera, seront rasez de fonds en comble, sans esperance d'estre redifiez, pour perpetuelle memoire à la posterité de la trahison, perfidie et infidelité; enjoinct à toutes personnes de courir sus à son de toxain contre ceux qui se transporteront en ladite ville pour assister à icelle assemblée, et sera commission delivrée audit procureur general pour informer contre ceux qui ont esté autheurs et promoteurs de tels monopoles et conjurations faictes contre l'Estat, et qui leur ont aydé ou favorisé. Et sera le present arrest publié à son de trompe et cry public par les carrefours de ceste ville, et envoyé par tous les sieges de ce ressort pour y estre leu, publié et enregistré à la diligence des substituts du procureur general, dont ils certifieront la cour dans un mois, à peine de suspension de leurs estats. Faict en parlement, le 18 novembre 1592. »

Nonobstant le susdit arrest, tous les deputez des villes de l'union monterent à cheval pour s'acheminer à Paris, là où leursdits estats se devoient tenir. Le cardinal de Pellevé, qui n'avoit osé retourner en France durant le vivant du feu roy Henry III, et duquel le revenu de ses benefices avoit esté saisi en plaine paix, vint en ceste année de Rome à Reims en son nouveau archevesché duquel il avoit esté pourveu par le Pape, et de là à Paris pour y tenir le rang de premier pair ecclesiastique. Le duc de Feria s'y achemina aussi pour y faire entendre l'intention de son Roy. Et les Seize et tous les faciendaires d'Espagne se remuërent pour tascher à faire oster à M. de Mayenne son authorité de lieutenant general de l'Estat. L'an suivant nous dirons ce qui se fit en ceste assemblée, et ce qui en advint.

Durant le mois de novembre et de decembre plusieurs places furent prises. Les ligueurs mesmes s'entresurprenoient les places les uns des autres, prenans pour pretexte quelques mescontentements. Entr'autres, le sieur de Bois-rozé, dont nous avons parlé cy dessus, surprint le fort de Fescamp au pays de Caux avec soixante soldats sur le sieur de Villars, par une escalade composée d'un artifice admirable qu'il planta le long du rocher du costé de la mer, lequel est de trois cents toises de haut, la marée courant au pied de six en six heures, n'y ayant qu'une marée de nuict en l'année en laquelle on eust peu executer ce dessein, luy convenant deux heures à faire une lieuë de chemin, planter ses eschelles et monter, le dernier desquels en montant eut de l'eau jusques à la ceinture. Il desarma et mit hors de ladite place quatre cents soldats qui se deffendirent assez vaillamment. Le sieur de Villars, fasché de ceste perte, alla incontinent assieger Bois-rozé dans ce fort; mais, hors d'esperance de l'avoir par force, il le tint assiegé comme par forme de blocus; toutesfois il n'eut aucun advantage sur luy, quoy qu'il le tinst ainsi investy treize mois durant.

Peu après ledit sieur de Villars fit faire une entreprise sur Le Pont de L'Arche, qui n'est distant de Rouën que de quatre lieuës. Le chasteau qui est au bout du pont estant surpris, ceux de l'union, pensans traverser par sur le pont et se rendre maistres de la ville, en furent empeschez par les royaux. Le Roy, ayant receu l'advis de la surprise de ce chasteau, y envoya incontinent plusieurs troupes pour le reprendre. Mais le tout fut sans effect, et la ville et le chasteau furent ainsi de deux divers partis jusques à ce que ledit sieur de Villars se mist en l'obeyssance du Roy.

En Anjou M. le prince de Conty et le mareschal d'Aumont ayans assiegé le fort de Rochefort sur la riviere de Loire, distant de trois lieuës d'Angers, où commandoient les sieurs de Heurtaut Sainct Offange freres, ils logerent leur canon sur une vieille ruyne d'un chasteau nommé Dieusy, d'où ils battirent fort furieusement une des tours de Rochefort; mais, nonobstant trois mille coups de canon qu'ils tirerent, on ne fit point de bresche qui fust raisonnable de prendre ceste place par assaut : tellement qu'après un long siege on fut contraint de le lever.

En ce temps-là le sieur de Bois-daufin, qui commandoit dans Chasteau-gonthier pour l'union, fit surprendre le chasteau de Sablé, et le sieur de Landebry, qui estoit dedans, y fut tué avec quelques-uns des siens. La ville fut aussi prinse en mesme temps : tellement que ledit sieur de Bois-dauphin, qui au commencement de ceste année n'avoit aucune ville de retraite, fut maistre de Laval, de Chasteaugonthier et de Sablé, d'où il incommodoit fort les royaux du Mayne et d'Anjou. Voylà les choses les plus remarquables qui se sont passées en France durant ceste année.

La mort de Jean, comte de Manderscheit, evesque de Strasbourg, advenuë le premier jour de may, troubla tout cest evesché, car les chanoines, à qui appartient l'eslection ou la nomination de leur evesque, se trouverent autant divisez de volontez que de religion, les uns estans catholiques-romains, les autres protestans lutheriens. Le trentiesme de may les chanoines protestans, avec la faveur et support que leur firent les magistrats de Strasbourg, esleurent pour evesque Jean George de Brandebourg, aagé de dix-sept ans, fils de Joachim Federic, administrateur de l'evesché de Havelberg et de l'archevesché de Magdebourg, de la maison des marquis de Brandebourg, tous deux protestans lutheriens. Aussi-tost que ceste eslection fut faicte, le troisiesme de juin il vint à Strasbourg, et, ayant amassé quelques troupes, il se mit en campagne avec dix-sept pieces de canon pour renger sous son obeyssance tout le diocese de Strasbourg. Il attaqua premierement Kochersberghe, qui est un chasteau appartenant à l'evesque, dans lequel il n'y avoit que quatorze soldats, lesquels après avoir enduré quelques coups de canon se rendirent : après leur reduction ils furent tous taillez en pieces, et le capitaine, estant mené à Strasbourg, y eut la teste tranchée. De là il alla assieger et prendre Dacstein et quelques autres lieux dudit diocese appartenans à l'evesque.

Le doyen et les chanoines catholiques, qui faisoient la plus grande partie du chapitre, estans sortis de Strasbourg pour ce que le magistrat leur estoit ennemy, s'assemblerent en la maison episcopale à Zaberen, et esleurent, le 9 juin, Charles, cardinal de Lorraine et evesque de Mets, pour evesque de Strasbourg, quoy que l'Empereur leur eust mandé qu'il vouloit que son oncle l'archiduc Ferdinand, comte de Tyrol, fust l'administrateur de cest evesché. Le cardinal de Lorraine, ayant sceu son eslection, rescrivit le 10 juin à messieurs de Strasbourg par un trompette, se plaignant d'eux de la prise de leurs armes et des hostilitez qui avoient esté faictes à Kochersberg et à Dacstein, et autres lieux du diocese dont il avoit esté esleu evesque, sans que luy ny aucun de ses confreres les chanoines leur en eussent donné aucune occasion, les priant de faire sortir incontinent leurs soldats des places prises, et les luy restituer, sinon qu'il seroit contraint d'implorer le secours de ses amis pour repoulser la force par la force, et conserver un diocese duquel il avoit pris la charge.

Ces lettres portées au magistrat de Strasbourg, ils firent ceste response: « Vostre Altesse n'ignore de quelle fidelité et integrité nos majeurs ont secouru vostre predecesseur en la bataille de Nancy contre le duc de Bourgogne. Pour nous, nous n'avons jamais rien entrepris contre l'ancienne famille de Lorraine, et ne desirons enfraindre aucunement la paix que nous avons avec elle. Quant à l'eslection qui a esté faicte de Jean George de Brandebourg pour nostre evesque, elle a esté faicte suivant ce que l'on a accoustumé d'eslire les evesques de Strasbourg; car par les canons il est expressement porté que nul ne sera esleu evesque, si ce n'est du consentement du magistrat, et mesmes qu'il doit estre esleu dans l'evesché; ce qui a esté practiqué en l'eslection de Jean George, marquis de Brandebourg. C'est pourquoy nous vous prions de nous tenir pour excusez si nous soustenons en cela la maison de Brandebourg, et de nous laisser en nostre ancienne paix et tranquilité en ce diocese. Que si vous ne voulez avoir esgard à la priere que nous vous en faisons, ne doutez point que nous ne nous deffendions, et que Dieu ne nous face la grace de faire retomber les injures qui nous seront faictes sur les testes de ceux qui nous les feront. »

Après plusieurs lettres escrites tant de part que d'autre, le cardinal voyant que ceux de Strasbourg demouroient resolus de soustenir le party du marquis de Brandebourg, et qu'il n'avoit point d'autre voye pour se rendre possesseur de cest evesché que par la force, il se delibera d'avoir recours aux armes. Ayant prié tous ses amys de luy ayder de gens de guerre, il mit en campagne une armée de dix mille hommes, tant de pied que de cheval, et, ayant faict fortifier Zaberen et Molizheim, son armée s'achemina à Dachstein qui se rendit à composition, d'où le capitaine Bubenoffer sortit avec sa garnison vies et bagues sauves, laissant quatre canons aux armes de Strasbourg en la puissance du cardinal. De là l'armée s'achemina à Kochersberghe qui fut pris de force, et tous ceux qui n'y moururent à l'assaut furent pendus.

Peu après arriverent les ambassadeurs de l'archiduc Ferdinand, qui avoit esté esleu par l'Empereur pour gouverner le chapitre de Strasbourg jusques à ce que l'on eust faict une autre eslection d'evesque, lesquels supplierent ledit sieur cardinal de mettre les armes bas, et que ce different fust accordé civilement : ce que ledit sieur cardinal trouva bon, et y condescendit; mais ceux de Strasbourg n'en voulurent rien faire, disans que cest affaire ne dependoit pas seulement de l'Empereur, mais aussi de tous les eslecteurs de l'Empire.

Sur ceste response le cardinal, faisant continuer plusieurs hostilitez jusques aux portes de Strasbourg, s'empara encor de Vassellin, place qui appartenoit mesmes à ceux de Strasbourg. Bref, il se fit durant les mois de juin et de juillet plusieurs rencontres entre les Lorrains et ceux de Strasbourg, où les uns estoient un jour victorieux, et le lendemain quelquesfois vaincus.

Ceux de Strasbourg envoyerent demander secours à tous leurs amis. George Frederic de Brandebourg, burgrave de Noremberg et duc de Pomeranie, leur envoya deux cents chevaux, et ce en faveur seulement de l'eslection qu'ils avoient faicte de son parent pour leur evesque. Toutesfois Joachim Frederic, pere de l'esleu evesque, ne voulut ouvertement favoriser l'eslection de son fils, pour ce que par les conditions de ceste eslection le gouvernement de l'evesché demeuroit en grande partie au magistrat de Strasbourg : aussi ce fut pourquoy ils furent contraints de soustenir les frais de la guerre de leurs propres deniers, avec lesquels ils amasserent bon nombre de cavalerie et d'infanterie.

Le 3 d'aoust trois mille Suisses estans venus au secours de ceux de Strasbourg, ils se trouverent avoir plus d'hommes de guerre que le cardinal de Lorraine, et, ayans assemblé toutes leurs troupes en une armée auprès d'Ernstein, ils allerent droict mettre le siege devant Moltzeim. En y allant ils firent brusler Fegersheim et Rinaw. Aux aproches fut tué le comte Albert de Tubinge et plusieurs autres. Le duc Joachim Charles de Brunsvic arriva en ceste armée le 9 aoust, et pensoit on que dèslors ce trouble deust estre appaisé, pource que quelques deputez des Suisses et de l'archiduc s'estoient assemblez en Alsace pour le pacifier, bien que l'on eust amené de Strasbourg au camp sept pieces d'artillerie et toutes les munitions necessaires pour commencer la batterie.

Le cardinal de Lorraine avoit fait retirer les siens à la faveur des places qui tenoient pour son party. Le duc de Lorraine son pere luy ayant envoyé de nouvelles troupes sous la conduite du comte de Vaudemont, il se delibera de faire lever le siege de devant Moltzeim : mais, ainsi que les Lorrains s'y acheminoient, ils eurent advis qu'il estoit party le 15 d'aoust de Strasbourg cent cinquante chevaux et six cents hommes de pied qui conduisoient l'argent pour payer l'armée. Vaudemont, sur ceste nouvelle, avec nombre de cavalerie leur alla dresser une ambuscade auprès de Dippichen, et chargea ce convoy si à propos qu'il le mit à vau de route, gaigna les dix-huict mille tallars que l'on menoit en l'armée, prit prisonniers le thresorier de Strasbourg et Jean de Noremberg, conducteur des gens de pied, avec leurs drapeaux.

Cependant l'on battoit Moltzeim. Ceux de Strasbourg, ayant faict bresche, allerent à l'assaut, d'où ils furent repoulsez avec perte. Pensans faire recommencer la batterie, sur la nouvelle qu'ils eurent de ce qui s'estoit passé à Dippichen ils leverent le siege et se retirerent aux environs de Strasbourg.

Le prince d'Anhalt, comme nous avons dit, ayant esté congedié par le Roy après le siege de Rouen avec tous ses reistres et lansquenets, arriva en ce mesme mois d'aoust aux confins du Palatinat, où il licencia la plus grand part de ses troupes. Là il fut prié par ceux de Strasbourg de venir à leur secours: ce qu'il leur promit faire, desirant avant que retourner en Saxe faire quelque effect militaire. Estant arrivé à Strasbourg le 26 d'aoust avec cinq cents chevaux et le regiment du colonel Lanty, il fut declaré general de l'armée de ceux de Strasbourg.

Au commencement de septembre, ayant pris quelque cavalerie, il alla jusques dans l'armée des Lorrains leur enlever un logis où il en fit demeurer deux cents sur la place. Les Lorrains en eurent depuis leur revanche, car tout ce mois et celuy d'octobre ne se passa qu'en courses, tant d'une part que d'autre, et furent exercées une infinité d'hostilitez aux environs de Strasbourg et partout le diocese.

Le prince d'Anhalt, ayant resolu d'assieger Moltzeim, partit de Strasbourg le 5 novembre avec Otton et François, ducs de Lunebourg, Charles, duc de Brunsvic, le baron d'Othnaw, et quantité de noblesse allemande; mesmes le susdit Brandebourg, esleu evesque de Strasbourg, ou administrateur qu'ils appellent, l'accompagna jusques au camp, mais il s'en revint en la ville avec plusieurs jeunes seigneurs. On fit partir encor à mesme temps dix-sept pieces de canon de Strasbourg, outre les vingt six pieces qui estoient desjà en l'armée, et force munitions. Les Lorrains qui estoient dans Zaberen (qu'aucuns appellent Elzabern) pensoient que l'on en voulust à eux, et se preparerent au siege ; mais, après que le prince eut fait faire quelques tournoiements à son armée, il vint investir Moltzeim, et mit du costé de Dacstein de bonnes gardes pour engarder les Lorrains de rien entreprendre sur son camp durant ce siege.

Les approches faictes, la batterie fut commencée le jour Saincte Catherine. On fit bresche de vingt-trois pas, là où le prince d'Anhalt ayant fait donner l'assaut, les siens furent si rudement repoulsez qu'il y en demeura quelques centaines, et entre autres des principaux chefs le colonel Jean Ulrich, baron de Hohensaxe, le comte de Mussen, le lieutenant du colonel Lanty, et autres personnes de marque. Deux jours après la batterie fut recommencée et continuée deux heures durant fort furieusement : cessée, le prince d'Anhalt envoya un tambour aux assiegez les sommer derechef de se rendre : eux, qui manquoient desjà de munitions de guerre, et qui voyoient qu'ils ne pouvoient esviter d'estre forcez, envoyerent leur demande par escrit au prince, qui leur accorda certains articles, tant pour les gens de guerre que pour les ecclesiastiques et les habitans. Il sortit de ceste place trois cents soldats, et ne s'en perdit au siege que dix-huict. Les assiegeans y perdirent bien cinq cents hommes. Voylà comment le prince d'Anhalt print Moltzeim. Il conduit du depuis l'armée aux environs de Dacstein, mais ce fut sans faire aucun effect de remarque. Ernest Federic, marquis de Bade, arriva en ce mesme temps auprès de Strasbourg avec mil reistres et deux mil lansquenets pour leur secours aussi. Ayant passé le Rhin sur le pont de Strasbourg, il alla loger ses troupes en la comté de Hanovie, où ils exercerent tant d'hostilitez, que le comte s'en alla plaindre à Spire, où il eut un mandement imperial, et fit citer ledit marquis de Bade et ceux de Strasbourg de comparoir à la chambre imperiale à Spire dans le 30 janvier, pour luy reparer les torts que leurs gens de guerre avoient faicts dans son pays.

Le 17 de decembre le prince d'Anhalt ayant eu advis que certains deputez de l'Empereur arrivoient à Strasbourg pour pacifier ce trouble, il delibera de s'y rendre, et partit de son armée qui estoit encor aux environs de Moltzeim. Estant en chemin, accompagné de cent chevaux et deux cents hommes de pied, peu s'en falut qu'il ne fust pris par deux cents Lorrains à cheval qui fortuitement revenoient de la guerre. Là il fut bien combatu, et, sans le secours qui vint de Moltzeim, il estoit en danger d'estre pris. Il fut tué auprès de luy un comte Frederic de Mansfelt, duquel le frere qui se nommoit David fut aussi fort blessé, et plusieurs autres. Les Lorrains furent contraints en fin de se sauver, et perdirent en ceste rencontre quinze dez leurs.

Le 19 decembre les ambassadeurs de l'Empereur arriverent à Strasbourg, et deux jours après un herault imperial, tenant un baston doré en sa main, publia en la place publique un mandement imperial portant injonction qu'ils eussent à mettre les armes bas, et qu'ils se rapportassent de leur different à des arbitres. Ces mesmes deputez de l'Empereur en allerent autant faire et dire au cardinal de Lorraine et aux chanoines catholiques qui estoient à Zaberen. Ils firent tant que les deux parties convindrent d'arbitres et mirent les armes bas, ainsi que nous le dirons l'an suivant. Voylà ce qui s'est passé ceste année en la guerre de Strasbourg.

Nous avons dit l'an passé qu'après la mort de l'eslecteur Christian, duc de Saxe, que le calvinisme fut chassé de toute la Saxe, et que les deux professeurs de ceste religion, qui estoient Pierius et Gunderman, furent mis prisonniers. Or Gunderman, voyant la longueur de sa prison, se delibera de chanter la palinodie du calvinisme. Il en confera avec quelques hommes doctes qui le furent voir. Il demanda des livres de Luther et autres livres faicts par les protestans lutheriens. Après les avoir leus il dissimula tellement pour avoir sa liberté, qu'il presenta requeste au magistrat, confessant qu'il n'avoit pas bien entendu jusques à cest heure ce qui estoit contenu en la confession d'Ausbourg, aux articles de Smalcalde, dans le symbole de sainct Athanase, et dans la formule de la concorde saxonique; plus, qu'il estoit tout prest, de bouche et de cœur, de revoquer, et par escrit et en chaire, ce qu'il avoit enseigné au contraire des susdits livres, suppliant le magistrat de luy donner liberté, et de luy permettre de retourner à Cale avec sa famille, et y achever ses jours en homme privé. Le magistrat sur ceste requeste, après que ledit Gunderman eut signé sa profession de foy, le mit en liberté. Mais du depuis quelques Allemans ont escrit que ce fait n'estant qu'une dissimulation, il en est devenu aliené d'esprit.

Cependant les pasteurs lutheriens dresserent des articles, et commencerent à faire leur visite par toute la Saxe, affin de chasser ceux qui voudroient soustenir les opinions de Calvin. Ceste visite se commença dans l'Université de Vittemberg le 12 juillet, où quatre docteurs de l'Université, deux professeurs, deux du conseil du prince et deux du magistrat, furent depossedez de leurs charges pour n'avoir voulu signer lesdits articles qu'ils avoient redigez en quatre points principaux, sçavoir : de l'eucharistie, de la personne de nostre Seigneur Jesus Christ, du baptesme et de la predestination, lesquels les lutheriens croyent presque de mesme que l'on faict en l'Eglise catholique, apostolique-romaine, excepté la transubstantiation. La maniere dont ils procederent en ceste visite estoit que par forme d'antithese d'un costé estoit escrit la croyance des lutheriens, qu'ils faisoient affirmer et jurer de tenir et observer, de l'autre estoit escrit l'opinion des calvinistes sur les quatre poincts susdits, laquelle ils faisoient soubs-signer estre chose detestable de croire. De Vittemberg les visiteurs lutheriens allerent à Lipsic le 2 d'aoust, où ils en trouverent six tenans l'opinion de Calvin, lesquels ils depossederent aussi de leurs charges, et puis s'en allerent par toute la Saxe faire le mesme. Voylà comme le calvinisme fut chassé de Saxe.

Les calvinistes au commencement de ceste année en firent autant aux lutheriens dans les terres du Palatinat, et mesmes surprindrent Numarck d'où ils osterent le lutheranisme. Ils en pensoient faire autant dans Amberghe; mais les habitans prindrent les armes, se rendirent maistres de leur ville, puis du chasteau, d'où ils firent sortir leur gouverneur, un docteur calviniste et quelques autres des principaux. Ce sont les fruits qu'apportent les diverses religions.

En ce mesme temps aussi un François Filidin voulut en Allemagne faire renaistre les erreurs de Pelagius, et fit imprimer plusieurs paradoxes en la preface desquels il avoit mis : *François, serviteur de Dieu et de Christ, appellé pour annoncer le jugement de Dieu, et auquel a esté donné le sainct esprit de discretion pour interpreter la parole de Dieu à tous les hommes qui ont l'usage de raison.* Nicolas Serrarius luy fit une responce fort docte où il luy monstra toutes ses erreurs. Ceste secte dez son origine fut estoufée.

Nous avons dit que le cardinal Ratzivil estoit venu de Pologne à Gratzen pour accomplir le mariage entre le roy de Pologne et la fille aisnée du feu archiduc Charles. L'evesque de Vladomirie estoit avec ledit sieur cardinal, et près de trois cents chevaux et trente coches ou carrosses, la plus-part desquelles estoient tirées par six chevaux. Toute ceste ambassade, qui estoit bien equipée et en fort bonne conche, vint, le treiziesme de mars, à Prague où estoit l'Empereur, qui les fit recevoir fort honorablement. Ayant esté resolu que les espouzailles se feroient dans Vienne en Austriche, les ambassadeurs de Pologne et la future Royne s'y rendirent au commencement du mois de may. Les ceremonies se firent le quatriesme de ce mois, en l'eglise des Augustins qui est proche le palais des archiducs, par l'evesque de Vienne, entre quatre et cinq heures du soir. Ledit sieur cardinal Ratzivil l'espousa au nom du Roy son maistre, et luy donna un anneau ez presences de la mere de la Royne espouzée, des archiducs Ernest et Mathias, et d'un grand nombre de princes et de noblesse. Après le banquet royal, qui fut fait le soir mesme audit palais des archiducs, on mit la Royne espousée au lict, où un des ambassadeurs se coucha tout armé auprès d'elle, ainsi que les Polonois ont accoustumé faire, lequel, au lever de ladite Royne, luy presenta au nom du Roy son maistre un collier de pierreries de grande valeur.

Après ceste ceremonie elle fut menée en Pologne. Le Roy, sçachant sa venuë, se delibera d'aller à sa rencontre avec toute sa court. Il envoya jusques sur les frontieres de Pologne dix mil chevaux pour la recevoir, qui la conduirent jusques à Cassovie, là où fut consommé ce mariage. En signe du contentement qu'il en recevoit il fit battre plusieurs pieces d'argent dont il fit largesse au peuple. De l'un des costez sortoient deux palmes de dedans des ondes marines, lesquelles par le haut s'inclinoient comme se joignans ensemble, et pour l'ame de ceste devise estoit escrit autour : *Amor disjuncta conjungit;* de l'autre costé estoient trois armoiries, l'aigle de l'Empire à droict, et celuy de Pologne à gauche, au milieu desquels pour les joindre estoit une bande blanche en champ de gueule, qui sont les armes d'Austriche, et pour devise : *Post animos sociasse juvabit.*

En ce temps duroient encor les simultez (1) ou querelles entre le roy de Pologne et le grand chancelier, lesquelles estoient tellement accreuës qu'il y avoit doute d'une guerre civile, l'un et l'autre faisant amas de gens de guerre. Le grand chancelier, qui avoit espouzé en premieres nopces la sœur du feu roy Estienne Battory, après sa mort avoit espouzé une des grandes dames de Pologne, et bien apparentée. Ce support luy faisoit contredire à beaucoup de choses que le Roy eust bien voulu faire : toutesfois, en une diette

(1) *Simultez*, du latin *simultas* : haine, inimitié.

qui se tint au mois d'octobre, les palatins du royaume firent tant qu'ils les accorderent.

Le 25 de novembre Jean, roy de Suece (1), pere dudit roy de Pologne, mourut. Ce Jean estoit fils de Gostave Ecrison, premier roy de ceste famille en Suece. Il avoit fait emprisonner son frere aisné Henry, et s'estoit emparé du royaume contre tout droict, en se declarant lutherien. Or il avoit un plus jeune frere nommé Charles, duc de Sudermanie et Finlandie, lequel, après la mort dudict Jean, s'empara du gouvernement du royaume, et depuis s'est faict declarer roy, et en a privé Sigismond, roy de Pologne, son neveu, et fils de son aisné, à cause qu'il estoit catholique romain. Du succez de toutes ces choses nous en dirons une partie à la suitte de ceste histoire, selon les temps qu'elles sont advenuës. Dans nostre histoire de la paix nous en avons aussi traicté, où le lecteur pourra voir ce qui est advenu pour ce subject entre les Sueces et Polonois.

Nous avons dit au livre precedent que les bachas Ferat et Cigale, pour avoir experimenté le danger des guerres loingtaines, persuaderent au Turc de faire la guerre à Rodolphe, Empereur des chrestiens, et à tous ses subjects, prenans une legere occasion sur les hostilitez faictes par quelques corsaires usocchiens. L'Empereur, adverty des desseins du Turc, et que le bascha de Bosne (2) avoit intention de se jetter dans la Croatie, envoya de tous costez demander du secours aux princes ses voisins. L'archiduc Ernest s'estant rendu à Gretz (3), qui est la ville capitale de la Styrie, avec cinq mille hommes, et se joignant à luy de jour en jour nouvelles troupes de la Carinthie et d'autres endroicts, pensant

---

(1) *De Suece* : de Suéde. — (2) *Bosne* : Bosnie. — (3) *Gretz* : Gratz.

s'opposer aux forces du bascha, eut advis qu'il estoit entré dans la Croatie avec cinquante mil hommes, et qu'il avoit entouré et taillé en pieces six mille soldats chrestiens, dont il avoit envoyé six chariots pleins de leurs testes à Constantinople. Cest exploict espouvanta fort les chrestiens.

Ledit bascha, poursuivant sa victoire, vint jusques aux bords de la riviere de Culpe, sur laquelle il fit dresser un pont de bateaux pour passer son armée, puis fit bastir un fort à Petrine qu'il garnit d'artillerie, et y mit une grosse garnison pour la deffence de ce pont qu'il vouloit luy servir pour se retirer, s'il en estoit contraint par les chrestiens. Ayant faict cela, il alla prendre Castroviz, et, contre la coustume ordinaire des Turcs, qui est de ruiner les forteresses après qu'ils les ont prises, il mit par toutes les places qu'il conquit en Croatie de bonnes garnisons, et fit faire un grand degast par toute ceste province. La rigueur de l'hyver n'empescha pas le progrès desdits Turcs, dont l'armée se montoit à cent cinquante mille hommes, ains exercerent de grandes hostilitez en plusieurs endroicts de la Hongrie. L'archiduc Ernest, lieutenant general de l'Empereur en ces quartiers là, ayant assemblé une armée de quelque soixante mille hommes, empescha que les Turcs ne prinssent Canise, Taggay et autres lieux, lesquels il fit munir pour resister à leur premiere violence. En Italie et Allemagne ce ne furent qu'assemblées pour trouver les moyens de leur resister. Nous dirons l'an suivant ce qui en advint. Tous les historiens ont escrit en diverses façons comment ceste guerre fut commencée. Ceux qui soustiennent la maison d'Austriche disent que le roy de France et la royne d'Angleterre solliciterent, par leurs ambassadeurs, le Turc d'attaquer la maison d'Austriche, tant par mer sur les rivieres d'Espagne, que par terre du costé des pays subjects à l'Empereur vers la Hongrie. Et les autres ont escrit que l'ambition qu'avoient ceux d'Austriche pour dominer seuls toute la chrestienté fut la cause qu'ils aymerent mieux faire continuër les guerres civiles en France, et faire ruyner par ce moyen, s'ils pouvoient, la premiere monarchie chrestienne, que non pas de s'unir tous pour le bien commun de la chrestienté afin de porter la guerre contre les infidelles : mesmes le roy d'Espagne s'excusa de secourir l'Empereur sur la guerre qu'il entretenoit en France et en Flandres. Les princes d'Italie disoient qu'ils ne pouvoient se desgarnir de leurs commoditez pour la jalousie qui est entr'eux, et principalement sur la grandeur des Espagnols en ceste province. Bref, le peu d'intelligence et l'animosité qu'il y avoit entre les empereurs, roys et princes chrestiens, furent l'occasion que tant de milliers d'ames furent emmenées esclaves par les Turcs, tant en Hongrie qu'ès provinces voisines.

Dans la cité de Candie y eut une grande peste ceste année, laquelle mescogneuë et negligée par aucuns medecins, fors que d'un juif medecin, il en mourut plusieurs milliers de personnes. Ceste isle est de la seigneurie de Venise, là où ils tiennent un podestat et plusieurs officiers avec une forte garnison, pour ce qu'elle est voisine de plusieurs pays de l'obeyssance du Turc. Les officiers venitiens, sur plusieurs advertissements qu'ils eurent que la maladie seroit grande, donnerent et establirent l'ordre requis pour faire penser les malades. Il mourut en ceste cité vingt mil personnes, depuis le mois d'avril jusques en aoust qu'elle s'appaisa. Tous les medecins en moururent, excepté le susdit juif et un seul autre medecin.

Plusieurs braves capitaines moururent de ceste maladie, lesquels furent grandement regretez, entr'autres le comte Federic Pepoli et le colonel Paul, comte, et plusieurs autres grands seigneurs. Il y en eut quelques uns des grands qui donnerent des conseils, entr'autres le comte Honorge Scotte, lesquels s'ils eussent esté suyvis, le mal n'eust esté si grand; mais c'est comme il plaist à Dieu, car quand il veut chastier un peuple, comme dit Polybe, il permet que les meilleurs conseils ne sont pas suivis.

Or ce ne fut pas encores le periode de ce mal pour les podestats et ceux qui avoient la charge et gouvernement de ceste isle, d'autant que, sur le bruit de ceste grande pestilence, le bascha Cigale se mit en mer avec nombre de vaisseaux, esperant que ceste contagion luy donneroit une occasion de s'emparer de ceste isle pour le Turc son maistre. Mais le seigneur Mocenigue, qui estoit le grand *providador* de Candie, y pourveut diligemment et accortement; car, voyant que les compagnies italiennes n'estoient suffisantes pour la garde, il fit entrer les Grecs dans Spinalongue, sous la conduite d'un capitaine neapolitain, les retirant de Sitia et de Girapietra : aussi les six compagnies ordinaires de cavalerie du royaume de Candie furent logées aux villages le long de la mer, proches de la ville, avec trois cents Albanois qu'ils appellent *Capelletti*, qui est un surnom qu'ils donnent aux gens de cheval de ceste nation, ainsi que l'on appelloit en France ceux qui y vindrent faire la guerre au commencement des troubles, *Chapeaux pointus.*

En ce mesme temps il parut quelques fustes turquesques, ce qui donna l'alarme si chaude, que les malades et les sains, courans unanimement aux armes, se meslerent les uns parmy les autres, ce qui fut cause que plusieurs furent frapez de peste et que la contagion s'augmenta. L'on fut contraint de mettre le feu en quelques maisons où tout estoit mort, pour y brusler les hardes des morts, à cause que certains gueux, qu'ils appellent Bequemortes, se fourroient dedans les maisons et desroboient lesdites hardes. Georges Murmur, capitaine desdits Albanois, fut contraint, pour les en empescher, d'en faire brusler aucuns avec les hardes qu'ils avoient prises; en ayant mesmes fait attraper quelques uns, il les fit estrangler les uns par les autres. Le predicateur Rhodio fit de si vives remonstrances, que l'on descouvrit quatre cents maisons infectées qu'on ne sçavoit point, et furent nettoyées.

Le bascha Cigale, d'autre part, s'assembloit à Caristo, non loing de Negrepont : tellement que les seigneurs Pasqualine et Mocenigue munirent les ports de Grabuche, de Sude et de Spinalongue. Mais ce ne fut qu'une espouvante, car Cigale mesme se trouvoit si empesché en ce destroit, que, pour sortir de l'archipelague, il envoya à un roberge anglois, dit Le Breton, demander de grace un maistre pilote, ce que luy refusa l'Anglois. Depuis Cigale se retira vers Zante pour se rafraischir. Il fut veu lors des feux prodigieux en l'air et sur la mer, qui donnerent une grande crainte ;

et n'y eut autre remede, sinon d'enfermer les malades en leurs propres logis, leur pourvoyant de vivres tout le long de l'hyver. Et ainsi le mal s'appaisa du tout au printemps.

Le roy Echebar, empereur de Mogor, qui est un grand empire entre les deux grands fleuves d'Inde et de Ganges, se fit instruire au christianisme par le pere Pierre Tavier et pere Julian Perriera, portugais. Ils disent entr'eux qu'autresfois ils ont esté chrestiens jusques à un roy nommé David qui fut vaincu en guerre par les Parthes, et que ce peuple se destourna de la foy. Iceluy David se disoit estre descendu de la race de sainct Barthelemy. Contre Echebar, devenu chrestien, se rebellerent les Vengalans, et appellerent Cabul son frere pour leur estre roy; mais Echebar le contraignit de se retirer. Il a treize royaumes sous soy, Mogor, Coronan, Torquimac, Boloch, Guzzarath, les Parthes, les Indhustans, les Vengalans, les Seres (selon aucuns), et quatre autres estats de Mores noirs. Ainsi a esté achevée ceste année de la catastrophe de nostre tragicomedie histoire françoise. S'ensuivent les années plus heureuses, comme par epilogue de nos miseres, où nous verrons l'heureux retour de la France à elle mesme, avec la conversion du roy Très-Chrestien.

LIVRE CINQUIESME.

[1593] L'autheur du second discours libre, descrivant quel estoit l'estat de la France, addressant sa parole au roy sainct Louys, dit :

Repasse l'Acheron, ô pere du pays,
De nos princes l'honneur, sage et vaillant Louys,
Et viens veoir estonné nos villes furieuses
Arracher de leurs tours tes fleurs victorieuses,
Et, au lieu du beau lis sans honte et sans honneur,
Arborer laschement la marranne couleur !
Viens voir que maintenant, au centre de la France,
Tes enfans mescognus n'ont plus d'obeyssance,
Que Paris est frontiere, et que dans tes palais
Le tyran d'Arragon a logé ses valets.
Non, non, ne t'enquiers point qui fut ce vaillant prince
Qui osa par le fer conquester ta province ;
Il est encor à naistre, et, sans la trahison,
Jamais le bazané n'eust surpris ta maison :
Son fer n'y faisoit rien sans l'ayde coustumiere
De son or indien, dont la jaune lumiere
Esblouit des François et les yeux et le cœur,
Et du front leur traça la fidelle blancheur.
Eux mesmes insensez, à leurs maistres rebelles,
Yvres de la boisson des civiles querelles,
Et ne souspirant rien qu'un mutuel venger,
Eux-mesmes ont receu le soldat estranger.
Regarde par pitié les lievres de Lorraine,
Et le dain de Piedmont qui rogue se pourmene
Autour du grand Lyon que le mal intestin
Et le poison bruslant reduisent à la fin.
Jadis d'un seul regard, d'une menace fiere,
Quand tu le gouvernois, loin, loin de sa barriere,

Il les eust rechassez, pasles de froide peur,
Jusqu'aux monts renommez d'eternelle blancheur.
Et traistres, maintenant qu'il ne se peut deffendre,
A luy, qu'ils craignoient tant, ils osent bien se prendre.
L'un luy tire la barbe et l'effroyable front,
L'autre luy mort la queuë, et un autre luy rompt
Sa griffe aux crocs d'acier, autrefois redoutée
De tous les animaux de la terre habitée :
Luy couché les regarde, et tirant à la mort,
De se venger encor fait il tout son effort :
Il herisse sa jube, et, d'une horrible plainte,
Monstre que de despit il a son ame atteinte,
Et que, s'il peut jamais r'avoir sa guerison,
De Nice et de Nancy il aura sa raison.

Voylà comme cest autheur descrit le miserable estat de la France, disant que la continuation des maux qu'il a enduré depuis le commencement des guerres civiles, et principalement la foiblesse qui luy arriva après la mort du duc de Guise, luy a osté le pouls, la cognoissance, la memoire, la parole et presque la vie; qu'il n'y avoit point d'autre remede pour sa guerison que de luy donner la paix; qu'elle estoit plus necessaire au Roy qu'à aucun autre de son royaume; mesmes quand Dieu luy auroit fait tumber tous ses ennemis entre ses mains, luy auroit donné autant de victoires qu'il y avoit de jours en l'an, toutesfois que la paix luy estoit necessaire pour ramener ses subjects à une obeyssance volontaire, plustost que de les dompter par le fer, ce qui ne se sçauroit faire que par violence; que la paix avoit cest advantage, que necessairement les subjets apportoient leur volonté et leur consentement en l'obeyssance du prince, autrement il n'y auroit pas de paix, la guerre et la force ne pouvant faire cest effect là : aussy le vray obeyr depend du libre vouloir, et non du forcé. Ce sont les raisons que l'autheur de ce discours allegue pour persuader au Roy de recercher la paix. Puis, s'addressant aux villes du party de l'union, il les exhorte de prendre garde quel restablissement ils ont apporté à l'Estat depuis la prise des armes l'an 1585, et leur demande quel soulagement en a eu le peuple, en quelle seureté ils ont mis la religion, quel ordre a esté estably au royaume, et quel repos ont eu les familles particulieres. « Vous voyez, dit il, Paris, la capitale du royaume, celle qui devoit estre la plus secouruë, celle à qui tous ceux de la ligue avoient plus d'interest, remplie maintenant d'effroyables marques de tous les fleaux de l'ire de Dieu tumbez l'un après l'autre sur ceste belle et autresfois florissante ville, sçavoir, la guerre et la famine en un temps, puis la peste et les longues maladies, après le froid sans remede, la pauvreté extreme à la veuë de l'abondance, les cruautez, les divisions, les forces, le deshonneur de plusieurs femmes et filles ausquelles la necessité ostoit la honte, les ruynes, les feux, la desolation dedans et dehors les murailles, par les amis et les ennemis, sur tant de beaux bastiments que l'opulence, la grandeur, le lustre et le luxe de tant d'années avoient eslevez à l'entour de ceste troisiesme Babel, de ceste seconde Rome. Que toutes ces choses, dit-il, vous facent sages, et vous rendent desireux de recercher la paix. Si vous songez à vous, il ne faut point d'autre chose pour vous esmouvoir à ceste recherche, sinon que de considerer la peine que prennent les estrangers à vous entretenir en guerres civiles, et la crainte qu'ils ont que l'on parle seulement de ce mot de paix; ce qui vous doit estre une marque certaine que c'est vostre bien que la paix, et vostre ruyne totale que la continuation de si pernicieuses guerres. »

Quant au duc de Mayenne, chef du party de l'union, il luy dit : « Pense, prince, que tu auras tousjours meilleur traictement de ton roy que d'un estranger. Songe à ta condition : si le Roy est victorieux, tu ne peux esviter, s'il te denie sa clemence, ou d'estre fugitif un jour et errant par le monde, ou prins et desfaict et conduit à un spectacle public. Puis que tu dis n'aspirer aucunement à la couronne de France, il faut, ou que tu travailles à la dissiper, ou à la conquerir. De la dissiper, jà ne t'advienne! De la conquerir, qui t'en pourra mieux recompenser de la conqueste, que celuy à qui elle appartient? Tu es prince françois de par ta mere, yssu de la legitime race des roys de France, germain du Roy à present regnant, et toutesfois nul n'ignore les bravades que tu as receuës du duc de Parme, petit prince d'Italie, valet du roy d'Espagne. Qu'est-ce que te fera son Roy mesmes, quant, banny et chassé de la France, peut estre tu seras contraint de te trouver en sa Cour pour mendier, non plus le secours, mais le vivre? Si les affaires estoient aujourd'hui aux termes qu'elles estoient après la mort du feu Roy, tu pourrois esperer, de beaucoup de divers succez, l'esperance d'une grande fortune. Mais où en es-tu? Les peuples, et sur tout la France, perdent encores plustost l'opinion d'un homme qu'ils ne l'ont conceuë. Il faut aucunefois le labeur de tout une vie pour y acquerir de la creance, et deux malheurs de suitte la font perdre : principalement quand le peuple cognoist que celuy en qui ils avoient mis leur esperance est si foible qu'il est contraint de recourir à un plus grand, soudain ils laissent le premier pour aller à l'autre. La raison, c'est que les peuples ignorans ne se gouvernent que par l'apparence; dez que cela leur manque, et qu'ils ne voyent plus auprès de toy d'armée, de canons, de Suisses et de lansquenets, et que tu as ton seul recours au roy d'Espagne, ils estiment que tout est perdu pour eux, et que tout leur secours ne despend que de ce Roy : ce qui a causé en ton party tant de desobeyssances contre tes intentions, que tu n'as peu mesmes trouver aucune forme de justice entr'eux, car chasque ville, ayant son dessein à part, a fort bien sceu retirer toute l'authorité et s'en faire croire, sans vouloir estre contraints par toy à rien qui ne leur plust de faire. Qui te demanderoit maintenant ton opinion sur ce que le feu admiral de Chastillon (ayant esté chef de part aux premieres guerres civiles, et obtenu le troisiesme edict de pacification) respondit à celuy qui luy conseilloit de sortir blessé de Paris, le vendredy d'auparavant ceste funeste journée de la Sainct Berthelemy où il fut tué, luy disant : *Mon amy, je n'en puis sortir sans rentrer en la guerre, et j'ayme mieux mourir que de retourner jamais là,* il est aysé à juger que tu louërois ceste response, pour la peine qu'il y a de conduire ceste confusion de peuples, ce qui t'a empesché souvent de dormir à ton ayse. Le duc d'Aumale, dez l'an 1589, lors qu'il vint en Touraine, voulut commander en l'armée de l'union à son tour, ce que luy ayant esté refusé, il s'en retourna pour commander luy seul en Picardie. Devant Diepe le marquis du Pont voulut commander absolument comme estant l'aisné de la maison de Lorraine : ce qui en advint, et comme ledit marquis s'en retourna mescontent en Lorraine est sceu d'un chacun. Les jalousies du duc de Nemours et ses desseins qu'il a de se faire seul chef de part dans le Lyonnois n'est que trop veritable. Le peu d'obeyssance que le duc de Mercœur vous a rendu comme au chef du party de l'union n'est que trop cogneuë. La division d'entre les gouverneurs des villes de ce party, et le peu d'obeyssance et secours que vous avez tiré des grandes villes, vous doit faire desirer, ô prince, la paix, qui est le seul moyen de restaurer l'Estat françois. » Voylà comment cest autheur discouroit sur la necessité que les François avoient de la paix. Voyons maintenant ce qui en advint.

L'Espagnol, ayant esperance parmy tant de confusions de se rendre maistre de la couronne françoise, ne songea pas tant à la conquester par le fer et par la force, que de l'avoir par la praticque et par intelligences. Voicy ce qui en a esté escrit. Don Diego d'Ibarra et les ministres d'Espagne, avant l'arrivée du duc de Feria en France, avoient pour maxime en leur conduite qu'il failloit diviser tous ceux du party de l'union les uns des autres, et persuader aux particuliers qui avoient quelque pouvoir et authorité dans ce party de n'avoir intelligence qu'avec eux et non point avec le duc de Mayenne; dequoy le sieur de Villars, gouverneur de Rouën, en advertit ledit duc de ce que l'Espagnol avoit voulu traicter avec luy de ceste façon; ce qui fut cause que non seulement ledit sieur de Villars, mais les autres gouverneurs qui avoient l'ame françoise, trouverent mauvais que les Espagnols les vouloient ainsi separer les uns les autres de leur chef. Ledit dom Diego, continuant tousjours ses pratiques, proposa aussi au duc de Guyse de se faire chef du party de l'union, faire bande à part et amis à part, et que c'estoit sa grandeur que de ne despendre que du roy d'Espagne, luy promettant mille belles esperances s'il suyvoit ce conseil; plus, il luy remonstra sa ruyne s'il s'attachoit d'amitié avec le duc de Mayenne, et passa si avant que de luy conseiller d'entreprendre sur la vie de ce duc son oncle. Ce mauvais conseiller eust esté plus retenu, s'il eust bien consideré que le sang et l'interest de la maison de ces deux princes les tenoit trop conjoincts, et que les dissentions qui naissent entre parens de telle qualité pour la conduite des affaires, trouvent tousjours du remede pour les assoupir, et passent peu souvent jusques à ceste fureur de se vouloir desfaire l'un l'autre.

Or le duc de Mayenne fut adverty des pratiques des Espagnols. Il se vit lors entre deux puissans roys, sans se pouvoir resoudre d'embrasser à bon escient le party de l'un ou de l'autre. Il eust bien desiré de demeurer comme neutre, et conserver son authorité de chef dans le party de l'union, mais il ne le pouvoit faire sans se rendre ennemy de tous les deux. Ce fut pourquoy il se resolut, afin de maintenir son authorité de lieutenant de l'Estat, d'user de dilayements, tant envers le Roy qui le faisoit tousjours soliciter d'ayder à faire donner la paix à sa patrie, qu'envers le roy d'Espagne qui desiroit que sa fille l'Infante fust declarée royne de France; mais les agents d'Espagne, qui avoient practiqué en toutes les provinces de France, resolus de le demonter de sadicte authorité de chef de ce party, pensans avoir assez de partisans pour empieter l'Estat tout d'un coup, le presserent fort de faire publier une convocation d'estats afin de proceder à l'eslection d'un roy. Le Pape, suyvant en cela la volonté du roy d'Espagne, en avoit fait publier une bulle. Ils estoient entr'eux deux d'accord que l'eslection de ceste royauté devoit tumber sur l'infante d'Espagne et sur l'archiduc Ernest(1) d'Austriche qui la devoit espouser; tellement que, suyvant l'opinion de l'autheur de la suitte du livre intitulé le Manant et le Maheustre, le duc de Mayenne estant pressé par le Pape, par le roy d'Espagne et par les Seize, qui l'en importunerent, il fut contraint de faire publier ceste declaration suivante.

« Charles de Lorraine, duc de Mayenne, lieutenant general de l'Estat et couronne de France, à tous presens et advenir, salut. L'observation perpetuelle et inviolable de la religion et pieté en ce royaume a esté ce qui l'a faict fleurir si long temps par dessus tous autres de la chrestienté, et qui a faict decorer nos roys du nom de Très-Chrestiens et premiers enfans de l'Eglise, ayans les uns, pour acquerir ce tiltre si glorieux et le laisser à leur posterité, passé les mers et couru jusques aux extremitez de la terre avec grandes armées pour y faire la guerre aux infidelles, les autres combatu plusieurs fois ceux qui vouloient introduire nouvelles sectes et erreurs contre la foy et creance de leurs peres. En tous lesquels exploicts ils ont tousjours esté assistez de leur noblesse, qui très-volontiers exposoient leurs biens et vies à tous perils, pour avoir part en ceste seulle vraye et solide gloire d'avoir aydé à conserver la religion en leur pays ou à l'establir ès

---

(1) *L'archiduc Ernest.* Il étoit le troisième fils de l'empereur Maximilien II; il succéda au duc de Parme dans le gouvernement des Pays-Bas.

pays loingtains èsquels le nom et l'adoration de nostre
Dieu n'estoit point encore cognuë; qui auroit rendu
leur zele et valeur recommendables par tout, et leur
exemple esté cause d'exciter les autres potentats à les
ensuivre en l'honneur et au peril de pareilles entreprises et conquestes, ne s'estant point depuis ceste ardeur et saincte intention de nos roys et de leurs subjects refroidie ou changée jusques à ces derniers temps
que l'heresie s'est glissée si avant dans le royaume et
accreuë par les moyens que chacun sçait et qu'il n'est
plus besoin remettre devant nos yeux, que nous sommes en fin tombez en ce malheur que les catholiques
mesmes, que l'union de l'Eglise devoit inseparablement
conjoindre, se sont, par un exemple prodigieux et nouveau, armez les uns contre les autres, et separez au
lieu de se joindre ensemble pour la defence de leur
religion : ce que nous estimons estre advenu par les
mauvaises impressions et subtils artifices dont les heretiques ont usé pour leur persuader que ceste guerre
n'estoit pour la religion, mais pour usurper ou dissiper
l'Estat, combien que nous ayons pris les armes, meus
d'une si juste douleur, ou plustost contraincts d'une si
grande necessité, que la cause n'en puisse estre attri-
buée qu'aux autheurs du plus meschant, desloyal et
pernicieux conseil qui fut jamais donné à prince, et la
mort du Roy advenuë par un coup du ciel et la main
d'un seul homme, sans l'ayde ny le sceu de ceux qui
n'avoient que trop d'occasion de la desirer; nous ayons
encores tesmoigné que nostre seul but et desir estoit
de conserver l'Estat et suivre les loix du royaume, en
ce que nous aurions recogneu pour roy monseigneur
le cardinal de Bourbon, plus prochain et premier

prince du sang, declaré tel, du vivant du feu Roy, par ses lettres patentes verifiées en tous les parlements, et, en ceste qualité, designé son successeur où il viendroit à deceder sans enfans masles; qui nous obligeoit à luy deferer cest honneur et à luy rendre toute obeyssance, fidelité et service, comme nous en avions bien l'intention, s'il eust pleu à Dieu le delivrer de la captivité en laquelle il estoit. Et si le roy de Navarre, duquel seul il pouvoit esperer ce bien, eust tant obligé les catholiques que de le faire, le recognoistre luy-mesmes pour son roy, et attendre que la nature eust faict finir ses jours, se servant de ce loisir pour se faire instruire et reconcilier à l'Eglise, il eust trouvé les catholiques unis disposez à luy rendre la mesme obeyssance et fidelité après la mort du Roy son oncle. Mais, perseverant en son erreur, il ne nous estoit loisible de le faire, si nous voulions, comme catholiques, demeurer sous l'obeyssance de l'Eglise catholique, apostolique et romaine, qui l'avoit excommunié et privé du droict qu'il pouvoit pretendre à la couronne; oultre ce, que nous eussions, en le faisant, enfraint et violé ceste ancienne coustume si religieusement gardée par tant de siecles en la succession de tant de roys, depuis Clovis jusques à present, de ne recognoistre au throsne royal aucun prince qui ne fust catholique, obeyssant fils de l'Eglise, et qui n'eust promis et juré à son sacre et en recevant le sceptre et la couronne d'y vivre et mourir, de la deffendre et maintenir, et d'extirper les heresies de tout son pouvoir: premier serment de nos roys, sur lequel celuy de l'obeyssance et fidelité de leurs subjects estoit fondé, et sans lequel ils n'eussent jamais recognu, tant ils estoient amateurs de nostre religion, le prince qui se pretendoit appellé par les loix à la couronne : observation jugée si saincte et necessaire pour le bien et salut du royaume par les estats generaux assemblez à Blois en l'année 1576, lors que les catholiques n'estoient encores divisez en la defense de leur religion, qu'elle fut tenue entr'eux comme loy principale et fondamentale de l'Estat, et ordonné, avec l'authorité et approbation du Roy, que deux de chacun ordre seroient deputez vers le roy de Navarre et prince de Condé pour leur representer, de la part desdits estats, le peril auquel ils se mettoient pour estre sortis de l'Eglise, les exhorter de s'y reconcilier, et leur denoncer, s'ils ne le faisoient, que, venant leur ordre pour succeder à la couronne, ils en seroient perpetuellement exclus comme incapables. Et la declaration depuis faicte à Rouen en l'année 1588, confirmée en l'assemblée des derniers estats tenuz au mesme lieu de Blois, que ceste coustume et loy ancienne seroit inviolablement gardée comme loy fondamentale du royaume, n'est qu'une simple approbation du jugement sur ce donné par les estats precedans, contre lesquels on ne peut proposer aucun juste soupçon pour condamner ou rejetter leur advis et authorité. Aussi le feu Roy la receut pour loy, et en promit et jura l'observation en l'eglise et sur le precieux corps de nostre Seigneur, comme firent tous les deputez des estats en ladicte derniere assemblée avec luy, non seulement avant les inhumains massacres qui l'ont rendu si infame et funeste, mais aussi depuis, lorsqu'il ne craignoit plus les morts et mesprisoit ceux qui restoient, qu'il tenoit comme perdus et desesperez de tout salut ; l'ayant fait pour ce qu'il recognoissoit y estre tenu et obligé par devoir comme tous les souverains sont à suivre et garder les loix, qui sont comme colonnes principales ou plustost bases de leur Estat.

« On ne pourroit donc justement blasmer les catholiques unis qui ont suivy l'ordonnance de l'Eglise, l'exemple de leurs majeurs, et la loy fondamentale du royaume, qui requiert au prince qui pretend droict à la couronne avec la proximité du sang, qu'il soit catholique, comme qualité essentielle et necessaire pour estre roy d'un royaume acquis à Jesus-Christ par la puissance de son evangile, qu'il a receu depuis tant de siecles, selon et en la forme qu'elle est annoncée en l'Eglise catholique, apostolique et romaine. Ces raisons nous avoient fait esperer que si quelque apparence de devoir avoit retenu plusieurs catholiques près du feu Roy, qu'après sa mort la religion, le plus fort lien de tous les autres pour joindre les hommes ensemble, les uniroit tous en la defence de ce qui leur doit estre le plus cher. Le contraire seroit toutesfois advenu, contre le jugement et prevoyance des hommes, pour ce qu'il fut aisé en ce soudain mouvement de leur persuader que nous estions coulpables de ceste mort à laquelle n'avions aucunement pensé, et que l'honneur les obligeoit d'assister le roy de Navarre qui publioit en vouloir prendre la vengeance, et qui leur promettoit de se faire catholique dedans six mois: et y estans une fois entrez, les offenses que la guerre civile produit, les prosperitez qu'il a cuës, et les mesmes calomnies que les heretiques ont continué de publier contre nous, sont les vrayes causes qui les y ont depuis retenu et donné moyen aux heretiques de s'accroistre si avant, que la religion et l'Estat en sont en peril. Quoy que nous ayons veu de loin le mal que ceste division devoit apporter, et qu'elle seroit cause d'establir l'heresie avec le sang et les armes des catholiques, que nostre reconciliation seulle y pourroit remedier, et que pour ceste raison nous l'ayons soigneusement recherchée, si n'a il jamais esté en nostre pouvoir d'y parvenir, tant les esprits ont esté alterez et occupez de passion; qui nous a empesché de veoir les moyens de nostre salut. Nous les avons faict prier souventesfois de vouloir entrer en conference avec nous, comme nous offrions de le faire avec eux, pour y adviser; faict declarer, tant à eux qu'au roy de Navarre, mesmes sur quelques propositions faictes pour mettre le royaume en repos, que s'il delaissoit son erreur et se reconcilioit à l'Eglise, à nostre Sainct Pere et au Sainct Siege par une vraye et non feinte conversion, et par actions qui peussent donner tesmoignage de son zele à nostre religion, que nous apporterions très-volontiers nostre obeyssance et tout ce qui dependroit de nous pour ayder à faire finir nos miseres, et y procederions avec une si grande franchise et sincerité, que personne ne pourroit doubter que nostre intention ne fust telle, ces ouvertures et declarations ayans esté faictes lors que nous avions plus de prosperité et de moyens pour oser entreprendre si ce desir eust esté en nous, plustost que de servir au public et cercher le repos du royaume. A quoy chacun sçait qu'il auroit tousjours respondu qu'il ne vouloit estre forcé par ses subjects, appellant contraincte la priere qu'on lui faisoit de retourner à l'Eglise, qu'il devoit plustost recevoir de bonne part, et comme une admonition salutaire qui luy representoit le devoir auquel les plus grands roys

sont aussi bien obligez de satisfaire que les plus petits
de la terre; car quiconque a une fois receu le christianisme, et en la vraye Eglise, qui est la nostre, dont
nous ne voulons point mettre l'authorité en doute avec
qui que ce soit, il n'en peut non plus sortir que le soldat enrollé se departir de la foy qu'il a promise et jurée, sans estre tenu pour deserteur et infracteur de la
loy de Dieu et de son Eglise. Il a encores adjousté à
ceste response, après qu'il seroit obey et recogneu de
tous ses sujects, qu'il se feroit instruire en un concile
libre et general, comme s'il falloit des conciles pour
un erreur tant de fois condamné et reprouvé de l'E-
glise, mesmes par le dernier concile tenu à Trente,
autant authentique et solemnel qu'aucun autre qui ait
esté celebré depuis plusieurs siecles. Dieu ayant permis
qu'il ait eu de l'advantage depuis par le gain d'une bataille, la mesme priere lui fut encores repetée, non
par nous qui n'estions en estat de le devoir faire, mais
par personnes d'honneur desireux du bien et repos du
royaume, comme aussi, durant le siege de Paris, par
prelats de grande qualité priez d'aller vers luy de la
part des assiegez pour trouver quelque remede en leur
mal; auquel temps s'il s'y fust disposé, ou plustost si
Dieu, par son sainct esprit (sans lequel personne ne peut
entrer en son Eglise), luy eust donné ceste volonté, il
eust beaucoup mieux fait esperer de sa conversion aux
catholiques, qui sont justement soupçonneux et sen-
sibles en la crainte d'un changement qui regarde de si
près à l'honneur de Dieu, à leurs consciences et à leurs
vies, qui ne peuvent jamais estre asseurées sous la domination des heretiques. Mais l'espoir auquel il estoit
lors d'assubjetir Paris, et, par cest exemple, la terreur

de ses armes, et les moyens qu'il se promettoit trouver dedans d'occuper le reste du royaume par la force, luy firent rejetter ces conseils de reconciliation à l'Eglise, qui pouvoient unir les catholiques ensemble et conserver leur religion. Dieu les en aiant delivrez à l'aide des princes, seigneurs, et d'un bon nombre de noblesse du royaume, et de l'armée que le roy Catholique, qui a tousjours assisté ceste cause de ses forces et moyens, dont nous luy avons très-grande obligation, envoya soubs la conduicte de M. le duc de Parme, prince d'heureuse memoire, assez cogneu par la reputation de son nom et de ses grands merites, il ne laissa pourtant de rentrer bien tost en ses premieres esperances, pour ce que ceste armée estrangere incontinent après le siege levé sortit hors le royaume, et luy, ayant mandé les siens, assembla par leur prompte obeyssance une grande armée avec laquelle il se rendit maistre de la campagne, et fit publier lors tout ouvertement, et sans plus dissimuler, que c'estoit crime de le prier et luy parler de conversion avant que l'avoir recogneu, luy avoir presté le serment d'obeyssance et fidelité; que nous estions tenus de poser les armes, de nous addresser ainsi nuds et desarmez à luy par supplication, et de luy donner pouvoir absolu sur noz biens et sur nos vies, et sur la religion mesmes, pour en user ou abuser comme il luy plairoit, la mettant en peril certain par nostre lascheté, au lieu qu'avec l'authorité et les moyens du Sainct Siege, l'ayde du roy Catholique et autres potentats qui assistent et favorisent ceste cause, nous avons toujours esperé que Dieu nous feroit la grace de la conserver; tous lesquels n'auroient plus que voir en nos affaires si nous l'avions une fois recogneu, et se desmeleroit ceste querelle de la religion avec trop d'advantage pour les heretiques entre luy, chef et protecteur de l'heresie, armé de nostre obeyssance et des forces entieres du royaume, et nous qui n'aurions pour luy resister que de simples et foibles supplications addressées à un prince peu desireux de les ouyr et d'y pourveoir. Quelque injuste que soit ceste volonté, et que la suivre soit le vray moyen de ruiner la religion, neantmoins, entre les catholiques qui l'assistent, plusieurs se sont laissé persuader que c'estoit rebellion de s'y opposer, et que nous devions plustost obeyr à ses commandemens et aux loix de la police temporelle qu'il veut establir de nouveau contre les anciennes loix du royaume, qu'à l'ordonnance de l'Eglise et aux loix des roys predecesseurs de la succession desquels il pretend la couronne, qui ne nous ont pas appris à recognoistre des heretiques, mais au contraire à les rejetter, à leur faire la guerre, et à n'en tenir aucune plus juste ny plus necessaire, quoy qu'elle fust perilleuse, que celle là. Qu'il se souvienne que luy-mesme s'est armé si souvent contre nos roys pour introduire une nouvelle doctrine dans le royaume, que plusieurs escrits et libelles diffamatoires ont esté faicts et publiez contre ceux qui s'y opposoient et donnoient conseil d'estouffer de bonne heure le mal qui en naissant estoit foible, qu'il vouloit lors qu'on creust ses armes estre justes pour ce qu'il y alloit de sa religion et de sa conscience, et que nous defendons une ancienne religion aussitost receuë en ce royaume qu'il a commencé, et avec laquelle il s'est accreu jusques à estre le premier et le plus puissant de la chrestienté, que nous cognoissons assez ne pouvoir estre gardée pure, inviolable et hors de peril sous un roy heretique, encor qu'à l'entrée, pour nous faire poser les armes et le rendre maistre absolu, on en dissimule et promette le contraire. Les exemples voisins, la raison, et ce que nous experimentons tous les jours, nous devroient faire sages et apprendre que les subjects suivent volontiers la vie, les meurs et la religion mesme de leurs roys pour avoir part en leurs bonnes graces, honneurs et bien-faicts qu'eux seuls peuvent distribuër à qui il leur plaist, et qu'après en avoir corrompu les uns par faveur, ils ont tousjours le moyen de contraindre les autres avec leur authorité et pouvoir. Nous sommes tous hommes, et ce qui a esté tenu pour licite une fois, qui neantmoins ne l'estoit point, le sera encores après pour une autre cause qui nous semblera aussi juste que la premiere qui nous a faict faillir. Quelques considerations ont faict que plusieurs catholiques ont pensé pouvoir suivre un prince heretique et ayder à l'establir : l'aspect des eglises, des autels, des monuments de leurs peres, plusieurs desquels sont morts en combatant pour ruiner l'heresie qu'ils soustiennent, et le peril de la religion present et à venir, ne les en ont point destourné. Combien devrions nous donc plus craindre ses faveurs et sa force, s'il estoit estably et devenu nostre maistre et roy absolu, lors qu'un chacun, las et recreu, ou plustost du tout ruïné par ceste guerre qui leur auroit esté si peu heureuse, aymeroit mieux souffrir ce qu'il luy plairoit pour vivre en seureté et repos, et avec quelque espoir de loyer et recompense, obeissant à ses commandemens, que de s'y opposer avec peril! On dit que les catholiques seroient tous unis lors, et n'auroient plus qu'une mesme volonté pour conserver leur religion, par ainsi qu'il seroit aisé d'empescher ce changement. Nous devons desirer ce bien, et toutesfois nous ne l'osons esperer si à coup. Mais, soit ainsi que le feu esteint il n'y ait à l'instant plus de chaleur dans les cendres, et que, les armes posées, nostre haine soit du tout morte, si est-il certain que nous ne serons pourtant exempts de ces autres passions qui nous font aussi souvent faillir, que nous aurons tousjours le peril sur nos testes, et serons subjects malgré nous aux mouvemens et passions des heretiques, qui feront quand ils pourront, par conduicte ou par force, et avec l'advantage qu'ils auront pris sur nous, ayant un roy de leur religion, ce que nous sçavons dejà qu'ils veulent. Et si les catholiques vouloient bien considerer dès maintenant les actions qui viennent de leurs conseils, ils y verroient assez clair, car on met les meilleures villes et forteresses qui sont prises en leur pouvoir, ou de personnes qui sont recogneues de tout temps les favoriser. Les catholiques qui y resident sont tous les jours accusez et convaincus de crimes supposez, la rebellion estant le crime duquel on accuse ceux qui n'en ont poinct. Les principalles charges tombent desjà en leurs mains : on est venu jusques aux estats de la couronne. Les bulles de nos saincts peres les papes Gregoire quatorziesme et Clement huictiesme, qui contenoient leurs sainctes et paternelles admonitions aux catholiques pour les separer des heretiques, ont esté rejectées et foullées aux pieds avec mespris par magistrats qui s'attribuent le nom de catholiques, combien qu'ils ne le soient en effect; car, s'ils estoient tels, ils n'abuseroient la simplicité de ceux qui le sont par les exemples tirez des choses advenuës en ce royaume lors qu'il estoit question d'entreprise contre la liberté et les privileges de l'Eglise Gallicane, et non de faict semblable au nostre, le royaume n'ayant jamais esté reduict à ce malheur, puis le temps qu'il a receu nostre religion, de souffrir un prince heretique ou d'en veoir quelqu'un de ceste qualité qui y ait pretendu droit. Et si ceste bulle leur sembloit avoir quelque difficulté, estans catholiques, ils y devoient proceder par remonstrances et avec le respect et la modestie qui est deuë au Sainct Siege, et non avec si grand mespris, blaspheme et impieté comme ils ont faict : mais c'est avec dessein, pour apprendre aux autres qu'ils sçavent estre meilleurs catholiques qu'eux, à mespriser le chef de l'Eglise à fin qu'on les en separe plus aisement après. Il y a des degrez au mal : on faict tousjours commencer par celuy qui semble le moindre ou ne l'estre point du tout; le jour suivant y en adjouste un autre, puis enfin la mesure se trouve au comble. C'est en quoy nous recognoissons que Dieu est grandement courroucé contre ce pauvre et desolé royaume, et qu'il nous veult encores chastier pour nos pechez, puis que tant d'actions qui tendent à la ruïne de nostre religion, et d'autre costé tant de declarations par nous faictes et si souvent repetées, mesmes depuis peu de jours, d'obeïr et nous remettre du tout à ce qu'il plairoit à Sa Saincteté et au Sainct Siege ordonner sur la conversion du roy de Navarre, si Dieu luy faisoit la grace de quitter son erreur, qui devroient servir de tesmoignage certain de nostre innocence et sincerité, et justifier nos armes comme necessaires, ne les emeuvent point, et qu'on ne laisse pourtant de publier que les princes unis pour la defense de la religion ne tendent qu'à la ruïne et dissipation de l'Estat, combien que leur conduicte et les ouvertures faictes du commun consentement d'eux tous, mesmes des souverains qui nous assistent, soient le vray et plus asseuré moyen pour en oster la cause ou le pretexte à qui en auroit la volonté. Les heretiques s'attachent là-dessus au secours du roy Catholique qu'ils voyent à regret, et nous tiendroient pour meilleurs François si nous nous en voulions passer, ou, pour mieux dire, plus aisez à vaincre si nous estions desarmez. A quoy nous nous contenterons de leur respondre que la religion affligée et en très-grand péril dans ce royaume a eu besoin de trouver cest appuy, que nous sommes tenus de publier ceste obligation et de nous en souvenir perpetuellement, et qu'en implorant le secours de ce grand Roy, allié et confederé de ceste couronne, il n'a rien requis de nous, et n'avons aussi faict de nostre costé aucun traicté avec qui que ce soit dedans ou dehors le royaume à la diminution de la grandeur et majesté de l'Estat, pour la conservation duquel nous nous precipiterons très-volontiers à toutes sortes de perils, pourveu que ce ne soit pour en rendre maistre un heretique, mal que nous avons en horreur, comme le premier et le plus grand de tous les autres. Et si les catholiques qui les favorisent et assistent se vouloient despoüiller de ceste passion, se separer d'avec eux, et joindre non point à nous, mais à la cause de nostre religion, et rechercher les conseils et remedes en commun pour la conserver et pourvoir au salut de l'Estat, nous y trouverions sans doute la conservation de l'un et de l'autre, et ne seroit pas au pouvoir de celuy qui auroit mauvaise intention d'en abuser au prejudice de l'Estat, et de se servir d'une si saincte cause comme d'un pretexte specieux pour acquerir injustement de la grandeur et de l'auctorité. Nous les supplions donc et adjurons, au nom de Dieu et de ceste mesme Eglise en laquelle nous protestons tous les jours les uns et les autres de vouloir vivre et mourir, de se separer des heretiques, et de bien considerer que, demeurans contraires les uns aux autres, nous ne pouvons prendre aucun remede qui ne soit perilleux, et doive faire beaucoup souffrir à cest Estat et à chacun en particulier avant que d'y apporter quelque bien, au contraire que nostre reconciliation rendra tout facile et fera bien-tost finir nos miseres. Et à fin que les princes du sang, autres princes, et les officiers de la couronne, ne soient point retenuz et empeschez d'entendre à un si bon œuvre pour le doute qu'ils pourroient avoir de n'estre recognus, respectez et honnorez de nous et des princes et seigneurs de ce party, selon qu'ils meritent, et au rang et dignité qui leur appartient, nous promettons sur nostre foy et honneur de le faire, pourveu qu'ils se separent des heretiques, et qu'ils trouveront aussi le mesme respect et devoir en tous les autres de ce party. Mais nous les supplions de le faire promptement, et qu'ils coupent le neud de tant de difficultez qui ne se peuvent deslier s'ils ne quittent tout pour servir à Dieu et à son Eglise, s'ils ne se remettent devant les yeux que la religion doit passer pardessus tous autres respects et considerations, et que la prudence ne l'est plus quand elle nous faict oublier en ce premier devoir. Nous leur donnons advis que, pour y proceder de nostre part avec plus de maturité de conseil, nous avons prié les princes, pairs de France, prelats, seigneurs, et deputez des parlements et des villes et communautez de ce party, de se vouloir trouver en la ville de Paris le dix-septiesme jour du mois prochain, pour ensemblement choisir, sans passion et sans respect de l'interest de qui que ce soit, le remede que nous jugerons en nos consciences devoir estre le plus utile pour la conservation de la religion et de l'Estat; auquel lieu s'il leur plaist d'envoyer quelques uns de leur part pour y faire ouvertures qui puissent servir à un si grand bien, ils y auront toute seureté, seront ouys avec attention et desir de leur donner contentement; que si l'instante priere que nous leur faisons de vouloir entendre à ceste reconciliation, et le peril prochain et inevitable de la ruyne de cest Estat, n'ont assez de pouvoir sur eux pour les exciter de prendre soin du salut commun, et que nous soyons contraincts, pour estre abandonnez d'eux, de recourir à remedes extraordinaires contre nostre desir et intention, nous protestons, devant Dieu et devant les hommes, que le blasme leur en devra estre imputé, et non aux catholiques unis qui se sont employez de tout leur pouvoir, pour, avec leur bien-veillance et amitié, mesmes conseils et volontez, defendre et conserver ceste cause qui leur est commune avec nous : ce que s'ils vouloient entreprendre de pareille affection, l'espoir d'un prochain repos seroit certain, et nous tous asseurez que les catholiques ensemble, contre les heretiques leurs anciens ennemis qu'ils ont accoustumé de vaincre, en auroient bien-tost la fin. Si prions messieurs les gens tenans les cours de parlement de ce royaume de faire publier et enregistrer ces presentes à fin qu'elles soient notoires à tous, et que la memoire en soit perpetuelle à l'advenir à nostre decharge, et des princes, pairs de France, prelats, seigneurs, gentils-hommes, villes et communautez qui se sont unis ensemble pour la conservation de leur religion. En tesmoin de quoy nous avons signé cesdites presentes de nostre main, et y faict mettre et apposer le scel de la chancellerie de France. Donné à Paris au mois de decembre l'an mil cinq cens quatre-vingts douze. Signé Charles de Lorraine. Par monseigneur, Baudouyn. Et scellées du grand seau en las de soye de cire verd. Leuës, publiées et registrées ez registres de la cour, ce requerant le procureur general du Roy, et publiées à son de trompe et cry public par les carrefours de la ville de Paris, le 5 janvier 1593. Signé du Tillet. »

Conformement à ceste declaration le cardinal de Plaisance, qui se disoit legat de Sa Saincteté et du Sainct Siege, fit publier une exhortation aux catholiques, de quelque preeminence, estat et condition qu'ils eussent peu estre, qui suivoient le party du Roy (qu'il appelloit l'heretique). Dans ceste exhortation, après avoir protesté qu'il avoit desir de rendre à tout le monde une preuve certaine de sa bonne affection en ce qui regardoit la charge et dignité qu'il avoit pleu à Sa Saincteté luy donner en France, estimant très-heureusement employer son sang et sa propre vie s'il y pouvoit en quelque maniere servir, il dit qu'il ne failloit pas penser que le chef de l'Eglise chrestienne voulust aucunement accorder ou consentir à la ruine et dissipation de ceste très-chrestienne couronne, ains que, tout ainsi que le pape Sixte v avoit envoyé le cardinal Caëtan, non comme un herault ou roy d'armes, mais comme un ange de paix, non pour esbranler les fondements de cest Estat, ny pour alterer ou innover aucune chose en ses loix ou police, mais bien pour ayder à maintenir la vraye et ancienne religion catholique, apostolique-romaine; aussi que le pape Gregoire xiv avoit faict paroistre, incontinent après son eslection, qu'au souverain pontificat est inseparablement conjoincte une particuliere et extresme solicitude de la conservation de ceste très-chrestienne monarchie, ainsi qu'il avoit apparu par le bref qu'il luy plut luy envoyer au mois de janvier 1591, et autres bulles et brefs apportez au mois de mars ensuivant par M. Landriano, nonce dudit Pape, quoy que les heretiques disoient le contraire, contre lesquelles bulles et brefs l'on avoit commis un grand crime de n'y avoir voulu prester l'oreille, et encor plus grand de les avoir osé calomnier et traicter si contumelieusement que chacun sçavoit, tant à Tours qu'à Chaalons, non pas seulement un papier insensible, mais en iceluy le nom et l'authorité du chef de l'Eglise, et par consequent du mesme Sainct Siege apostolique; et toutesfois la grandeur de ces fautes et de celle qui sur ce mesme subject fut commise par les ecclesiastiques assemblez à Chartres (qu'il appelle conciliabule), avoit esté jusques icy dissimulée par ceux qui en auroient peu faire quelque juste ressentiment. Plus, que le pape Clement viii n'avoit si tost esté eslevé au supreme degré de l'apostolat, que l'heresie avoit de nouveau faict esclorre à Chaalons un pretendu arrest contre les bulles de Sa Saincteté concernant le faict de la legation d'iceluy cardinal, et estoit cest arrest donné par gens qui se manifestoient plus esclaves d'heretique que ministres de justice.

« Il est impossible, dit-il, de voir jamais la France jouyssante d'une paix et tranquilité asseurée, ny d'aucune autre prosperité, tandis qu'elle gemira sous le tyrannique joug d'un heretique. C'est une verité si claire, que toûs tant que vous estes la voyez et cognoissez bien, dont nous ne voulons autre juge ou tesmoing que vos propres consciences. Combien que vos actions exterieures donnent encore assez evidemment à cognoistre ce que vous en pensez en vos ames, puis que vous recognoissez par vos ordinaires protestations et remonstrances que l'obeyssance que rendez à l'heretique n'a autre fondement que ceste vaine esperance de conversion et rehabilitation, nous sommes à la verité très-aises de voir que le crime de recognoistre pour roy d'un royaume très-chestien un heretique, relaps et obstiné, vous semble trop atroce et enorme pour vous en confesser coulpables. Mais, puis que son obstination l'a desjà privé de tous les droicts qu'il pouvoit pretendre, vous ostant par mesme moyen tous les pretextes et excuses que sçauriez alleguer en sa faveur et à vostre descharge, il est temps maintenant que descouvriez hardiment ce que vous avez dans le cœur; et, s'il n'y a rien que de catholique, comme vos precedentes actions l'ont faict paroistre lorsque les charmes des heretiques ne vous avoient ensorcelez, prononcez librement, au nom de Dieu, avec le reste des catholiques, que vous ne desirez rien tant que de vous voir tous reünis sous l'obeyssance d'un roy de nom et d'effect très-chrestien et vray catholique. C'est prudence d'avoir telle pensée, c'est magnanimité d'en poursuivre l'effect; et faire l'un et l'autre est une vertu parfaicte de tout poinct. Or ne se peut-il trouver aucun plus juste et legitime moyen d'en venir à bout que la tenuë des estats generaux où vous estes invitez de la part de M. de Mayenne, qui, selon le devoir de sa charge et authorité, a tousjours cherché et cherche encore plus que jamais avec une pieté, constance et magnanimité digne de loüange immortelle, les plus vrais et asseurez moyens de defendre et conserver cest Estat et couronne en son integrité, et de maintenir la religion catholique et l'Eglise Gallicane en sa vraye liberté, qui consiste principalement à ne s'assujettir jamais à un chef heretique. Aussi voulons-nous bien vous protester en cest endroict que, nous tenans dans les termes de la charge qu'il a pleu à Sa Saincteté nous commettre, comme c'est nostre intention, nous ne pouvons et ne voudrions aussi en aucune maniere assister ny favoriser les desseins et entreprises de M. de Mayenne, ny d'autres princes ou potentats de la terre, quels qu'ils soient, mais plustost nous y voudrions opposer de tout nostre pouvoir, où nous appercevrions qu'elles fussent aucunement contraires aux communs vœuz et desirs de tous les gens de bien, vrays catholiques et bons François, et en particulier aux sainctes et pieuses intentions de nostre Sainct Pere, lesquelles d'abondant nous voulons bien aussi vous declarer par ces presentes n'avoir autre but ny object que la gloire de Dieu, la conservation de nostre saincte foy et religion catholique, apostolique et romaine, et l'entiere extirpation des schismes et heresies qui ont reduit en si miserable estat ceste pauvre France, laquelle Sa Saincteté desire sur tout veoir couronnée de son ancienne splendeur et majesté par l'establissement d'un roy vrayement très-chrestien, tel que Dieu fera la

grace aux estats generaux de le pouvoir nommer, et
tel que ne fut jamais et ne peut estre un heretique.
C'est donques là où vous estes pareillement conviez
de la part de Sa Saincteté, affin qu'en vous separant
du tout de la société et subjection de l'heretique, vous
y apportiez, avec une volonté vuide de toute passion,
et plaine d'un sainct zele et pieté envers Dieu et vostre
patrie, tout ce que jugerez pouvoir aucunement servir à esteindre le general embrasement qui l'a presque
reduicte en cendre. Il n'est plus temps de proposer de
vaines excuses et difficultez, vous n'y en trouverez
autre que celle qui procedera de vous mesmes; car
s'il vous plaist vous trouver en ladite assemblée aux
fins et intentions que devez, nous pouvons bien vous
asseurer, de la part de tous les catholiques qui par la
grace de Dieu ont tousjours perseveré en la devotion
et obeyssance du Sainct Siege apostolique, que les
trouverez très disposez à vous y recevoir et embrasser,
comme freres et vrais chrestiens qui voudroient acheter
au prix de leur sang et propre vie une saincte paix et
reconciliation avec vous. Faites donc qu'on vous voye
separez à bon escient de l'heretique, et demandez en
ce cas toutes les asseurances qui vous sembleront necessaires pour y pouvoir librement aller et venir, dire
et proposer en ladite assemblée tout ce que jugerez
plus expedient pour parvenir aux fins d'icelle. M. de
Mayenne est prest de vous les octroyer, et ne faisons
difficulté de nostre part de nous obliger et rendre ga-
rands qu'il n'y sera contrevenu en aucune maniere,
offrant de vous prendre pour ce regard en tant que
besoin sera sous nostre speciale protection, c'est-à-
dire de Sa Saincteté et du Sainct Siege apostolique.

Nous vous prions donc et exhortons de la part de Sadite Saincteté, et vous adjurons derechef au nom de Dieu, de vouloir finalement faire paroistre par bons effects que vous estes vrays catholiques, conformant entierement vos intentions à celle du souverain chef de l'Eglise, sans plus differer de rendre à l'Eglise chrestienne, à nostre saincte religion et à vostre patrie, le fidelle devoir qu'elle attend de vous en ceste extreme necessité. Il ne vous faut attendre de vos divisions que continuelles desolations et ruines, et, quand bien toutes choses vous viendroient d'ailleurs à souhait, ce que selon nostre advis vous mesme ne vous oseriez promettre sous un chef heretique, vous devriez neantmoins grandement apprehender que les schismes dont ce royaume semble desjà tout plein ne se convertissent finalement en heresie. Ce que Dieu par sa saincte grace ne vueille permettre, mais plustost vueille illuminer vos cœurs et vos esprits, les rendant capables de ses sainctes influences et benedictions, à ce qu'estant tous reünis de faict et de volonté en l'unité de la saincte Eglise catholique, apostolique et romaine, sous l'obeyssance d'un roy qui puisse estre meritoirement estimé et nommé très-chrestien, vous puissiez jouyr en ce monde d'une asseurée tranquillité, et finalement parvenir à ce royaume que Sa Divine Majesté a preparé de toute eternité à ceux qui, perseverans constamment en la communion de sa mesme Eglise, hors laquelle il n'y a point de salut, rendent un clair tesmoignage de leur vive foy par vertueuses et sainctes operations. Dieu vous en face la grace. Donné à Paris le 15 janvier 1593. Philippes, cardinal de Plaisance, legat. Hier. Aguchius. »

Aussi tost que la susdite declaration et ceste exhortation furent imprimées et publiées, les copies en furent apportées à Chartres où le conseil du Roy estoit, auquel il se trouva lors plusieurs princes, prelats, officiers de la couronne et autres seigneurs catholiques, car l'on avoit faict la ceremonie des chevaliers du Sainct Esprit dans l'eglise de Chartres le premier jour de l'an, le lendemain de laquelle M. de Nevers, qui conduisoit l'armée du Roy, alla recevoir à composition Auneau, puis il alla aux chasteaux de La Fosse et de La Barre, et nettoya les environs d'auprès d'Estampes de plusieurs pilleurs qui faisoient leur retraicte dans quelques maisons fortes de ces quartiers là. Or, sur ces deux imprimez ainsi apportez à Chartres, plusieurs particuliers firent des responses incontinent ; entr'autres il en fut faicte une que l'on intitula *la fleur de lis,* pour response à ladite declaration du duc de Mayenne, dans laquelle l'autheur, après plusieurs reparties, s'arreste à ce que ledit duc appelle le roy d'Espagne *grand roy.* « Comment, dit-il, Charles de Lorraine, pourrois tu bien remarquer quelque exemple auquel par lettres patentes seellées des fleurs de lys on ait attribué ce tiltre de grand à un roy estranger? Tout au contraire, on a faict infinies fois ruisseler les campagnes de sang pour conserver le tiltre auguste des roys de France, premiers, plus grands et plus puissans princes de la chrestienté, qui portent la couronne de liberté et de gloire par dessus tous les autres roys. » Puis continuant, il dit : « Est-il possible que ceux qui parlent encor le langage françois puissent endurer que ce cruel parricide, auquel le soleil ne vid jamais rien de semblable, rien de si execrable, soit appellé un coup du ciel! » Ainsi les royaux escrivirent que ladicte declaration du duc de Mayenne n'estoit qu'un abregé de tous les libelles seditieux et harangues vomies contre le feu Roy et le Roy à present regnant.

Le Roy s'estant rendu incontinent à Chartres, luy et son conseil jugerent sur le champ que cesdites declaration et exhortation n'estoient que pretextes pour esblouyr les simples; ce fut pourquoy on resolut qu'il seroit faict deux responses, l'une au nom de Sa Majesté, qui seroit vérifiée aux parlements et publiée, l'autre, qu'au nom des princes, prelats et officiers de la couronne catholiques, on envoyeroit à ladite assemblée de ceux du party de l'union à Paris leur proposer une conference pour ensemblement adviser au moyen d'appaiser les troubles de la France. J'ay mis icy tout du long, premierement ladite proposition, laquelle fut publiée deux jours auparavant la declaration du Roy, et puis tout de suite ladite declaration, affin que le lecteur juge mieux de l'intention de ceux qui les firent publier que par ce que j'en pourrois escrire en abregé.

Proposition des princes, prelats, officiers de la couronne et principaux seigneurs catholiques, tant du conseil du Roy que autres, estans prez de Sa Majesté, tendans à fin de parvenir au repos tant necessaire à ce royaume, pour la conservation de la religion catholique et de l'Estat, faicte à M. le duc de Mayenne et autres princes de sa maison, prelats, sieurs, et autres personnes envoyées par aucunes villes et communautez, se trouvans à present assemblez dans la ville de Paris.

Les princes, prelats, officiers de la couronne, et prin-

cipaux seigneurs catholiques, tant du conseil du Roy
que autres, estans prez de Sa Majesté, ayant veu une
declaration imprimée à Paris sous le nom de M. le
duc de Mayenne, en datte du mois de decembre, et
publiée à son de trompe en ladite ville le cinquiesme
du present mois de janvier, ainsi qu'il est escrit au
pied d'icelle, et venuë en leurs mains à Chartres le
quinziesme jour d'iceluy mois, recognoissent et sont
d'accord avec ledict sieur duc que la continuation de
ceste guerre, tirant quand et soy la dissipation et ruine
de l'Estat en ce royaume, comme c'est une consequence indubitable, emporte par mesme moyen la
ruyne de la religion catholique, ainsi que l'experience
n'en rend desjà que trop de preuves, au grand regret
et desplaisir desdits princes et seigneurs, et de tous les
autres princes, sieurs et Estats catholiques qui recognoissent le roy que Dieu leur a donné et luy font service, comme ils luy sont naturellement obligez, lesquels avec ce devoir ont tousjours eu pour but principal
la conservation de la religion catholique, et se sont
d'autant plus roidis avec leurs armes et moyens en la
defence de la couronne sous l'obeyssance de Sa Majesté, quand ils ont veu entrer en ce royaume les estrangers, ennemis de la grandeur de ceste monarchie
et de l'honneur et gloire du nom françois, parce qu'il
est trop evident qu'ils ne tendent qu'à le dissiper, et que
de la dissipation ensuyvroit une guerre immortelle qui
ne pourroit produire avecques le temps autres effects
que la ruine totale du clergé, de la noblesse, des villes
et du plat pays, evenement qui seroit pareillement in-
faillible à la religion catholique en cedit royaume. C'est
pourquoy tous bons François et vrayement zelateurs

d'icelle doivent tascher à empescher de tout leur pouvoir le premier inconvenient dont le second susdit est inseparable, et tous deux inevitables par la continuation de la guerre. Le vray moyen pour y obvier seroit une bonne reconciliation entre ceux que le malheur d'icelle tient ainsi divisez et armez à la destruction les uns des autres; car sur ce fondement la religion catholique seroit restaurée, les eglises conservées, le clergé maintenu en sa dignité et biens, la justice remise, la noblesse reprendroit sa force et vigueur pour la defense et repos de ce royaume, les villes se remettroient de leurs pertes et ruynes par le restablissement du commerce et des arts et mestiers nourrisiers du peuple, et qui y sont presque du tout abolis, e mesmes les universitez et estudes des sciences, qui ont par cy-devant fait florir et donné tant de lustre et onement à ce royaume, et qui maintenant languissent et perissent peu à peu; les champs se remettroient en culture, qui en tant d'endroits sont delaissez en friche, et, au lieu des fruicts qu'ils souloient produire pour la nourriture des hommes, sont couverts de chardons et d'espines qui en rendent mesme la face hideuse à voir. En somme, par la paix, chasque estat reprendroit sa function, Dieu seroit servy, et le peuple, jouïssant d'un asseuré repos, beniroit ceux qui luy auroient procuré ce bien, où, au contraire, il auroit juste occasion d'execrer et maudire ceux qui l'empescheront, comme n'y pouvant avoir autre raison que leur ambition particuliere. A ceste cause, sur la demonstration que ledit sieur de Mayenne fait par son escrit, tant en son nom que des autres de son party asemblez audit Paris, que ladite assemblée est pour adiser au bien de la religion catholique et repos du royaume, dont, par le seul moyen des lieux, où il n'est loisible ny raisonnable à autre que de leur party d'intervenir, ne peut sortir aucune resolution valable et utile à l'effect qu'il a publié, estant au contraire tout certain que cela ne feroit qu'enflamber d'avantage la guerre et oster tout moyen et esperance de reconciliation entre lesdits princes, prelats, officiers de la couronne et autres seigneurs catholiques estans prez Sa Majesté, bien assurez que tous les autres princes, seigneurs et Estats catholiques qui le recognoissent concurrent avecques eux en mesme zele à la religion catholique et bien de l'Estat comme ils conviennent, en l'obeyssance et fidelité deuë à leur roy e prince naturel, ont, au nom de tous et avec le congé et permission que Sa Majesté leur en a donné, voulu par cest escrit signifier audit sieur de Mayenne et autres princes de sa maison, prelats, sieurs et autres personnes ainsi assemblez en ladite ville de Paris, que, s'ils veulent entrer en conference et communication des moyens propres pour assoupir les troubles à la conservation de la religion catholique et de l'Estat, et deputer quelques bons et dignes personnages pour s'assembler en tel lieu qui pourra estre choisi entre Paris et Sainct Denis, ils y envoiront et feront trouver de leur part au jour qui sera pour ce convenu et accordé, pour recevoir et apporter toutes les bonnes ouvertures qui se pourront excogiter pour un si bon effect. Comme chacun y apportant la bonnevolonté qu'il doit, ainsi qu'ils le promettent de leur par, ils s'assurent que les moyens se trouveront pour parvenir à ce bien; protestans, devant Dieu et les homme, que, si ceste voye est rejettée, prenans autres moyens illegitimes qui ne pourroient par consequent estre que pernicieux à la religion et à l'Estat, et achever de reduire la France au dernier periode de toute misere et calamité, la rendant proye et butin de l'avidité et convoitise des Espagnols et le triomphe de leur insolence, acquis neantmoins par les menées et passions aveuglées d'une partie de ceux qui portent le nom de François, degenerans du devoir et de l'honneur qui a esté en si grande reverence à leurs ancestres, la coulpe du mal qui en adviendra ne pourra ny devra justement estre imputée qu'à ceux qui par tel refus seront notoirement recognus en estre la seule cause, comme ayans preferé les expediens qui peuvent servir à leur grandeur et ambition particuliere et de ceux qui les y fomentent, à ceux qui regardent l'honneur de Dieu et le salut du royaume. Faict au conseil du Roy, où lesdits princes et sieurs se sont expressement assemblez et resolus, avec la permission de Sa Majesté, de faire la susdite offre et ouverture, à Chartres le 27 janvier 1593. Signé Revol.

Voylà quelle fut la proposition des princes, prelats et officiers de la couronne, et autres seigneurs catholiques du conseil du Roy, laquelle fut portée à Paris par un trompette, et baillée au sieur de Belin, gouverneur de Paris, lequel la bailla au duc de Mayenne qui la communiqua à ceux de ladite assemblée. Des diverses opinions qu'ils eurent entr'eux sur ceste proposition nous le dirons cy après. Voycy la declaration que le Roy fit aussi publier au mesme temps.

Henry, par la grace de Dieu, roy de France et de Navarre, à tous ceux qui ces presentes lettres verront, salut. Ayant pleu à Dieu nous faire naistre de la plus ancienne race des roys chrestiens, et par droict de legitime succession parvenir à la couronne du plus beau et florissant royaume de la chrestienté, il ne nous avoit pas donné moins de pieté et de devotion, ny moins de valeur et de courage pour estendre et la foy chrestienne et les bornes et limites de ce royaume qu'aux roys nos predecesseurs, et n'a defailly à nostre bon-heur sinon que tous nos sujets n'ayent pareillement succedé à la vertu et fidelité de leurs ancestres; mais nous nous sommes rencontrez en un siecle que beaucoup en ont degeneré, ayant converty cest amour qu'ils portoient à leurs roys, et dont ils excelloyent sur tous les peuples, en conspiration, et leur fidelité en rebellion; de sorte que nostre labeur et nostre plus bel aage, qui estoit pour illustrer la gloire du nom françois, est, à nostre très-grand regret, consommé à en publier la honte, n'ayant peu evister d'estre depuis nostre advenement à ceste couronne en continuelle guerre contre nos subjets rebelles; dont nous avons tant de desplaisir et de compassion des malheurs qu'en souffre tout le royaume, que, si nous eussions cognu que leur haine eust esté à nostre seule personne, nous aurions souhaitté de n'estre jamais parvenus à nostre dignité. Mais ils ont bien monstré que c'estoit contre l'authorité royalle qu'estoit leur conspiration, l'ayant premierement commencée et depuis reiterée contre le feu Roy dernier, nostre très-honnoré seigneur et frere, pour lequel le pretexte de la religion, dont ils se parent tant, ne pourroit valloir, ayant tousjours esté très-catholique, et faisant mesme la guerre contre ceux de la religion dite reformée peu auparavant que lesdits rebelles le vindrent assieger en la ville de Tours. Et si ladite cause pretenduë de leurdite rebellion fut recognuë faulse dès son commencement, elle ne l'a pas esté moins depuis, quoy qu'ils la magnifient plus que jamais, et que ce soit l'unique justification à tous leurs crimes. Mais la lumiere que la verité porte sur le front surmonte en fin les tenebres qu'y opposoyt leur obscurité, et l'admirable sagesse de Dieu dispose tellement toutes choses, que mesmes les plus mauvais servent à la perfection de son œuvre, tant qu'il contraint bien souvent ceux qui directement se bandent contre leur propre conscience, lors qu'ils s'en doutent le moins, de lascher quelque trait qui fait la confession de leur faute si expresse qu'il leur est impossible de s'en plus desdire. La preuve en est bien claire et manifeste aux procedures de ceux qui, sous le nom de la ligue, se sont eslevez en armes à la ruïne et dissipation de cest Estat, et se voit que tant plus ils ont voulu pallier leur fait, plus ils ont mis en evidence leurs mauvaises intentions. Et comme la vraye et seule cause de leur souslevation est principalement en trois points, en la naturelle malice de leurs chefs, de tout temps mal affectionnez à cest Estat, à laquelle s'est joincte l'ambition de l'envahir et partager entr'eux, l'intervention des anciens ennemis de ceste couronne qui ont voulu profiter à leur advantage ceste occasion, et, pour les peuples, l'envie des plus miserables sur les plus aisez, la cupidité des richesses et l'impunité de leurs crimes, ceste ordonnance de Dieu qui fait au peché malgré luy descouvrir son peché, s'execute maintenant au fait du duc de Mayenne, encores plus qu'il n'avoit esté cy-devant, par l'escrit qu'il a nouvellement mis en public pour la convocation generale qui se fait en la ville de Paris. Bien que sa faute soit insuportable et plus inexcusable qu'aucune autre qui ait jamais esté commise de ceste qualité, elle pouvoit neantmoins estre, sinon excusée, au moins trouvée moins estrange de ceux qui sçavent ce que peut la convoitise du commandement souverain en une ame ambitieuse. Mais, non contant d'avoir tantost fait tous les bons François miserables, de leur vouloir encores crever les yeux et les rendre stupides en leurs miseres, leur ostant ce qu'il leur reste de consolation, qui est la cognoissance certaine qu'ils ont de la source et premiere cause de leurs malheurs, et sçavoir à qui ils s'en doivent prendre, Dieu ne l'a pas voulu permettre : l'ambition dudit duc de Mayenne s'est tellement enflée, qu'en fin elle a crevé le voile duquel il l'avoit voulu couvrir. Tout le plus grand artifice dudit escrit est de faire croire en luy un bon zele, une grande simplicité, et qu'il est vuide de toute presomption. Et elle ne se pouvoit accuser plus grande que par ce mesme instrument estant faict en forme d'esdit, scellé du grand seau, addressé aux cours de parlement, et avec toutes les autres formes et marques dont les roys et princes souverains ont privativement à tous autres accoustumé d'user. Il fait, par sadite declaration, une convocation generale des princes, officiers de la couronne, et de tous les ordres du royaume, pour deliberer sur le bien de l'Estat, chose jusques icy inouïe sous autre nom que celuy des roys, comme par toutes les loix ceste authorité leur est seulement reservée, et jugée en crime de leze-majesté pour tous autres. Il veut monstrer de vouloir rendre quelque respect aux princes du sang, et neantmoins il les convoque, les appelle et leur promet seureté, qui est bien les traicter comme inferieurs à luy. Ce sont toutes marques d'une imagination qu'il a eu l'esprit de la puissance souveraine, de laquelle Dieu permettra qu'il s'en trouvera aussi esloigné comme injustement il y aspire. Si la forme dudit escrit est vicieuse et reprouvée, la substance d'iceluy ne l'est pas moins, estant pleine de faulses suppositions, et neantmoins si foibles que les plus simples jugemens la peuvent sans aucun ayde facilement recognoistre. La vraye et certaine loy fondamentale du royaume pour la succession d'iceluy est la loy salique, qui est si saincte, parfaite et si excellente, qu'à elle, après Dieu, appartient le premier et le plus grand honneur de la conservation d'iceluy en l'estat qui a si longuement duré, et est encor à present. Elle est aussi si nette et claire, qu'elle n'a jamais receu aucune interpretation et exception. De sorte que Dieu, la nature et ladite loy nous ayant appellé à la succession legitime de ceste couronne, elle ne nous peut estre aussi peu disputée qu'à aucuns autres de nos predecesseurs, au pouvoir desquels n'a point esté de changer ou alterer aucune chose en ladite loy, de tout temps reverée en France comme une ordonnance divine à laquelle il n'est permis aux hommes de toucher, ne leur estant demeurée que la seule faculté et gloire d'y bien obeïr. Et si rien n'y a deu estre innové, moins l'a-il peu estre par la declaration faite par le feu Roy, nostre très-honoré seigneur et frere, aux estats tenus à Blois en l'année cinq cents quatre-vingts huict; car, outre que c'est aux loix et non aux roys de disposer de la succession de ceste couronne, il est trop commun et notoire qu'au lieu que l'assemblée desdits estats devoit estre une deliberation libre, que ce ne fut qu'une conjuration descouverte contre l'autorité dudit feu Roy, duquel ladite declaration fut extorquée par force et violence, comme tout ce qui y fut traitté ne fut que pour l'establissement de ce qui s'en est depuis ensuivy en faveur de la rebellion qui dure encor à present : et n'est pas à presumer que ledit feu Roy eust voulu sciemment rompre et enfreindre ladite loy, par laquelle le feu roy François I son ayeul, et par consequent luy mesmes, estoient venus à ceste couronne. Aussi, ainsi que ladite declaration fut injuste, elle n'a point esté observée par ceux mesmes qui l'avoient bastie, et en faveur desquels elle estoit faite, car, si ledit duc de Mayenne eust recognu le feu cardinal de Bourbon nostre oncle pour son roy, comme il luy en a donné quelque temps le tiltre imaginaire, il se fust intitulé durant sa vie plustost son lieutenant general que lieutenant general de l'Estat comme il a tousjours fait, estimant que ceste qualité luy en acquerroit quelque possession. Ils eussent aussi recognu nostredit oncle dès qu'ils entreprirent de priver le feu Roy, nostredit feu sieur et frere, de la dignité royale, ou pour le moins incontinent après sa mort ; mais ils y consulterent plus de trois mois, après s'y estans resolus, non en intention de le luy conserver, mais pour prendre par ledit duc de Mayenne loisir et force de s'y establir luy mesmes, s'introduisant cependant dans toutes les autoritez qui en dependent. Et c'est imposer de dire que ladite declaration faite à Blois n'est que la confirmation d'une autre pareille faite aux estats precedens tenus audit

Blois en l'année 1577. Il peut bien estre qu'elle fust dèslors par eux designée, mais leur force ne fut pas encores assez grande pour la faire resoudre, ne s'y estant faite sur ce autre demonstration que, par une simple legation de la part desdits estats, nous faire exhorter, et feu nostre cousin le prince de Condé, à prendre la religion catholique. Quant aux ceremonies qui doivent suivre la promotion à la dignité royale, que lesdits rebelles nous imputent de n'avoir point, combien que cela ne doive pas valoir pour nostre exclusion et nous denier l'obeïssance qui nous est deuë, par ce que la royauté subsiste de soy-mesme, se pouvant bien interposer plusieurs choses et obstacles entre ladite royauté et les ceremonies d'icelle, comme nous ne serions pas le premier roy qui auroit quelque temps regné avant que d'estre couronné et prins les autres solemnitez, mais rien ne s'interpose entre la personne du roy et ladite royauté, de laquelle l'autorité est inseparable, toutesfois nous estimons avoir assez fait cognoistre, comme nous ferons tousjours, qu'ainsi qu'il n'a point tenu à nous jusqu'icy, qu'il ne tiendra aussi jamais que nous n'ayons toutes les marques et caracteres qui doivent accompagner ceste dignité, et que nous ne retirions à nous toute l'affection de nos sujets, comme nous leur donnons toute la nostre, mesme, en ce qui est du fait de nostre religion, que nous ne facions cognoistre n'avoir aucune opiniastreté, et que nous sommes bien preparés à recevoir toute bonne instruction et nous reduire à ce que Dieu nous conseillera estre de nostre bien et salut. Et ne doit estre trouvé estrange de tous nos sujets catholiques, si, ayant esté nourris en la religion que nous tenons, nous ne nous en voulons departir sans premierement estre instruits, et qu'on ne nous ait fait cognoistre que celle qu'ils desirent en nous est la meilleure et plus certaine, ceste instruction en bonne forme estant d'autant plus necessaire en nous, que nostre exemple et conversion pourroit beaucoup à esmouvoir les autres. Ce seroit aussi errer aux principes de religion, et monstrer n'en avoir point, que de vouloir sous une simple semonce nous faire changer la nostre, y allant de chose si precieuse que de ce en quoy il faut fonder l'esperance de son salut, et n'avons pas pensé faillir de desirer la convocation d'un concile, comme nous imputent lesdits rebelles, et que ce seroit mettre en doute ce qui a esté conclu par les autres, parce que ceste mesme raison condamneroit tous les derniers, esquels ce qui avoit esté deliberé aux premiers n'a pas laissé d'y estre derechef traité : toutesfois, s'il se trouve quelque autre meilleur et plus prompt moyen pour parvenir à ladite instruction, tant s'en faut que nous la rejettons que nous le desirons et l'embrassons de tout nostre cœur, comme nous estimons l'avoir assez tesmoigné par la permission que nous avons donnée aux princes, officiers de la couronne, et autres seigneurs catholiques qui nous assistent, de deputer vers le Pape pour faciliter et intervenir en ladite instruction. Et non seulement par ce moyen, mais auparavant par plusieurs nos declarations generales, et encores par legations particulieres, nous les avons voulu induire à venir à quelque conference pour trouver les moyens de parvenir à ladite instruction, qui est incompatible avec le bruit des canons et des armes. Mais ils n'y ont voulu entendre qu'au temps et autant qu'ils ont estimé leur pouvoir valoir à donner jalousie aux ministres d'Espagne pour en tirer des conditions meilleures, et est supposition de dire qu'ils nous en ayent jamais fait aucune semonce en forme qu'il se pust juger que ce fust pour avoir effect; au contraire, il n'en a jamais esté parlé de leur part que comme craignans de persuader ce que pour la faveur de leur pretexte ils estoient contraints monstrer de desirer; et encor maintenant, par ledit escrit, ils veulent tenir la chose pour desesperée avant qu'elle ait jamais esté proposée; dont ils ont tant d'aprehension qu'il en puisse advenir ce qui leur est aussi formidable dans le cœur qu'il semble leur estre plausible sur les levres, qu'aussi-tost qu'ils entendirent que lesdits catholiques qui nous assistent depescherent par nostre permission vers le Pape nostre amé et feal conseiller en nostre conseil d'Estat, chevalier des deux ordres, le marquis de Pisani, ils firent partir en diligence deux de leurs ambassadeurs, qui maintenant remuënt toute Rome avec les ministres d'Espagne pour empescher et faire que l'audience luy soit desniée, encor qu'il soit deputé de la part des meilleurs catholiques de ce royaume, qu'il ne s'en pourroit pas choisir un qui le fust d'avantage que luy, et qu'il est bien à presumer que sa charge n'estoit que pour le bien et la conservation de la religion catholique. Ce sont effects certains et solides qui ne conviennent pas aux paroles qui se respandent maintenant dans leurs escrits pour surprendre les plus simples : et neantmoins les uns se traittent à Rome au mesme temps que les autres se publient par de çà; qui est ce qui leur faisoit si hardiment dire qu'ils se remettoyent, pour ce qui est de nostre religion, à ce qui en seroit ordonné par le Pape, que nous voulons esperer qui sera si judicieux et equitable qu'il en sçaura bien discerner la verité. Ces contrarietez si manifestes, ces artifices si descouverts, sont mauvais moyens auxdits rebelles pour esbranler la constance des bons catholiques qui nous assistent, et les attirer en societé de leurs fautes, comme il semble que ce soit une des principales intentions dudit escrit en les invitant ou plustost adjournant de se trouver à ladite assemblée. Il seroit bien plus juste et plus convenable qu'eux, qui sont les catholiques desunis, se vinssent rejoindre au corps des bons catholiques et vrays François, et se former à leur patron et exemple. Et si le corps est où est la meilleure et plus noble partie, il ne peut estre ailleurs que où sont tous les princes du sang, tous les autres princes, excepté ceux de la maison de Lorraine qui ne sont que princes de maison estrangere, tous les officiers de la couronne, les principaux prelats, les ministres de l'Estat, tous les officiers des parlements, pour le moins tous les chefs, quasi toute la noblesse, qui sont tous demeurez fermes en leur fidelité envers nous et leur patrie, car nostre cause est celle de l'Estat, pour lequel nous combatons comme les autres font pour le destruire. Ce seroit bien à eux à jetter les yeux sur les monumens de leurs ancestres, qui ont souvent exposé leurs vies pour fermer les portes de ce royaume à ceux ausquels ils les ouvrent et livrent maintenant, traffiquant à pris d'argent le sang de leurs peres et le bien et l'honneur de leur patrie. Ce seroit bien à eux à faire dueil et penitence du detestable parricide commis en la personne du feu Roy, nostre très-honoré seigneur et frere, et ne vanter plus pour trophée ny pour faveur du ciel le plus lugubre accident qui arriva jamais en France, et dont elle est plus diffamée, n'estant pas descharge suffisante de n'en estre point coulpable et de dire ne l'avoir pas sceu. Il n'eust pas falu aussi s'en resjouïr publiquement, en rendre graces à Dieu et honorer la memoire de l'executeur, si on vouloit estre creu en avoir esté du tout innocent. Ce seroit bien à eux à considerer l'estat present de la France, leur premiere mere nourrice, qui, les ayant si tendrement nourris et allaictez, les a, des moindres qu'ils estoient de leur condition, eslevez et appariez aux plus grands du royaume, et gemir et souspirer de regret de la voir maintenant deschirée par leurs propres mains, remplie de nouveaux habitans, regie par nouvelles loix, et y parler nouveau langage. Si ces considerations ne servent à leur amollir le cœur, pour le moins nous sommes bien asseurez qu'elles eschauferont et animeront tousjours davantage celuy des bons catholiques qui nous assistent, que nous voyons plus resolus que jamais d'achever de dependre le reste de leurs vies et de leurs moyens pour une si juste et saincte cause. De quoy ils nous seront bons tesmoins que nous leur donnons le premier exemple, ne mesnageant aucunement ny nostre santé, ny nostre propre sang, au pris duquel nous voudrions avoir acquis le repos en ce royaume. Ils tesmoigneront aussi pour nous quels ont esté nos deportements envers la religion catholique et tous les ecclesiastiques, si nous avons eu soin non seulement de ceux qui se sont maintenus en leur devoir, mais de ceux mesmes desdits rebelles qui ont esté avec nous, qui avoüeront avoir receu meilleur traictement de nous, et avoir veu, pour leur regard, la discipline bien mieux observée en nostre armée qu'en celle desdits ennemis. Lesdits bons catholiques qui nous assistent, et qui ont eu moyen de considerer et examiner de près nos actions, nous seront aussi bons tesmoins si nous avons esté soigneux observateurs de la promesse à eux par nous faite à nostre advenement à la couronne, et si nous y avons en rien manqué et defailly de ce qui a peu dependre de nous. Et estant tousjours en ceste intention et ferme resolution de l'accomplir et religieusement observer toute nostre vie, combien que nous n'ayons jamais donné occasion d'en pouvoir douter, toutesfois, parce que lesdits ennemis taschent par tous moyens d'en donner de contraires impressions, et que nous ne voudrions qu'il en demeurast le moindre scrupule ès esprits de nosdits bons subjects, nous reiterons icy volontiers ladite promesse, attestant le Dieu vivant que du plus interieur de nostre cœur nous faisons encores presentement à tous nosdits subjets la mesme promesse que nous leur fismes à nostre advenement à cestedite couronne, selon qu'elle est enregistrée en nos cours de parlement; promettons de la garder et inviolablement observer et entretenir jusques au dernier souspir de nostre vie; et au reste qu'il ne tiendra jamais à nous que les difficultez et empeschemens qui peuvent dependre de nostre personne ne prennent fin par les bons moyens qui y doivent estre tenus, lesquels nous esperons que Dieu favorisera tellement de sa benediction, que tout reüssira à sa gloire et au bien et repos de cest Estat. Et quant à la declaration dudit duc de Mayenne cy-dessus mentionnée, à ce que nul n'y puisse estre surprins et pretende cause d'ignorance de ce qui est sur ce de nostre intention, après avoir mis le faict en deliberation en nostre conseil, nous, de l'advis d'iceluy, où estoient les princes, tant de nostre sang qu'autres, les officiers de la couronne, et autres grands et notables personnages de nostre conseil, avons dit et declaré, disons et declarons par ces presentes, ladite pretenduë assemblée tenuë ou à tenir en ladite ville de Paris, mentionnée en ladite declaration dudit duc de Mayenne, estre entreprise contre les loix, le bien et le repos de ce royaume et des subjets d'iceluy, tout ce qui y est ou sera fait, dit, traité et resolu, abusif, de nul effect et valeur; defendons à toutes personnes, de quelque qualité et condition qu'ils soient, d'y aller ou envoyer, y avoir intelligence aucune directement ou indirectement, ny donner passage, confort ou aide à ceux qui iront, retourneront ou envoyeront à ladite assemblée; avons, tant celuy qui fait ladite convocation que tous les dessusdits, declarez audit cas attaints et convaincus de crime de leze-majesté au premier chef; voulons qu'en ceste qualité il soit procedé contre eux à la diligence de nos procureurs generaux, que nous chargeons particulierement d'en faire les poursuites. Et neantmoins, parce que plusieurs villes, communautez et particuliers pourront avoir esté surpris en ladite convocation, qu'ils n'auront pas estimé estre si illegitime et prohibée comme elle est, ne nous voulans point departir de nostre naturelle clemence que nous avons tousjours pratiquée et presentée à tous nos sujets, mesmes en ce fait particulier excuser la simplicité de plusieurs qui y peuvent avoir esté seduits, nous, de nostre grace speciale, avons dit et declaré, disons et declarons que tous, tant villes, communautez que particuliers, de quelque qualité et condition qu'ils soyent, qui se seront acheminez pour se trouver à ladite assemblée, s'y seront jà rendus, ou y auront envoyé, que, s'en retirans ou revoquans leursdits envoyez, et recourans à nous avec les submissions en tel cas requises, ils y seront benignement receus, et obtiendront de nous la remise de ceste faute et des precedentes faites pour l'adherance qu'ils auront euë avec lesdits rebelles, pourveu qu'à cela ils satisfacent quinze jours après la publication de ceste nostre presente declaration au parlement du ressort duquel ils seront. Si donnons, etc. Donné à Chartres le vingt-neufiesme jour de janvier, l'an de grace 1593, et de nostre regne le quatriesme. Signé Henry. Et plus bas, par le Roy estant en son conseil, Forget. Et sellée sur double queuë en parchemin de cire jaune. Leuës, publiées et registrées, ouy et ce requerant le procureur general du Roy, et ordonné que coppies collationnées seront envoyées aux bailliages et seneschaussées de ce ressort pour y estre leuës, publiées et registrées, et outre affichées aux carrefours, places publiques, et principales portes des eglises. Enjoinct aux baillifs et seneschaux ou leurs lieutenans generaux proceder à la publication, et aux substituts du procureur general du Roy faire proceder à l'execution et informer des contraventions, et certifier la cour de leurs diligences au mois. »

Voylà quelle fut la declaration que le Roy fit publier pour response à celle du duc de Mayenne.

Or Sa Majesté, ayant ésté quelques jours à Chartres avec plusieurs des princes et des officiers de la couronne qui avoient envoyé la susdite proposition au duc de Mayenne et à ceux de son party assemblez à Paris, voyant qu'il s'estoit jà passé huict jours sans en avoir receu aucune nouvelle ny response, sur l'advis que l'on receut que ledit duc de Mayenne estoit allé au devant de l'armée espagnole qui entroit en France, conduite par le comte Charles de Mansfeldt, avec lequel estoit le duc de Feria, fils du duc de l'Infantasque, envoyé par le roy d'Espagne pour son ambassadeur en ceste assemblée de ceux de l'union, et pour y negotier son intention sur la reception qu'il desiroit y estre faicte de l'Infante sa fille pour royne de France, le Roy congedia la plus-part desdits princes et seigneurs, qui s'en allerent en divers endroits là où les occasions de la guerre les appelloient, et luy, avec son armée, qui n'estoit pas grande lors, conduitte par M. l'admiral de Biron, s'en alla le long de la riviere de Loire. Cependant qu'il envoya assieger Meun, qui n'est qu'à cinq lieuës d'Orleans, il s'achemina à Blois, à Tours, puis à Saumur pour voir Madame, sa sœur, qui y estoit arrivée le premier jour de ceste année. Il ne sera hors de propos de dire comme ceste princesse partit de Pau en Bearn, et de quelques choses notables qui advindrent en son voyage, traversant tant de provinces depuis les Pyrenées jusques sur les bords de Loire.

Ceste vertueuse et genereuse princesse s'estoit tousjours attenduë de revoir encore une fois le Roy en ses pays de la basse Navarre et de Bearn où il l'avoit laissée regente depuis l'an 1585, comme il luy en avoit donné esperance par plusieurs lettres; en fin elle se resolut de venir trouver Sa Majesté en France:

dequoy le Roy en estant aussi bien content, manda à tous les gouverneurs des pays où elle devoit passer de luy faire escorte en leurs gouvernemens. Tellement qu'ayant mis ordre aux affaires du royaume de Navarre deçà les monts Pyrénées, qu'on appelle basse Navarre (car l'Espagnol tient la haulte Navarre, comme nous avons dit ailleurs), en Bearn, et autres souverainetez et regalles qui estoient sous sa regence le long des Pyrenées jusques en Foix, elle partit de Pau le 25 octobre 1592, et s'en vint passer à Sainct Sever, Agemaux, Mont de Marsan et Bazas, en tous lesquels lieux le mareschal de Matignon donna ordre qu'elle fust receuë comme la propre personne du Roy, suivant son commandement, avec entrées qui furent belles et magnifiques, selon la necessité du temps. A Bazas ledit sieur mareschal la vint recevoir à my-chemin du fort de Captieux, et luy rendit les devoirs et honneurs d'un bon et ancien serviteur de la maison et couronne de Navarre en son particulier, comme ayant esté nourry enfant d'honneur de la royne Marguerite de Valois, sœur du grand roy François. De Bazas Son Altesse alla à Castres, où elle sejourna quatre ou cinq jours pour attendre que les Bourdelois eussent fait leurs preparatifs de l'entrée qu'ils luy vouloient faire : ce qu'ayans faict, elle s'y achemina. Elle fut rencontrée sur la riviere par toute la Maison de Ville de Bourdeaux en corps avec toute la noblesse, au lieu mesme où autresfois la feuë royne Catherine de Medicis avoit pris son rafraischissement, lors qu'aussi elle fit avec le roy Charles son entrée en ladite ville, l'an 1564. Le premier capitou de Bourdeaux luy ayant fait une harangue, elle entra dans une barque de parade, pinte, dorée, couverte et tapissée de velours de ses couleurs; et, accompagnée de plusieurs autres barques chargées de seigneurs et gentils-hommes, dames et damoiselles, elle fut conduitte à la rame par des espalliers accoustrez de mesme livrée que la barque, jusques à l'endroit de La Bastide, avec toutes sortes d'instrumens de musique. A l'abordage de sa barque sur le cay de la ville fut incontinent dressé un grand pont fait exprès, couvert de drap de pied, pour la mettre à terre. En mesme temps la cour de parlement en corps la vint saluër à la sortie de sa barque, et luy fut faicte une belle harangue par M. d'Affis, premier president de Bourdeaux, en laquelle il loüoit Dieu de ce bon heur de voir en leur ville la perle des princesses, sœur unique de leur Roy. Durant que ces choses se passoient on n'oyoit que canonnades, tant des chasteaux Trompette et du Ha que des navires, avec une joye et applaudissement du peuple, et fut Son Altesse ainsi conduitte et suivie de toute la noblesse et bourgeoisie jusques en la maison du thresorier general de Pontac, qui estoit le logis que l'on luy avoit preparé. Messieurs du clergé de Bourdeaux allerent aussi au devant, et luy firent une harangue à laquelle Son Altesse respondit fort dignement, les remerciant de la bonne affection qu'ils luy monstroient en faveur du Roy. Elle eut aussi cest honneur de faire ouvrir les prisons, comme il se fait de droit et de coustume aux entrées royales, pour la compassion des pauvres miserables.

Durant le mois de novembre que Son Altesse demeura à Bourdeaux ce ne furent que festins, balets et resjouyssances publiques et particulieres. Mais, comme en tels temps et occurrences il est malaysé qu'il n'arrive du desordre parmy du peuple, aussi il advint que, plus par curiosité qu'autrement, aucuns des habitans de Bourdeaux allerent au logis de Son Altesse, la plus part pour voir que c'estoit que le presche; d'autres, qui y avoient esté autresfois, pensoient que ce libre accez leur serviroit d'une ouverture d'y avoir à l'advenir le presche. Mais, au contraire de leurs intentions, y estant advenu en une presse quelques querelles, les Bourdelois prirent cela pour une revolte de l'Eglise que faisoient tous ceux-là qui alloient ouyr le presche des ministres : et craignans que cela causast quelque nouveau trouble, messieurs du parlement furent requis de faire publier à son de trompe par toute la ville et devant le logis mesmes de Son Altesse des deffences à tous les habitans de n'aller plus ausdits presches; et ausquelles deffences quelques-uns ne voulans obeyr furent mis prisonniers par l'authorité de la cour, quoy qu'ils dissent pour leurs excuses : et combien que Son Altesse s'y employast par prieres, messieurs du parlement deputerent vers elle pour la supplier ne trouver mauvais leur arrest, qui n'estoit que pour contenir le peuple, et non pour le subject de sa personne, maison et suitte, qu'en cela ils gardoient l'ordre que Sa Majesté avoit eu aggreable, et qu'il vouloit estre gardé envers sa propre personne, quand mesmes il y seroit present.

Le mareschal de Matignon, craignant que le blasme luy fust mis sus de toutes ces choses, lesquelles se faisoient en la principale ville de la province où il estoit lieutenant general pour le Roy, sur les offres du service que vint faire dans Bourdeaux à Son Altesse le sieur de Monguyon, tant au nom du sieur de Massés, lieutenant de M. d'Espernon en Xaintonge, que de la part de ceux de la religion pretenduë reformée de ceste province, il luy conseilla de continuer son chemin, ce qu'elle fit, et la conduisit jusques hors son gouvernement. Pendant le sejour que Sadite Altesse fit à Bourdeaux il advint aussi que quelques anabaptistes flamans, estans venus pour y charger des vins, avoient apporté quelques livres de leur secte qu'ils taschoient de faire divulguer sous main; mais, descouverts, ils furent bien reprimez par ledit sieur mareschal de Matignon, de peur de plus grand mal. Des opinions de ceste secte plusieurs en ont escrit. Il y en a encores à present quantité en Holande et en quelques pays des Estats. On tient que, quand ils vont sur mer, ils n'ont aucun canon ny armes offensives ou deffensives dans leurs vaisseaux, et disent qu'ils n'ont besoin de se deffendre puisque dez leur naissance ils sont predestinez ce qu'ils doivent devenir, et de quelle mort ils doivent mourir.

Madame donc poursuivant son chemin passa à Vaytes, lieu fort sur la Dordogne, où il cuyda y avoir de l'inconvenient d'une poultre qui esclata, et faillit à tomber de la salle haute où estoit Son Altesse à souper avec grande compagnie : toutesfois promptement on y remedia.

Le sieur de Massés, estant venu recevoir Son Altesse, accompagné de grand nombre de noblesse et en bonne conche, la conduisit par la Xaintonge et par le pays d'Angoumois à Jarnac là où elle sejourna, et où, de la part de M. de Malicorne, gouverneur de Poictou, il y vint bon nombre de gentils-hommes pour luy offrir le service de tout son gouvernement, car tout le Poictou, horsmis Poictiers, estoit royal. De Jarnac elle alla à Beauvais sur Matha, où ledit sieur de Malicorne la mena loger, puis à Aulnaye, et de là à Nyort, où Son Altesse fit aussi entrée et delivra les prisonniers. Il faisoit un tel froid au partir de Nyort que tout cuyda demeurer : neantmoins ceste princesse, pleine de courage pour le desir de voir le Roy, son frere, s'advança sans rien craindre, estant mesmes advertie que ceux de l'union qui estoient dans Poictiers luy avoient dressé des embuscades, nonobstant lesquelles elle ne laissa pas de passer, et arriva dans Parthenay peu avant Noël, auquel lieu après avoir sejourné quatre jours, elle partit pour venir à Touars et à Montreuilbellay, et finalement à Saumur, là où aussi luy fut faict entrée. Mais, pour ce qu'elle y arriva de nuict avec beaucoup d'incommoditez du temps, il n'y eut aucun moyen d'y faire les harangues ny tous les compliments que l'on avoit resolu de luy faire : toutesfois le sieur du Plessis Mornay, gouverneur de ceste ville, se monstra magnifique, et y eut très-grandes demonstrances de joye en tout le peuple.

Son Altesse sejourna dans Saumur près de deux mois entiers sans jouyr du bien qu'elle desiroit le plus du monde, qui estoit de voir le Roy, son bon frere, comme elle disoit, pour le saluër roy de France. « Car, disoit elle, c'est mon ambition que de luy faire cest hommage. » Or le Roy estant donc entré le 28 fevrier dans Saumur, environ les unze heures de nuict, par un temps fort fascheux et plein de neiges, ce ne fut à cest abordade, tant au frere qu'à la sœur, que de se faire paroistre combien ceste entreveuë leur estoit aggreable.

M. le prince de Dombes, qui avoit pris le nom de duc de Montpensier après la mort de feu M. son pere, Francois de Bourbon, qui estoit gouverneur de Normandie, et lequel mourut au mois de may l'an passé, après la levée du siege de Roüen, desirant aller prendre possession de ce gouvernement dont le Roy l'avoit pourveu, partit de la Bretagne où il commandoit pour le Roy, et vint se rendre auprès de Sa Majesté à Saumur; aussi qu'il recherchoit en mariage madite dame, et y en eut mesmes quelques propos dits, mais ils demeurerent sans effect.

Le duc de Mercœur pensa en ce mesme temps executer l'entreprise qu'il avoit sur Rennes; mais, estant descouverte, le sieur de Krapador fut par arrest du parlement decapité, et un nommé Dimanche, domestique du marquis d'Asserac, fut pendu : quant audit marquis il se mit du party de l'union. Depuis, le Roy envoya le mareschal d'Aumont pour commander en Bretagne.

Le Roy, Madame, sa sœur, et M. de Montpensier, allerent de Saumur à Tours au commencement du mois de mars, où ce ne furent que festins et resjouissances. Après que l'admiral de Biron eut pris Meun sur Loire, à la priere des Tourangeaux, Sa Majesté commanda audict admiral de faire passer son armée dans la Solongne et aller mettre le siege devant Selles, à quoy il obeit promptement; et ne parloit-on à la Cour que de bloquer Paris l'esté prochain par des forts que l'on devoit faire encores aux environs, dans lesquels on entretiendroit de bonnes garnisons, lesquelles, bien payées, empescheroient que rien n'entrast ny ne sortist de Paris. Beaucoup estimoient ce dessein estre le plus expedient pour contraindre les Parisiens de desirer tous la paix. Plusieurs des bonnes familles de Paris, refugiées à Tours et en d'autres villes, offrirent de se cottiser pour l'entretenement desdites garnisons, pourveu qu'un d'entr'eux fist le payement et la recepte sans frais. Ceste offre fut rejettée comme tenant trop de l'humeur populaire qui se meffie tousjours des officiers royaux. Mais deux diverses nouvelles qui vindrent au Roy furent occasion qu'il s'en retourna incontinent vers Paris, et commanda audit sieur admiral de Biron de le suivre avec son armée et conduire madite dame à Chartres.

Lesdites deux nouvelles furent, l'une, que par un trompette le duc de Mayenne et ceux de son party avoient envoyé à Chartres une responce à la proposition que les princes du party du Roy leur avoient faicte; et l'autre fut que le comte de Mansfeldt avoit assiegé Noyon.

Quant à ladite responce du duc de Mayenne et de ce que ceux de l'union furent un mois et quelques jours à la faire, ce fut pource que le cardinal de Plaisance, aussi tost qu'il eut veu ladicte proposition des princes du party du Roy, dit qu'elle ne meritoit point de responce, et la donna à quelques theologiens du college de Sorbonne pour l'examiner et en donner leur jugement et censure, lesquels la condamnerent absurde, heretique et schismatique. Mais depuis, l'affaire estant mise en deliberation le 25 fevrier en pleine assemblée de leurs pretendus estats, après avoir long temps debatu entr'eux, les uns soustenans l'advis du

legat et desdits theologiens, qui disoient que les succez
de semblables conferences qui regardoient les affaires
de la foy et de la religion n'avoient jamais esté, par le
jugement de toute l'antiquité et par l'experience mesmes, que funestes et dangereux, et qu'on pouvoit vaincre ceux à qui on avoit affaire, mais non les convaincre
et persuader; les autres, au contraire, disans qu'il n'estoit pas moins dangereux qu'odieux de refuser la communication requise par les royaux qui protestoient,
ceste voye estant rejettée, de tous les malheurs qui
pourroient arriver à faute de l'avoir embrassée; que
la longueur dont on usoit à se resoudre pour leur respondre estoit desjà mal interpretée de plusieurs, et
prise mesme par les royaux grandement à leur advantage, lesquels, par le moyen des imprimez qu'ils avoient
faict publier par tout de leur proposition, avoient jà
donné une croyance à un chacun qu'ils ne vouloient
que le soulagement du peuple et la paix de la France,
et que le refus qu'on faisoit de leur respondre seroit
aussi jugé n'estre fondé, comme lesdits royaux disoient,
que sur des desseins ambitieux et particuliers interests;
plus, que l'estat des affaires du party de l'union, la
necessité du peuple et principalement de la ville de
Paris, le peu d'espoir qu'il y avoit d'estre secourus
d'une armée estrangere, et l'offre que M. de Mayenne
avoit fait par sa declaration de les ouyr, contraignoient
d'entrer avec eux en conference; que si on ne le faisoit,
que cela n'apporteroit qu'un blasme à tout le party de
l'union; mais qu'en ceste conference on pouvoit essayer
de distraire les catholiques d'obeyr plus au Roy, et que
s'ils ne le vouloient faire, en leur remonstrant d'amitié
et par raisons le tort qu'ils avoient de suyvre un tel

party, que ce seroit le vray moyen qu'un chacun jugeroit que l'intention du party de l'union n'avoit esté autre que de recourir aux armes pour sauver leur religion; après plusieurs difficultez proposées, ceste assemblée resolut:

I. Que l'on ne confereroit directement ou indirectement avec le roy de Navarre, ny avec aucun heretique, ny de chose qui concernast son establissement, ny de l'obeyssance (qu'on luy devoit), ny de la doctrine de la foy.

II. Que l'on pouvoit conferer avec les catholiques suivant son party pour les choses qui touchoient la conservation de la religion, de l'Estat et repos public, en laquelle conference on remonstreroit et desduiroit on les raisons pour lesquelles les François ne devoient recognoistre un heretique pour roy, ny personne qui fist profession autre que de la religion catholique romaine.

III. Que la response que l'on feroit seroit en termes les plus doux et gracieux que faire se pourroit, et sans aucune aigreur; le tout après que l'on en auroit conferé avec M. le cardinal de Plaisance, legat.

Ceste resolution communiquée audit sieur cardinal, legat, il l'approuva, à l'envis (1) toutesfois, comme nous dirons cy après; et, suivant icelle, il fut dressé la response suyvante, qui fut envoyée par un trompette à Chartres.

(1) *A l'envis* : malgré lui.

Responce du duc de Mayenne, lieutenant general de l'Estat et couronne de France, princes, prelats, seigneurs et deputez des provinces assemblez à Paris, à la proposition de messieurs les princes, prelats, officiers de la couronne, seigneurs, gentilshommes, et autres catholiques estant du party du roy de Navarre.

« Nous avons veu il y a desjà quelques jours la lettre qui nous a esté escrite et envoyée par un trompette sous vostre nom. Nous desirons qu'elle vienne de vous et du zele et affection qu'avez fait paroistre autresfois et avant ceste derniere misere à conserver la religion et rendre le respect et l'obeïssance qui est deuë à l'Eglise, à nostre sainct pere le Pape et au Sainct Siege. Nous serions bien-tost d'accord, joincts et unis ensemble contre les heretiques, et n'aurions plus besoin d'autres armes pour rompre et briser ces nouveaux autels qu'ils ont eslevez contre les nostres, et empescher l'establissement de l'heresie, qui, pour avoir esté soufferte et tollerée, ou plustost honorée de loyer et recompense lors qu'on la devoit chastier, ne demande pas seulement aujourd'huy d'estre receuë et approuvée, mais veut devenir maistresse et commander imperieusement sous l'authorité d'un prince heretique. Encore qu'il n'y ait personne denommé en particulier par ceste lettre, et qu'elle ne soit soubscrite par aucuns de ceux dont elle porte le nom, et que nous soyons par ce moyen incertains de qui elle vient, ou plustost trop asseurez que elle a esté proprement faite du mouvement d'autruy, et que les catholiques n'ont à present, au lieu où vous estes, la liberté qui seroit necessaire pour sentir, deliberer et resoudre avec le conseil et jugement de leurs propres consciences ce que nostre mal et le salut commun des catholiques requiert, nous n'eussions pourtant differé si long temps à y faire response, n'eust esté que nous attendions que l'assemblée fust plus remplie et accreuë d'un bon nombre de personnes d'honneur des trois ordres qui estoient en chemin pour s'y trouver, dont la pluspart estans arrivez, de crainte que nostre trop long silence ne soit calomnié, nous la faisons aujourd'huy, sans plus user de remise pour attendre les autres qui restent à venir, et declarons, en premier lieu, que nous avons tous promis et juré à Dieu, après avoir receu son precieux corps et la benediction du Sainct Siege par les mains de M. le legat, que le but de nos conseils, le commencement, le milieu et la fin de toutes nos actions, sera d'asseurer et conserver la religion catholique, apostolique et romaine, en laquelle nous voulons vivre et mourir, la verité, qui ne peut mentir, nous ayant apris qu'en cherchant avant toutes choses le royaume et l'honneur de Dieu, les benedictions temporelles s'y trouveront conjoinctes, entre lesquelles nous mettons au premier lieu, après nostre religion, la conservation de l'Estat en son entier, et que tous autres moyens pour en empescher la ruïne et dissipation, fondez sur la seule prudence humaine, sentent l'impieté, sont injustes, contraires au devoir et à la profession que nous faisons d'estre catholiques, et sans apparence d'avoir jamais aucun bon et heureux succès. Estans delivrez des accidens et perils que les gens de bien prevoyent et craignent, à cause du mal que l'heresie produict, nous ne rejetterons aucun conseil qui nous puisse aider pour amoindrir ou faire finir nos miseres, car nous recognoissons assez et sentons trop les calamitez que la guerre civile produict, et n'avons besoin de personne pour nous monstrer nos playes : mais Dieu et les hommes sçavent qui en sont les autheurs. Il nous suffit de dire que nous sommes instruicts et enseignez par la doctrine de l'Eglise que nos esprits et consciences ne peuvent estre en tranquilité et repos, ny jouyr d'aucun bien, tant que nous serons en crainte et soupçon de perdre nostre religion, dont le danger ne se peut dissimuler ny eviter si on continue comme on a commencé. C'est pourquoy nous jugeons comme vous que nostre reconciliation est très-necessaire. Nous la desirons aussi de cœur et d'affection; nous la recherchons avec une charité et bien-veillance vrayement chrestienne, et vous prions et adjurons, au nom de Dieu, de nous l'octroyer. Ne vous arrestez point aux reproches et blasmes que les heretiques nous mettent sus. Quant à l'ambition qu'ils publient estre cause de nos armes, il est en vostre pouvoir de nous veoir au dedans et descouvrir si la religion nous sert de cause ou de pretexte. Quittez les heretiques que vous suivez et detestez tous ensemble. Si nous levons lors les mains au ciel pour en rendre graces à Dieu, si nous sommes disposez à suivre tous bons conseils, à vous aimer, honorer, rendre le respect et service à qui le devrons, louez nous comme gens de bien qui ont eu le courage et la resolution de mespriser tous perils pour conserver leur religion, et de l'integrité et moderation pour ne penser à chose qui fust contre leur honneur et devoir. Si le contraire advient, accusez nostre dissimulation et nous condamnez comme meschans. Vous mettrez, en ce faisant, la terre et le ciel contre nous, et nous ferez tomber les armes des mains comme vaincus, ou nous laisserez si foibles que la victoire sur nous sera sans peril. Blamez cependant plustost le mal qui est en l'heresie qui vous est cogneu, craignez plustost ce chancre qui nous devore, et gaigne tous les jours païs, que ceste vaine et imaginaire ambition, qui n'est pas ou qui se trouvera seule et mal assistée quand elle sera despouillée de ce manteau de religion. C'est aussi une calomnie sans raison de nous accuser que nous introduisons les estrangers dans le royaume. Il faut souffrir la perte de la religion, de l'honneur, de la vie et des biens, ou opposer la force aux heretiques ausquels rien ne peut plaire que nostre ruïne. Nous sommes contraints nous en servir, puisque vos armes sont contre nous. Ce sont les saincts peres et le Sainct Siege qui ont envoyé à nostre secours; et encores que plusieurs ayent esté appellez à ceste souveraine dignité depuis ces derniers mouvemens, il n'y en a un seul qui ait changé d'affection envers nous; tesmoignage asseuré que nostre cause est juste. C'est le roy Catholique, prince allié et confederé de ceste couronne, seul puissant aujourd'huy pour maintenir et deffendre la religion, qui nous a aussi assisté de ses forces et moyens, sans autre loyer ny recompense que de la gloire que ce bon œuvre luy a justement acquis. Nos roys, en pareille necessité et contre la rebellion des mesmes heretiques, avoient eu recours à eux; nous n'avons faict que suivre leur exemple, sans nous engager non plus qu'eux à aucun traicté qui soit prejudiciable à l'Estat ou à nostre honneur, combien que nostre necessité ait esté beaucoup plus grande que la leur. Representez vous plustost que les Anglois, qui vous aident à establir l'heresie, sont les anciens ennemis du royaume, qu'ils portent encore le tiltre de ceste usurpation, et ont les mains teinctes du sang innocent d'un nombre infini de catholiques, qui ont constamment enduré la mort et la cruauté de leur Royne pour servir à Dieu et à son Eglise. Cessez aussi de nous tenir pour criminels de leze-majesté pource que nous ne voulons obeïr à un prince heretique que vous dictes estre nostre roy naturel, et prenez garde qu'en baissant les yeux contre la terre pour y veoir les loix humaines, vous ne perdiez la souvenance des loix qui viennent du ciel. Ce n'est point la nature ny le droict des gens qui nous apprend à recognoistre nos roys, c'est la loy de Dieu et celle de l'Eglise et du royaume, qui requierent non seulement la proximité du sang à laquelle vous vous arrestez, mais aussi la profession de la religion catholique au prince qui nous doit commander; et ceste derniere qualité a donné nom à la loy que nous appellons fondamentale de l'Estat, tousjours suivie et gardée par nos majeurs, sans aucune exception, combien que l'autre, pour la proximité du sang, ait esté quelquesfois changée, demourant toutesfois le royaume en son entier et en sa premiere dignité. Pour venir donc à ceste si saincte et necessaire reconciliation, nous acceptons la conference que demandez, pourveu qu'elle soit entre catholiques seulement et pour adviser aux moyens de conserver nostre religion et l'Estat. Et pour ce que vous desirez qu'elle soit faicte entre Paris et Sainct Denis, nous vous prions avoir pour agreable le lieu de Montmartre, de Sainct Maur ou de Chaliot, en la maison de la Royne, et d'y envoyer, s'il vous plaist, vos deputez dans la fin de ce mois, à tel jour qu'adviserez ; dont nous advertissant, ne faudrons d'y faire trouver les nostres, et d'y apporter une affection sincere et exempte de toute mauvaise passion, avec priere à Dieu que l'issuë en soit si bonne que nous y puissions trouver tous ensemble la conservation de nostre religion, celle de l'Estat, et un bon, asseuré et durable repos. En ce desir, nous le prions aussi de vous conserver et donner son esprit pour cognoistre et embrasser le plus utile et salutaire conseil pour vostre bien et le nostre. Signé Marteau, de Pilles, Cordier. »

Telle fut la response que fit le duc de Mayenne aux princes catholiques du party du Roy par la deliberation de l'assemblée de ceux de son party. La replique que lesdits princes luy firent nous la dirons cy dessous.

Quant au siege qu'avoit mis le comte de Mansfeldt devant Noyon, le Roy estant arrivé en diligence à Sainct Denis avec quelque cavalerie, et ayant mandé à la noblesse des provinces voisines de le venir joindre en diligence pour faire lever ce siege, il y receut les nouvelles que les assiegez s'estoient rendus. Ceste place fut battuë fort furieusement, et les historiens qui ont mesmes escrit en faveur de l'Espagnol disent qu'après la reddition de Noyon, d'où les gens de guerre sortirent par composition après avoir soustenu un rude assaut *con danno gravissimo* (1) des assiegeans, ledit comte de Mansfeldt se retira sur les confins vers la Flandre ; et, tout le long de ceste année, *s'udivanno di giorno in giorno poco liete novelle delle militie del re di Spagna* (2), pour ce que la pluspart des Espa-

(1) Avec grande perte. — (2) On n'apprenoit chaque jour que des nouvelles peu favorables des armées d'Espague.

gnols se mutinerent pour la paye. Les Italiens qu'entretenoit le Pape en ceste armée se desbanderent aussi presque tous après la mort d'Apius Contius qui les conduisoit (car le duc de Monte-marcian s'en estoit retourné en Italie et luy avoit cedé sa charge). Ce Contius fut tué par sa faute par un colonel de lansquenets aux approches devant Noyon, car, ayant commandé à ce colonel de se saisir d'un certain endroit, sur la response qu'il luy fit que ce seroit mettre ses soldats à la boucherie, il descendit de son cheval, et, pensant tuër le colonel, il fut tué par luy d'une estocade qu'il luy donna dans le corps. C'est une faute remarquable à un conducteur de gens de guerre de vouloir luy mesmes chastier les desobeyssans, veu qu'ils ont assez de moyen de les faire punir; et ce qu'aucuns qualifient du nom de courage fut estimé en cestuy-cy temerité.

Le 29 de mars les princes catholiques du party du Roy, s'estans assemblez encor par sa permission, firent publier la replique suivante, et l'envoyerent au duc de Mayenne.

« Après l'envoy et reception de ladite proposition à Paris, le desir que l'on a de ceste part d'en veoir reüssir le fruict auquel elle tend, retint encores quelques jours en ceste ville de Chartres Sa Majesté et les princes et seigneurs qui avoient assisté à la deliberation d'icelle, pour attendre s'il y seroit fait response; mais, ayant passé huict jours sans en estre venu aucune nouvelle, les affaires et les demonstrations dudit sieur de Mayenne de vouloir entreprendre quelque chose avec l'armée estrangere, qu'il estoit allé trouver à ceste fin, donnerent occasion à Sadite Majesté et ausdits princes et seigneurs de se departir et separer en divers endroits où les occasions de la guerre les appelloient; de sorte que, lorsque ladite response fut apportée et receuë en ceste ville de Chartres, qui fut le huictiesme de ce mois de mars, il ne s'y trouva que petit nombre desdits princes et seigneurs, et ne se sont encor depuis peu rejoindre pour resoudre des personnes, moyens et lieux de la conference. Toutesfois, ayant ceux d'entre-eux qui estoient demourez icy adverty où il a esté besoin de la reception de ladite response, l'ordre a esté donné de se r'assembler à Mante, où se retrouvera dans peu de jours compagnie suffisante pour entendre à vacquer à cest affaire. Et à fin que le temps qui a couru avant qu'en donner quelque nouvelle à ladicte assemblée de Paris ne puisse estre tiré en autre argument que de la vraye cause qui a apporté ceste longueur, les princes et seigneurs qui sont encore à present en cestedite ville de Chartres l'ont, avec nouvelle permission de Sa Majesté, voulu faire entendre par cest escrit à ladicte assemblée de Paris, et que, dans le quinziesme jour du mois prochain, ils leur feront plus particuliere declaration de ce qui depend d'eux pour l'acheminement et resolution de ladite conference, tant en ce qui touche les seuretez que autres choses qui y escherront, pendant lequel temps s'il plaisoit ausdits sieurs qui sont en ladite assemblée d'advertir lesdits princes et seigneurs des noms ou de la qualité et nombre des personnes qu'ils voudront à ceste fin deputer, cela ayderoit à advancer d'autant plus la conclusion, laquelle Dieu, par sa grace, vueille reciproquement addresser au seul but de la conservation de la religion catholique et de l'Estat, comme ç'a esté le principal motif, et sera tousjours l'intention des princes et seigneurs catholiques qui recognoissent Sadite Majesté. Faict au conseil d'icelle tenu à Chartres, où lesdits princes et seigneurs se sont à ceste fin assemblez avec sa permission, comme dit est, le 29 de mars 1593. Signé Revol. »

En ce mesme mois de mars le duc de Feria entra dans Paris. Le second fils de M. de Mayenne alla au devant de luy le recevoir avec toute la noblesse du party de l'union. Ceste reception se fit avec apparat et magnificence. Le second jour d'avril il alla à ladite assemblée qui se tenoit dans la chambre royale du Louvre, en laquelle il fit ceste harangue [1] :

« Très-illustres et très-reverens seigneurs, et vous, très-nobles personnes, estant, par speciale faveur de Dieu, establië la paix entre le serenissime roy Catholique, mon très-debonnaire seigneur, et le serenissime roy de France Henry II d'heureuse memoire, et icelle confirmée par le mariage de la serenissime Elizabeth, sa fille, si que dèslors nous nous promettions, moyennant la grace de Dieu, tout heureux succez et felicité, se sont glissées dans ce royaume, jà dès plusieurs siecles très-chrestien, des heresies pestilentielles, lesquelles y ont tellement prins pied et accroissement, partie par les armes et force de plusieurs personnages de grande authorité et pouvoir, partie par les menées et artifices de beaucoup de gens cauts et rusez, qu'on a juste occasion de craindre un naufrage et ruine totale de la reli-

---

[1] *Il fit ceste harangue.* Féria prononça ce discours en latin.

gion, mon Roy, par sa bonté et clemence, n'a rien obmis pour declarer l'integrité de son amitié, et a monstré par effect autant de zele en la conservation de la foy chrestienne, qu'on sçauroit desirer d'un roy très-catholique. La mort soudaine du Roy son beaupere, tant regretté d'un chacun, luy a ravy le moyen de faire cognoistre l'honneur et affection qu'il luy portoit; ce qu'à la verité il eust faict s'il eust vescu. Il a honoré sa belle-mere, il a aymé et chery ses beauxfreres, et n'a rien oublié de ce qui concernoit leur bien et commoditez; ne s'estudiant à autre chose qu'à rendre perpetuel et indissoluble le lien de paix ja contracté, et faire que l'un et l'autre royaume, voire (ce qui dependoit de là) toute la republique chrestienne, demeurast ferme en la religion, avec tout heur et asseurance. Et, pour parler plus en particulier, il n'y a personne qui ne sçache que, pendant le regne de François II, aussi-tost que la necessité se presenta, le roy Catholique luy envoya d'Espagne de grandes armées sous la conduitte du duc de Carvajale : à Charles IX il envoya de Flandres le comte d'Arenberg avec grand nombre de gens de cheval, et en autre temps le comte de Mansfeldt conduisant plusieurs troupes, tant de cavallerie que d'infanterie; lesquels tous ont fait la guerre en France avec autant de zele et de valeur que si c'eust esté pour leurs propres maisons et patrie : chose qui vous est tellement notoire et asseurée qu'il n'est besoin d'en discourir plus amplement. Or, pour passer outre, je ne sçay vrayement que c'est qu'on pourroit trouver de plus grand, de plus genereux ou de plus loüable en un roy puissant, que la patience du roy Catholique parmy tant et de si grandes injures qu'il a receuës de vos roys. La Roine mere, sous Henry III, son fils, s'oubliant (car ainsi suis-je contrainct de parler) des bien-faits et courtoisies passées, a par deux fois agacé le roy Catholique, dressant armée navale contre nostre estat de Portugal. Le duc son beau-frere s'est emparé de Cambray, et a empieté tout ce qu'il a peu de Flandres. Henry prestoit la main à l'un et à l'autre, ou pour le moins ne leur contredisoit, quoy que ce fust de son devoir et en son pouvoir de le faire. Et nonobstant cela, mon Roy a constamment perseveré en son amitié, non pour n'avoir les moyens de se venger, comme tout l'univers peut tesmoigner, ains par une bien-veillance chrestienne, et, provoqué par les mesfaits de ses beaux-freres, a mieux aymé ceder aucunement de son droict que de leur oster l'occasion de se recognoistre et donner entrée à une calamité universelle. Je toucheray briefvement le reste. Estant le duc d'Alançon trespassé, et ayant le prince de Bearn dez ce temps-là commencé à aspirer au sceptre de ce royaume, le roy Henry fit voir par signes evidens qu'il favorisoit à ses desseins : de sorte que les seigneurs de Guise, freres, qu'on ne sçauroit assez haut loüer, adviserent qu'il estoit necessaire de penser au remede d'un si grand malheur. L'affaire requeroit de grandes forces et moyens. Le traicté d'union fut accordé, quoy qu'il apportast grande charge à mon Roy. Vous en avez la copie, lisez ce qui y est couché; vous n'y trouverez rien qui ne sente sa pieté, rien qui puisse estre reprins de gens de bien et zelateurs de leur religion. Sa Majesté Catholique a voulu pourveoir de bonne heure à vos affaires, de peur que, venans à nonchaloir son aide et conseil, vous ne

vinssiez un jour consequemment à vous perdre et
ruïner de fonds en comble, comme il sembloit totalement devoir advenir. Elle a foncé grande somme de
deniers; et vostre Roy a esté contrainct de se tourner
du party de la religion : ce que s'il eust faict avec sincerité de cœur et bon zele, il y a jà long temps que
les flammes de l'heresie seroient entierement estainctes
en ce royaume. Mais le malin esprit luy a tenu son
cœur fiché ailleurs ; de maniere qu'au lieu de nous voir
à la fin de ces maux, nous y sommes entrez encores
plus avant. Il a fallu derechef fournir argent; et en fin,
mesprisant tout danger, on est entré en guerre ouverte.
Il est bien vray que nos troupes ont esté battues à la
bataille d'Ivry ; mais aussi nostre armée conduitte par
le très-vaillant capitaine Alexandre Farnese, duc de
Parme et de Plaisance, a delivré des mains de l'ennemy
ceste noble cité de Paris, où presentement nous parlons, sur le point qu'elle se voyoit jà perduë, après
avoir esté long temps conservée par ses loyaux citoyens,
avec un très-grand travail, une constance merveilleuse, une vertu et valeur nompareille. Autant en a
esté faict à Roüen. J'adjousteray à ce que dit est un
traict et exemple d'amitié non moins admirable que
rare : c'est que le roy Catholique, pour vous donner
secours, a laissé ses affaires propres à son grand prejudice et desadvantage. Il a tousjours eu par devers
vous ses serviteurs pour vous assister de toute aide et
soulas (1) au milieu de vos difficultez et destroicts. Il y
a encores maintenant et jà dès long temps a eu gens de
guerre qui n'attendent que d'exposer leur vie pour
vostre delivrance, pour vostre repos et salut, la soulde

(1) *Sculas* : soulagement.

desquels excede jà six millions d'or, sans que mon Roy s'en soit prevalu d'aucune commodité. Iceluy neantmoins, non content de cela, n'a cessé de penser et adviser par quel autre moyen il pourroit vous donner ayde et secours; et en fin (qui est le principal) il a fait tout devoir et instance pour la convocation et assemblée de ces très-celebres estats. Il a solicité nos saincts peres de vous cherir et espouser vostre cause, et m'a envoyé à vous, tant pour vous faire entendre de sa part quel est son advis et conseil en tels affaires et de si grande consequence, que pour vous assister en tout et par tout ce qui touchera vostre bien et advantage. Tous lesquels offices et courtoisies semblent estre si belles, si magnifiques, si asseurées, si signalées, que je ne sçay si ou la France ou autre royaume quelconque en a jamais experimenté de semblables en son extreme necessité. Au reste, nostre roy Catholique estime que vostre conservation et salut consiste en ce que par vous soit esleu et declaré un roy tellement zelé à la religion que il aye aussi le moyen et puissance de mettre ordre à vos affaires, de vous defendre, conserver et garantir de vos ennemis; si qu'estant declaré chacun puisse esperer et s'asseurer de voir bien tost, moyennant la grace de Dieu, remis sus le culte et service de Sa Divine Majesté, de voir l'Estat revenu à son ancienne beauté et premiere splendeur, de voir toutes choses restituées en leur entier. Iceluy toutesfois vous prie en premier lieu, et sur toutes choses, d'effectuer et accomplir le tout sans delay et retardement, lequel ne pourroit faillir d'estre accompagné de très-grand danger; et, pour vous oster toute occasion de delayer et prolonger les affaires, promet, selon son ancienne amitié, de vous continuer la mesme ayde et secours, voire plus grand s'il est de besoin.

« C'est à vous donc, très-illustres et très-reverends seigneurs, et vous, très-nobles personnes, c'est à vostre pieté, à vostre noblesse, à vostre vertu et prudence, de vous employer constamment de tout vostre pouvoir au retablissement et conservation de vostre religion et royaume, et de vaquer à une chose si importante, si saincte, et si necessaire à toute la chrestienté, avec un cœur vrayement religieux, vrayement chrestien, et tel que desirent de vous tous les chrestiens de l'univers. Quant à moy, je ne vous manqueray en chose quelconque à moy possible, et par experience vous donray toutes les preuves d'amour, de solicitude et travail qu'on sçauroit desirer de moy en tout et par tout où il s'agira de vostre profit et bien commun. En foy et tesmoignage très-asseuré de quoy je vous presente avec toute amitié ces lettres que mon Roy m'a commandé vous presenter de sa part, lesquelles ayant leuës, si vous voulez sçavoir de moy quelque autre chose, et quelle charge et commission m'a esté donnée, je vous le feray entendre plus à plein quand il en sera de besoin. »

Le duc de Feria, ayant fini sa harangue, présenta au cardinal de Pellevé, president pour le clergé en ceste assemblée, les lettres du roy d'Espagne, qui les bailla à de Pilles, secretaire de ceste assemblée, lequel les leut tout haut. La teneur estoit telle :

« Dom Philippes, par la grace de Dieu, roy d'Espagne, des deux Siciles, de Hierusalem, etc. Nos reverends, illustres, magnifiques et bien aymez, je desire tant le bien de la chrestienté, et en particulier de ce royaume, que, voyant de quelle importance est la resolution qu'on traite pour le bon establissement des affaires d'iceluy, jaçoit qu'un chacun sçache ce qui a esté cy devant procuré de ma part, et quelle assistance j'ay donné et donne encor à present, je ne me suis neantmoins contenté de tout cela, ains ay voulu en outre deleguer par devers vous un personnage de telle qualité qu'est le duc de Feria pour s'y trouver en mon nom, et de ma part faire instance que les estats ne se dissolvent qu'on n'aye au preallable resolu le poinct principal des affaires, qui est l'election d'un roy lequel soit autant catholique que le requiert le temps où nous sommes, à ce que par son moyen le royaume de France soit restitué en son ancien estre, et de rechef serve d'exemple à la chrestienté. Or, puis que je fay en cecy ce qu'on void, la raison veut que ne laissiez par delà escouler ceste occasion et opportunité, et que par ce moyen j'aye le contentement de tout ce que je merite à l'endroit de vostre royaume, en recevant une satisfaction, laquelle, quoy qu'elle vise purement à vostre bien, j'estimeray neantmoins estre fort grande pour moy-mesme. Et pourtant j'ay voulu vous admonester tous ensemble, vous qui marchez pour le service de Dieu, de faire voir maintenant et monstrer par effect tout ce dequoy vous avez jusqu'à present fait profession, attendu que ne sçauriez rien faire qui soit plus digne d'une si noble et si grande assemblée, comme plus particulierement vous dira le duc de Feria, auquel je m'en remets. De Madrid, le 2 de janvier 1593. »

Et à la superscription estoit escrit : « A nos reverends, illustres, magnifiques et bien aymez les deputez des estats generaux de France. »

Après la lecture de ceste lettre ledit sieur cardinal de Pellevé fit la responce suyvante audit duc de Feria.

« Très-excellent et très-noble duc, toute ceste assemblée des trois estats de France congratule à vostre arrivée très-desirée, et très-agreable à un chacun d'icelle, et recevons non seulement avec joye et liesse, mais encores avec honneur et reverence, tant les lettres royales de Sa Majesté Catholique, que les mandemens plains de douceur, bienveillance et charité, que Vostre Excellence par sa harangue dorée nous a exposés de sa part, estimant que de plusieurs grands personnages qu'il y a au royaume d'Espagne on n'eust peu en choisir un autre qui nous eust plus agreé que Vostre Excellence, ou qui eust esté de plus grande adresse et suffisance pour traitter affaires. Et, pour ne m'arrester à nombrer les vieux pourtraits et tableaux enfumés de vos ancestres, je diray seulement que vostre mere, estant issue d'une des premieres et plus illustres familles d'Angleterre, employe très-liberallement, comme une autre Heleine, mere de Constantin, ses moyens pour ayder, entretenir et eslever les Escossois, Anglois, Hybernois, et autres affligez et fugitifs qui se sont retirez en Espagne pour ne perdre la religion. Or toutes choses sont sujettes à vicissitude et changement, et n'y a ès affaires humaines rien de perpetuel, rien de stable, ains semble qu'ils vont et viennent comme par flux et reflux, de sorte que les

richesses, la gloire, le sçavoir, les domaines, bref
toutes commoditez ou incommoditez, sont à fois trans-
portées des uns aux autres par la divine Providence :
ce que nous touchons au doigt en ce royaume de
France, jadis autant florissant qu'il est à present affligé.
Car telle a autrefois esté la vertu de nos roys, tandis
qu'ils ont embrassé de cœur et de corps la protection
de la religion chrestienne, qu'ils ont donné la loy à
plusieurs nations, extirpé les sectes contraires à la foy
de nostre Eglise, porté bien au loin leurs estendards
victorieux, et de beaucoup amplifié le pourpris de la
chrestienté. Et de faict, c'est chose trop averée et manifeste que ce sont les François qui ont les premiers
prins les armes en main contre les ennemis de la foy
catholique, et n'y a celuy de nous qui ne sçache qu'il
y a environ mille et cent ans que Clovis, lequel de
tous nos roys a esté le premier baptizé et le premier
oinct d'huile sacré envoyé du ciel, desconfit à la bataille donnée en Poictou les Visigots, très-obstinés fauteurs de l'heresie arienne, qui occupoyent tout ce qui
est entre Loire et les monts Pyrenées, faisant de Thoulouse leur siege royal, et, ayant occis de sa propre
main Alaric leur roy, ramena toutes ces provinces-là
au giron de la foy et de l'Église; laquelle victoire
causa à nos François un ardent desir d'establir la religion en Espagne, où Almaric, fils d'Alaric, après la
deffaite de son pere s'estoit retiré vers les Ariens. Ce
qui fut valeureusement effectué par Childebert, fils de
Clovis, imitateur de la pieté et vertu de son pere; car,
après avoir fait paix avec Almaric, et luy avoir donné
à mariage Clotilde sa sœur, avec ceste esperance et
condition qu'il se feroit catholique, voyant qu'il per-

severoit neantmoins en l'heresie de son pere, et faisoit à sa femme plusieurs mauvais traittemens et outrages à cause de la religion, et ne pouvant supporter cela, non seulement le deffit, mais en outre retira de l'arianisme les sujets d'iceluy, et, outrepassant derechef les monts Pyrenées, se transporta une et deux fois en Espagne, où il restablit la foy que l'apostre saint Jacques y avoit semé, ja flotante, et par la malice des temps presque submergée, en son ancien lustre et pristine vigueur. Et, estant de retour, en memoire des guerres qu'il avoit conduites à si heureuse fin, il dressa et consacra à sainct Vincent un monastere qu'on nomme aujourd'huy Sainct Germain des Faux-bourgs, lequel il enrichit de la precieuse coste du mesme sainct et d'autres reliques apportées d'Espagne. L'on void encor l'institution du monastere escrite de la main propre de Childebert, en la presence de sainct Germain, evesque de Paris, lequel après donna le privilege d'exemption avec le consentement du metropolitain et de tous les evesques de la province. D'avantage, les annales font foy que Charles Martel, lequel, s'abastardissant la vertu de nos roys, print la charge du royaume, et, en ayant depossedé Chilperic, mit son fils au chemin de la royauté, en un seul combat donné près Loire mit à mort un nombre innombrable de Sarrazins qui avoient subjugué, non seulement l'Orient et l'Afrique, mais en outre l'Espagne, et une autrefois fit tout passer au fil de l'espée les Visiguots et Sarrazins, lesquels, unis ensemble, avoient commencé à empieter le Languedoc. Mais d'où est ce que Charlemagne a acquis ces beaux tiltres de grand, sainct et invincible, si ce n'est pour avoir heureusement fait la guerre pour la foy et religion, quand, ayant dompté les Sarrazins qui habitoient l'Espagne, il les a contraints de se contenir, et laisser en repos les habitans catholiques? C'est pourquoy Alphonse le Chaste, roy de Galice et des Estures, se disoit et s'inscrivoit propre de Charlemagne. Outre ce, ayant Charlemagne prins en sa sauvegarde et defendu des Mores et Sarrazins les isles de Majorque et Minorque, il establit roy de Guienne Louys le Pieux pour assister de plus près aux chrestiens d'Espagne à l'encontre des Sarrazins. Je ne puis passer sous silence ce que tesmoignent les histoires d'Espagne de Bertrand Guescelin, general des armées en France, lequel, estant appellé en Espagne, et illec s'estant acheminé par le commandement de Charles cinquiesme, nommé le Sage, dejetta de son throsne Pierre, roy de Castille, surnommé le Cruel, condamné de nostre sainct pere Urbain cinquiesme, et haï d'un chacun pour sa cruauté qui favorisoit aux Juifs, et mit en sa place Henry de Transtamare, auquel se sont volontiers sousmis les Castillois et Leonois, disans qu'à l'exemple des anciens Gots ils pouvoient s'emanciper de l'obeïssance d'un roy qui avoit changé son regne en tyrannie, et en establir un autre sans avoir esgard à la succession. De maniere qu'on ne doit trouver nouveau si de nostre temps on voit quelque chose de semblable. Plusieurs tels tesmoignages de bien-vueillance ont donné aux Espagnols les roys de France, voire souventesfois ne se sont-ils contentez de s'unir à eux du lien d'amitié, mais en outre se sont estroictement liez par l'union d'affinité en plusieurs mariages. Mettons nous au devant des yeux les trois familles de nos roys Clovis,

Charlemagne, Hugues Capet, et en chacune d'icelles nous trouverons des exemples qui donneront suffisante preuve de mon dire. Prenons à tesmoin sainct Louys, qui est nay d'une mere espagnole. Prenons l'un et l'autre Philippe, à sçavoir Philippe premier et Philippe Auguste. Prenons François premier, lequel de nostre temps a eu pour femme Alienor, sœur de Charles cinquiesme. Prenons Henry second, qui a donné sa fille en mariage à Philippe vostre roy Catholique, lequel il a si affectueusement chery qu'il sembloit luy porter plustost amour de vray pere à un fils unique, que de beaupere à son beaufils. Prenons finalement Charles neufiesme, qui a espousé Elizabeth d'Austriche, fille de l'empereur Maximilian, et niepce de Philippe vostre roy, laquelle par l'innocence et saincteté de sa vie a tellement ravi le cœur des François qu'ils ne pourront jamais l'effacer de leur memoire, et qui a encores sa mere, pleine de pieté et religion, vivante en Espagne. Et maintenant, estant le cours des affaires changé, et toute la France troublée et esbranlée par l'impieté et rage des heretiques, nostre Seigneur, nous regardant de son œil de misericorde et compassion, et nous mettant la main dessous pour empescher nostre cheute et pour repousser nostre encombre total, a esmeu vostre roy à ce qu'en contreschange il nous secourust en ceste si grande necessité, comme de faict nous avons esté delivrez de plusieurs grands perils et dangers eminens par le roy Catholique, très-digne à la verité du nom de catholique. Car vrayement catholique doit estre appellé celuy qui faict florir la religion catholique universellement par toutes les Espagnes, desquelles pas un de ses devanciers, ny mesmes des empereurs romains, n'a oncques jouy avec telle paix et repos ; vrayement catholique celuy qui a prins en main la protection et defense de la foy chrestienne, non seulement en ses terres, mais encor ès royaumes estrangers, contre tous les efforts des Turcs et heretiques, et qui a le premier enseigné aux chrestiens par son exemple comme c'est qu'ils pourroient se rendre victorieux du Turc; vrayement catholique celuy qui a fait annoncer la parole de Dieu et semer l'Evangile jusques aux plus esloignées parties du monde, lesquelles n'estoient encor venues à la notice de nos predecesseurs. Qui est cil qui ne loüangera, n'aymera, n'admirera ses rares vertus, l'ardeur incroyable du zele qu'il a de conserver et amplifier la foy? Qu'on louë l'empereur Trajan, issu de parens espagnols; qu'on luy donne le beau titre de pere de la patrie pour avoir monstré ès affaires de guerre une diligence signalée, ès choses civiles une douceur merveilleuse, au soulagement des citez une grande largesse, et avoir acquis les deux qualitez qu'on requiert ès bons princes, qui sont la saincteté en la maison et la force en guerre, ayant toutes deux la prudence pour flambeau. Qu'on louë ce grand Theodose, sorty encor de sang espagnol, et qu'on le proclame amplifiquateur et protecteur de la republique pour avoir vaincu en plusieurs batailles les Huns et les Goths, lesquels l'avoient molestée et travaillée sous l'empereur Valent, pour avoir mis à mort non seulement le tyran Maxime près Aquilée, qui avoit tué Gratian et usurpoit les Gaules, mais en outre Victor son fils, qui avoit esté en son enfance constitué Auguste par son pere, pour avoir obtenu la victoire d'Eugene le Tyran et d'Arbogaste, et deffait dix mille combattans qui les suyvoyent. Qu'on estime roy valeureux Ferdinand pour avoir contrainct les Mores et les Juifs qui luy estoient sujects, ou de vuider l'Espagne, ou d'embrasser la foy chrestienne. Qu'on chante le los et proüesse de Maximilian, pere du bisayeul de Sa Majesté Catholique, qui a eslevé, augmenté, et orné merveilleusement le christianisme. Qu'on rende immortelle la gloire et renom de Charles son pere, qui a tant de fois prins et porté les armes pour la manutention de l'Eglise, exterminé tant d'heresies et veu la fin de tant d'ennemis de Dieu et de la religion, qui a assujetty les Allemans, empestez du venin de Luther et alienez de l'obeïssance du Pape, au joug de Jesus-Christ et de l'Eglise.

« Mais à tous ceux-là sera à bon droit preferé Philippe vostre roy, qui a tant et tant fait de guerres pour maintenir l'honneur et authorité de la religion catholique, apostolique et romaine; qui a employé tout son aage, non tant à estendre les bornes de son empire et domaine, quoy qu'il enceigne une bonne partie de la terre, qu'à defendre et amplifier la foy de Jesus-Christ et combattre les heretiques; qui s'est si charitablement employé pour delivrer ce royaume de la tyrannie de l'heretique, principalement ès deux sieges qu'il a fait lever, ayant envoyé secours à temps sous la conduite du très sage et très preux duc de Parme; qui n'a onc de son vivant preferé l'Estat ou desir de regner à la religion, ains, comme un autre Jovinian (lequel, après la mort de Julian l'Apostat, estant declaré empereur par la commune voix et acclamation de toute l'armée, protesta qu'il ne vouloit ny accorder aucune condition de paix ny commander à ceux qui ne se rangeroient à la foy catholique, ce qu'incontinent ils advouerent de faire), a monstré de fait qu'il ne vouloit regner en aucun royaume ou province s'il n'y voyoit consequemment regner Jesus-Christ par son Evangile, se souvenant trop mieux de la belle sentence d'Optat Milevitain, qui a esté du temps de sainct Augustin, qui disoit qu'il falloit que la religion fust en la republique et que la republique fust en la religion, comme s'il eust dit que de tant plus que l'ame excelle le corps, de tant plus doit estre prisée la religion par dessus l'Estat : ce que devroyent se persuader tous princes vertueux. Ainsi l'estimoit François premier nostre roy, lequel, estant conseillé de faire passer son ost par l'Alemagne, et, ayant à soy unies les forces des Alemans, assaillir l'Empereur, car ainsi le pourroit il plus aisement surmonter, ne voulut acquiescer à cest avis, d'autant qu'il cognoissoit que cela touchoit la religion, laquelle il ne vouloit nullement estre interessée.

« Autant en a fait son fils Henry second, non moins heritier des vertus de son pere que du royaume; car, au temps qu'on traittoit à Cambray les articles de pacification entre luy et son gendre le roy Catholique, estant admonnesté de regarder plus soigneusement à tout et pourvoir à ses affaires, il respondit qu'il y auroit assez pourveu s'il pouvoit recueillir de cest accord le fruict qu'il esperoit, qui estoit d'arracher l'yvroye des heresies qui germoyent en son royaume, et qu'il ne mesuroit tant la grandeur et amplitude de son royaume à la multitude des peuples et provinces qu'au salut des ames, n'ayant rien plus à cœur que de maintenir la religion en son integrité et pureté. Auquel honneur et louange ont eu leur bonne part les princes de la maison de Guyse, ou plustost universellement de celle de Lorraine, lesquels, comme autres Machabées et vrayes lumieres de la nation françoise, en tous endroits où il a esté question de la foy et religion ont très-liberalement employé et leurs moyens et leur vie, endurant plustost qu'on leur espuisast du cœur la derniere goutte de leur sang que de voir faire outrage à leur mere l'Eglise. Mais je reviens à vostre roy Catholique, lequel, après Dieu, la France recognoit comme pour son garant et liberateur. Je pourrois raconter sept ou huict papes continus lesquels durant ces orages d'heresie et de guerre, ayant prins le party des François catholiques, nous ont secouru de plusieurs armées et grandes sommes de deniers, entre lesquels principalement nostre sainct pere Clement huictiesme nous a fait sentir et nous fait journellement de plus en plus experimenter le soin particulier et solicitude incroyable de sa paternelle bien-vueillance; mais ce neantmoins vostre roy Catholique, comme il les surpasse en richesses, aussi les a-il devancé par la liberalité et munificence qu'il a exercé en nostre endroit, qui est la cause que, pour cest immortel et presque divin benefice, nous rendons à Sa Majesté Royale et à Vostre Excellence, qui a entreprins ceste ambassade, action de graces, non telle qu'il seroit requis, mais la plus grande et plus affectueuse qu'il nous est possible, offrans tout office, et promettans de jamais ne tomber en oubliance d'un bien-faict tant signalé, et vous prians instamment de continuer à nous ayder et remedier de bonne heure à l'ardeur de nostre embrasement, car ainsi nous esperons de voir nos affaires reussir heureusement, au grand honneur et gloire perpetuelle de vostre Roy; et c'est par ces degrez que Sa Majesté Catholique se frayera le chemin du ciel où elle jouyra en fin de la vision de Dieu, en laquelle gist nostre beatitude, avec les esprits bien heureux, aux tabernacles desquels, quand elle sera eslevée de la main de Dieu, remunerateur des peines et travaux qu'elle a soufferts pour la religion, non seulement luy viendront au devant mille milliers d'anges qui assistent et servent au Roy des roys, mais en outre une infinité de peuples qu'elle a retiré, les uns des espesses tenebres d'infidelité, les autres de l'opiniastreté et meschanceté de leurs heresies, se presenteront à elle avec liesse, portans en main leurs couronnes qui causeront un nouveau lustre à celle que Dieu luy a preparé. »

Ainsi discourut le cardinal de Pellevé, gratifiant et louangeant le roy d'Espagne et son ambassadeur le duc de Feria pour ce qu'il avoit esté, comme plusieurs ont escrit, espagnolisé à Rome, y vivant pensionnaire d'Espagne, joyeux de voir calomnier celuy qui avoit esté son prince, le roy Henry troisiesme, et la royne-mere Catherine de Medicis, par un Espagnol dans leur propre chambre, de laquelle il avoit esté chassé de leur vivant et privé du revenu de ses benefices et de son bien.

Nonobstant ces deux harangues, le 5 d'avril, au nom de ladite assemblée, fut envoyé ceste responce à la replique des princes catholiques royaux.

« Messieurs, par vos lettres du mois passé vous demandez que nostre conference soit remise jusques au 16 de ce mois. Nous eussions plustost desiré de l'advancer, tant nous l'estimons necessaire pour le bien commun des catholiques; mais, puis qu'il ne se peut faire autrement, nous attendrons vostre commodité et le temps qu'avez pris, pourveu que ce soit sans plus differer, comme nous vous en prions de toute nostre affection. Nous deputerons douze personnes d'honneur et de qualité qui ont de l'integrité, du jugement aux affaires, et sont très-desireux de voir la religion catholique, apostolique et romaine en seureté, et le royaume en repos. Vous avez choisi le lieu pour la conference entre ceste ville et Sainct Denis, et nous l'avons accepté, comme nous faisons encor, soit en l'un de ceux qui sont nommez par nos precedentes lettres, ou tel autre qu'aurez plus aggreable. Quant aux seuretez et passeports, ils seront donnez en blanc pour les remplir du nom de vos deputez, s'il vous plaist faire de mesme pour les nostres. Ne languissons plus, messieurs, en l'attente de ce bien, mais jouyssons en tost s'il nous doit arriver, ou, si le contraire advient, que le blasme en demeure à ceux ausquels il devra estre imputé. Nous prions Dieu cependant qu'il vous conserve, et nous face la grace que l'issue de ceste conference soit telle que tous les gens de bien la desirent. Faict en nostre assemblée tenue à Paris le cinquiesme jour d'avril 1593. Signé Pericard, de Pilles, Cordier, Thiellement. » Et à la superscription estoit escrit : « A messieurs, messieurs les princes, prelats, officiers de la couronne, et autres sieurs catholiques suivans le party du roy de Navarre. »

Ainsi donc la conference fut acceptée, et le mercredy, vingt-uniesme de ce mois, quelques deputez, tant d'une part que d'autre, allerent recognoistre les lieux autour de Paris, qu'ils trouverent la plus-part ruinez et inhabitables; en fin ils choisirent le bourg de Suresne pour le plus commode.

Les royaux et ceux de l'union procederent lors chacun de leur part à l'eslection des deputez qu'ils y devoient envoyer. Quant à ceux de l'union, le 23 de ce mois, ils esleurent en leur assemblée messieurs d'Espinac, archevesque de Lyon, Pericard, evesque d'Avranches, de Billy, abbé de Sainct Vincent et à present evesque de Laon, les sieurs de Villars, gouverneur de Roüen, de Belin, gouverneur de Paris, le president Janin, le baron de Talme, les sieurs de Montigny et de Montolin, le president Le Maistre, l'advocat Bernard, et Honoré du Laurens, advocat general au parlement de Provence, ausquels furent baillez amples memoires et instructions de tout ce qu'ils devoient faire et dire.

Ceste conference ainsi resoluë, le lieu arresté et les deputez de l'union esleus, mit les Seize de Paris et leurs predicateurs en une merveilleuse inquietude. Pensans la faire destourner ils afficherent, le 25 de ce mesme mois, par quelques carrefours de Paris, une protestation et desadveu de l'accord de la conference requise par les catholiques royaux. Dans ceste protestation ils disoient que, pour remedier et mettre fin aux miseres de la France, il n'y avoit que deux principaux moyens, le premier d'appaiser l'ire de Dieu par penitence et acquerir sa misericorde par grace, le second d'eslire un roy catholique pour maintenir la religion et conduire l'Estat, contre lesquels moyens les politiques royaux, tant ecclesiastiques que seculiers, disoient-ils, avoient usé d'une infinité de pratiques pour en destourner les catholiques affectionnez : 1º ayant gaigné quelques predicateurs qui preschoient publiquement contre le party de l'union ; 2º mis en mauvais mesnage les Seize et les predicateurs avec les princes et princesses de Lorraine ; 3º desbauché beaucoup de peuple de la volonté qu'ils portoient aux Seize et à leurs predicateurs, leur disant que la guerre ne se faisoit pour la religion, mais pour l'Estat, et qu'il n'y avoit que les Seize qui empeschoient la reception du roy de Navarre, craignans d'estre recherchez pour leurs larcins, et leurs predicateurs pour les seditions qu'ils avoient preschées ; 4º que tant que le roy de Navarre vivroit et ceux de la maison de Bourbon, qu'ils ne cesseroient de faire la guerre, concluans qu'ils estoient invincibles, tellement que pour mettre la France en paix il failloit les recognoistre ; 5º que le roy de Navarre se feroit catholique et qu'il maintiendroit les catholiques en leur religion ; 6º que c'estoit un prince vertueux et qui ne desiroit que se convertir et estre instruit par un concile, lequel il failloit faire tenir, et l'y semondre de se faire catholique : que l'on luy devoit rendre ce devoir pour le mettre à son tort s'il le refusoit, et, le promettant, qu'il le faudroit recognoistre ; 7º et qu'il failloit entrer en conference avec les catholiques royaux : toutes lesquelles choses n'estoient que pour parvenir à une paix, afin de rendre le roy de Navarre maistre de la France ; ce qu'ils avoient encores poursuivy quand ils avoient veu que ceux de l'union vouloient proceder à l'eslection d'un roy, pour laquelle empescher ils avoient envoyé plusieurs ambassadeurs et agents, tant ecclesiastiques que seculiers, vers Sa Saincteté affin qu'il envoyast des cardinaux pour instruire ledit roy de Navarre qui desiroit se convertir; mais que le Pape avoit recogneu que toutes leurs ambassades n'estoient que desguisements, tesmoin les arrests de Tours, Chaalons et Chartres; tellement que, se voyans ainsi rebutez de Sa Saincteté, ils s'estoient advisez, par les practiques des politiques de la ville de Paris, de proposer ladite conference.

« Les catholiques, disoient-ils, à l'exemple des choses passées et de l'estat present des affaires, ne la peuvent bien gouster se faisant avec personnes affidées et favorisans un heretique, et qui n'ont faict et ne font demonstration de l'abandonner; au contraire ils usent de sa puissance, authorité et appuy pour faire ceste conference, qui ne peut estre que prejudiciable aux catholiques en la forme et en la matiere.

« En la forme, en ce qu'elle se fait avec personnes incapables qui s'advouent et s'authorisent d'un chef heretique; en ce qu'elle se fait sans avoir parlé à tous les princes catholiques chefs de l'union; en ce qu'elle se fait contre l'exemple de Sa Saincteté et contre les saincts decrets qui ne permettent de conferer avec un heretique relaps, ny ses adherans.

« En la matiere, en ce qu'ils demandent à conferer sur ce que les estats catholiques sont assemblez pour eslire un roy catholique, comme n'ayans jamais advoüé le roy de Navarre, comme encores ils ne l'advouent et n'entendent le recognoistre, attendu qu'il est heretique, relaps et excommunié; et encores que ceste intention soit cogneuë à ceux qui se disent catholiques à la suite du roy de Navarre, si est-ce qu'au lieu d'ayder à ceste action, et se joindre sans luy en demander congé ny conferer soubs son authorité et puissance, ils la destournent par une demande de conference sur une chose qu'ils ne peuvent ignorer ny en doubter s'ils sont catholiques comme ils disent : mais le fondement de leur qualité les desment, veu qu'ils s'advouent subjects du roy de Navarre, et soubs son nom, congé et licence, veulent conferer avec les catholiques; que, s'ils avoient bonne intention d'avoir un roy catholique, ils commenceroient par quitter l'hereticque, par ce que ce fondement de liaison avec l'hereticque, sans doubte, ne peut produire qu'une contrarieté avec les catholiques, tellement que la conference qu'ils demandent estant liée comme elle est avec l'authorité du roy de Navarre, sans doute il y a defaut en la forme et en la matiere.

« Et au fonds de la cause, oultre que leur intention est très-captieuse et attachée à l'obeyssance du roy de Navarre, et que tout ce qu'ils font n'est que pour parvenir d'attirer les catholiques à sa domination, comme les parolles et effects le font paroistre, si est-ce que leurs propositions le tesmoignent assez, estans fondées sur une repugnance de la verité, et desguisée ignorance de choses certaines et occulaires, car tous leurs discours, intentions, propositions et raisons sont :

« De sçavoir les causes pour lesquelles l'on ne veut recevoir le roy de Navarre, pourquoy l'on se bande contre luy, et les declarer et justifier en public, à ce que la posterité n'en soit recherchée ou offencée, et que l'on ne dise qu'il a esté depossedé sans raison, mais par injure et tumulte populaire ou ambition des grands, dequoy il se faut purger (comme s'ils ignoroient qu'il est heretique, relaps et excommunié), en après adviser des moyens dont il faut user tous ensemble pour y remedier et le rendre catholique, et s'asseurer avec luy de la religion catholique et de la conservation de l'Estat des François, luy qui est le vray heritier de la couronne; et en fin, après avoir usé de tous moyens honnestes, prieres et remonstrances humbles envers luy, tant de semonce, interpretation que protestation, et que l'on voye avec le temps qu'il ne se vueille faire catholique; lors et après tous ces devoirs rendus, faudra adviser d'en eslire un autre de sa race et ligne qui ne soit si opiniastre que luy, et qui face demonstration de catholique pour asseurer la religion, et cependant ne rien alterer des affaires, faire suspension d'armes, renvoyer les estrangers, et que les François se recognoissent et soulagent l'un l'autre comme compatriotes, afin d'en parvenir à un bon accord. Voylà en sommaire le vray et seul dessein, intention et but de la conference que demandent les catholiques de la suitte du roy de Navarre, afin de parvenir à leur intention par finesse et desguisement, ce qu'ils ne peuvent avoir par force, qui est, pendant ces questions et conferences, praticquer des hommes, surprendre des villes, empieter tousjours la domination, matter et ruiner les catholiques de tous moyens et courage, rompre le neud de l'union, desbaucher le secours des princes catholiques, tant françois qu'estrangers, bref, rendre les catholiques si foibles et attenuez et despourveus de forces, de moyens et de secours, qu'ils soient contraints se prostituër entre les mains et puissance de l'heretique et ses fauteurs et adherans, qui est chose très-asseurée, la preuve en estant toute evidente, les effets asseurez et la disposition toute notoire ; occasions pour lesquelles nostre sainct pere le Pape cognoissant telles perverses intentions, apparentes et recognues, et desquelles le ciel et la terre sont tesmoins, il ne les a voulu ouyr ny entendre, et messieurs de la Sorbonne ont declaré, par l'Escriture Saincte et vives raisons, que les propositions sur lesquelles l'on veut conferer sont heretiques, schismatiques et prejudiciables à la religion catholique, apostolique et romaine, et que l'on ne doit aucunement entrer en conference avec l'ennemy heretique, ny ceux de sa suitte et qui luy obeyssent, servent et recognoissent.

« Que si quelqu'un dit que la conference pourra apporter quelque conversion et appointer les affaires, et qu'il y a douze heures au jour pour changer la volonté, à cela l'on respond qu'ils sont en affection de se convertir ou non : s'ils sont resolus à la conversion, il ne faut pas qu'ils commencent leur conversion par l'Estat, mais par la resolution de l'Eglise qu'ils ont offencée à la suitte et recognoissance d'un heritage, au chef de laquelle ils se doivent addresser; et estants dispensez de luy, alors ils pourroient conferer avec les membres pour se reünir et reconcilier par l'influence et action du chef; mais commencer par les membres et quitter la teste, c'est conferer en monstre et avec imperfection, comme, à la verité, il ne peut rien sortir de bon de telle conference, veu que le chef, qui est nostre sainct pere le Pape, l'a refusée de la façon qu'ils la veulent faire, la demandans par authorité et adveu d'un heretique relaps, et non par l'humilité ny par penitence, n'ayant voulu Sa Saincteté les ouyr ny permettre leurs agents entrer sur ses terres. Que s'ils n'ont intention de se convertir, comme ils en font demonstration, il n'est besoin conferer. Que si quelqu'un veult dire que la conference est necessaire pour essayer de retirer nos freres, au moins les mettre à leur tort, la conference chrestienne est permise avec ceux qui sont en l'Eglise; mais avec un heretique, relaps et excommunié, comme tous ceux qui l'advouent et le suivent, qui sont et ont encouru excommunication majeure, il est très-expressement deffendu par l'Escriture Saincte, et au contraire commandé le laisser comme un etnicque et publicain, et ne se peut faire telle conference, sans offencer et irriter Dieu, avec telles personnes qui s'advouent, suivent, authorisent, obeyssent et servent à un heretique, relaps et excommunié, et eux mesmes estans en mesmes censures, si premierement ils ne sont penitens en quittant l'hereticque, et absous des censures qu'ils ont encourues.

« Le salut des catholiques ne depend de la volonté, conference et instruction d'un heretique ny de ses adherans; au contraire, c'est le moyen de ruiner la cause des catholiques. Il est bien plus seant, utile et honneste aux catholiques d'obeyr et suivre leur chef, qui est nostre sainct pere le Pape, et user du secours, ayde et conseil de nos princes catholiques, specialement du roy Catholique, que d'esperer quelque soulagement de l'ennemy et de ses adherans par une conference incertaine et mal advoüée.

« C'est l'ordinaire des heretiquès et leurs adherans d'user des peaux de lyon et de renard, afin qu'en manquant l'une ils ayent recours à l'autre, et de fait, jamais ils n'ont demandé de conferer avec les catholiques, sinon quand ils ont veu qu'ils manquoient de forces, et leurs conferences ont esté tousjours en renard, tesmoin celles qu'ils ont faictes cydevant, le but desquelles est pour tromper les pauvres catholiques ou dissiper leurs forces; tellement que quiconque desire, accorde ou advouë telle conference en la forme qu'elle est demandée, il fait les affaires du roy de Navarre et ruine celles des catholiques; occasion pour laquelle il vaut mieux se purger et s'ayder de soy-mesmes, et s'appliquer les remedes propres à nostre salut, qui est d'eslire un roy catholique, non heretique, sous le bon plaisir de Sa Saincteté, du roy Catholique et des princes catholiques, que d'en attendre par la conference industrieuse des ennemis, lesquels s'ils sont catholiques, comme ils disent, qu'ils rentrent au bercail de l'Eglise par la porte et moyens ordinaires, qui est la penitence et abjuration de l'heresie et sujette d'icelle, et la porte leur a esté et sera tousjours ouverte pour les recevoir benignement, gracieusement et avec asseurance; mais de conferer avec eux comme unis au corps d'un heretique, cela est indigne, infructueux, et contre le commandement de Dieu et de son Eglise, protestans les catholiques que si au pardessus de leurs remonstrances et empeschements telle conference se fait, et que par le moyen d'icelle indubitablement leur cause en soit empirée ou retardée, de demander, comme dez à present, comme lors ils demandent à Dieu vengeance de tels inconveniens et de toutes les miseres du peuple, desadvouant ladite conference comme inutile, non necessaire, dangereuse, importante, scandaleuse et deffenduë, sommans au surplus messieurs les deputez des estats, sans s'arrester à telle conferance ny à la corruption du conseil, d'instamment et sans aucune retardation passer outre en l'execution de leur charge, qui est d'eslire et nommer un roy qui n'ait esté et ne soit heretique, fauteur ny adherant, ains catholique, puissant et debonnaire, pour conserver la religion et maintenir l'Estat sous le bon plaisir de Sa Saincteté, du roy Catholique et des princes catholiques, suivant la resolution faite en l'assemblée generale faite en ceste ville de Paris en juin 1591, laquelle il plairra à messieurs les deputez veoir et considerer comme conforme à la volonté de tous les bons catholiques, et contraire à l'intention de tous les heretiques, politicques, schismatiques et leurs adherans. »

Voylà ce que firent les Seize contre l'accord de la conference, et disoient que l'archevesque de Lyon la desiroit pour emporter quelque fruict de gloire et d'honneur par son beau parler et subtilité d'esprit. Le succez qui en advint nous le dirons cy après. Quant est de ce qu'ils faisoient mention de la resolution prise en juin l'an 1591, en l'hostel de ville de Paris, pour proposer en l'assemblée de leurs estats qui s'y devoient tenir, c'estoient certains memoires par articles qu'ils avoient faicts en ce temps là, lesquels ils donnerent à tous les catholiques affectionnez de leur faction : aussi estoient ils semblables en substance à ceux que nous avons aussi dits cy dessus avoir esté baillez par eux à ceux qui furent aux estats de Blois l'an 1588. Ils avoient seullement adjousté :

Que, sans s'abstraindre à aucun pretendu droict de succession, il seroit procedé à l'eslection d'un roy qui fust de la religion catholique, apostolique et romaine, et qui n'eust esté heretique ny nourry, instruict et eslevé parmy les heretiques, qui n'eust esté fauteur, adherant, ou faict acte d'heretique.

Que le roy qui seroit esleu iroit se faire sacrer à Reims, jureroit de ne faire paix, alliance ny confederation avec princes, villes ou communautez faisans autre profession que la religion catholique romaine, ny de les ayder ou favoriser directement ou indirectement, ny les prendre en sa protection, si ce n'estoit par l'advis des estats; plus, de ne faire aucune alliance avec le Turc et autres infidelles, sur peine de descheance du droict de la couronne, et absolution des subjects du serment de fidelité.

Que le roy esleu ny ses successeurs ne pourroient entreprendre aucune guerre contre les princes catholiques sans l'advis des estats deuement assemblez.

Qu'ils ne pourroient faire aucunes levées extraordinaires, ny mettre subsides sur le peuple, ny faire alienation de leur domaine ou creation de nouveaux offices, sans le consentement desdits estats, à peine de nullité et de repetition sur les receveurs et sur ceux au profit desquels les deniers seroient tournez, et au quadruple.

Que les estats (1) seroient tenus et convoquez de cinq ans en cinq ans, en telle ville qu'il plairoit à leur roy de les assigner; et, afin d'en conserver la liberté, que les roys à l'advenir s'en esloigneroient de dix lieues

---

(1) *Que les Estats.* Cet article et le suivant ont beaucoup de rapport avec quelques spéculations politiques que les agitateurs européens ont tenté de réaliser dans les derniers temps. On a lieu de s'étonner que ces hommes, qui se donnent pour des génies créateurs, n'aient été que les imitateurs serviles de la faction ultramontaine des Seize.

pendant la tenue et assemblée, et après les deliberations achevées il y viendroit approuver et confirmer leur resolution.

Et d'autant que les estats generaux ne se pouvoient despouiller du droict qui leur appartenoit, tant en l'establissement des loix pour le bien du public, qui est la souveraine loy et à laquelle toutes les autres se rapportent et nulle autre loy ny acte ne peut desroger, que pour y obliger mesme celuy en qui volontairement et de leur bon gré ils se seroient fiez du gouvernement souverain de la chose publique, et avec lequel pour cest effect auroient sainctement et de bonne foy contracté, seroit tenu ledit roy esleu et ses successeurs jurer de garder inviolablement et de point en point tout ce qui seroit arresté par les assemblées des estats generaux.

Que s'il y avoit prince en l'Europe qui fust heretique et tel recognu, ledit roy esleu luy declareroit la guerre si les estats le trouvoient bon, et solliciteroient tous princes catholiques se joindre avec eux pour faire une croisade pour garder que tel mal né glissast en la chrestienté.

Que pour l'entretenement de ceste guerre on leveroit des decimes sur les ecclesiastiques et des subsides sur le peuple si les estats le trouvoient bon, et que tous les princes, seigneurs et gentilshommes seroient tenus servir ledit roy esleu à leurs despens pour six mois ou tel autre temps qu'il seroit ordonné, si ce n'estoit une juste cause qui les empeschast, et à ceste condition jouyroient de leurs privileges de noblesse, et non autrement, comme aussi des gouvernements des provinces et autres offices de ce royaume.

Qu'une estroicte alliance seroit procurée entre tous les princes catholiques pour d'une commune volonté extirper toutes les heresies de la chrestienté; et, d'autant que ce mal pressoit la France, que deputez seroient envoyez de la part du roy esleu et des estats, personnages sufisans, pour demander secours et argent afin d'extirper l'heresie de ce royaume et couper le chemin à tous les heretiques, leurs fauteurs et adherans, de pouvoir jamais esperer de parvenir à la couronne de France.

Que les conseillers d'Estat du roy esleu seroient nommez par les estats.

Les autres articles touchant la publication du concile de Trente, la nomination à l'advenir aux benefices, et les offices de judicature à ce qu'ils ne fussent plus venales, estoient semblables en substance aux autres articles de leurs memoires dont ils avoient fourny les deputez qui alloient aux estats de Blois l'an 1588, ainsi que nous avons dit. Tous ces articles avoient esté arrestez en l'Hostel de Ville le 12 juillet 1591, durant que les Seize en estoient les maistres, et furent mesmes signez du greffier Heverard. Plusieurs ont creu que ces articles avoient esté dressez par le docteur Boucher et par maistre Matthieu de Launay, ce qui a occasionné l'autheur du Traicté des causes et raisons de la prise des armes en 1589 d'escrire :

« Je vous prie de vous representer quelle responce eust peu faire ce petit bon-homme maistre Matthieu de Launay, cy devant ministre, et M. Boucher, curé de Sainct Benoist, et quelque autre de ceste estoffe, à qui leur eust dit autresfois que dans deux ans ils deus-

sent estre employez pour installer un roy en France à
leur fantaisie. Je croy qu'ils eussent pris cela à injure
et s'en fussent courroussez, et neantmoins ils l'ont
faict ou, pour mieux dire, pensé faire sans aucun pouvoir, chose du tout contraire à la profession des theologiens, pour ce qu'ils n'ont eu meilleur moyen de confondre les chefs d'heresie sinon de leur demander leur
mission, comme il fut très-bien representé aux ministres au colloque de Poissy par M. Despence, leur demandant qui avoit donné l'authorité à Calvin de se dire
leur chef, et que s'il estoit ministre par succession,
qu'il eust à faire paroistre son pouvoir et mission legitime, ou, s'il estoit ministre extraordinaire, qu'il fist
des miracles comme faisoient les prophetes envoyez de
Dieu tout puissant. Mais cest argument ne vint pas
alors en la consideration desdits theologiens, et ne s'arresterent pas en si beau chemin, estimant leur estre
loisible de faire tout ce que la passion leur dictoit;
chose que la posterité trouvera non moins ridicule que
honteuse, quand elle considerera comme ils vouloient
changer et mettre sans dessus dessous l'authorité royalle
et l'ordre entretenu depuis unze cents et tant d'années
en la monarchie souveraine des roys des François, lesquels, ayans passé le Rhin et conquis les pays des Gau-
lois, se sont par le droict des armes maintenus en leur
souveraine authorité par une succession continuelle, et
par ce moyen ont deffendu leurs subjets de la violence
des estrangers, et faict voler le renom et la gloire des
armes de leur nation jusques en Asie et en Afrique.
Les vrays François aussi ont tousjours eu en mespris
ceste forme d'eslire des roys, usitée parmy quelques
nations qui rendent leurs roys maistres et valets tout

ensemble, ains au contraire leur ont tousjours obey en tout ce qu'ils ont deliberé et ordonné souverainement, tant de la paix que de la guerre. Les estats aussi ne s'assemblent en France que par leur commandement, pour leur presenter leurs humbles requestes et plaintes, affin qu'ils ordonnent sur icelles ce qu'ils trouveront estre bon par leur conseil. Et suis contrainct de dire, après plusieurs autres, que ces gens-là qui vouloient changer l'ordre de la succession en une eslection ressembloient à ces fols mariniers, lesquels, laissans le port de salut (qui est la succession), desploient leurs voiles aux vents, pensans trouver repos en l'instabilité de la mer, qui est l'eslection en fait d'Estat, ce qui se pourroit aisement prouver par l'exemple des Estats qui en usent. » C'est assez sur ce subject. Voyons ce que firent les princes et seigneurs catholiques du party du Roy après qu'ils eurent receu l'advis du nombre des deputez de ceux de l'union et que la conference se feroit à Suresne.

Le Roy estoit lors à Mante, où se trouverent aussi nombre de princes et seigneurs qui par sa permission esleurent en son conseil pour aller à ladite conference M. messire Renault de Beaune, archevesque de Bourges, messieurs de Chavigny, de Bellievre, à present chancelier de France, de Rambouillet, de Chombert, de Pont carré, d'Emeric de Thou, à present president à la cour de parlement, et de Revol, tous conseillers au conseil d'Estat.

Après ceste eslection M. d'O se chargea de sçavoir la volonté du Roy sur sa conversion. Il y eut entr'eux deux de longs discours sur ce subject, et principalement sur ce qu'aucuns vouloient faire voir le jour au tiers-party des catholiques royaux dont nous avons cy dessus parlé. Ce party eust esté grand : on y mettoit un nombre de princes, de prelats et de seigneurs royaux qui en estoient, et que plusieurs ecclesiastiques et seigneurs du party de l'union, qui ne desiroient tenir le party de l'Espagnol, s'y fussent joints aussi. C'eust esté pour mettre la France au dernier souspir de son bonheur, et luy faire perdre du tout le nom de la monarchie. Quelle confusion c'eust esté !

Dieu qui dez long temps avoit touché le Roy sur la realité au sacrement de l'eucharistie, et qui toutesfois estoit encores en doute sur trois points, sçavoir, de l'invocation des saincts, de la confession auriculaire et de l'authorité du Pape, luy dit : « Vous sçavez la declaration que j'ay faicte à mon advenement à la couronne de me laisser instruire en la religion catholique romaine. Vous sçavez aussi l'intention pour laquelle j'ay permis que les princes et seigneurs catholiques ayent envoyé des ambassadeurs et des agents vers les papes pour adviser au moyen de mon instruction et de ma conversion. Vous sçavez les mespris qu'ils ont fait desdits ambassades, contre l'honneur de la France, et le peu d'esperance qu'il y a de pouvoir tirer aucun secours de ce costé là pour mettre la paix en mon royaume. Toutesfois, aux choses quelquesfois desesperées, Dieu, qui sçait l'intention de nos cœurs, nous y donne des remedes par sa grace et nous faict naistre des occasions contre nostre esperance. Or, puis que Leurs Sainctetez ont esté preoccupées de la passion de mes ennemis, et que ceste voye nous est interdicte pour mon instruction, j'ay resolu de faire assembler bon nombre de prelats de mon royaume, et la prendre d'eux, et j'espere que Dieu nous reguardera de son œil de misericorde, et donnera à mon peuple le fruict de la paix tant desirée. Je sçay que les roys qui ont plus de pitié de leurs peuples s'approchent aussi plus prez de Dieu, qui fera reussir mon dessein à sa gloire. Or mon dessein a esté, depuis qu'il luy a plu de me donner le commandement souverain de tant de peuples, de preparer les moyens, au milieu de tant de troubles, pour leur faire avec le temps jouyr d'une paix. J'ay usé pour tascher à l'obtenir de divers moyens. Nul ne peut douter que quand mesmes je me fusse declaré catholique dez mon advenement à ceste couronne, que pour cela mon peuple n'eust pas eu la paix; ceux de la religion eussent peu desirer un protecteur particulier, et y eust eu du danger de ce costé, veu ce qui s'en est passé autresfois; et mesmes les escrits qu'ils ont publié de peur de ma conversion n'estoient point hors de conjecture. Les chefs de la ligue avoient trop de forces en main pour me prester l'obeyssance qu'ils me doivent. Les peuples demandoient la guerre, et n'en avoient encor assez senty l'incommodité. Nous ne sommes plus en ces termes, car j'ay donné ordre à m'asseurer et appeller auprès de moy tous ceux de la religion qui pourroient remuer. Pour les chefs de la ligue, ils n'ont point maintenant de forces bastantes pour me resister sans le secours de l'Espagnol. Quant aux peuples de ce party là, je sçay que l'incommodité qu'ils ont sentie de la guerre leur faict desirer la paix. M'estant donc asseuré de ceux de la religion qui eussent pu remuer en mon royaume, je suis resolu de faire perdre entierement le tiers-party par ma conversion à la religion catholique-romaine, ce que j'espere faire par l'instruction que me donneront les prelats françois, lesquels je feray assembler dans trois mois au plus tard. Il ne restera que ceux de la ligue, où par la conference qu'ils ont accordée, si les deputez s'y gouvernent selon leur devoir, j'espere donner à mon peuple la paix qui leur est si necessaire. Donnez parole à M. de Bourges de mon intention, et qu'il gouverne cest affaire par sa prudence. »

M. d'O alla aussi tost dire ce que luy avoit dit le Roy à M. de Bourges, car ce prelat estoit sur son partement avec les autres deputez pour se rendre à Suresne. Il receut ceste nouvelle avec un joignement de mains et une joye indicible, prenant un bon augure que la peine que luy et les deputez prenoient tourneroit à leur honneur. Avant que de dire ce qui se passa en ceste conference, pour ce que j'ay dit cy-dessus que dez long temps le Roy croyoit la realité au sacrement de l'eucharistie, je rapporteray icy quelques particularitez qui se sont passées sur ce qu'il a esté quelquesfois requis de se convertir.

Environ l'an 1584, M. de Bellievre, estant venu de la part du feu roy Henry III vers le Roy d'apresent (lors appellé roy de Navarre) dans Pamyez, luy dire qu'il eust à remettre la messe par tout le comté de Foix et en d'autres pays qu'il tenoit sous la souveraineté de la couronne de France, eut pour response qu'il faudroit donc y faire venir d'autres nouveaux habitans qui fussent catholiques, et que tous les peuples depuis trente ans avoient esté gaignez par les ministres, tellement que tous ceux qui estoient d'aage et commandoient aux affaires des villes et bourgades estoient de ceste religion, toutesfois qu'en l'assemblée qui se devoit tenir à Montauban qu'on y apporteroit le meilleur remede qu'on pourroit. Ceste assemblée fut tenue à dessein par l'ordonnance du feu Roy et du conseil de la Royne-mere, afin de rompre l'intention d'aucuns ministres qui vouloient appeller le duc Casimir pour leur protecteur, ainsi que nous avons jà dit ailleurs. Le roy de Navarre ayant communiqué ceste demande de M. de Bellievre aux ministres de sa maison qui servoient lors en quartier, ils luy dirent qu'il estoit raisonnable que les catholiques eussent la mesme liberté qu'ils pretendoient, et fut advisé que l'un d'entr'eux iroit en ces pays-là sonder la volonté de chasque ministre s'ils vouloient entendre à quelque bonne reconciliation. Mais il les trouva resolus de ne vouloir estre assignez sur la rente des escholiers, qui est *peto* (ainsi en parloient-ils), mais requeroient chacun pour soy quelque bon appointement dont ils pussent vivre et demeurer à couvert. On conseilla lors audit sieur roy de Navarre de rechercher les moyens de se reconcilier avec le Sainct Siege. Le sieur de Segur, un de ses principaux conseillers, en communiqua mesmes avec quelques ministres qu'il jugeoit estre traictables pour adviser aux moyens de se reünir à l'Eglise catholique romaine, ce que l'on desiroit faire doucement et sans en faire grand bruit. Sa Majesté s'y trouva tellement portée qu'en un discours particulier il dit à un des ministres de sa maison : « Je ne vois ny ordre ny devotion en ceste religion ; elle ne git qu'en un presche, qui n'est autre chose qu'une langue qui parle bien françois ; bref, j'ay ce scrupule qu'il faut croire que veritablement le corps de nostre Seigneur est au sacrement, autrement tout ce qu'on fait en la religion n'est qu'une ceremonie. »

Or du depuis les remuëments de la ligue commencerent. Ledit sieur de Segur (qui estoit allé en Allemaigne, où il avoit porté le thresor de la maison de Navarre, et lequel il a rapporté depuis, accreu de trois belles pieces, contre l'opinion de ceux qui le tenoient pour perdu) manda à Sa Majesté qu'il n'estoit pas temps de parler de conversion, et, quoy qu'il le luy eust conseillé, qu'il ne failloit pas qu'il le fist encor, pour ce qu'estant prince souverain dans ses pays, il ne devoit ployer sous la volonté de ses ennemis, ains devoit s'esvertuër de maintenir sa liberté et deffendre sa religion, jusques à tant que par bonne instruction paisiblement et volontairement il fust satisfaict de tous doubtes. A cest advis se conforma celuy de tout son conseil. On ne trouva que trop de raisons d'Estat pour le luy persuader; toutesfois on a tenu que, sans l'advis d'un opinant en son conseil, ceste conversion se fust poursuivie, et qu'il fust venu dez ce temps là trouver le Roy, et qu'il n'y eust pas eu tant de sang respandu en France comme il y a eu depuis. Les autres sont de contraire opinion, et disent que les princes de la ligue n'eussent pas laissé de prendre les armes, et qu'ils n'en vouloient pas tant à la religion qu'à la couronne.

Du depuis que ce prince eut esté contraint de prendre les armes il ne laissa toutesfois, au plus fort mesmes de ses affaires, de conferer particulierement avec ceux qu'il jugeoit doctes des poincts principaux de sa religion, et se rendit tellement capable de soustenir des points debatus par les ministres, selon leur façon de faire, que plusieurs fois il en a estonné des plus entendus d'entr'eux. On dira que c'estoit pour le respect de Sa Majesté; mais je diray que c'est de la seule vivacité de son esprit et l'exact jugement qu'il fait de toutes choses, en quoy il ne reçoit aucune comparaison avec prince ou philosophe qui ait jamais esté ; car je compare aussi les uns aux autres en ce regard de dispute, mesmement en ce qui concerne l'anacrise des esprits, dont il en est un vray et très-parfait anatomiste, si bien qu'il cognoist les affections à la mine et les pensées au parler.

Il continua tousjours ceste forme d'instruction; mesmes, estant venu à la couronne de France, il m'envoya (à moy qui escris) mandement par bouche, et lettres que me rendit en main M. Constans, à present gouverneur de Marennes, à ce que j'eusse à luy en dire mon advis sommairement; ce que je fis en trois grandes feuilles de papier, lesquelles le sieur Hesperien, ministre, luy porta, et se les fit lire durant qu'il assiegeoit sa ville de Vendosme. Du depuis Sa Majesté a tousjours continué ceste recherche d'instruction par escrits et en devis particuliers avec gens doctes, jusques à ce temps icy qu'il donna sa parole audit sieur d'O d'embrasser du tout la religion catholique, et, pour quelques difficultez qu'il avoit encores, de s'en faire resouldre par les prelats.

M. de Bourges et messieurs les deputez du party du Roy, arrivez à Poissy le 28 d'avril, se rendirent au jardin du logis assiné à Suresne le lendemain sur les deux heures après midi, où estoient desjà arrivez M. de Lyon et les deputez de l'union, qui estoient dans le logis. Ils commencerent à s'entresaluër et embrasser avec beaucoup de courtoisie et bon accueil, au grand contentement de ceux qui estoient presens, aucuns desquels on voyoit jetter larmes de leurs yeux, de joye et espoir de quelque heureuse issuë de ceste conference, et, après avoir eu quelques devis et propos communs ensemble, monterent en la sale, se rendans les uns aux autres tout le respect qu'il estoit possible.

Après ils commencerent de prendre seance, les royaux du costé droict, les autres de l'autre, chacun selon leur rang et degré, et parler des seuretez, communiquer les passeports; et d'autant que le sieur de Villeroy n'y estoit comprins, lequel toutesfois avoit charge de se presenter de la part du duc de Mayenne, ledit sieur de Lyon pria les autres deputez de trouver bon qu'il y fust joint; comme aussi, de la part du Roy, M. de Bourges remonstra que le sieur de Vic, gouverneur de Sainct Denis, n'estoit nommé au leur, qu'ils prioient de trouver bon qu'il y assistast; ce qui fut accordé de part et d'autre, et advisé que les passeports seroient expediez en lettres patentes avec le seau pour plus d'authorité et de seureté.

Le sieur de Bourges remonstra qu'en leur passeport ils n'avoient voulu exprimer aucuns tiltres et qualitez, prioit ceux de l'union d'en vouloir faire de mesme pour eviter toute jalousie, à quoy il ne fut contesté, et fut advisé de les reformer et ne mettre que les noms des deputez d'une part et d'autre.

Quant aux seuretez, fut arresté en premier lieu de se donner la foy les uns aux autres, comme ils se la donnoient et prenoient reciproquement en protection et sauvegarde, disans aucuns d'eux qu'ils signeroient les passeports de leur sang si besoin estoit, et mourroient plustost que permettre qu'il fust fait aucun desplaisir au moindre de la suitte.

Que, attendant de plus grandes seuretez de chacune

part, on tiendroit douze Suisses de garde de jour et de nuict aux deux portes du lieu.

Fut mis en avant qu'il seroit bon faire cessation d'armes et intermissions d'actes d'hostilité quelques lieuës à la ronde, et advisé de mander où il appartenoit pour en avoir les despesches, et ne fut passé plus outre ce jour là.

Les deputez royaux demeurerent ce soir à Suresne, et ceux de l'union se retirerent à Paris, d'où le lendemain ils retournerent environ sur les une heure. Or ils ne cherchoient pour ce jour là que le moyen de n'entrer point en matiere, à cause qu'ils attendoient la venuë de M. de Mayenne et de plusieurs princes de sa maison qui estoient allés à Reims où estoit venu M. le duc de Lorraine, et s'estoient là entreveus et pris les resolutions ensemblement pour leurs affaires, telles qu'il leur avoit semblé bon. Ce fut pourquoy, en les attendant, ils trouverent moyen de faire passer ceste journée sur quelques paroles qu'ils avoient dites le jour d'auparavant à quelques-uns des deputez royaux en particulier, sçavoir, qu'ils eussent bien desiré que M. de Rambouillet se fust excusé de prendre telle charge, veu les choses qui s'estoient passées à Blois; considéré que M. Roze, evesque de Senlis, qui avoit esté député de leur part, ayant sceu qu'on ne l'avoit pour agreable, s'en estoit deporté volontairement. Les deputez royaux leur respondirent que ce n'estoit à eux d'en resoudre et defendre au sieur de Rambouillet de s'y trouver; quant au sieur de Senlis, ne sçavoient pourquoy il s'en estoit absenté, asseurans qu'il eust esté très bien venu, et avoient charge de recevoir tous ceux qui se presenteroient, sans aucune difficulté; prioient de ne s'arrester pour telles particularitez et passer outre. Mais ceux de l'union firent response qu'ils ne le pouvoient faire qu'ils ne fussent satisfaicts sur ce poinct, puis se retirerent à une chambre à part, comme firent les royaux. M. de Rambouillet, desirant se purger de ceste calomnie devant la compagnie, fit dire à ceux de l'union qu'il desiroit leur parler, ce qu'ils accorderent; tellement que toute ceste journée se passa sur plusieurs discours des choses passées à Blois, dont pour conclusion ledit sieur de Rambouillet leur dit que l'on sçavoit bien que tels conseils ne furent pas prins tout à coup, ny en public, ny de jour, ains à plusieurs fois, au cabinet, et de nuict, où l'on sçavoit qu'il ne se trouva jamais; que messieurs de Lyon et Pericard, secretaire, se souviendroient qu'il les avoit assistez en ce qu'il avoit peu durant leur retention, priant lesdits sieurs de le vouloir faire entendre à madame de Guise, et la supplier de le recevoir en ses justifications; et si elle avoit quelque particuliere charge et indice contre luy, en luy faisant cest honneur de le luy faire entendre, qu'il mettroit peine de s'en purger, et n'estoit raisonnable de le charger de ce dont il estoit innocent pour le perdre luy et sa posterité, comme il sembleroit qu'il se tinst pour convaincu s'il se retiroit de la compagnie, et s'asseuroit que madame de Guyse pourroit temperer ses regrets et ses plaintes quand elle auroit entendu ses raisons.

Nonobstant, ceux de l'union le supplierent de rechef de vouloir donner cela à la compagnie et au public, de se vouloir excuser de ceste deputation comme avoit fait M. de Senlis. Il leur respondit que si cela ne regardoit que son particulier il le feroit volontiers, mais qu'il avoit charge des princes, prelats et seigneurs, et s'en remettoit à eux pour en ordonner.

Après, le sieur de Schombert dit qu'ils feroient ce qu'il seroit possible pour leur donner tout contentement, et en escriroit là où il appartenoit. Cependant il les pria instamment qu'on ne laissast la journée sans donner quelque commencement aux affaires; qui fut cause que, s'estans assemblez et assis à l'accoustumée, on proposa de parler des pouvoirs; mais ceux de l'union cercherent tousjours moyen de n'y entrer.

Aussi il ne s'y accorda rien autre chose, sinon qu'en attendant de resoudre la surseance d'armes on manderoit aux garnisons de ne faire aucunes courses, qu'on expedieroit des passeports pour ceux qui seroient employez à aller et venir aux occurrences necessaires; et pour en obtenir les depesches, et pour rapporter response du fait du sieur de Rambouillet, fut depesché vers le Roy le sieur de Gesvre, secretaire.

Le lundy, troisiesme may, M. l'archevesque de Lyon s'estant trouvé malade, les autres deputez de l'union partirent le matin de Paris, et, estans sur le bord de l'eauë, entre l'abbaye de Long-champ et Suresne, adviserent encor de n'entrer en l'affaire principal des ouvertures jusques au mercredy prochain; qu'on pourroit ce pendant resoudre les seuretez et surseance d'armes et d'hostilité, et communiquer les pouvoirs. S'estans donc assemblez à l'accoustumée, les royaux leur dirent, avant qu'entrer en affaires, qu'on n'avoit peû obtenir de faire revoquer la deputation du sieur de Rambouillet pour plusieurs grandes considerations, et principalement pour ne rien remuër de ce qui estoit passé à Blois.

Après cela on exhiba les passe-ports au grand seau d'une part et d'autre, et, venans au traicté de la surseance d'armes, il y eut quelque contention et difficulté sur la limitation ou estenduë des lieux et personnes, lesquelles ne s'estans peu resoudre, fut dit que messieurs de Belin et president Janin en confereroient avec messieurs de Revol et de Vic, et r'apporteroient après disné à la compagnie; qu'il estoit temps d'entrer en affaires.

M. l'archevesque de Bourges commença à dire qu'en toutes actions il failloit premierement regarder à la qualité des personnes qui negotioient, et le pouvoir qui leur estoit donné, car les jurisconsultes mesmes disoient qu'il n'y avoit defectuosité plus grande que de pouvoir et d'authorité, et qu'à ceste cause ils proposoient leur commission.

M. l'evesque d'Avranches, respondant, dit qu'il recognoissoit le fondement de ceste negotiation dependre de pouvoir, et qu'il falloit commencer par là, exhibant à cest effect celuy qu'ils avoient de leur part; et, après s'estre retirez pour deliberer sur lesdits pouvoirs, M. d'Avranches dit qu'ils avoient veu le pouvoir des deputez royaux, le tenoient en la forme telle qu'il appartenoit, et n'avoient rien à y contredire.

M. de Bourges dit qu'ils avoient aussi veu celuy de ceux de l'union, qui leur sembloit aucunement manque et defectueux, n'estant que pour ouyr, rapporter, et non pour conclurre et arrester; neantmoins qu'ils avoient affaire à personnes de telle marque et authorité, qu'ils ne vouloient faire aucune difficulté de traicter avec eux, sçachant aussi qu'ils avoient tant de creance en leurs compagnies qu'on ne les desadvoüeroit jamais en telle negociation; joinct qu'ils estoient si proches de ceux desquels ils avoient charge, qu'ils pourroient, sur toutes occurrences, en avoir approbation et ratification, comme ils le requerroient aux choses qui se presenteroient de consequence.

M. l'evesque d'Avranches, pour ceux de l'union, repliqua que leur pouvoir en parchemin sembloit plus specieux et estoit plus grand en apparence, mais qu'en effect ils estoient semblables et de pareille authorité, d'autant qu'on sçavoit assez qu'ils ne resoudroient rien en affaires si importans sans la communication de ceux qui les avoient envoyez, et ne manqueroient, comme ils avoient desjà commencé, de consulter leurs oracles, comme de leur part ils seroient bien marris d'avoir entrepris d'en user autrement; que leur compagnie leur avoit faict cest honneur, et estoit disposée de leur bailler plus ample pouvoir; mais ils estimerent estre de leur devoir et modestie de ne l'accepter, sous la consideration qu'ils estoient si proches qu'en peu de temps et sans retardation ils pouvoient estre resolus.

Ce mesme matin le sieur de Belin fit pleinte de quelque accident survenu entre des soldats près de La Chappelle, où il y en avoit eu de tuez, blessez et prisonniers; et fut arresté que les prevosts d'une part et d'autre informeroient, pour, les informations rapportées en la conference, y estre pourveu ainsi qu'il seroit à faire par raison.

Après disné les articles de la surseance d'armes furent resolus et accordez en ceste sorte :

Premierement, affin que la conference fust terminée en toute seureté, et pour oster toute occasion d'inquieter les sieurs deputez en quelque façon que ce fust, qu'il y auroit surseance d'armes et de toute hostilité, non seulement pour leurs personnes, leurs gens, train, suitte et bagaige, mais pour toutes autres personnes, de quelque qualité et condition qu'ils fussent, à quatre lieuës à l'entour de Paris, et autant à l'entour dudit Suresne, à sçavoir, depuis Paris jusques aux lieux cy après nommez, l'enclos d'iceux et l'estenduë de leurs parroisses comprins ensemble de l'un à l'autre, tirant à droicte ligne, et pour toute l'estenduë du pays qui est entre ladite ville de Paris, Chelle, Vaujour, Aunay, Ville-pinte, Roissy, Gonnesse, Sarcelles, Mont-morency, Argentueil, et, ayant passé l'eau, tout ce qui est jusques à Sainct Germain en Laye, Roquencourt, Choisy aux Bœufs, Palayseau, Lonjumeau, Juvisy, et tout ce qui est au delà la riviere, qui va de l'une à l'autre, et de là à Ville-neufve Sainct Georges, passant la riviere de Seine, Sussi, Boissy, Amboille, Noisy, et là passant la riviere, Nully sur Marne, et de là à Chelles, sans qu'il fust loisible à aucuns d'un party et d'autre entrer dans les villes et places où y avoit garnison, sans avoir passeport exprès de ceux qui auroient authorité d'y commander, et ce pour le temps de dix jours à commencer du deuxiesme jour de may, sauf à le renouveller et prolonger si besoin estoit; que defense seroit faite à tous gens de guerre, de quelque qualité et nation qu'ils fussent, de faire aucunes courses, ny actes d'hostilité, injures ny outrages, de faict ou de paroles, à quelque personne que ce fust en l'estenduë des lieux cy-dessus designez, pour ledit temps, sur peine de la vie; neantmoins, que les droicts et impositions qui se levoient sur les vivres et marchandises seroient payez ès lieux accoustumez sans abus ny fraude; et toutesfois, pour le regard des minotiers (1) estans trouvez dans l'estenduë de la surseance, ne pourroient estre recerchez à faute d'avoir acquité lesdits droits; mais, si autres que ceux accoustumez faire ledit train de minotiers s'ingeroient d'en user en fraude de l'accord, il y seroit pourveu et donné reiglement par lesdits sieurs deputez en la susdite conference; et pour le regard des charrettes, combien qu'elles fussent trouvées dans ladite estenduë de la presente surseance sans avoir payé, en seroit fait raison en icelle assemblée à ceux ausquels seroit fait la fraude.

Que pour l'observation desdits articles seroient expediées lettres patentes sous l'authorité des chefs des deux partis, et publiées affin qu'on n'en peust pretendre cause d'ignorance.

Ce qui fut fait, et les patentes envoyées aux gouverneurs et capitaines des places prochaines, à ce qu'ils eussent à l'observer et faire garder et entretenir, avec injonction à eux et aux officiers des lieux de faire faire punition exemplaire des contrevenans, à peine d'en respondre en leurs propres et privez noms.

Le mercredy matin s'estans les deputez assemblez, après quelques propos communs, M. l'archevesque de Bourges, avant que venir aux ouvertures qu'il avoit à faire, dit qu'il louoit Dieu de ce qu'il luy plaisoit, parmy tant de troubles et les tenebres d'un siecle calamiteux, faire reluire une si heureuse journée en laquelle on commençoit à s'entre-voir pour rechercher

---

(1) *Minotiers.* C'étoient des ligueurs pauvres ausquels Mayenne faisoit donner un minot de blé par semaine.

ensemble quelque remede à nos maux, et empescher l'issuë funeste de nos divisions.

Le remercioit aussi de ce qu'il avoit fait la grace de choisir telles personnes qu'il voioit doüées de tant de prudence et d'affection au bien de cest Estat, et qui apportoient en cest affaire toute ingenuité et de si droictes intentions, esperant qu'on ne se despartiroit point de ceste assemblée sans quelque bon effect, et qu'il ne seroit reproché à tant de gens d'honneur ce que le prophete disoit : *Contritio et infelicitas in viis eorum, et viam pacis non cognoverunt* (1).

Qu'il n'y avoit bon François qui ne fust touché de compassion, considerant nos miseres et se resouvenant d'avoir veu ceste monarchie si florissante, ne regrettast de la veoir en telle desolation.

Ne vouloit rafraischir nos playes et renouveller nos douleurs, mais si les failloit-il toucher avec le doigt pour en chasser l'ordure et y apporter la guerison.

La noblesse, qu'on avoit veu si puissante et bien unie, estoit aujourd'huy si affoiblie et diminuée qu'elle s'en alloit perduë du tout, et le royaume privé de son appuy et plus bel ornement.

La justice, autresfois tant honorée et redoutée, et exercée avec l'admiration des nations estrangeres, estoit mesprisée parmy les armes et du tout abbatuë, et ne pouvoit exercer ses functions.

Les villes riches et opulentes estoient desertes, tout commerce et marchandise y cessoit, tout y estoit plein de desordre et confusion.

Ceste belle et grande ville de Paris monstroit par la

---

(1) Malheureux dans leurs voi..., ils n'ont pas connu celle de la paix.

seule ruine de ses fauxbourgs combien sa face estoit pitoyable à voir, tous les ordres y perissoient et estoient du tout abolis, mesmes ceste Université tant renommée; qui nous presageoit à l'advenir un siecle de barbarie et d'ignorance, et la jeunesse à faute d'instruction abandonnée à tous vices et desbordemens.

Le tiers-estat, qui estoit abondant en commoditez, et les laboureurs heureux lors qu'ils jouyssoient du fruict de leurs labeurs, aujourd'huy estoient exposez à l'insolence et cruauté des gens de guerre, et reduits au desespoir.

La terre mesme nous monstroit ses cheveux herissez, et demandoit d'estre peignée pour nous rendre les fruicts accoustumez.

Et l'Eglise, qu'il avoit oublié de mettre la premiere, estoit très-mal servie, la religion s'en alloit perduë, toute charité et devotion s'en alloit esteinte, les eglises estoient profanées, les autels demolis, et pouvoit dire que, durant ces derniers troubles et remuëmens, il s'estoit plus perdu de ce qui estoit deu d'honneur et service à Dieu, d'obeyssance à l'Eglise, de discipline aux bonnes meurs, qu'il n'avoit fait de long temps auparavant; qu'il ne falloit esperer de remettre la religion entre les blasphemes et sacrileges, parmy nos dissensions et animositez, qui ne produiroient en fin que toute infelicité et malheur, et la destruction de la plus belle et florissante monarchie de la terre.

Que le seul moyen de se relever de ces miseres, et pourvoir à tant de desordres et calamitez, estoit une bonne paix, qui estoit la mere de la pieté et religion, l'establissement de la justice, la vraye source du repos et soulagement du peuple, et par le moyen de laquelle on pouvoit esperer de remettre toutes choses en meilleur estat, et faire recouvrer à ceste couronne son ancienne splendeur et prosperité.

Qu'il estoit temps de mettre quelque fin à nos tragedies si nous estions bons François et amateurs de nostre patrie, qu'il n'y avoit que les estrangers qui faisoient profit de nos malheurs et taschoient de nous y nourrir.

Qu'il estoit temps de chercher quelque repos pour le reste de nos jours, et nous employer tous à sauver cest Estat, et que par le moyen d'iceluy la religion seroit conservée, et non par les armes et continuation des guerres.

Prioit et conjuroit d'embrasser et courir après ceste paix, suivant le conseil du prophete : *Inquire pacem, et persequere eam.* La nature mesmes, par la conformité de nos visages, nous invitoit à la paix, et pervertissions nostre naturel, qui estoit enclin à la douceur et societé, lors que nous suivions les tumultes et les discordes. Ne vouloit user de plus grand discours, parlant à ceux dont il cognoissoit la bonne volonté, mais les prioit que s'ils avoient quelques bons advis et expediens pour parvenir à un si grand bien d'en faire les ouvertures; qu'il ne vouloit croire qu'en leur assemblée, et entre tel nombre de deputez des provinces, ils ne se trouvassent quelques memoires et instructions pour trouver le remede qu'on recherchoit et qui estoit si necessaire, et que de leur part on les trouveroit tousjours trèsbien disposez.

M. l'archevesque de Lyon, prenant la parole pour ceux de l'union, dit qu'ils n'apportoient de leur part aucune passion, mais une pure et sincere volonté pour trouver quelque bon et salutaire conseil à la conservation de la religion et de l'Estat; esperoit que, ayans ce commun desir et reciproque affection, Dieu beniroit l'issuë de cest acte, et feroit succeder à son honneur et au souhait de tous les gens de bien et bons catholiques; que leurs desseins et actions n'avoient jamais visé et ne tendoient à autre but qu'à la manutention de ladite religion catholique, apostolique et romaine, en laquelle ils estoient baptisez et instruits, pour la deffense de laquelle ils avoient les armes, et estoient resolus de consacrer leurs biens, leurs moyens et leurs vies, avant que la voir perdre ou exposer en danger; religion qui avoit donné naissance, accroissement et grandeur à ceste monarchie, en laquelle nos roys avoient esté nourris et y avoient perseveré depuis si long temps si heureusement, et sans laquelle elle ne sçauroit subsister; religion qui avoit esté conservée si cherement par leurs peres, et qu'ils desiroient, voire au prix de leur sang, transmettre seure et entiere à la posterité.

Qu'il n'estoit besoin de representer nos malheurs et les extremes afflictions de cest Estat, qu'ils n'experimentoient que trop, et que les estrangers mesmes ploroient et deploroient en les oyant reciter; mais qu'il failloit adviser de trouver de bons conseils et rémedes pour guerir les playes dont il estoit ulceré, et pour reparer les ruines et desordres dont il estoit accablé, et ne regarder point seulement d'apporter quelque allegement present à ceste ardeur et inflammation, mais rechercher plus avant les causes d'une si aspre maladie, pour l'oster, et remettre l'Estat en sa convalescence; que nous n'avions que trop recongneu, par l'exemple des plus florissans empires, et par l'experience propre, que l'heresie en estoit la source et origine, laquelle avoit allumé le feu de nos troubles, dont ce royaume estoit embrasé et presque reduit en combustion; que c'estoit l'heresie, qui ne cessoit depuis trente ans d'esbranler ses fondements, qui avoit excité les orages de rebellions, de conjurations et perturbations dont il estoit horriblement agité, et avant qu'elle y fut introduitte on n'avoit jamais veu nation plus obeyssante et mieux unie, et ne falloit penser, tant qu'elle y seroit entretenuë, de faire cesser ces desordres et confusions. C'estoit à l'heresie qu'il falloit imputer le saccagement de nos temples, les demolitions des autels, le degast de nos champs et là necessité de nos villes. Et combien qu'ils en eussent un vif sentiment, si est-ce qu'ils regrettoient bien encores plus la perte de tant d'ames qu'on voyoit tous les jours, et qui estoient sur le point de perdre ce qui leur estoit le plus cher et precieux, que la religion, laquelle demeurant sauve et entiere, ils n'apprehendoient ny la ruine de leurs fauxbourgs, ny la pauvreté et necessité de leurs villes.

 Quant à la paix, c'estoit une chose si saincte, et le seul nom si doux et aggreable, qu'elle n'avoit besoin d'autre loüange et recommandation; que les catholiques la demandoient, pourveu que ce fust paix de Dieu et de l'Eglise, qui apportoit après soy le repos et la prosperité de l'Estat; et que le Fils de Dieu mesme, qui estoit venu annoncer la paix, et qui en estoit l'autheur et luy mesme la vraye paix, nous enseignoit qu'il failloit bien monter plus haut pour parvenir à la vraye paix qui estoit le zele de son honneur, et pour lequel il estoit venu diviser le pere d'avec le fils, et commandoit de quitter biens, parens et alliances pour la querelle et defense de la religion; que si les guerres entreprinses et soustenues pour ceste occasion estoient blasmées, il falloit par mesme moyen condamner tous ceux que l'Eglise nous commandoit d'avoir en saincte et eternelle memoire.

Que c'estoit au moins le contentement et consolation qui leur demeuroit, que la guerre qu'ils soustenoient estoit juste, et n'avoient regret d'employer leurs vies pour un si sainct subject que la conservation de leur religion; la seureté de laquelle leur estant proposée par conditions bien certaines et non douteuses, ils feroient tousjours voir n'avoir autre ambition, interest ou respect particulier, quel qu'il pust estre.

Et combien que les deputez ne fussent venus en intention de traicter et conferer, et que en leurs cayers et instructions on ne trouvast aucun article de paix, n'ayant peu prevoir les declarations et propositions faictes, toutesfois qu'ils aymoient tant le repos du royaume, qu'ils ne rejetteroient point les ouvertures qui seroient faictes, si l'honneur de Dieu et leur devoir à la religion et à l'Eglise le pouvoient permettre.

Ne pouvoient dissimuler et leur taire que, pour jetter les fondemens d'une heureuse et solide paix, il failloit que les catholiques fussent unis de volonté et de conseil pour maintenir et asseurer leur religion, et pour s'opposer aux armes et desseins de l'heresie, qui ne pouvoit bastir son establissement que de nos ruines, et n'avoit autre force pour nous vaincre que nos mutuelles divisions et discordes; que c'estoit là le but où les catholiques devoient viser et employer tous leurs labeurs et solicitudes, comme au vray chemin pour acquerir bien-tost une ferme et asseurée tranquillité, pour faire revivre l'ancienne gloire et reputation de ceste nation très-chrestienne, et remettre en nostre posterité la religion aussi entiere et le royaume aussi grand et florissant qu'il avoit jamais esté; que nos peres avoient veuë ceste paix, nos ancestres avoient jouy de ce repos, et ne tenoit qu'à nous de commencer à revoir la serenité d'un siecle si heureux. C'estoit ce qu'ils desiroient de leur part; c'estoit le fruit de la conference qu'ils attendoient, comme l'unique remede de nos maux, et le port et azyle asseuré pour empescher le naufrage de la religion et de l'Estat. Prioit Dieu de disposer les cœurs à un si sainct effect, et dresser la voye pour y parvenir; que le merite en seroit très-grand, et la loüange eternelle à la posterité.

Après ces harangues, prononcées par ces deux prelats avec une très-belle eloquence, comme ils en estoient naturellement doüez, les deputez royaux se retirerent à part en une chambre pour consulter; et, après s'estre r'assemblez et assis, M. l'archevesque de Bourges commencea à haranguer derechef comme s'ensuit : Que l'on avoit discouru de la paix, et que de sa part il n'en avoit parlé qu'en termes generaux; que ce n'estoit assez, et falloit venir aux moyens plus particuliers; en quoy il vouloit user de peu de langage et avec toute simplicité de parolles et de volonté, à fin qu'on traitast avec plus de candeur et de confiance.

Que les philosophes nous aprenoient que la paix n'estoit autre chose qu'un ordre bien estably en l'Estat, et une conformité d'esprits et de volontez entre les hommes.

Que Dieu, autheur et conservateur de toutes choses, les avoit tellement disposées, que, par un ordre singulier, les inferieures obeyssoient aux superieures, et s'entretenoient en accord par une admirable harmonie et convenance.

Que, ores que les choses humaines et l'estat des polices et gouvernemens fussent subjects à continuelles vicissitudes et alterations, si falloit-il qu'à ce modelle souverain elles fussent contenuës en quelque ordre et reglement; que cest ordre ne se pouvoit dresser que par la mutuelle concorde des subjects et recognoissance d'un chef et souverain, qui estoient les liens et les plus fortes joinctures pour retenir et conserver l'estat des choses publiques, et les rendre heureuses et invincibles, estans d'accord que, sur toutes choses, il failloit pourvoir à la seureté de la religion, et concurroient avec eux en mesme desir de la maintenir, n'ayants moins de regret qu'eux des partialitez et divisions qui empeschoient son entier restablissement.

Mais que si l'obeissance d'un roy et prince souverain, et ceste concorde entre les subjects, n'estoient premierement establis pour asseurer et affermir l'Estat, qu'en vain on parloit de sauver la religion qui y estoit comprise et contenuë.

Que ce chef ne pouvoit estre autre que celuy qui estoit donné de Dieu et de la nature, et qui avoit le droit par l'ordre de la succession et les loix anciennes du royaume, estant yssu du tige royal et de la famille de sainct Loys.

Prioit de considerer combien ceste reconnoissance des puissances ordonnées de Dieu estoit recommandée en l'Escriture Saincte, et jetter les yeux sur l'exemple des premiers chrestiens, lesquels, avec tant de patience et humilité, avoient tousjours embrassé l'obeyssance de leurs princes souverains, quoy qu'ils fussent payens et idolatres, ennemis et persecuteurs de leur foy et religion, levant les yeux au ciel, et supporté avec mesme respect et modestie leurs actions et qualitez, priants pour eux, leur faisans service, recognoissants que selon sa volonté il disposoit des sceptres et des coronnes. Qu'après tant d'enseignemens et exemples des saincts peres, il ne falloit faire difficulté de rendre obeyssance à son roy legitime et ordonné de Dieu, et sans s'enquerir de ses actions et de sa conscience.

Qu'il ne leur presentoit point un prince idolatre, ou faisant profession de la loy de Mahumet, mais qui estoit, par la grace de Dieu, chrestien, et qui croyoit avec nous un mesme dieu, une mesme foy, un mesme symbole, et separé de nous seulement par quelques erreurs et diversités touchant les sacrements, dont il falloit essayer de le retirer après l'avoir recognu et à iceluy rendu ce qui luy appartenoit.

Que s'il n'estoit tel qu'on le desiroit il le failloit inviter et poursuivre de l'estre : les prioit et conjuroit de s'y employer tous par communs vœux et intercessions. « Joignez-vous, disoit ce prelat, avec nous et nous avec vous. Nous aurons tous l'honneur de l'avoir ramené au bon chemin, et avoir fait un œuvre si signalé et remarquable. »

Que l'on avoit beaucoup d'occasion d'esperer ce qu'on desiroit de luy ; qu'il en avoit fait les promesses à l'advenement à sa couronne, et par après beaucoup de fois reiterées; et qu'à present on voyoit sa bonne volonté, laquelle il avoit tesmoigné par plusieurs propos et demonstrations; que la legation de M. le marquis de Pisani par devers nostre sainct pere le Pape à ses despens en faisoit assez de foy, avec la permission qu'il leur avoit donnée de venir en ceste conference; et aussi que, se trouvant dernierement à Mante, il vit de la fenestre passer la procession, et leva son chapeau et se tint longuement descouvert; en somme, qu'il y estoit, par la grace de Dieu, desjà tout disposé; qu'ils l'esperoient ainsi, et osoient bien dire qu'ils se le promettoient; et ne restoit plus que d'avancer un si grand bien, et s'employer tous ensemble à l'accomplissement de ceste belle action; que cela le toucheroit au cœur quand il verroit ses bons subjects l'en requerir et supplier d'un commun accord; et, comme il auroit ce contentement de recevoir d'eux le devoir auquel ils estoient obligez, aussi leur voudroit-il donner ceste satisfaction de se resoudre promptement et se flechir à leurs prieres, et d'autant plus qu'il jugeroit telle resolution estre necessaire pour la tranquillité de son royaume. Il adjousta qu'il y avoit quelques-autres particularitez qui pourroient estre representées à la compagnie par M. de Believre, qui promettoient une bonne preparation à sa conversion.

Le sieur de Bellievre ayant dit qu'il ne pouvoit rien adjouster au discours du sieur de Bourges, qui avoit très-dignement touché ce qui se pouvoit dire sur ce sujet, l'heure de disner estant advancée, on se retira, et, après le disner, les deputez de l'union consulterent sur la response qu'ils vouloient faire, et fut par eux tous particulierement discouru et opiné sur la proposition faite par M. de Bourges sur la recognoissance du Roy, et par commun advis resolu de luy respondre que quant à la recognoissance du roy de Navarre, qu'ils n'en vouloient point ouyr parler, et protestoient mourir plustost que jamais obeyr à un heretique; que là dessus l'archevesque de Lyon pourroit mettre en avant la disposition du droit divin et humain, les ordonnances de l'Eglise, les conciles, et les lois fondamentales de l'Estat; pour le regard de l'inviter à estre catholique, qu'on ne pouvoit ny devoit le faire par plusieurs raisons qui furent avancées, et que ledit archevesque de Lyon depuis rapporta et representa.

S'estant donc r'assemblez après le disner au lieu et en l'ordre accoustumé, M. l'archevesque de Lyon dit :

Qu'il feroit la response avec tout le respect et modestie qu'il luy seroit possible; prioit ceux ausquels il parloit l'excuser si le matin en son discours il y avoit eu quelque parole qui les eust offensez, et considerer qu'il en avoit charge de ceux qui les avoient commis, et qu'il ne pouvoit que user de la liberté requise en affaire si ardu et si jaloux que celuy de la religion, telle neantmoins qui se rapporteroit plustost à la juste defense de leur cause que à l'injure de personne.

Recognoissoit et confessoit avec eux que la paix et prosperité des Estats despendoit principalement de l'obeyssance que l'on doit au prince, et de la concorde des sujets, mais que ceste concorde ne se pouvoit former s'il y avoit diversité de religion, car l'experience, depuis trente ans, avoit assez monstré qu'elle n'apportoit que troubles et remuemens, qu'elle rompoit le lien de toutes societez les plus sainctes et inviolables, faisoit ouverture à l'atheisme, et combloit l'Estat public de toute sorte de desordres et confusion, où, au contraire, l'unité de foy et du service de Dieu à la vraye religion produisoit ce bel ordre qu'on recherchoit, et ceste belle rencontre et embrassement de la paix avec la justice qui amenoit la vraye tranquillité et l'abondance de toutes benedictions spirituelles et temporelles ; que toutes autres paix n'en estoient que des ombres, et en portoient bien le nom, mais l'effect n'estoit qu'une guerre avec Dieu, et un seminaire de discordes eternelles.

Que, pour tirer cest Estat du peril où il estoit, falloit premierement y establir le royaume de Dieu et asseurer la religion ; que par après toutes autres choses seroient abondamment adjoustées ; car c'estoit elle qui faisoit florir et prosperer les royaumes ; c'estoit à elle, comme maistresse, que toutes polices devoient estre rapportées ; et, en ceste intention, on pouvoit bien dire que la religion estoit en la republique, mais comme l'ame au corps, pour luy donner vie et mouvement.

Quant à la recognoissance d'un chef souverain, ils le desiroient et requeroient tous les jours : c'estoient les vœux des provinces, les charges et memoires de leurs deputez, pourveu que ce fust un roy très-chrestien de nom et d'effect, digne de la pieté de ses ancestres. Mais de recognoistre et advoüer un heretique pour roy en ce royaume très-chrestien, qui estoit l'aisné de l'Eglise, et ancien ennemy des heresies, quoy qu'on eust mis en avant de l'authorité de l'Escriture Saincte, et exemples des anciens chrestiens, c'estoit chose contraire à tout droit divin et humain, aux canons ecclesiastiques et conciles generaux, à l'usage de l'Eglise, et aux lois primitives et fondamentales de cest Estat.

Car, premierement, la loy de Dieu estoit expresse, qui defendoit d'establir pour roy aucun qui ne fust du nombre des freres, c'est à dire de mesme religion, qui est la vraye fraternité procedant de la conjonction de religion : et la raison de la loy le monstroit encore mieux, à fin qu'il ne ramenast le peuple en l'Egypte, c'est à dire aux precipices de l'infidelité et de l'heresie. Suyvant lequel commandement les prestres et sacrificateurs d'Israël, et les mieux instruits en la crainte de Dieu, s'estoient distraits de la subjection de Jeroboam pour avoir prevariqué en la vraye religion, et soubmis à l'obeyssance du roy de Juda; les villes d'Edon et de Lobna, du domaine des prestres et sacrificateurs, où estoient les plus sages et religieux du royaume, avoient delaissé Joram, sixiesme roy de Juda, pour ceste mesme occasion, qui estoit mort miserablement, au souhait de tout le peuple, sans avoir esté ensevely au sepulchre de ses peres, ne receu aucun honneur et obseque royal. Amazias, ayant quelque temps suyvi le service de Dieu, s'en estoit après destourné; aussi son peuple s'estoit rebellé contre luy, estant contraint s'enfuir à la ville de Lachis, où il avoit esté poursuyvi par ceux de Hierusalem, assiegé et mis à mort par un conseil general. La royne Athalia, par l'authorité de Joiada, grand prestre, et le consentement de tout le peuple, avoit esté ostée de son throsne, après avoir regné six ans, et punie exemplairement.

Que le mesme avoit esté ordonné en la loy de l'Evangile. Que celuy qui ne voudroit obéyr à l'Eglise seroit tenu pour ethnique, profane et publicain, tant s'en faut que celuy qui en est retranché peust estre roy en l'Eglise. Et comment pourroit-il estre receu, veu que sainct Jean mesme defendoit de le saluer, qui n'est qu'un office de courtoisie, de le recevoir en la maison, de converser et communiquer avec luy? Et sainct Paul reprenoit aigrement les chrestiens de ce qu'ils plaidoient devant des juges payens et infideles, voulant plustost qu'ils esleussent les plus indignes d'entre eux, monstrant combien les infideles estoient incapables d'avoir aucune authorité et commandement sur les chrestiens et catholiques, et que l'heresie et infidelité deslioit tous les liens les plus estroits, mesmes la femme du joug et obligation de son mary.

Tous les conciles prononçoient pareils arrests d'interdiction et d'anatheme contre les heretiques, et les declaroient indignes de toute domination et principauté sur les catholiques. Celuy de Latran, fait sous Innocent III, pape plein de pieté et sans aucun reproche, avec grand nombre de prelats, ordonnoit que tous princes jureroient d'exterminer les heretiques denoncez par l'Eglise, et purger leurs royaumes, terres et jurisdictions de ceste ordure d'heresie, autrement qu'ils estoient excommuniez, et leurs vassaux et subjects declarez absous du serment de fidelité et de leur subjection et obeyssance; que ce concile avoit esté receu et usité par toute la chrestienté, et particulierement en France; ce qui se voyoit par le serment faict par nos roys en leur sacre, qui estoit tiré de mot à mot du texte dudit concile. Au concile de Tolede estoit escrit qu'un roy ou prince ne pouvoit estre receu qu'il n'eust juré de ne souffrir aucun en son royaume qui ne fust catholique; s'il venoit à estre infracteur de ce serment, qu'il fust en execration et anatheme. Si on dit que ce concile est faict pour l'Espagne, ce seroit chose honteuse que les François leur cedassent au zele de la foy et religion.

Que si le droict divin y estoit si exprès, l'usage et la pratique des peres et anciens chrestiens y estoit conforme, comme on pouvoit monstrer par plusieurs exemples : que Mattathias et ses enfans les Machabées estoient louez par l'antiquité, et recommandables à la posterité, comme serviteurs de Dieu, pour n'avoir voulu souffrir et s'estre opposez à la tyrannie d'Antiochus, leur prince souverain, pour la defense de leur foy et religion. Licinius et Maxence, qui estoient les deux premiers princes apostats de l'Empire, avoient donné occasion aux catholiques de s'eslever contre eux et recourir à Constantin, qui les avoit vaincus et desfaits tous deux sur ceste querelle. Constance, arrien, fils de Constantin, ayant chassé sainct Athanase de son siege, les catholiques avoient imploré le secours de Constans, son frere, qui l'auroit contraint à faire cesser ces persecutions et violences. Qu'il y avoit une infinité de semblables exemples qu'il obmettoit; prioit seulement de regarder avec quelle liberté les anciens evesques, ces colonnes de l'Eglise, sainct Athanase, sainct Hilaire, sainct Chrysostome, sainct Gregoire Nazianzene et saint Cyrille, parloient aux empereurs et monarques de leurs temps lors qu'ils estoient heretiques et ennemis de l'Eglise, les appellans loups, chiens, serpens, tygres, dragons, lyons ravissans, antechrists, et usoient de plusieurs autres paroles contumelieuses, et sur tout Lucifer, evesque de Sardaigne, par ses livres et escrits addressez contre Constance; qui estoit bien loing de les recognoistre et conseiller de leur rendre obeissance, car autrement ils eussent parlé d'eux avec honneur, qui est une des principales marques de l'obeyssance.

Venant après au droit humain, il remarqua qu'il y avoit plusieurs decrets et constitutions ecclesiastiques, plusieurs loix et edicts des empereurs Constantin, Theodose, Martian, Justinian, par lesquels, entre autres peines, les heretiques et leurs fauteurs estoient declarez indignes de tous biens, honneurs, authoritez et charges publiques, voire des plus petites et moins importantes. « Comment donc, disoit-il, seroient-ils capables de la plus haute et excellente dignité du monde? »

Pour les loix de la monarchie de France, il dit qu'il ne vouloit repeter ny le testament solemnel de sainct Remy, ny les anciens edicts de nos roys, les reglemens et ordonnances de cest Estat; car le seul serment qu'ils estoient tenu de prester à leur sacre et couronnement, de defendre la religion catholique, apostolique et romaine, et exterminer les heretiques, et sous lequel ils recevoient celuy de fidelité de leurs subjects, et non autrement, monstroit assez combien ceste qualité estoit necessaire et fondamentale; aussi que, aux premiers estats tenus à Blois, avoit esté proposé que le roy de Navarre et le prince de Condé seroient admonestez de laisser leur heresie, autrement qu'ils seroient indignes de jamais succeder à ceste couronne, et telle avoit esté recognuë la volonté du Roy, conforme à la proposition des estats. Et aux derniers estats, avec quels serments publics et solemnels, quels contentements et aplaudissements de tout le peuple françois, avoit-on receu et juré ceste loy pour fondamentale de l'Estat : et ne falloit dire qu'elle eust esté practiquée par artifice, ou extorquée par violence, si on n'appelloit force l'instante requisition de tous les ordres; et quoy que la fin d'iceux estats eust esté funeste et tragique, et qu'il semblast n'avoir esté libres, si est-ce qu'ils n'avoient laissé d'insister, jusques aux dernieres harangues, que ladite loy fust authorisée et confirmée, et le Roy mesmes en auroit fait particuliere declaration qu'il n'entendoit rien changer en icelle, ains vouloit qu'elle fust ferme, stable et irrevocable.

Dit qu'il n'estoit besoin de s'estendre plus longuement en la deduction des loix divines et humaines; que la seule raison et experience monstroit assez quel danger il y avoit de se soubmettre sous la domination d'un prince de contraire religion, car, tenant la sienne pour vraye, il ne falloit pas doubter qu'il ne s'employast de tous moyens à l'avancement d'icelle et à l'aneantissement de celle qui seroit contraire; et outre que sa volonté servoit de loy plus forte et plus puissante que celle mesme qui estoit escrite, l'authorité royalle lui fournissoit mille moyens pour l'execution de tels desseins, mais deux principalement : le premier estoit l'exemple, qui avoit tel pouvoir sur les subjects qu'ils se laissoient aysement aller à l'imitation des vices ou des vertus de leurs souverains, et sur tout les François, que l'on disoit estre singes de leurs roys. Sous les bons roys David, Ezechias, Josias, le peuple se trouvoit avoir esté fort religieux. Quand Jeroboam choisit une autre religion, tout le peuple y avoit couru après. En la chrestienté, par l'exemple du grand Constantin, tout le monde avoit embrassé la foy, sous Constance l'arrianisme, et l'atheisme sous Julian l'Apostat. De nostre temps, Henry huictiesme d'Angleterre, combien avoit-il trouvé de sectateurs de son schisme? Edoüard, son fils, avec quelle facilité avoit-il changé la religion? La devote Marie n'avoit-elle pas chassé en bien peu de temps l'heresie, et en aussi peu de temps Elizabet introduit le calvinisme? Nouvellement n'avoit-on pas veu le duché de Saxe tenir la doctrine de Luther sous un prince lutherien, embrasser le calvinisme et bannir la precedente par la volonté du mesme prince, et depuis, à l'appetit du tuteur de ses enfans, la doctrine de Luther restablie, et celle de Calvin condamnée et rejettée? Et ne falloit aller rechercher des histoires et reciter des exemples estrangers; qu'on experimentoit desjà avec trop de regret ce que pouvoit l'exemple et l'authorité du prince heretique, s'il estoit estably et recognu par les catholiques, qui voyoient de leur vivant saper les fondemens de leur religion; et ny les demolitions des autels, les ruynes de leurs eglises, ny les blasphemes et indignitez commises contre le Sainct Siege et l'authorité de l'Eglise, ny l'insolence des ministres de l'heresie, dont il ne vouloit parler plus aigrement, ne les pouvoient retenir. L'autre moyen que les princes heretiques avoient quand ils estoient recognus pour roys, estoit la force et authorité d'avancer aux honneurs, dignitez et charges publiques, ceux qu'il leur plaisoit, et les obliger par ce moyen à dependre de leur volonté, et deprimer, par la severité et terreur de leur sceptre, ceux qu'ils n'avoient peu corrompre par faveur et bien-faits, s'ils vouloient faire empeschement et resistance à leurs mandemens; qu'il ne falloit autre tesmoignage que les persecutions que les catholiques avoient souffert sous Constance, Valent, Genseric, Hunneric, Trasimonde, et autres princes arriens, qui avoient esté si cruels, que, si ces peres anciens, qui s'estoient trouvez parmy les feux et flammes de telles violences, sainct Athanase, sainct Gregoire Nazienzene, Ruffin et Victor d'Utique, ne les eussent laissées par escrit, elles sembleroient incroyables. Et qui y voudroit, disoit il, adjouster foy, oyant reciter à la posterité les inhumanitez et tourments que la royne d'Angleterre avoit fait souffrir aux catholiques de son royaume? Qui n'auroit horreur se ressouvenant des cruautez innumerables que l'heresie avoit exercé en la France, laquelle ayant eu ce credit lors qu'elle estoit battuë et combattuë par nos roys, quel traictement en pourroit-on esperer estant fortifiée de l'authorité royale, et devenuë maistresse et souveraine? Que, ayant tant d'exemples voisins et domestiques, l'experience et la raison, il ne falloit penser qu'ils fussent si lasches, ny si peu jaloux d'un joyau si cher et precieux que la religion, de la vouloir engaiger au pouvoir d'un heretique, et luy mettre ceste haute et absoluë authorité comme un glaive en main pour la destruire. Ne vouloient faire ce des-honneur au peuple françois, treschrestien et tant renommé pour sa pieté, de consentir qu'il eust un chef heretique et retranché du corps de l'Eglise, et, avant que voir cela, ils estoient resolus de tenter plustost toutes sortes de conseils, pour extraordinaires qu'ils pussent estre, jusques à leurs propres vies, qu'ils ne pouvoient, disoit-il, sacrifier pour un plus sainct et honnorable subject. Trouvoient estrange d'ouir dyre qu'à un prince de telle qualité on se disoit estre naturellement obligé comme donné et ordonné de Dieu, veu que ez royaumes chrestiens tout ce qui estoit de la nature, du droict de gens, et des polices temporelles, devoit ceder à la grace de Dieu, par laquelle seulle ils regnoient, et à Jesus-Christ, naturel roy des royaumes de la terre, qui avoit le peuple de Dieu pour son heritage, et qu'il avoit soubmis aux puissances subalternes pour l'advancement de sa gloire et service de son Eglise, les autres ne venants point de sa main et n'estans avouez pour ses ministres et lieutenans. Que telles loix estoient bien autres que les loix de la succession et proximité du sang dont on avoit parlé, lesquelles quand on voudroit accorder avoir lieu, il faudroit joindre pour essentielle et necessaire qualité la profession de la religion catholique et la capacité de succeder, et oster l'inhabilité et incapacité, qui ne pouvoit estre plus grande que de l'heresie, que des condemnations de l'Eglise et exclusion des loix et ordre inviolable de cet Estat, comme il disoit avoir monstré. Que la foy estoit preferable à la chair, au sang qui estoit souillé par l'infection de l'heresie, et la vraye succession estoit celle de la foy et imitation des œuvres et de la pieté de ceux dont on se disoit estre exextraict. Que saint Loys, prince de très-heureuse memoire, et sanctifié pour ses vertus et pieté singuliere, n'avoueroit jamais pour ses successeurs les protecteurs des heresies, dont il estoit si grand profligateur et adversaire. Et sur ce qu'on avoit dit ne parler d'un prince qui fust payen ou idolatre, mais qui croyoit un mesme dieu, une mesme foy et symbole, la verité de leur foy les asseuroit que la contrarieté, voire en tous les points principaux, ne pouvoit estre plus grande, et que les uns reputoient abus, superstition et idolatrie, ce que les autres tenoient pour appuy de leur salut et creance; la mesme verité apprenoit à tenir, non pour simple erreur, mais pour heresie, ce qui avoit esté ainsi declaré et jugé par l'Eglise et par les conciles generaux et ecumeniques; et, croire autrement, c'estoit faire chose indifferente de la foy, et ouvrir la porte à l'atheisme. Que si elle sembloit approcher de plus près de la religion catholique que le paganisme, c'estoit en quoy elle estoit plus dangereuse et dommageable à l'Eglise, qui avoit tousjours esté plus opprimée par ses ennemis domestiques que par les estrangers, et le mal d'autant plus contagieux qu'il s'insinuoit plus aysement par telle conformité.

Il vint après à l'invitation et sommation, et dit aussi qu'ils n'y pouvoient entendre, par plusieurs raisons très-pertinentes : premierement, que la conversion à la foy estoit un œuvre de Dieu, qu'on n'y parvenoit pas par sommation et protestation, mais par une impulsion et mouvement du Sainct Esprit, et en se disposant à recevoir ceste grace avec humilité et pureté de vie et de conscience; que le roy de Navarre avoit esté invité et sommé de retourner à l'Eglise par les premiers estats de Blois, avec une legation et deputation honnorable par devers luy; que, après la mort du deffunct Roy, il leur avoit promis de se faire catholique dans six mois; que si pour eux il ne l'avoit voulu faire, encores moins le feroit-il pour ses ennemis, et ne seroit honnorable qu'il fust dit que sesdits ennemis l'eussent fait catholique; que M. le duc de Mayenne luy en avoit fait parler par des personnes d'honneur et d'authorité, qui n'y avoient peu rien advancer; mais, qui plus estoit, ce seroit entrer en quelque forme de recognoissance, ce qu'ils n'entendoient et ne pouvoient faire, violer les serments par eux solemnellement prestez, avec un public perjure, et outre ce offencer l'authorité de nostre Sainct Père, qui, par ses bulles l'ayant excommunié et retranché de l'Eglise, defendoit de traicter avec luy, ny d'avoir aucune communication et commerce.

Touchant les indices de sa future reduction, ils estoient fort foibles et sans apparence; car, quant à la legation du sieur marquis de Pisany, elle estoit faicte sous autre nom que le sien, qui n'estoit pas la submission et humilité requise en tels actes, ny le respect deu à Sa Saincteté; que, s'il avoit levé le chapeau à la procession, d'une fenestre, ce n'estoit pas pour faire honneur à la croix et aux saincts, ny recognoistre les ceremonies de l'Eglise, mais plustost pour saluër les princes, seigneurs, dames et autres qui y estoient. Mais qu'ils avoient bien des raisons plus grandes pour croire le contraire : les promesses faictes solemnellement de n'abandonner jamais sa creance, les actions subsequentes de perseverer en l'exercice de l'heresie, favoriser ceux qui en faisoient profession, mettre les charges et les places plus importantes en leurs mains, distribuër les ministres par provinces comme officiers à gaiges, faire veriffier les edicts de janvier et juillet, et deffendre d'informer de la religion de ceux qui seroient pourveus d'offices, comme on avoit faict ces jours passez à Tours. Icy fut ledict sieur de Lyon interrompu par M. de Chavigni, qui dit qu'il n'avoit esté verifié par la cour de parlement, combien qu'il eust esté presenté. Ledit archevesque de Lyon, poursuivant son discours, dit que c'estoit au moins un tesmoignage de sa volonté, ayant ordonné de le publier et verriffier, et adjousta les lettres interceptées des ambassadeurs d'Angleterre, par lesquelles il dit qu'on pouvoit juger de l'intention du roy de Navarre sur ladicte promesse de conversion, qui n'estoit qu'à dessein, pour entretenir et engager les catholiques qui l'assistoient, et faciliter la voye de son establissement à la royauté : aymoit mieux s'en taire qu'en parler plus avant.

Pour la fin, dit qu'il avoit esté un peu long en son discours, mais que ce avoit esté pour monstrer combien juste estoit la resolution que leur party avoit prinse de ne souffrir jamais la domination d'un heretique; et qu'après avoir tant enduré et supporté pour ceste querelle, qui concernoit l'honneur de Dieu et conservation de la foy, il ne failloit penser les en demouvoir, ny trouver aucuns expediens pour y parvenir.

Prioit lesdits seigneurs deputez des princes catholiques royaux de considerer avec eux quelle injure ce seroit faire à Dieu, quel prejudice à son Eglise, quel tort à la posterité, de laisser tomber le sacré sceptre françois ès mains d'un heretique, qui apporteroit par son establissement la ruïne de la religion de ce royaume, et de l'estat universel de la chrestienté. Estans catholiques et enfans de l'Eglise, ne devoient souffrir que l'ennemy conjuré d'icelle en fust le protecteur; estans si bons François, devoient estre jaloux de la dignité et splendeur de ceste couronne, et luy conserver son principal fleuron, qui estoit la religion, et ceste possession qu'elle avoit gardé jusques à present, de n'avoir eu autres roys que très chrestiens et grands ennemis des heresies. Que ce leur estoit un extreme regret de voir la religion catholique opprimée par les catholiques, qui la devoient defendre avec eux. Et ne falloit douter que l'heresie ne se vengeast des uns et des autres, et de ceux mesmes par l'appuy desquels elle auroit esté establie. Les prioit de se joindre ensemble contre les ennemis communs de leur religion, se separer de leur societé, et prendre ce salutaire conseil que Dieu donnoit à Moyse et aux enfans d'Israël : *Recedite à tabernaculis impiorum, ne involvamini peccatis eorum* (1), et se reünir tous pour la manutention de la gloire de Dieu et de la religion catholique, apostolique et romaine, et repos de cest Estat.

M. le comte de Chavigny, qui avoit une ame toute françoise et catholique, avoit voulu rompre ce discours plusieurs fois, fasché d'ouyr un qui se disoit François tenir tels propos. Il ne vit plustost jour pour parler qu'il dit : « Ce sont discours, de dire que nous combattons contre la religion catholique, laquelle nous avons tousjours deffendue sans y espargner nos vies : dequoy nous avons donné de très-signalez tesmoignages, et garderons bien, avec l'ayde de Dieu, qu'elle ne se perde en France; car nous combattons seulement pour l'Estat contre ceux qui le veulent usurper, lesquels vous soustenez contre tout droict et vostre devoir. »

Après ces paroles, M. l'archevesque de Bourges demanda de communiquer avec messieurs ses condeputez, et ayant consulté quelque temps, environ sur

(1) Eloignez-vous des tentes des impies, pour n'être pas souillés de leurs péchés.

les quatre heures on se rassembla, puis il dit que, le matin ayant discouru de l'obeyssance qui estoit deuë aux roys, et renduë par les anciens chrestiens, quoy qu'ils fussent payens et ennemis de leur religion, il ne s'estoit proposé d'user là dessus de plus grande production d'authoritez et d'exemples; mais, puis qu'on y estoit entré, il ne pouvoit qu'il n'en touchast quelque chose le plus briefvement qu'il luy seroit possible. Et premierement advoüa la loy avoir esté donnée au peuple de Dieu, que quand il constitueroit un roy il le choisist du nombre des freres, et qu'on ne peust mettre sur eux un homme estranger; et adjousta qu'il estoit dit que le roy escriroit le Deuteronome de la loy, selon l'exemplaire qu'il prendroit de la main des prestres, comme fit Josias, à son advenement à la couronne, d'Elchias grand prestre; mais qu'on ne trouveroit point qu'il y eust commandement ou conseil de s'y opposer par revoltes et rebellions : au contraire l'Escriture ne recommandoit rien tant que l'obeyssance deuë aux roys et princes souverains, et estoit pleine d'exemples du respect que les prophetes et anciens chrestiens leur portoient.

Que Sedechias, roy de Juda, estoit très-aigrement reprins pour s'estre destourné de l'obeyssance du roy des Chaldéens, qui n'estoit seulement payen, mais très-meschant, neantmoins estoit appellé serviteur de Dieu : et iceluy Sedechias avoit esté puny très-rigoureusement, et le peuple pour avoir suivi sa rebellion mené en captivité : au contraire le peuple d'Israël n'avoit fait difficulté de luy obeyr.

Qu'on ne lisoit pas que les anciens prophetes s'opposassent et rebellassent aux roys, mais les honnoroient, leur assistoient, et estoient de leur conseil; tout ce qu'ils faisoient estoit de les reprendre de leurs fautes avec beaucoup de liberté, comme Samuel faisoit à Saül, Ahias à Hieroboam, Nathan à David, Elie à Achab, qui estoit son conseiller d'Estat.

Et les chrestiens du premier siecle en leurs actions, deportemens et paroles, ne respiroient que douceur, mansuetude, obeyssance; et lors qu'on les accusoit de conspirations contre les empereurs et leur Estat, ils s'excusoient, monstroient au contraire, comme disoit Tertullian, que leur doctrine n'enseignoit que de craindre Dieu, honorer et respecter la majesté des princes souverains, qu'ils appelloient la premiere personne après Dieu, en parloient avec tout honneur et respect. Et s'il se trouvoit qu'ils eussent quelquefois parlé contre eux, ce n'estoit de leur vivant, mais après leur mort; et ne sçauroit-on remarquer qu'ils se fussent jamais souslevez, mais leur resistoient par prieres et par patience, et non par armes.

Que si aucuns avoient voulu tenter autre voye, elle n'avoit jamais bien succedé, ny mesmes le conseil des Machabées, qui avoit esté suivy de malheur et infelicité, quoy qu'ils fussent poussez d'un très-grand zele à l'observation de leur loy.

Quant aux lieux alleguez du nouveau Testament, singulierement pour les defences de la compagnie et conversion des heretiques, tels commandemens pouvoient avoir lieu lors qu'ils estoient en petit nombre, et que cela se pouvoit faire sans detriment et avec quelque utilité de l'Eglise et advancement de la religion, mais non quand ils estoient en si grand nombre que la separation ne s'en pouvoit faire sans beaucoup de scandale, et sans la ruine mesme de l'Eglise et de la religion; et que telle estoit la doctrine des saincts peres : et mesme sainct Paul, qu'ils avoient allegué, le disoit expressement : *Scripsi vobis, ne commisceamini fornicariis, non utique fornicariis hujus mundi, alioquin debueratis de hoc mundo exiisse.*

Pour le regard des conciles, confessoit celuy de Latran quatrieme avoir esté un des plus celebres qui eust jamais esté tenu en l'Occident, et une très-belle compagnie d'empereurs, princes, patriarches, prelats, et en très-grand nombre, et en iceluy avoir esté faits de très-beaux reglemens et sainctes constitutions ; mais quant à ce qui regardoit les princes souverains, et pour le fait des erreurs et heresies qui estoient en leurs principautez, estoit dit seulement qu'ils seroient exhortez : c'estoit le mot porté par le concile, *moneantur,* et que c'estoit le chemin qu'il failloit tenir, d'admonester et non de condamner, d'exhorter et non de proscrire, et commencer des procez par l'execution, des remonstrances par les anathemes. Que, pour un simple archidiacre d'Angers, Berengarius, on avoit tenu quatre conciles pour le convaincre et condamner son heresie, comme attestoit mesmes M. Genebrard en sa Chronologie, et qu'un prince de telle dignité et authorité que le roy de France meritoit bien qu'on prinst la peine de tenter tous moyens pour le retirer de son erreur, ce qui n'avoit esté fait.

Et, pour respondre à ce qui avoit esté mis en avant de l'usage de l'Eglise et pratique des anciens peres, outre ce qu'il avoit desjà dit, adjoustoit que, par exemples de la mesme histoire ecclesiastique, et tesmoignages de l'antiquité, les chrestiens avoient paisiblement souffert la domination des princes payens et heretiques. Neron, Diocletian, Domitian, estoient tyrans et persecuteurs de l'Eglise, toutesfois n'avoient perdu leur authorité ny l'obeyssance de leurs peuples. Constance, Julian l'Apostat, Valent, Zenon, Anastase, Heraclius, Constantin IV et V, Justinien I et II, Leon III et IV, estoient heretiques; neantmoins l'obeyssance ne leur avoit esté deniée par les chrestiens; et sainct Ambroise mesme n'avoit pas trouvé mauvais ceste obeyssance et le service que les soldats chrestiens rendoient audit Julien l'empereur; les admonestoit seulement de ne rien faire contre l'honneur et commandement de Dieu : le dire duquel sainct Ambroise estoit enregistré au canon *Julianus* II, q. 3.

Que subsecutivement un Theodoric, Atalaric, et tant d'autres roys des Vandales en Afrique, Goths en Italie, avoient esté recogneus par les chrestiens et catholiques, combien qu'ils fussent arriens, et mesmement par les prelats et evesques de leurs temps, voire mesmes par les papes, comme Jean premier et second, Boniface et autres, qui leur avoient rendu toute sorte d'honneur et de reverence.

Venant aux loix civiles et canoniques, sans entrer en plus grandes responses, se contentoit de dire qu'elles n'avoient lieu que contre les heresiarches et autheurs des heresies, et non contre les sectateurs. D'avantage, que telles loix et canons n'appartenoient aucunement aux princes souverains, qui tenoient leurs sceptres immediatement de Dieu, sans estre attachez aux constitutions humaines, mais seulement aux hommes privez et particuliers, les biens et successions desquels estoient subjects aux lois politiques des magistrats. Qu'au surplus le Roy ne pouvoit estre dit heretique, ayant esté nourry et imbu de ses premiers ans en ceste creance, et n'y avoit aucune opiniastreté et obstination, mais avoit tousjours esté prest et resolu de recevoir instruction et se departir de ses opinions, la verité luy ayant esté remonstrée ; qu'avant cela on ne le pouvoit tenir pour heretique, suyvant la doctrine de sainct Augustin (que le Roy mesmes sçavoit bien alleguer) et des canons, qui ne tenoient pour heretiques ceux-là seulement *qui sententiam suam nulla pertinaci animositate defendunt, quam à parentibus hauserunt, quærunt autem multa sollicitudine veritatem, corrigi parati, cùm invenerint* (1).

Respondoit aux lois fondamentales que ny les estats, ny le Roy mesme n'avoient peu violer la loy de succession de ceste couronne, qui estoit perpetuelle, et ne pouvoient oster ce que la nature et la loy avoient acquis, et que celuy qui estoit appellé ne le tenoit que par le benefice de ladite loy et establissement de monarchie. Ne luy falloit parler de la declaration des estats de Blois, car il sçavoit comme toutes choses y estoient passées, *et quorum (inquit) pars magna fui*, et n'y vouloit toucher plus avant; et que, quant il auroit esté fait de la franche volonté du Roy et consentement de tout le peuple, cela ne pouvoit nuire et prejudicier au successeur.

Et sur ce qu'avec tant d'exemples et raisons fondées, sur la force, les faveurs et imitation des princes, on apprehendoit et tenoit on certain un changement de

(1) Qui soutiennent sans opiniâtreté les opinions qu'ils ont reçues de leurs pères, qui cherchent ardemment la vérité, prêts à s'y soumettre s'ils la trouvent.

religion en ce royaume, il monstra qu'il y avoit bien difference des autres Estats dont on avoit fait mention à cestuy-cy où la religion catholique estoit fondée de si longue main, et que le corps d'un si grand Estat n'estoit susceptible d'une si prompte mutation, où y avoit tant de grandes et puissantes villes, tant de princes, prelats, officiers et noblesse, qui pourroient bien aysement empescher tel dessein si on le vouloit entreprendre, et que l'exemple des princes arriens et novatiens n'avoit pas corrompu la pureté des gens de bien et catholiques qui s'estoient trouvez sous leur regne.

Touchant l'invitation qu'ils requeroient, ores qu'elle eust esté faicte, cela n'empeschoit qu'on ne la fist encores à present, et qu'il ne se failloit lasser de faire une œuvre telle et si desirée, qui seroit le bien de toute la chrestienté; qu'on ne luy avoit donné loisir, durant les troubles et continuation des guerres, et parmy le bruit des tambours et trompettes, d'entendre à sa conversion, et qu'on n'en avoit parlé que avec les armes au poing, comme pour le forcer et violenter; mais que à present l'invitation ne seroit inutile, comme ils pouvoient asseurer, et qu'on auroit ce contentement, et l'honneur de la reduction du Roy, et toute la chrestienté et la posterité mesme nous en auront, disoit-il, obligation. Que ce qu'ils requeroient leur adjonction estoit pour autant qu'ils sçavoient quel credit ils avoient à Rome, et que cela rendroit fructueuse la legation du sieur marquis de Pisani, laquelle avoit esté empeschée et traversée par beaucoup d'artifices.

Ainsi ledit sieur archevesque de Bourges finit sa response, et, parce qu'il estoit desjà tard, on remit la partie au jour ensuivant.

Le jeudy, cinquiesme may, une partie de la matinée fut employée en divers discours particuliers, tant sur l'arrivée du duc de Mayenne et de quelques princes de Lorraine à Paris, que sur autres subjects. Après que l'archevesque de Lyon avec ses condeputez eurent consulté ensemblement pour faire la response aux lieux alleguez par ledit sieur archevesque de Bourges, s'estant la compagnie assemblée, ledit sieur archevesque de Lyon commença à reprendre en peu de paroles ce qu'il avoit dit le jour d'auparavant, et puis après il voulut tascher à refuter ce qui avoit esté respondu par M. de Bourges.

Premierement, quant à l'exemple de Sedechias, qu'il y avoit plusieurs particulieres considerations, car luy et son peuple s'estoient assubjettis à la puissante domination de ce roy des Assyriens, et si s'estoient obligez par serment, tellement qu'il y avoit expresse declaration de la volonté de Dieu, signiffiée par les prophetes, mesmes par Hieremie, que les Juifs fussent assubjettis aux Chaldeens et que la ville de Hierusalem leur fust renduë, Dieu l'ordonnant et permettant ainsi, ou pour la translation de l'Empire par luy decretée, ou pour la juste punition et obstination de ce peuple qui en fut après puny luy mesmes, après avoir servy de fleau de l'ire divine, et en ceste intention estoit appellé serviteur de Dieu, pour estre ministre et vengeur de sa justice, comme Job appelloit Sathan serviteur de Dieu.

Mais tant s'en faut qu'il y eust promesse et serment d'obeyr au roy de Navarre, que le serment solemnel faict par ceux de l'union estoit au contraire de ne le recognoistre jamais; tant s'en faut qu'il y eust declaration de la volonté de Dieu et de ses prophetes, que nostre Sainct Pere, qui estoit nostre prophete, ange de Dieu, et qui estoit assisté de son esprit, le nous avoit très-expressement deffendu, et non un seul, mais six tout de suitte, par mesmes et conformes jugements souverains du Sainct Siege apostolique, de Gregoire treisiesme et quatorziesme, Sixte cinquiesme, Urbain septiesme, Innocent neufiesme de très-heureuse memoire, et Clement huictiesme, aujourd'huy regnant en l'Eglise, un des plus grands pasteurs et de la plus saincte et exemplaire vie qui eust esté de long temps, outre les autres rares vertus et perfections de prudence, de doctrine, de clemence et justice qui estoient en luy, avec une admirable sollicitude au salut et grandeur de ce royaume, et qui estoit florentin de nation, tel qu'il sembloit avoir esté desiré de beaucoup, sous espoir qu'il ne suivroit la mesme voye, comme si la verité, qui estoit inseparablement conjoincte audict Sainct Siege, s'y pouvoit trouver differente et contraire.

Quand aux exemples des prophetes, qu'on disoit ne s'estre jamais opposez aux roys par voye de faict et par seules remonstrances, ce n'estoit pas simple remonstrance ce que Elie a faict d'assembler les estats pour faire mourir tous les prophetes de Baal, faire mourir ceux qui estoient de la part du Roy pour le venir querir, et autres semblables traicts remarquez en l'Escriture, dont il estoit loüé d'avoir ainsi resisté à Achab et Jezabel, et estoit dict de luy par honneur en l'Ecclesiastique, *Qui dejecisti reges ad perniciem, etc.*, qui as faict tomber les roys en ruine et les glorieux de leur siege, et as brisé leur puissance : et derechef estoit dict de luy qu'en ses jours il n'avoit point craint les princes, et n'avoit encores ouy dire qu'il eust esté conseiller d'Estat du roy Achab.

Estoit-ce remonstrance ce que Elisée avoit faict, conseillant et commandant à Jehu d'exterminer Achab et toute sa famille, et ne faire aucune paix avec luy, et sans aucun respect et consideration de la dignité royale, et lors que Joram luy presentoit la paix, il avoit respondu : *Quæ pax? adhuc durant fornicationes Jezabel matris tuæ, et veneficia ejus multa vigent* (1)?

Estoit-ce respect et recognoissance que Elisée portast au roy Joram, quand il ne luy voulut pas seulement parler, luy disant que si ce n'eust esté pour le respect de la presence de Josaphat, qu'il n'eust daigné le regarder?

A ce qu'on disoit que les saincts peres n'avoient parlé avec mespris et deshonneur des princes de leur temps qu'après leur mort, on pouvoit bien voir ce qui en estoit par leurs livres et invectives; et mesme sainct Hilaire, à fin que ceste liberté d'en parler ainsi ne fust mal prinse, disoit que *non erat temeritas, sed fides; non inconsideratio, sed ratio; non furor, sed fiducia; non contumelia, sed veritas* (2). Qu'on n'avoit respondu aux defections d'Edon, de Lobna et autres exemples, et que la responce à celuy des Machabées estoit un peu estrange, estans les chrestiens trop asseurez que les evenemens bons ou mauvais n'estoient

---

(1) Quelle paix! les débauches de votre mère Jézabel durent encore, et les poisons qu'elle répand ont conservé toute leur force.

(2) Il n'y avoit point de témérité, mais de la bonne foi, point d'imprudence, mais de la raison, point de fureur, mais une noble confiance, point d'injures, mais la vérité.

certains arguments de la justice de la cause, et que si un Pharaon, un Antioche et autres tyrans avoient eu quelquefois du meilleur, qu'il ne s'ensuivoit pas que Dieu approuvast leur party; qu'il se failloit humilier à supporter tout ce qui venoit de la main de Dieu, fust-ce perte ou victoire, mais ce pendant que l'acte estoit loué et representé à la posterité pour exemple. Au lieu allegué de l'epistre des Corinthiens respondit qu'il ne se pouvoit trouver un lieu plus exprès en l'Escriture en leur faveur; car sainct Paul monstroit qu'en la defense qu'il avoit fait de converser et s'entremesler parmy les idolatres et mal vivans, il n'entendoit pas y comprendre tous les payens, et qui n'avoient faict profession de la foy chrestienne, tant pour estre lors chose malaysée, que par ce que telle hantise et conversation n'estoit si dangereuse et defenduë : *Quid enim mihi (inquit) de his qui foris sunt judicare?* Mais, quand à ceux qui avoient donné la foy à l'Eglise, il defendoit de ne manger pas seulement avec eux, et les exterminer et retrancher du milieu d'eux; joint que les princes chrestiens recevoient leurs sceptres, à la charge de les soubsmettre au service et obeyssance de l'Eglise. Et ce lieu pouvoit servir encores de response aux exemples mis en avant des roys et empereurs qui avoient esté recogneus par les premiers chrestiens, qui ne pouvoient estre tenus pour deserteurs de la foy, laquelle ils n'avoient encores point receuë. Davantage, que si lors et par après ils avoient souffert telles dominations, voire mesme des princes heretiques, comme Constance et Valens arriens, Julian apostat, Anastase eutychien, Heraclius, Constantin, Copronime et autres, ce n'estoit faute de droict et d'authorité à l'Eglise, mais faute de force et puissance temporelle, estant plustost disposée au martyre qu'à s'opposer aux princes, et, lors qu'elle estoit en sa naissance et au berceau, elle se lamentoit, disant : *Quare fremuerunt gentes, et adstiterunt reges terræ, etc.* Mais, quand elle avoit veu quelque lieu ouvert à sa puissance, ou avec le profit et utilité de l'Eglise, ou sans la ruine et detriment du peuple catholique, elle n'avoit point manqué à son devoir, et avoit accompli le surplus de la prophetie, *Reges eos in virga ferrea; et nunc reges intelligite, etc.*, comme les evenemens le monstrent assez. Aussi que pouvoit-elle faire lors qu'elle voyoit les Ostrogots en Italie, les Visigots en Espagne, les Vandales en Afrique? Et encores, parmy ceste foiblesse et au feu des persecutions, les catholiques n'avoient jamais manqué de rendre quelque tesmoignage de leur volonté et constance contre les princes ennemis de l'Eglise. Mais qu'ils n'estoient en ces termes, et les forces du roy de Navarre n'estoient si grandes qu'ils fussent contraints de ployer sous le joug de sa domination, ny eux destituez de moyens pour luy faire resistance.

L'authorité de sainct Ambroise qui estoit rapportée au canon Julianus portoit sa response, à sçavoir que les chrestiens obeyssoient aux empereurs, pourveu qu'il n'y allast de l'honneur de Dieu, et que ceste obeyssance ne prejudiciast à celle qui estoit deuë à Dieu, comme pour le fait de la religion ou autre chose commandée de Dieu. Aussi quand il leur estoit commandé de faire la guerre aux chrestiens, ils n'avoient garde d'y obeyr, comme font aujourd'huy les catholiques, qui, sans aucune difficulté, se sont armez contre leurs propres freres qui s'opposoient, suivant le commandement de Dieu, à la domination de l'heresie. Le concile de Latran contenoit admonition aux princes d'exterminer les heretiques de leurs terres; mais n'y ayant esté satisfaict après la denonciation de l'Eglise, les peines contenues en iceluy estoient declarées. Icy non seulement il y avoit denonciation de l'Eglise, mais condemnation, non exhortation de fuir un heretique, mais declaration de ne le tenir pour leur chef et protecteur. Que si Berengarius avoit esté condamné souvent, ce n'estoit pas que les conciles fussent assemblez pour luy, car on sçavoit bien que l'Eglise n'avoit pas de coustume de convaincre les heretiques en particulier, et suffisoit que leurs heresies fussent generalement condamnées. Mais en autant de conciles qui avoient esté tenus de son temps, son heresie, que depuis Calvin a suscité, estoit toujours detestée comme celuy de Rome et de Verceil tenus sous Leon neufiesme, celuy de Tours sous Victor second, le dernier à Rome sous Nicolas deuxiesme, auquel de son mouvement il avoit abjuré ses erreurs et allumé un feu pour brusler ses livres, et encores estoit-il revenu à son vomissement; qu'en ce crime d'heresie, qui estoit de leze-majesté divine, tout privilege et acception de personnes cessoit, voire estoit plus considerable aux princes, d'autant qu'ils estoient plus obligez à la defence de l'Eglise, et pour le danger plus grand que la suitte de leur crime apportoit, qu'à une personne privée et sans authorité; moins encores doubter si celuy qui en estoit attaint et convaincu devoit estre tenu pour heretique, vu que, après le jugement de l'Eglise et condemnation d'une heresie, elle ne pouvoit estre suivie sans obstination et pertinacité, estant vray heretique celuy qui croit contre la foy et determination de l'Eglise catholique, apostolique et romaine, ou qui revoque en doute ce qu'elle a defini, comme dit le mesme sainct Augustin; ce que le roy de Navarre ne faisoit seulement, mais defendoit ceste heresie par armes, et en estoit depuis long-temps le chef et protecteur; que si les loix civiles mesmes reputoient heretiques ceux *qui vel levi argumento, à judicio et recto tramite catholicæ religionis deflectunt* (1), que diroient-elles de ceux qui en tout et par tout contredisent à l'Eglise catholique, lesquels, selon le jugement des anciens peres, ne pouvoient mesmes estre appellez chrestiens? Et, pour le regard de l'instruction, il n'avoit jamais eu et n'avoit encores faute de prelats et docteurs pour se faire instruire et recevoir les enseignemens necessaires.

La response aux loix civiles et canoniques, qu'elles n'avoient lieu que contre les heresiarques et ne comprenoient la personne des princes, estoit contre le texte et la teneur d'icelles, qui non seulement condamnoient les autheurs, mais les fauteurs, adherans et complices, et affectoient les princes aux mesmes peines, sans respect de qualité, dignité et condition quelconque, comme le danger y estoit beaucoup plus grand, et que les subjets audit cas estoient absous de l'obligation et serment de fidelité, et ne se trouvoit qu'il y eust autre voye de salut pour les roys que pour les autres personnes privées; que la loy qui regardoit la conservation de la religion catholique, apostolique et romaine en ce royaume estoit la souveraine, qui avoit jetté les fonde-

---

(1) Qui même, par un léger sophisme, s'écartent de la voie tracée par la religion catholique.

ments de sa grandeur, et l'avoit faire reluire par dessus tous autres empires, de consequent que les autres loix luy devoient ceder comme inferieures, mesmement estant inseparablement conjointe avec la loy et ordonnance de Dieu, et les autres temporelles et humaines, qui, pour beaucoup moindre occasion, avoient souvent esté changées, voire en cest Estat. Aux dangers du changement de religion repliquoit qu'il estoit d'autant plus à craindre en France que l'authorité royale y estoit plus reverée, et que les François, legers et amateurs de nouveautez, s'y laisseroient aysement aller, et sur tout les courtisans, qui pour avoir credit seroient tousjours de la religion du Roy et de la cour. Pour ce qui estoit de l'invitation, ou pour n'avoir esté bien entendu, ou faute de n'avoir eu la grace de se bien expliquer, repeteroit encores les raisons pour lesquelles ils n'y pouvoient ny devoient entendre : premierement, pour ne se departir des mandemens du Sainct Siege et bulles de Sa Saincteté, qui estoit un des fondemens de leur cause, autrement leur seroit imputé qu'ils s'en servoient ou la rejettoient selon qu'elle leur sembloit utile ; d'avantage, pour ne contrevenir à leur serment s'ils entroient en aucun traicté et conference avec l'heretique, et pour ne faire aucune ouverture de recognoissance, à quoy ils avoient souvent protesté ne pouvoir ny vouloir entrer en aucune sorte. Qu'il y avoit eu cy-devant beaucoup d'occasions, qui les eust voulu embrasser, pour penser à la conversion qu'on avoit negligé, mesmes au temps de grandes prosperitez, et avoit-on bien pris loisir d'entendre à choses qui n'estoient si importantes que le salut de l'ame. Et quant aux derniers estats, cela avoit dejà esté resolu de n'user plus de telles semonces et invitations. Les prioit de croire qu'ils ne s'estoient meslez de la legation du sieur Pisany pour l'avancer ny pour la traverser, et que les memoires des sieurs evesque de Lisieux et des Portes n'en avoient esté aucunement chargez, mais que Sa Saincteté, pour le grand zele qu'elle avoit à l'honneur de Dieu, et jalousie à ce qui pouvoit apporter prejudice à la cause de la religion, de son propre mouvement avoit usé de la procedure qu'on avoit veu, qui estoit un bel exemple et une vive exhortation aux catholiques pour leur faire apprehender le peril où ils estoient, donnans faveur et assistance aux heretiques.

M. de Bourges, avec ses condeputez, se retira à part pour conferer avec eux de la response qu'il faudroit faire, et demeura jusques environ les trois heures; et après, estans revenus en l'assemblée, ledit sieur archevesque leur dit que chacun alleguoit divers exemples, et se servoit de l'authorité des Escritures pour preuve de ses opinions, et la retorquoit en divers sens, mais qu'on en pouvoit avoir l'intelligence, invoquant l'esprit de Dieu, qui le donnoit à ceux qui le demandoient, et imprimoit en leur ame la cognoissance de la verité: *Intellectum bonum dat petentibus eum;* comme au sujet qui se traictoit de la recognoissance ou rejection des princes; car la voix de Jesus-Christ et de ses apostres estoit evidente, et la predication continuelle des chrestiens qu'il falloit craindre Dieu, honorer le Roy, rendre à Dieu ce qui luy estoit deu, et à Cesar ce qui luy appartenoit; que toute ame devoit estre sujette aux puissances ordonnées de Dieu, autrement que c'estoit resister à sa volonté et troubler l'ordre et tranquillité publique; que les desobeyssances avoient toujours esté suivies de vengeances et punition de Dieu, et de toute sorte de malheurs et infelicitez, et allegua plusieurs autres lieux semblables qui recommandoient expressement l'honneur, obeyssance et respect envers les roys et magistrats, ores qu'ils fussent payens et meschants, consideré que Dieu les establissoit selon son bon plaisir et selon les merites ou demerites des peuples. Aussi il dit qu'il ne se vouloit arrester plus longuement à contredire les lieux et exemples alleguez, qui ne pouvoient empescher de se resoudre à ce qui estoit commandé par l'expresse parole de Dieu; mais en ce qu'on leur avoit opposé l'authorité et le jugement des papes, c'estoit un rocher auquel il n'avoit voulu heurter. Et quant à luy (qui parloit), ores qu'en absence il baisoit en toute humilité et reverence les pieds de Sa Saincteté, si est-ce qu'il croyoit que les papes estoient long-temps y a possedez par les Espagnols, et, quoy que leur intention fust bonne, ils estoient si craintifs et avoient telle peur d'offenser le roy d'Espagne, qu'ils estoient contraints de se laisser emporter aux passions qu'il avoit de nous troubler; que cela se pouvoit bien voir par les procedures par eux faictes sur les affaires de France, et par les bulles par eux envoyées et publiées, sans garder l'ordre et formalité qui y estoit necessaire, pour favoriser les desseins d'Espagne. Ce n'estoit pas le moyen de ramener les princes qui estoient desvoyez au sein de l'Eglise. Les anciens papes alloient eux-mesmes au devant les rechercher avec tout respect, comme le pape Anastase, qui estoit allé au devant de Justin. Jean estoit allé jusques à Constantinople trouver Justinian pour le retirer de quelque erreur eutichienne. Que telles rigueurs et severitez implacables ne servoient qu'à mettre le feu en la chrestienté, perdre et ruyner les royaumes, comme de nostre temps on avoit veu ceux d'Angleterre et de Hongrie. Esperoit de voir le Sainct Siege remis en tel estat qu'il se comporteroit comme mediateur et pere commun de la chrestienté, et monstreroit l'effect de la bien-veillance qu'il a toujours portée à ceste couronne.

Au demeurant, que le Roy estoit un grand prince et genereux, en la fleur de son aage, qui estoit non seulement pour gouverner ce royaume et le defendre contre les estrangers, mais se rendre redoutable à ses voisins, et si on avoit remedié à ce defaut, seroit un grand appuy pour la defense de l'Eglise. Au contraire, de faire fortune sur le secours et promesses du roy d'Espagne, c'estoit s'appuyer *parieti inclinato et materiæ depulsæ*, estant vieux et caduque, qui lairroit au milieu de la tempeste ceux qu'il auroit embarquez. Et, pour respondre plus particulierement aux bulles, disoit qu'elles n'avoient jamais esté signifiées, et pouvoit dire n'en avoir eu aucune notice; pouvoit bien aussi mettre en avant le privilege de ceste couronne, qui ne touchoit seulement les roys de ne pouvoir estre excommuniez, mais encores, pour leur respect, les princes, leurs domestiques et officiers du royaume.

Touchant les lettres de l'ambassadeur d'Angleterre mentionnées, ce pouvoient estre choses supposées par des ennemis particuliers de Sa Majesté, et pour calomnier la droite intention de ceux qui avoient envoyé le sieur marquis de Pisani.

Revint à l'invitation, et dit que leur intention n'estoit pas que cela tirast long traict, mais qu'aussi tost demandé, aussi tost seroit il accordé : *modò constat, modò agatur;* toutesfois n'y vouloit plus insister, les voyant tout alienez de ce chemin. Entra en quelque response sur les lieux alleguez, et dit, quand aux exemples d'Edon et Lobna, que c'estoit de petites defections et de peu d'importance, mais qu'on ne voyoit point de revoltes generales de tout l'Estat, comme pouvoit estre celle de Jeroboam et des dix tributs, laquelle aussi n'estoit approuvée. Confessoit veritablement qu'il y avoit eu quelques mouvemens en Grece contre les empereurs iconoclastes, mais qu'il y en avoit bien au contraire en plus grand nombre conforme à l'authorité de l'Escriture et aux enseignemens des saincts peres. Sur ce qu'on avoit dit de Joram, qu'il n'avoit esté ensevely au sepulchre de ses peres, c'estoit contre le texte du livre des Roys, et demanda qu'on apportast le livre. L'archevesque de Lyon respondit lors n'avoir allegué ledit lieu, mais l'authorité de Josephe qui l'attestoit ainsi. Et voulant reprendre son discours pour repliquer à ce qui avoit esté dit par M. de Bourges, disant que c'estoient des oppositions vulgaires ausquelles il vouloit y apporter les responses accoustumées, il fut interrompu par ledit archevesque de Bourges et ses condeputez, disant que c'estoit assez disputé, et qu'il faudroit d'oresnavant prendre quelques resolutions. Et toutesfois la fin de ce discours fut un commencement d'une grande dispute entre eux sur ce qui avoit esté dit de l'obeyssance des roys, de l'authorité et puissance des papes, des libertez et privileges de l'Eglise Gallicane; mesmes sur celuy qui exemptoit les roys, princes et officiers de ce royaume, de pouvoir estre excommuniez, les uns soustenans d'une façon, les autres d'autre.

Puis après on tomba sur les arrests de Tours et de Chaalons, dont lesdits deputez de l'union s'en plaignoient, disans qu'ils avoient apporté de grands scandales à toute la chrestienté, et que ce n'estoit la pieté des anciens François, et la reverence qu'ils avoient tousjours portée au Sainct Siege. Les royaux leur respondirent que c'estoient choses ordinaires, et que ce n'estoient pas les premiers arrests qu'on avoit veus de ceste sorte; que l'occasion en estoit parce que le Pape parloit de proceder à l'eslection d'un roy, qui estoit ouvrir la porte aux estrangers pour l'usurper, et y mettre le feu pour le perdre et consommer, et que ce n'estoit point en France qu'il falloit parler d'eslire ou rejetter des roys. Ceux de l'union repliquerent qu'il ne falloit trouver cela si nouveau, qu'il avoit esté si souvent practiqué pour beaucoup moindre occasion que pour le fait de la religion en tous les royaumes de la chrestienté, et fort souvent en Grece pour l'heresie, et que c'estoit la cause de la translation de l'Empire en Occident, et mesmes en France qu'il y en avoit quelques exemples qu'on pouvoit voir en l'histoire, mesmes aux mutations des trois races, mais qu'il seroit bien plus nouveau de voir un heretique recognu pour un roy de France. Les royaux leur repliquerent que les exemples de Chilperic, de Pepin, Loys, Carloman, Eudes, Hues Capet, ç'avoient esté menées et practiques, et qu'aucun ne doutoit que la couronne de France ne fust hereditaire. « Messieurs, leur dirent-ils, advisez bien avant que faire vostre pretenduë eslection, car le Roy ne s'enfuira point pour faire place à celuy que vous aurez esleu, et ne manquera ny de courage ny d'amis pour defendre ce que Dieu et la nature luy ont acquis. »

Le discours et debat eust esté suivy plus avant si l'heure qui estoit dejà fort tarde ne les eust interrompus.

Le 10 de ce mesme mois se tint la sixiesme seance; mais les deputez de l'union ne purent arriver à Suresne que sur le midy, pource que, le matin de ceste journée là, ils firent leur rapport de ce qu'ils avoient faict en ladite conference à M. de Mayenne, qui fut ce jour là tenir son rang en leur pretendue assemblée d'estats. L'autheur qui a descrit ceste assemblée dit qu'elle se tenoit dans la chambre royale du Louvre, en laquelle M. de Mayenne estoit sous un dais de drap d'or, et à ses costés, dans des chaires de velours cramoisy avec passements d'or, estoient le cardinal de Pelvé, les ducs de Guyse, d'Aumale, d'Elbeuf, les ambassadeurs des ducs de Lorraine et de Mercœur, les sieurs de La Chastre, de Rosne, de Villars, de Belin, d'Urfé, et autres seigneurs, les deputez des trois ordres des villes de ce party-là, ceux de la cour de parlement et de la chambre des comptes qui restoient à Paris, et le conseil d'Estat dudit duc de Mayenne, lesquels estoient tous assis selon leur rang; et au devant dudit sieur duc estoient à une table ses secretaires et ceux de ladite assemblée. On remarqua lors que, se voulans dire l'assemblée des estats generaux de France, il n'y avoit nul prince du sang, nul officier de la couronne, ny nul premier president des cours souveraines pourveus du vivant des feux roys, ains ceux qui y estoient et se disoient officiers de la couronne avoyent esté creez par M. de Mayenne, comme eux l'avoient creé lieutenant general de l'Estat. Aussi ce fut pourquoy M. l'archevesque de Bourges, dez le premier jour de ladite conference à Suresne, prit avec ses condeputez le costé droict, disant à ceux de l'union : « Nous sommes catholiques comme vous, mais nous avons de plus que nous sommes deputez de tous messieurs les princes du sang et de tous les anciens officiers de la couronne qui ont maintenu le droict de la succession et l'Estat royal. » On remarqua encores que, suyvant l'ordre accoustumé en France ez assemblées d'estats, les princes sont tousjours assis sur des bancs endossez et couverts de velours violet semez de fleurs de lys d'or, les piliers de la sale couverts de mesme, bref, qu'on n'y voit de tous costez que fleurs de lys, et au contraire en ceste cy il ne s'y en voyoit point; ce qui donna depuis subject à quelquesuns de faire des livrets de risée (1) de ladite assemblée, qui ont assez couru par la France.

Ledit dixiesme jour donc après midy, les deputez de la conference s'estans mis en ordre pour traicter, M. de Bourges dit qu'il estoit temps d'ouvrir les cœurs et monstrer franchement ce qui estoit dedans par les paroles, indices de l'ame et tesmoins de nos intentions, et partant que s'estant eux assez ouverts, prioient lesdits deputez de l'union d'en faire de mesme. M. l'archevesque de Lyon respondit qu'ils s'estoient assez clairement interpretez, que leur seul but et sujet en ceste conference ne tendoit que par une bonne reunion entre les catholiques asseurer la religion et conserver l'Estat, et le restablir en son ancienne pieté et tranquillité, et en tout et par tout se conformer à l'advis et authorité de nostre Sainct Pere, ne se voulans jamais despartir de l'alliance du Sainct Siege. « Mais, dit

---

(1) *Des livrets de risée.* La satire Ménippée surtout, qui produisit un si grand effet en faveur de Henri IV. Voyez ce qui en est dit dans l'Introduction aux *OEconomies royales*, seconde série, tome 1, p. 166.

M. de Bourges, que nous respondez-vous sur la conversion du Roy? ne nous voulez vous pas ayder à le faire catholique?—Pleust à Dieu, respondit l'archevesque de Lyon, qu'il fust bien bon catholique, et que nostre Sainct Pere en pust estre bien satisfait! nous sommes enfans d'obeyssance, et ne demandons que la seureté de nostre religion et le repos du royaume. — Messieurs, repliqua M. de Bourges, ne nous faites pas faire de si longs voyages; il y a tant de montaignes à passer, tant de remores pour arrester le navire, que ceste voye nous seroit trop longue et trop perilleuse. Toutesfois, puisque je vois que vous en estes logé là, je vous prie de me permettre que j'en consulte avec messieurs mes condeputez. » Ce qu'ayant fait, et tost après revenus à la salle commune, il leur dit : « Nous ne pouvons vous faire de plus amples ouvertures sans avoir communiqué avec ceux qui nous ont envoyez; c'est pourquoy nous demandons quelques jours pour les en advertir. » Ceux de l'union remirent cela à leur arbitre, et par ensemble s'accorderent de se retrouver le vendredy prochain audit Suresne, et que cependant la surceance d'armes seroit continuée.

Les sieurs de Scombert et de Revol (deux desdits sieurs deputez royaux) eurent la charge d'aller à Mantes au conseil du Roy faire rapport de tout ce qui s'estoit passé en ceste conference, et de leur apporter l'intention de Sa Majesté et de son conseil. Ils furent un peu plus long temps qu'ils ne pensoient, pour ce que le Roy declara lors son intention sur sa conversion (1). Lesdits sieurs de Scombert et de Revol

(1) *Son intention sur sa conversion.* Henri IV prit cette importante résolution le 15 mai 1593.

retournez à Suresne, l'assemblée fut assinée au lundy dix-septiesme. Ceux de l'union s'y rendirent. En ceste seance M. l'archevesque de Bourges, ayant un visage joyeux, dit avec beaucoup d'affection :

« Messieurs, nous avons donné compte là où nous devions de ce qui s'est passé entre nous sur le subject pour lequel ceste assemblée a esté faite, depuis le commencement que nous entrasmes en conference aux derniers erremens où nous en sommes demourez. Nous jugeasmes que cela ne se pouvoit assez suffisamment traicter par lettres, et qu'il estoit besoin que ce fust d'une voix par aucuns d'entre nous qui, après en avoir faict le discours, peussent repliquer aux objections qui pourroient estre faites. Messieurs de Schombert et Revol prindrent volontiers ceste charge, comme ils en furent priez par commune deliberation faite entre nous. Leur voyage a esté un peu plus long que nous n'eussions desiré pour ne vous tenir longuement en suspens d'un affaire dont nous cognoissons que l'acceleration est plus necessaire pour le bien commun de tout le royaume ; car si le mal presse d'un costé, nous croyons qu'il ne se fait moins aigrement sentir de l'autre en toutes les parties de l'Estat, dont la religion tient le premier rang, et ne reçoit moins de detriment en sa qualité par la guerre, que les autres parties qui avec icelle font la conservation entiere de l'Estat. L'indisposition de M. de Schombert qui luy arriva en chemin en allant, et l'absence de M. le cardinal de Bourbon, auquel il a fallu donner communication des choses, où il tient si grand lieu, pour y apporter son advis, avec les autres princes et seigneurs, qu'il avoit à deliberer de ce qu'il escheoit de nouveau en nostre charge, de leur part, ont esté cause d'un peu de retardement en la response que nous en attendions. Mais ce devra estre avec moindre regret, si ce peu d'attente d'avantage est recompensé de quelque bon succez au principal, comme nous le desirons et l'esperons. Nous ne voulons vous celer, messieurs, selon ce que nous ont rapporté lesdits sieurs de Schombert et Revol, que les termes par lesquels vous avez conclu vos premiers progrez n'ayent esté trouvez un peu estranges, veu la fin pour laquelle nous sommes assemblez, et que la premiere conception que ont faict ceux que nous representons n'ait produit quelque opinion qu'il y eust moins de disposition de vostre part à la perfection de ceste œuvre, qu'ils n'y apportent de leur costé. Mais, s'ils ont trouvé quelque rigueur aux mots, nous n'avons oublié d'y donner l'adoucissement que nous avons recueilly des autres demonstrations que vous nous avez faites de ne vouloir reculer au bien que nous cherchons et cognoissons les uns et les autres estre si necessaire, encores que les declarations n'ayent esté si expresses que nous leur en avons peu donner l'entiere asseurance qu'ils eussent peu desirer. Or, messieurs, nostre but commun est d'adviser par ensemble aux moyens d'asseurer la religion catholique et l'Estat. Nous vous avons dit que nous n'en cognoissons autre selon Dieu et l'ancienne et continuelle observance du royaume, ny par raison d'Estat, qu'en la personne du roy appellé à la couronne par droict successif qui est sans controverse, et lequel ne nous aviez nyé, comme aussi nous croyons que vous jugez que personne n'en peut debattre ne disputer avec luy. Vous y arguez seulement le defaut d'une qualité que nous desirons comme vous pour reunir les cœurs et volontez de ses sujets en un mesme corps d'Estat sous son obeyssance. Nous ne l'avons seulement desiré pour le zele et devoir que nous avons en nostre religion, mais aussi tousjours esperé, veu son naturel où nous n'avons jamais cognu aucune opiniastreté, que Dieu luy toucheroit le cœur, et l'inspireroit à donner ce contentement au commun souhait de tous catholiques. Si le temps a esté long, le malheur des continuelles guerres où l'on l'a tenu occupé en est l'excuse trop legitime : toutesfois nos vœux et prieres n'ont en cela esté ce pendant du tout vaines; il est fleschy jusques là d'en vouloir prendre les moyens, et mesme tels que ses principaux serviteurs luy ont voulu conseiller. En quoy ils ont voulu faire l'honneur à nostre sainct pere le Pape qui convient à sa dignité, pour rendre sa personne et son pontificat remarquable du plus grand heur qu'ayent eu de plusieurs siecles aucuns de ses predecesseurs : et, pour maintenir ce royaume tousjours uny avec le Sainct Siege et les autres Estats catholiques, chacun sçait l'ambassade qui a esté envoyée vers Sa Saincteté pour cest effect. Ce n'est pas qu'on ne sçache qu'il y a autres voyes pour y proceder, et de cela nous n'avons esté discordants en opinions avec vous. Et puis que l'on void l'attente du remede desiré et recherché de Sa Saincteté, trop longue et consequemment prejudiciable au bien de ce royaume, joint que nul ne peut pas ignorer les traverses et empeschemens qui y sont donnez, ny de quelle part, pour rendre nostre mal plus long, qu'il pourroit en fin devenir incurable, les mesmes qui avoient donné ce conseil de prendre la voye de Rome l'ont tourné de prendre le remede à nos maux qui est dans le royaume, en ce qui touche la conversion de Sa Majesté, ne laissant toutesfois d'avoir tousjours intention de rendre l'honneur et la submission à Sa Saincteté qui luy appartient. Et comme Sa Majesté s'estoit fleschie au premier advis, elle a volontiers embrassé ce second. Ayant resolu de convoquer auprès de soy un bon nombre d'evesques et autres prelats et docteurs catholiques pour estre instruit et se bien resoudre avec eux de tous les points concernans la religion catholique, les despesches en ont esté faictes avant que lesdits sieurs de Schombert et Revol soient partis de Mantes. Elle a outre ce resolu de faire en mesme temps une assemblée du plus grand nombre que faire se pourra des princes et autres grands personnages de ce royaume, pour rendre l'acte de son instruction et de sa conversion plus solemnelle et tesmoignée dans le royaume et parmy toutes les nations chrestiennes. Ainsi, messieurs, ce que nous vous avons cy devant dit que nous esperions touchant sadite conversion, nous ozons et le pouvons à present asseurer, comme le sçachant par si exprez, par la declaration que Sa Majesté a fait aux princes, officiers de sa couronne et autres seigneurs catholiques qui sont près d'elle, et eux à nous, par ce que lesdits sieurs Schombert et Revol nous ont apporté de leur part, qu'il ne nous peut plus demeurer aucune occasion d'en douter, y estant Sa Majesté resolue, non comme à chose qui depend du succez et evenement de ceste conference, mais pour avoir cogneu et jugé estre bon de le faire. Nous sommes très-ayses de vous pouvoir donner ceste nouvelle, croyans que vous la recevrez pour bonne, selon ce que nous avons cogneu de vos cœurs et intentions, et esperons aussi que vous ne ferez plus de difficulté de traicter des conditions et moyens de la paix, avec la seureté de la religion catholique et de l'Estat, qui est la fin pour laquelle ceste assemblee a esté faicte et accordée. Nous n'entendons vous presser d'entrer pour ceste heure en traicté avec Sa Majesté; mais il nous semble que vous le pouvez et devez faire sans scrupule avec les princes et seigneurs catholiques que nous representons; autrement seroit en vain que vous avez accepté l'offre et semonce qu'ils vous en ont faicte, et le pouvoir que nous en avons de leur part, après en avoir eu coppie et communication d'iceluy. Ce sera pour gaigner temps et commencer de se rapprocher de la reunion à laquelle il nous faut venir, si nous n'aymons mieux rendre les estrangers maistres de nos biens et moyens que les posseder nous mesmes. Et neantmoins, pour ne vous engaiger plus avant que ce que vous voudrez en ce qui touche le Roy, vous pourrez reserver, s'il vous semble, que rien ne sera effectué de ce qui seroit accordé jusques à ce qu'il soit catholique. Et, à fin que son instruction ne soit interrompue ny empeschée pour les occupations de la guerre, Sa Majesté est contente d'accorder une treve generale pour deux ou trois mois, encores qu'elle cognoisse bien qu'elle puisse porter beaucoup de prejudice à ses affaires; ce que nous estimons devoir estre d'autant plus volontiers embrassé de vostre part, que, avec le bien que apportera ce bon œuvre, chacun pourra faire sa recolte en liberté, et sera un grand heur pour tous s'il plaist à Dieu nous donner la paix, et qu'elle nous trouve pourveus des fruicts que l'on aura serré par le moyen de ladite treve : ce qui n'adviendra si l'on ne met ce temperament au desordre de la guerre. »

Après que M. de Bourges eut dit ce que dessus, l'archevesque de Lyon respondit qu'il pensoit que messieurs ses condeputez le dispenseroient de dire qu'il estoit bien aise de la conversion du roy de Navarre, et en loüoit Dieu, et desiroit qu'elle fust vraye et sans fiction, et pria de trouver bon qu'il prinst advis de sa compagnie pour faire response : ce qu'ayant fait, et, après avoir long temps consulté et deliberé, ledit archevesque de Lyon, avec plus de vehemence que de coustume, dit aux royaux qu'il leur rendoit nouveau tesmoignage, et pour ses condeputez et pour luy, du plaisir et contentement qu'ils avoient de la conversion du roy de Navarre, desirans qu'elle fust bonne et saincte, mais qu'ils leur laissoient juger quelles asseurances et conditions on pouvoit prendre en affaire de telle consequence; qu'il ne vouloit entrer en discours des moyens que les princes, une fois recognus, avoient de se desmeler des promesses qu'ils avoient données, et des maximes d'Estat qui estoient receuës sur ce subjet ; que l'histoire ecclesiastique n'estoit qu'une narration du succez de pareilles promesses et evenemens, ce qui leur devoit servir de miroir et exemple pour en faire certain jugement; mais que, pour leur monstrer ce qu'ils pouvoient esperer de telles conversions, promesses et seuretez, ils leur vouloient bien monstrer ce qu'ils avoient receu depuis deux jours en çà, avec extreme regret. C'estoient des lettres patentes expediées par le roy de Navarre, portans assignation de six vingts mille escus pour l'entretenement des ministres et escholiers en theologie, avec l'estat de la distribution, et qu'ils estoient fort esbahis comme ceux qui estoient catholiques pouvoient veoir cela, et y participer sans apprehension d'en estre grandement coulpables devant le jugement de Dieu; que c'estoit pour envenimer non seulement le royaume, mais pour infecter toute la chrestienté du venin de l'heresie, à la perte d'un nombre innumerable d'ames. Ceux de l'union, parlant lors presque tous ensemble, estimans avoir trouvé un grand subject, dirent beaucoup de paroles sur cela. Les royaux pour leur respondre requirent d'en conferer ensemble; ce qu'ayant faict, ledit sieur archevesque de Bourges demanda à ceux de l'union d'estre ouy, et leur dit que veritablement ceux de ceste religion là avoient fort importuné le Roy d'accorder telles assignations, et en avoit esté parlé au conseil, mais que le sieur de Revol et autres sçavoient bien que M. le cardinal de Bourbon et luy qui parloit l'avoient empesché, et remonstré au Roy combien cela seroit prejudiciable à son service, et avoit esté resolu de ne l'accorder, et ne sçavoit comme depuis il estoit passé, et croyoit que lesdites patentes estoient de l'année 1591. Alors ceux de l'union luy repliquerent qu'il y en avoit d'autres de l'année presente, qui estoient signées, mais n'estoient encore sellées. A ces paroles les royaux cognurent qu'ils n'avoient faict ceste question que pour trouver quelque subject pour calomnier la conversion de Sa Majesté; ce que voyant, ils leur remonstrerent qu'il falloit bien-tost remedier à cela tous ensemble pour ne tomber en ces malheurs et crainte de voir encores pis, les priant aussi de faire que la susdite proposition fust bien considerée en leur assemblée à Paris. Sur le point du depart, le sieur de Revol la donna mesmes par escrit à un desdits deputez de l'union pour la communiquer à ses autres condeputez.

De ceste proposition ainsi faicte par M. de Bourges touchant la conversion du Roy, et baillée par escrit à ceux de l'union, plusieurs copies en furent divulguées par toute la France. En mesme temps le Roy rescrivit aussi à plusieurs prelats et docteurs ecclesiastiques, tant de ceux qui tenoient son party que de ceux de l'union. Voicy la teneur de la lettre.

« Monsieur, le regret que je porte des miseres où ce royaume est constitué par aucuns qui, sous le faux pretexte de la religion duquel ils se couvrent, ont enveloppé et traisnent lié avec eux en ceste guerre le peuple ignorant, leurs mauvaises intentions, et le desir que j'ay de recognoistre envers mes bons subjects catholiques la fidelité et affection qu'ils ont tesmoigné et continuent chaque jour à mon service, par tous les moyens qui peuvent dependre de moy, m'ont fait resoudre, pour ne leur laisser aucun scrupule, s'il est possible, à cause de la diversité de ma religion, en l'obeyssance qu'ils me rendent, de recevoir au plustost instruction sur les differens dont procede le schisme qui est en l'Eglise, comme j'ay tousjours fait cognoistre et declaré que je ne la refuseray, et n'eusse tant tardé d'y vacquer sans les empeschemens notoires qui m'y ont esté continuellement donnés. Et, combien que l'estat present des affaires m'en pourroit encores justement dispenser, je n'ay toutesfois voulu differer d'avantage d'y entendre. Ayant à ceste fin advisé d'appeller un nombre de prelats et docteurs catholiques par les bons enseignemens desquels je puisse, avec le repos et satisfaction de ma conscience, estre esclaircy des difficultez qui nous tiennent separez en l'exercice de la religion, et d'autant que je desire que ce soient personnes qui, avec la doctrine, soient accompagnez de pieté et preud'hommie, n'ayant principalement autre zele que l'honneur de Dieu, comme de ma part j'y apporteray toute sincerité, et qu'entre les prelats et personnes ecclesiastiques de mon royaume, vous estes l'un desquels j'ay ceste bonne opinion, à ceste cause je vous prie de vous rendre près de moy en ceste ville le quinziesme jour de juillet, où je mande aussi à aucuns autres de vostre profession se trouver en mesme temps, pour tous ensemble rendre à l'effect les efforts de vostre devoir et vocation, vous asseurant que vous me trouverez disposé et docile à tout ce que doit un roy Très-Chrestien, qui n'a rien plus vivement gravé dans le cœur que le zelé du service de Dieu et manutention de sa vraye Eglise. Je le supplie, pour fin de la presente, qu'il vous ait en sa saincte garde. Escrit à Mantes, ce dix-huictiesme jour de may 1593.

« Henry. »

Ceste lettre receuë par ceux ausquels le Roy l'envoya, ils se rendirent incontinent auprès de Sa Majesté. Entr'autres sortirent de Paris les docteurs Benoist [1], curé de Sainct Eustache, Chavignac, curé de Sainct

[1] *Benoist :* René Benoist. Il paroît que ce docteur, intimidé par les menaces du légat, n'osa prendre part à cette conférence, et qu'il revint presque aussitôt à Paris. Cependant il se rendit à Saint-Denis pour assister à l'abjuration de Henri IV. Dès ce moment il s'attacha irrévocablement au Roi, qui le nomma peu de temps après à l'évêché de Troyes.

Suplice, et de Morenne, curé de Sainct Merry, lequel depuis est mort evesque de Sez, et ce, nonobstant les deffences que fit publier le cardinal de Plaisance, ainsi que nous dirons cy après.

Or cependant ceux de la religion pretenduë reformée qui estoient lors en cour, ayant, dez le commencement de ce mois de may, augmenté la crainte qu'ils avoient eu de long temps que le Roy quitteroit leur religion, firent plusieurs discours familiers sur céste conversion et sur la conference qui se faisoit à Suresne, ce qu'ils faisoient par assemblées particulieres ; quelques ministres en parlerent en leurs presches. Sa Majesté, advertie de cela, fit appeller lesdits seigneurs de ceste religion et les ministres qui estoient en cour, et les fit assembler par trois fois devant luy: M. le mareschal de Boüillon s'y trouva aux deux premieres fois. A la derniere, le Roy leur ayant dit la resolution de sa conversion, le ministre La Faye luy dit assez timidement : « Nous sommes grandement desplaisans, Sire, de vous voir arracher par violence du sein de nos eglises : ne permettez point, s'il vous plaict, qu'un tel scandale nous advienne. » Le Roy luy fit responce : « Si je suyvois vostre advis, il n'y auroit *ny roy ny royaume* dans peu de temps en France. Je desire donner la paix à tous mes subjets et le repos à mon ame ; advisez entre vous ce qui est de besoin pour vostre seureté, je seray tousjours prest de vous faire contenter. »

Sur la plainte qu'ils firent que l'on pourroit traiter à la conference de Suresne quelque chose contr'eux ou à leur prejudice, les princes et seigneurs catholiques du conseil du Roy leur firent la promesse suyvante :

« Nous princes, officiers de la couronne, et autres sieurs du conseil du Roy sous-nommez, voulans oster à ceux de la religion dite reformée toute occasion de doubter qu'au traicté qui se fait de present à Suresne entre les deputez des princes, officiers de la couronne, catholiques recognoissans Sa Majesté, par sa permission, et les deputez de l'assemblée de Paris, soit accordé aucune chose au prejudice de ladite religion dite reformée, et de ce qui leur auroit esté accordé par les edicts des defuncts Roys, attendans la resolution qui pourra estre prise pour le restablissement et entretenement du repos de ce royaume, avec l'advis des princes, seigneurs, et autres notables personnages, tant de l'une que de l'autre religion, que Sa Majesté a advisé faire venir et assembler en ceste ville de Mante au 20 juillet prochain, promettons tous, par la permission de Sadite Majesté, qu'en attendant ladite resolution il ne sera rien fait et passé en ladite assemblée, par lesdits deputez de nostre part, au prejudice de la bonne union et amitié qui est entre lesdits catholiques qui recognoissent Sadite Majesté et ceux de ladite religion, ny desdits edicts; promettons aussi d'advertir lesdits deputez estant à Suresne de nostre presente resolution et promesse par nous faite, comme jugée necessaire pour eviter toute alienation entre les bons subjets de Sadite Majesté, à fin que de leur part ils ayent à leur y conformer. En foy dequoy nous avons signé la presente le seiziesme jour de may, l'an 1593. Signé François d'Orleans, comte de Sainct Pol, Hurault, chancelier, Charles de Montmorancy, Meru, Roger de Bellegarde, François Chabot, de Brion, Gaspart de Schombert et Jean de Levis. »

Nonobstant cela, aucuns de ceste religion ne laisserent de faire publier plusieurs livrets contenant, ce disoient-ils, les raisons d'Estat pour lesquelles il n'estoit pas bien seant à Sa Majesté de changer de religion. « Je me contente, dit l'autheur de ces raisons d'Estat, de parler politiquement à ces politiques, à ces barbes grises qui sont autour de Vostre Majesté, et leur dire que comme tous changements ez affaires du monde sont très dangereux, qu'il n'y en a point de plus chatoüilleux et de plus sensible que celuy de la religion, et qu'au vostre qu'ils veulent precipiter, vostre reputation, Sire, y recevra une tasche signalée d'inconstance, et que chacun croira très-aisement qu'il ne logea jamais zele quelconque de religion dans vostre ame, que vos deportemens passez n'ont esté qu'hypocrisie pour establir vos affaires particulieres dans vostre party, que vous avez esté nourri aux blasphemes detestables des machiavelistes, qui se masquent de toutes sortes de religions favorables pour regner, qu'il ne vous chaut en fin nullement de Dieu, lequel vous servez à la poste des hommes et de vous-mesmes, comme par risée et mocquerie de chose que vous ne croyez point. Si c'est pour vostre utilité particuliere, Sire, que voulez vous rendre catholique romain, vous l'interessez entierement, et vous coulez, comme sans y penser, dans la ruïne non seulement de vos asseurances presentes, mais aussi de toutes vos esperances à venir. Premierement, ne doutez point qu'abandonnant vostre ancien party des reformez, ils ne vous abandonnent tout aussi-tost. Vous cognoissez leur promptitude et leur resolution. Un royaume plus fleurissant et plus fort que le vostre ne les a jamais esbranlez; et croyez-vous qu'ils en craignent la fletrisseure et les machures? Combien de peuple, combien de villes, avec peu de peuple, avec peu de villes, aurez-vous à combattre? Mais quel peuple, Sire, mais quelles villes! Peuple aguerry sous vos estendars, sous vos conduites, sous vostre magnanimité; villes fortifiées, munies, rasseurées à outrance par vostre soin merveilleux, par une longueur de temps suffisante, par un artifice assez curieux et travaillé. Vous perdrez tout cela en perdant ce party. Avec quoy le voulez-vous reposseder de leurs mains? Quelle ressource trouvez-vous dans cest Estat tary de catholiques? Estat divisé, Estat incertain, mais plustost haillons d'un Estat, pourris et deschirez au possible. Avez-vous ville catholique bien asseurée à vostre devotion qui tienne longuement en cervelle une puissante armée, comme feront les moindres bicoques terrassées des reformez? Et quand vous en auriez quelcune, c'est si peu et si mal à propos, que vostre sain jugement ne vous permettra jamais d'en faire estat. Une en Picardie, une en Normandie, une en Touraine, une en Xaintonge, une en Guyenne, quelle communication attendez vous de choses si esloignées et si mal appointées ensemble? C'est quelque chose pour se deffendre, et tout y sera bien besoin; mais ce n'est rien pour attaquer cinquante ou soixante places remparées à toutes preuves et d'hommes et de boulevers, tels que vous mesme sçavez. Ainsi vous aurez fort aisement perdu ce que vous ne sçauriez regaigner qu'avec un monde de difficultez, qui se peuvent esgaler à une impossibilité. Car quelle fidelité voulez-vous que vos subjets vous rendent si vous leur rompez la vostre, vous,

Sire, qui avez acquis ce beau los d'estre le plus entier et le plus veritable prince qu'on aye jamais veu? Voylà donc un dommage et une perte bien signalée, qui seule encore, selon le monde, devroit arrester tout court ceux qui vous hastent si fort, s'asseurant que, s'ils vous despeschent de la besoigne d'un costé, ils vous en taillent beaucoup plus de l'autre, et ne font par ce moyen qu'entrechaisner vos encombres d'un continuel desespoir. Un mot à l'oreille, Sire : plusieurs voudroient, et il vous en souvient, que vous eussiez faict ce saut pour leur laisser la carriere franche. Vous n'auriez pas si tost desrobé vostre espaule à ce ciel que quelque nouveau Hercule ne luy presente la sienne; et Dieu en feroit plustost naistre de ces pierres, dont la dureté viendroit facilement à bout de vostre mollesse. Les factions assoupies par vostre prudence, vostre imprudence les resveillera : ces hydres repousseront un nombre de testes qui vous engloutiront ou lasseront à tout le moins si fort, que vous serez contraint de leur presenter une tardive repentance pour vostre accord. Je vous donne encore, Sire, que vous en veniez à bout; mais quand? Au bout de tout cela estes vous bien asseuré qu'il vous reste beaucoup d'années pour vous baigner dans ceste conqueste? Et jusques là quel profit aurez vous dans vostre peine? Car il vous faudra sans doute beaucoup de peine à racquerir ce repos que vous aurez laissé. Ce changement vous coustera bon, et ceux qui le vous auront conseillé seront ceux qui en repandront les premiers les sanglantes larmes si la pitié de vostre estat les espoinçonne en aucune sorte. »

Après que cest autheur s'est dilaté à monstrer que

les ligueurs ne rendroient pas à Sa Majesté l'obeyssance qu'ils luy devoient pour avoir esté à la messe, non plus qu'à son predecesseur qui n'avoit jamais eu faute de ceste devotion, il conclud :

« Cependant, Sire, consultez, consultez longuement ces actions qui ne sont pas d'une journée, et ne dependez pas de trois ou quatre personnes en chose qui touche à tant de millions de vos subjets. Jettez l'œil tout à l'entour de vostre royaume, et considerez tant de puissans voisins qui jettent l'œil sur vous, gardez de les offenser par vostre inconstance soudaine, ne vous privez point du secours que vous en pouvez esperer, s'ils peuvent rien esperer de vostre perseverance, et croyez que les ligueurs ne se fieront pas mieux à un nouveau et incertain catholique qu'à un vieil et asseuré huguenot. »

Voylà les propres termes dont use l'autheur de ces raisons d'Estat. Tous les huguenots n'approuverent pas son dire. Il y en avoit toutesfois qui se repaissoient de ces discours; mais les prudents d'entr'eux rejetterent ceste forme d'escrire comme trop presomptueuse, et dangereuse d'estre republiée durant le regne d'un prince qui portoit lors pour sa devise : *Quæro pacem armis* (1). Aussi ce qui arriva de toutes ces choses ne fut que quelques conferences entre M. du Perron, depuis evesque d'Evreux, et à present cardinal et archevesque de Sens, et quelques ministres, ainsi que nous dirons cy-après; tellement que Sa Majesté appaisa, par le moyen de la declaration de son instruction pour sa conversion, toutes les divisions qui se preparoient dans le party royal.

(1) Je cherche la paix les armes à la main.

Au contraire ce ne fut plus qu'augmentation de divisions au party de l'union, car, aussi-tost que l'archevesque de Lyon eut leu en leur assemblée à Paris, le 24 dudit mois de may, la proposition faicte par l'archevesque de Bourges à la conference de Suresne, l'autheur du livre intitulé *le Discours de la conférence* dit qu'en la lisant il s'arresta sur quelques points pour informer ceste assemblée de la verité des choses passées, particulierement sur la qualité des paroles qu'ils disoient *avoir trouvé bien aigres,* qu'il expliqua n'estre que pour avoir tousjours soustenu que ceux de l'union ne vouloient avoüer et recognoistre un heretique pour roy, et qu'ils ne vouloient user d'aucune priere ny semonce envers le roy de Navarre pour le faire catholique; et aussi, sur ce qu'ils disoient *qu'on estoit demeuré d'accord,* c'estoit qu'on leur avoit dit qu'il avoit peu se faire instruire s'il eust voulu, n'ayant eu faute de prelats et docteurs. Plus, ledit archevesque dit qu'il avoit ouy d'aucuns qui se plaignoient de luy, que c'estoient des fruicts de la conference, et qu'elle avoit conduit les affaires en l'estat qu'on les voyoit; mais que ce n'estoit pas là qu'il le falloit rapporter, ny l'imputer à la conference, car on n'y avoit traicté que par l'advis et suivant l'intention de l'assemblée; mais que le roy de Navarre avoit resolu de faire ceste promesse et declaration, comme il estoit aysé à voir, pour retenir les catholiques de son party, desquels il craignoit estre abandonné, et aussi pour empescher les divisions secrettes qui croissoient insensiblement, et estoient sur le point d'esclorre quelque grand effect et changement, et n'eust laissé de le faire sans la conference, sçachant dequoy cela luy importoit, et eust apporté plus grand prejudice, l'ayant fait sans aucune responce et consideration de leur part; et qu'il falloit bien y adviser et deliberer, et non se plaindre.

M. de Mayenne, prenant la parole, dit que ledit archevesque de Lyon et ses condeputez n'avoient rien fait que ce qu'on pouvoit attendre de personnes très-dignes de la charge qui leur avoit esté commise, et qu'on leur avoit beaucoup d'obligation; qu'il falloit y remedier, et penser de faire quelque bonne response, comme l'importance du faict le requeroit, et prioit leur assemblée d'y bien adviser; que de sa part il en confereroit avec les princes, la cour de parlement et son conseil d'Estat, et feroit entendre le jour qu'on se pourroit r'assembler pour resoudre ladite responce.

« Or, dit ledit autheur, comme ez affaires plus grands et plus ardus les bons conseils sont plus necessaires, ceux de l'union jugerent qu'en cestuy-cy qui se presentoit, il estoit requis d'y apporter beaucoup de circonspection; car aucuns prevoyoient de loin où tendoit ceste proposition, et estoient d'avis de rompre la conference de Suresne, pource que les catholiques qui estoient du party du roy de Navarre monstroient n'avoir autre but que son establissement à quelque prix que ce fust, et qu'on recognoissoit bien par effet que quelques desseins secrets que eussent les uns et les autres, que les enfans de lumiere estoient tousjours vaincus en la prudence humaine. Toutesfois ils estimerent que c'eust esté trop d'avantage aux royaux si leur proposition demeuroit sans response. Ce fut pourquoy ils resolurent de continuer la susdite conference, et d'y respondre, à la premiere fois qu'ils s'assembleroient, ce qui s'ensuit.

Que, pour la conversion du roy de Navarre, les royaux eussent à se pourvoir par devers Sa Sainteté, à qui appartenoit de l'absoudre et remettre au giron de l'Eglise.

Qu'on ne pouvoit toucher aux seuretez de la religion avant qu'estre esclaircis de la volonté du Pape.

Et quant à la treve, qu'ils remettroient à en faire la response après avoir sceu leur intention sur ce que dessus. »

Cependant les deputez royaux, qui demeuroient à Suresne, s'ennuyoient des longueurs et retardemens de ceux de l'union, et mesmes manderent qu'ils s'en alloient, ce qu'ils firent, et allerent à Sainct Denys, où ceux de l'union leur firent entendre qu'on leur rendroit response au premier jour, et furent priez de se trouver au lieu qu'ils adviseroient entre Paris et Sainct Denys, ce qui fut fait, ainsi que nous dirons cy-dessous.

Cependant la faction des Seize ne pensoit qu'à empescher la continuation de la conference avec les royaux, et de descouvrir les desseins des politiques dans Paris. Pour empescher la continuation de la conference ils firent encor affiger par les carrefours de Paris une seconde protestation et desadveu. Et c'estoit aussi à cause d'eux que l'archevesque de Lyon avoit dit qu'on se plaignoit de lui, car publiquement ils en detractoient. L'autheur de la suite du Maheustre et du Manant dit que tel se pensoit mocquer ou surprendre autruy, qui a esté pris luy-mesme au piege, ainsi qu'il en estoit arrivé à l'archevesque de Lyon, qui avoit esté le premier attrappé et mocqué de ceste conference, et qu'il failloit confesser et dire que les ecclesiastiques et justiciers du party du Roy l'avoient si fidellement servy en cest affaire, que leur fidelité et prudence luy avoient autant valu que ses forces. Voylà comme cest autheur en parle. Quant à la deuxieme protestation des Seize, après un long discours addressé à l'assemblée de leurs estats sur les demandes que les royaux avoient faictes en la conference, toutes tendantes à la recognoissance du Roy, ils concluoient :

« Les catholiques et politiques demandent tous deux la paix, mais fort diversement; les catholiques demandent la paix pour exterminer l'heresie et avoir un roy catholique, et les politiques demandent la paix pour recognoistre et faire regner un heretique, et par ce moyen introduire et maintenir l'heresie; de sorte que les politiques abusent grandement de ce mot de paix, parce qu'en introduisant un heretique ils forment une guerre cruelle contre les catholiques, qui ne peuvent avoir paix avec un heretique ou hypocrite. C'est pourquoy les catholiques affectionnez vous supplient pour la seconde fois de rompre ceste conference avec l'ennemy de Dieu et de son Eglise, comme infructueuse et damnable, plaine de tromperie et hipocrisie, et la plus dangereuse invention que l'on eust peu inventer pour la ruine de la religion catholique et de l'Estat, et laquelle conference tous les bons catholiques ont desavoüé et desavoüent encores d'abondant et pour la seconde fois, et au contraire faire deffences à toutes personnes, de quelque estat et qualité qu'ils soient, de ne parler à l'advantage et recognoissance du roy de Navarre et des siens, ny de faire paix, treve, traicté ou conference avec eux, comme estant le roy de Navarre notoirement heretique, relaps et excommunié, et les siens et ceux de sa suitte en mesme censures, comme l'advouans et favorisans. Au surplus vous supplient d'eslire promptement et sans dilation ny interruption quelconque un roy catholique, plein de pieté et justice, fort et puissant, qui puisse, moyennant la grace de Dieu, rompre les desseins du roy de Navarre heretique et ses adherans, maintenir les catholiques en leur religion, les deslivrer des peines et travaux où ils sont plongez, les mettre en pleine liberté et repos, et, vous acquittant de la charge que vous avez pour le bien de la religion et repos du peuple, que nous puissions à ceste prochaine feste de Pentecoste en toute joye et allegresse rendre graces à Dieu, louër son sainct nom, et crier vive le roy catholique, à la confusion des heretiques, politiques, etc. » Voylà ce que firent encor les Seize contre la continuation de la conference.

Quant à leur practique pour descouvrir les desseins des politiques dans Paris, dez l'arrivée du cardinal de Plaisance en ceste ville là, ils luy conseillerent d'aller se loger dans l'abbaye Saincte Geneviefve. L'abbé, qui, comme nous avons dit, avoit l'ame toute françoise, n'en fut pas beaucoup joyeux; il cognut incontinent que cela s'estoit fait tout exprès; mesmes il descouvrit qu'il y avoit un dessein d'attenter sur sa vie, que ledit sieur cardinal avoit escrit d'une mauvaise ancre contre luy à Rome, et qu'un sien nepveu, italien comme son oncle, avoit envie de se rendre maistre de ceste abbaye. Ledit sieur abbé se tint toutesfois tellement sur ses gardes par le moyen de ses amys, que, s'estant plaint audit sieur cardinal de ce que quelques soldats l'avoient failly à tuer de dessus les murailles de la ville, il n'eut autre response de luy, sinon qu'il ne savoit que c'estoit. Mais peu après ledit sieur cardinal changea de logis, tant pour s'approcher du Louvre, au quartier duquel estoient logez tous les deputez de leur assemblée, que pour autre occasion. Dom Diego d'Ibarra, escrivant au roy d'Espagne touchant ce cardinal au commencement que le Pape luy envoya le chapeau, luy mandoit en ces termes :

« L'on a dit icy pour chose certaine que Sa Saincteté a fait cardinal l'evesque de Plaisance, et legat en ce royaume. Je n'en ay toutesfois lettre aucune. C'est un homme bien entendu, et qui tousjours monstre avoir grand desir de servir Vostre Majesté. Si l'affaire passe en avant, il l'accomplira et aydera beaucoup à la brieveté de l'assemblée des estats, car il a tousjours esté de cest advis. Il est partial du duc de Guise, et par consequent non trop confident à son oncle. Les recognoissances et offices qu'on luy fera de la part de Vostre Majesté pourront beaucoup avec luy, car il a des fins et pretensions et peu de biens. »

Voylà l'opinion d'Ibarra de ce cardinal. M. l'abbé de Saincte Geneviefve, bien-ayse d'estre delivré d'un tel hoste, n'osoit toutesfois sortir gueres de son logis, principalement sur la nuict, et se trouva deux fois en danger de sa vie ; mais, comme il estoit homme liberal, et qui tenoit sa table ouverte jusques aux plus fermes ligueurs, tant qu'il put avoir dequoy ce faire, aucuns d'entr'eux mesmes empescherent l'execution du mauvais dessein des autres.

Or le docteur Boucher mesmes alloit quelquesfois manger à sa table, et fit tant qu'il gaigna un des religieux de ceste abbaye, et luy persuada de demander congé audit sieur abbé d'aller à Nostre Dame des Vertus, et qu'il yroit de là à Sainct Denis, pource que, durant la surceance d'armes, plusieurs Parisiens y allerent assez librement, ce qui ne se faisoit point sans dessein, et s'il luy plaisoit y mander quelque chose. Ce prelat, qui ne se doutoit point de son religieux, auquel il avoit fait mesmes beaucoup de bien, ne pensant à ceste trahison, luy donna congé d'y aller et deux memoires cachetez pour bailler au sieur Seguier, lieutenant civil, qui estoit lors à Sainct Denis. Aussi-tost qu'il eut ces memoires, il les alla porter au docteur Boucher dans le college de Forteret, proche de ladite abbaye. Les principaux des Seize s'y assemblerent incontinent. A l'ouverture du premier ils y trouverent escrit : « Monsieur, advertissez le M. et sçachez de luy à qui c'est qu'il veut que je parle pour son procès. » Dans l'autre il y avoit : « Monsieur, je vous prie de m'envoyer les passeports du Roy pour les robes rouges que sçavez. » A la lecture de ces billets escrits de la propre main dudit sieur abbé, ils pensoient avoir assez dequoy pour l'accuser ; toutesfois, à cause qu'ils estoient en mots couverts, ils s'adviserent que pour descouvrir d'avantage son intention qu'il failloit avoir la response. Le religieux leur dit qu'il s'asseuroit de la rapporter. Mais ils eurent beaucoup de difficulté à se resouldre s'ils devoient envoyer les originaux, ou seulement des copies : enfin ils adviserent que l'on copieroit le premier des deux memoires, et qu'ils ne retiendroient que l'original du second. Ainsi le religieux s'en alla à Sainct Denis porter l'original du premier et la copie du second, et les rendit audit sieur Seguier, qui luy dit pour responce seulement de bouche : « Dites à M. de Saincte Geneviefve que je luy rescriray. » Ce religieux estant ainsi revenu à Paris sans responce, le docteur Boucher alla trouver le cardinal de Plaisance avec les principaux des Seize, et tous ensemble allerent chez M. de Mayenne, auquel ils firent diverses plainctes contre ledit sieur abbé, disans qu'il estoit le support des partisans du Roy dans Paris, luy monstrerent l'original du memoire qu'ils avoient retenu, et la copie de l'autre.

M. de Mayenne, sur leur plaincte, envoya querir ledit sieur abbé par le sieur de Forcez, qui commandoit lors de sergent-major dans Paris, lequel le mena au logis dudit sieur duc, où il fut un long temps au bas du degré à attendre. Il voyoit plusieurs allées et venuës et les Seize fort eschauffez ; il descouvrit que le cardinal de Plaisance y estoit aussi : cela le fit douter que c'estoit une maniere de faire pour s'asseurer de sa personne. Finalement appellé pour monter, M. de Mayenne le prit par un degré desrobé et l'emmena avec luy dans un petit grenier où il luy dit : « Monsieur de Saincte Geneviefve, je suis en combat pour vous, qu'avez vous faict à ces gens icy ? ils sont fort eschauffez à l'encontre de vous ; vous traictez avec les ennemis, à ce qu'ils disent. » L'abbé luy respondit : « Monseigneur, je ne fay rien que bien, et ne traitte point avec les ennemis. — Vous le dictes, luy dit M. du Mayenne ; mais voylà des memoires que vous avez escrits qu'ils vous mettent en avant. » L'abbé lors se trouva avoir esté trahy, et, pressé par M. de Mayenne de luy respondre, il luy dit : « C'est la verité que j'ay escrit ce memoire là. — Et bien, luy dit-il, pour quelles *robes rouges* demandez vous passeport, car ces gens icy qui vous ont accusé soustiennent que ce mot là se doit entendre pour des conseillers de la cour de parlement? » L'abbé, s'estant un peu r'asseuré, luy dit : « Excusez moy, monseigneur ; ayant esté dernierement à Sainct Denis, sous vostre passeport, pour r'avoir quelques charrettes et chevaux chargez de bled qui m'appartenoient, lesquels m'avoient esté pris par les gens du Roy, et qui me furent rendus, M. Seguier me supplia, et quelques autres conseillers, de trouver moyen de leur faire tenir leurs robes rouges pour assister à la ceremonie qui se devoit faire à la conversion du Roy, et que pour le certain il se rendoit catholique. » A quoy M. de Mayenne luy demanda, sans luy repliquer sur le tiltre de roy : « Cela est-il bien vray, en estes vous certain? » L'abbé lors luy dit : « Le Roy le m'a dit luy mesme. — Avez vous parlé à luy? dit le duc. — Ouy, monseigneur, respondit l'abbé, et aussi je sçay que tout y est preparé. — A la mienne volonté, dit lors le duc, qu'il le fust desjà, et que ce fust au contentement de nostre Sainct Pere. Mais que voulez vous dire à cest autre memoire là? » L'abbé, l'ayant regardé, luy dit : « Je n'ay point escrit cela. — Je sçay bien, dit le duc, que vous ne l'avez pas escrit, mais ces gens cy disent qu'il a esté pris sur un pareil que vous aviez escrit. — Si c'estoit, dit l'abbé, de mon escriture, je la recognoistrois ; mais, n'ayant jamais escrit cela, je ne vous sçaurois respondre autre chose. » Sur ces paroles le duc de Mayenne redescendit en la chambre où estoit ledit sieur cardinal et plusieurs des Seize, ausquels il dit ce que luy avoit respondu l'abbé, lequel estoit demeuré dans ce grenier seul avec le sieur de Magny, que ledit abbé sçavoit avoir assisté à la mort du marquis de

Mainelay. Il apprehenda lors beaucoup; mais, r'asseuré par ledit Magny qu'il n'auroit point de mal, et qu'il se resolust à respondre à ce que l'on luy demanderoit, on le fit puis après descendre là où estoit M. de Mayenne, ledit cardinal et les principaux des Seize. Après plusieurs propos rigoureux que luy tint ledit duc, il le donna en garde audit sieur de Forcez, qui le mena en sa maison, où il fut quelque temps. La trefve faicte depuis, ainsi que nous dirons cy après, il se retira en sa maison d'Auteuil pour obvier à tous inconveniens : estant finie, il se retira auprès de Sa Majesté jusques à ce qu'il rentra dans Paris. Voylà comme cest abbé eschappa de la trahison que luy avoient tramée les Seize, qui importunans M. de Mayenne d'aprofondir, disoient-ils, ceste conspiration et de faire faire le procez audit abbé, leur dit : « Si je vous croyois, il faudroit mettre la ville de Paris hors de ses murailles, c'est à dire qu'il en faudroit chasser tous les habitans qui ne sont de vostre opinion. Je sçay quel est cest abbé, il a esté tousjours bon catholique et de conversation pacifique; ne m'en parlez plus. »

Du depuis aussi ledit duc fit cognoistre audit cardinal que les Seize n'estoient que gens populaires et seditieux, qui vouloient que tout se fist suyvant leur opinion, vouloient non seulement le contredire, mais aussi toute leur assemblée, et que les placards qu'ils avoient faict affiger contre la conference n'en estoient que trop de preuves. Ce cardinal commença lors à detester telles procedures, et, de peur qu'il ne luy fust reproché d'avoir broüillé le party de l'union, il se joignit aux intentions de M. de Mayenne plus estroictement qu'auparavant, et ce après que ledit duc eut juré entre ses mains de ne recognoistre jamais le Roy, quand mesmes il se feroit catholique, si ce n'estoit par le commandement du Pape : ce que firent aussi plusieurs princes et seigneurs de ce party-là. Ainsi, nonobstant tout ce que firent les Seize, la conference que l'on pensoit rompuë fut recontinuée.

Le 5 de juin, au lieu qu'elle s'estoit tenuë à Suresne, elle se tint à La Roquette qui est une maison aux champs hors la porte Sainct Anthoine, où estans les deputez d'une part et d'autre, l'archevesque de Lyon commença par une excuse du retardement dont ils avoient usé à faire response, priant de ne le prendre en mauvaise part, ny entrer en soupçon que ce fust par artifice ou mauvaise volonté, mais que l'affaire de soy estoit très-grand, ayant esté necessaire de conferer avec beaucoup de personnes, comme ils pouvoient conjecturer, et encores avec leurs amis qu'on ne vouloit offenser, ny se separer d'eux en aucune façon ; aussi que son indisposition notoire avoit esté en partie cause de ceste longueur.

La response qu'il avoit charge de leur faire estoit, quant à la conversion du roy de Navarre, qu'on desiroit la voir vraye et sans aucune fiction ; mais diroit librement que tant s'en faut qu'on la peust esperer telle, que au contraire ils avoient grande occasion de croire et juger certainement que ce n'estoit que simulation et faintise, car, si elle procedoit de sincerité, on n'eust recherché tant de dilations et remises ; s'il estoit touché de quelque inspiration, il ne demeureroit point en son heresie, il n'en feroit point l'exercice public, ne presteroit l'oreille à ses ministres, il blasmeroit et detesteroit publiquement son erreur, il les chasseroit loing de luy, on verroit des fruicts dignes de penitence; que le premier degré pour se disposer à la grace de Dieu, à recevoir le don de la foy, c'estoit de quitter le mal et abandonner son erreur : *Declina à malo, et fac bonum.* On ne lisoit pas que ceux qui se faisoient les premiers chrestiens marchandassent si longuement, et que ce pendant ils sacrifiassent aux idoles, et que, soudain que Dieu les avoit touchez, ils abandonnoient leurs superstitions, tesmoin l'eunuque que sainct Philippes convertit, et ce qui s'estoit passé en la conversion de sainct Paul, lesquels n'avoient remis leur conversion à six mois. Toutesfois que ce n'estoit à luy ny à ceux de son party d'approuver ou d'improuver ladite reduction, mais en laissoient le jugement au Pape, qui seul avoit l'authorité d'y pourveoir et le remettre au sein de l'Eglise.

Et, pour le regard des traictez de paix et seuretez de la religion, ils n'y pouvoient entrer pour plusieurs grandes considerations, car ce seroit traicter avec le roy de Navarre qui estoit hors de l'Eglise, et à laquelle ils ne le pouvoient tenir pour reuny et reconcilié qu'on n'eust sceu la volonté du Sainct Siege; que s'ils n'avoient peu accorder de le sommer ou inviter pour les raisons qui avoient esté deduites, beaucoup moins devoient ils traicter de chose qui peust faire ouverture à sa recognoissance et establissement directement ou indirectement; que ce seroit prevenir le jugement de Sa Saincteté, à laquelle ils estoient resolus de se conformer en ce fait où il estoit question de la religion, et, qui plus estoit, quand il faudroit entrer aux seuretez proposées, ne voudroient y toucher sans l'advis de Sa Saincteté

En ce qui estoit de la treve, après avoir esté satisfaicts sur les deux premiers poincts, ils leur feroient response.

M. l'archevesque de Bourges consulta avec sa compagnie, et après, estans retournez, dit qu'ils recognoissoient la bonne volonté que lesdits deputez de Paris apportoient au bien de cet Estat, recognoissoient le contentement qu'ils avoient de la conversion du Roy, comme c'estoit chose dont dependoit le bien universel de ce royaume, et le seul moyen de le mettre en repos, que c'estoient les vœus, les souhaits, les prieres de tous les gens de bien et vrays François, et à quoy devoient tendre tous ceux qui desiroient la grandeur et avancement de l'Eglise, et croire que cest insigne et remarquable exemple de la conversion du Roy en rameneroit beaucoup à son imitation, et seroit le moyen d'oster les heresies, les schismes et les troubles qui y estoient.

Qu'ils leur avoient donné asseurance qu'il y vouloit proceder bien-tost, et si solemnellement que toute la chrestienté cognoistroit son intention et sincerité, mais qu'ils en pouvoient à present donner de plus grandes asseurances, ayans veu, depuis leur derniere entreveuë, expedier les recharges et mandemens aux prelats et autres notables personnes de son royaume pour l'assemblée qu'il avoit convoquée, et pour le desir qu'il avoit d'executer sa promesse; qu'il n'y manqueroit point, estant prince franc, libre, qui n'avoit aucune dissimulation, et ne l'eust dit s'il n'en eust eu la volonté.

Quand à ce qu'ils avoient dit n'avoir pas beaucoup d'occasion d'adjouster foy à ses promesses en voyant les effects si contraires, les prioient de considerer que Sa Majesté avoit affaire avec beaucoup de personnes qu'elle desiroit contenter si faire se pouvoit, tant dedans que dehors le royaume, avec ses amis et alliez ; aussi qu'en acte si important il n'y vouloit estre mené par force ou par precipitation, mais vouloit apprendre, estre instruit, et, après avoir ouy les raisons, faire sa declaration publique et solemnelle ; autrement il faudroit qu'il eust esté touché d'une miraculeuse et extraordinaire conversion comme sainct Paul et celles dont ils avoient parlé, et qu'il falloit bien qu'en acte si solemnel de la conversion d'un roy, on y observast quelque autre respect et ceremonie que celle d'une personne privée.

Que, s'il ne monstroit encores les effects de ce mouvement dont il avoit son ame touchée, et de la cognoissance qu'il avoit de nostre religion catholique, cela n'estoit ny nouveau ny sans exemple ; car on lisoit de l'empereur Constantin, dans Nicephore, Eusebe et l'Histoire *Tripartite,* qu'il avoit demeuré long temps avant que faire publique profession de foy, voire qu'il avoit sacrifié aux idoles, comme, en passant par Vienne en Dauphiné le jour de Pentecoste, il sacrifia aux idoles en public, quoyqu'en secret il fust catholique ; et Gregoire de Tours a escrit de Clovis, nostre premier roy chrestien, qu'il avoit demeuré long temps, après avoir eu cognoissance de nostre foy, d'en faire declaration publique, *in mord modici temporis non fit præjudicium :* ce n'estoit que pour peu de temps, et ils en verroient bien-tost les effects, et d'une façon ou autre il y estoit resolu ; ils sçavoient que ce ne seroit au contentement de tous, mais falloit que ceux qui n'y prendroient plaisir se gratassent la teste.

Au surplus avoient deliberé de se retirer à Sa Saincteté, et desiroient de luy donner toute satisfaction, luy rendre tout respect et submission, et prester l'obedience qu'avoient de coustume les princes chrestiens, et telle que ses predecesseurs avoient fait, voire plus amples si besoin estoit, recognoissant combien il importoit d'en donner asseurance à Sa Saincteté pour la deffiance qu'elle pourroit avoir de ses actions passées et soupçon à l'advenir. Mais en ce qui concernoit l'Estat, si Sa Saincteté cuidoit y toucher aucunement pour la connexité des censures, et declaration de la capacité ou incapacité du royaume, ils les croyoient trop bons François pour pretendre que les estrangers s'en pussent aucunement mesler, et qui sçavoient assez les droicts et les loix du royaume, et libertez de l'Eglise Gallicane; et que les estrangers mesmes, qui n'avoient moindre jalousie à la souveraineté de leurs Estats, ne vouloient souffrir que les papes entreprinssent aucune cognoissance sur leur temporel, et, sans en rechercher des exemples de plus loing, le roy d'Espagne, qui est tant catholique, n'avoit pas voulu souffrir que le Pape ny les legats qu'il avoit envoyés en Portugal se meslassent aucunement des affaires dudit royaume. Ce n'estoit pas qu'il entendist parler du roy d'Espagne qu'avec honneur, c'estoit un grand prince, et si grand qu'il ne luy manquoit pour sa monarchie d'Occident que ceste pauvre couronne qu'il avoit desjà devorée en esperance; mais, s'il estoit leur adversaire à present, il pourroit estre amy, bon frere et allié, comme ils l'avoient veu de leur memoire.

Pour la difficulté qu'on faisoit de vouloir entrer au

traitté de la paix et seureté pour la conservation de la religion, ils les prioient leur pardonner s'ils leur disoyent librement n'y voir ny sçavoir aucune raison ou scrupule qui les en deust empescher, car, estant le Roy resolu, et ayant donné parole d'estre catholique, comme ils voyoient qu'il s'y disposoit, c'estoit beaucoup avancé d'employer le temps qui se presentoit, attendant son assemblée, à faire ledict traicté et donner une bonne odeur à tout le royaume de ceste negotiation, et faire concevoir esperance de quelque repos et soulagement; et puis que ce n'estoit avec le Roy qu'ils conferoient, mais avec eux qui estoient catholiques et envoyez de la part des princes catholiques, et qui avoient tousjours estimé n'estre moins obligez d'affectionner et rechercher les moyens de la seureté de la religion que eux-mesmes; et, si quelque scrupule les arrestoit pour les considerations par eux representées, que M. le legat leur en pouvoit bailler dispense pour n'empescher l'avancement d'une si bonne œuvre ; et outre, qu'ils avoient tousjours protesté que tout ce qu'on traiteroit seroit nul, et de nul effect si le Roy ne satisfaisoit à sa promesse. Et, pour conclurre, il ne voyoit autrement qu'il eust esté besoin d'estre venu en conference si on ne vouloit entrer en ces moyens.

Quant à la treve, elle estoit fort prejudiciable aux affaires du Roy, et toutesfois qu'ils l'avoient presentée pour faciliter lesdits traitez de paix et moyens de seureté, et, pour tesmoignage de leur affection au soulagement du peuple, s'en remettoient à eux et en protestoient, requerans, consideré combien importoit ce qui se traitoit à present, et que tout ce qui s'estoit passé n'estoit que discours et disputes, que tout fust mis par escrit, au moins les conclusions, car ce n'estoit rien fait si on ne demeuroit d'accord.

M. l'archevesque de Lyon, après avoir consulté avec sa compagnie, repliqua que tout ce qui estoit avancé touchant l'espoir et promesse de conversion n'estoient que raisons humaines et considerations d'Estat, qui n'estoient moyens capables de recevoir la foy et grace de Dieu; que si tel acte devoit donner contentement et satisfaction à la royne d'Angleterre et autres ennemis de l'Eglise et ses alliez, qu'est-ce que les catholiques en pouvoient esperer? quelle plus certaine conjecture de la fiction et simulation? Aussi avoient-ils eu quelque advis des ambassades mandées en Angleterre et Allemagne sur ce sujet, et voyoit on bien que les ministres n'en avoient pas grande apprehension, et, qui plus estoit, que le roy de Navarre ne promettoit que de se faire instruire, qu'il y avoit long-temps qu'il le demandoit, et qu'il estoit malaisé de se promettre que ceux qui l'instruiroient le pussent induire par leurs remonstrances; que Dieu seul, qui estoit scrutateur des cœurs, pouvoit juger de l'interieur et de l'advenir. Et, pour le regard des exemples mis en avant, respondit que veritablement Constantin avoit eu quelques mouvemens de la foy chrestienne, mais, soudain qu'il en fut vrayement touché, il en avoit fait et les declarations et les actions convenables; et s'il n'abatit soudain les idoles, ce n'avoit esté faute de volonté, comme il le monstra après, mais attendant l'occasion plus propre pour la propagation de la foy et religion. Et quant à Clovis, on lisoit bien qu'il estoit continuellement exhorté et solicité par la royne Clotilde sa femme, mais qu'il n'avoit peu estre esmeu et persuadé jusques à ce que, au

milieu de la bataille, il fust contraint d'implorer l'ayde
de Dieu, et, ayant cognu sa miraculeuse assistance en
bataille, revenant de la victoire, avoit fait soudain une
belle profession de foy, accompagnée d'une merveilleuse
contrition de cœur et abondance de larmes; et, estant
admonesté par sainct Remy, archevesque de Reims,
d'abolir les idoles et les superstitions payennes, avoit
respondu qu'il estoit tout prest et alloit exhorter son
peuple, comme il fit au mesme instant; mais, avant
que parler, il avoit esté prevenu par les acclamations
publiques de tout le peuple renonçant à leur idolatrie
et paganisme, et l'avoit tellement disposé qu'il s'en
estoit servy pour combattre et exterminer les heretiques
arriens. Que le mesme autheur escrivoit que l'evesque
Avitus, voyant que Gondebaut, roy de Bourgongne, se
vouloit faire sacrer en cachette pour crainte du peuple
qui estoit pour la plus part infidele, l'avoit refusé,
usant de ces mots : *Si verè credis, quod Christus edo-
cuit exequere, et quod corde te dicis credere, ore pro-
fer in publicum* (1). Trouvoit bonne l'offre qu'on faisoit de rendre le respect et submission à Sa Saincteté
qui luy appartenoit, mais qu'il failloit que ce fust en
effet et par une vraye humilité chrestienne et filiale
obeyssance, remettant entierement la conversion à son
jugement, non avec les conditions et modifications
qu'on proposoit, qui estoient les ouvertures d'un
schisme pernicieux et dangereux. Confessoit qu'en ce
qui estoit du pur temporel, ceste couronne ne dependoit que de Dieu seul et ne recognoissoit autre ; que
comme François, et nourris à la cognoissance des loix

---

(1) Si vous croyez sincèrement, faites ce que Jésus-Christ a enseigné,
et déclarez en public ce dont vous dites avoir une conviction intime.

du royaume, ils sçavoient ce qui estoit de la dignité et souveraineté d'iceluy, mais que là où il estoit question de la foy et religion, comme d'estre reconcilié à l'Eglise, d'estre absous des censures ecclesiastiques et excommunications, et ce qui en dependoit, c'estoit au pasteur de l'Eglise universelle d'en avoir la cognoissance, comme celuy auquel Jesus Christ avoit commis le gouvernement de son Eglise, qui peut lier et deslier, et qui a ceste divine prerogative, *ne fides ejus unquam deficiat* (1).

Pour les autres points ne vouloit repeter les raisons cy-devant advancées, qu'il estimoit estre de tel poids qu'il n'y pouvoit avoir aucune response suffisante. Bref, ledit archevesque de Lyon dit aux royaux que tout le fruict qui se pourroit tirer de la conference qu'ils avoient faicte, ce seroit qu'ils se reünissent avec eux à mesme volonté et à l'obeyssance de l'Eglise catholique, apostolique-romaine, pour la conservation de leur religion et extirpation de l'heresie, estant impossible de bastir autrement aucune solide paix, comme ils avoient dit au commencement. Ayant finy son discours, on entra confusement en plusieurs disputes sur la puissance du pape, du reglement et distinction des puissances spirituelles et temporelles, des libertez de l'Eglise Gallicane, des bulles d'excommunication, par ce qu'aucuns des royaux leur dirent que ce n'estoient que monitions ou simples declarations.

Après avoir tous disné ensemble on se retira pour consulter chacun à part. Le sieur de Belin vint rapporter à ses condeputez qu'il avoit parlé avec le sieur de Vic comme d'eux-mesmes, et non au nom de la

---
(1) Pour que la foi ne s'éteigne jamais.

compagnie, qu'ils tenoient tout pour rompu, et prioit qu'on ne trouvast mauvais, sçachant la necessité de la ville de Paris, s'il procuroit de leur bailler quelque soulagement, et qu'on advisast le malheur qui arriveroit si à leur retour on publioit la rupture de la conference, mesmes sur l'offre qui estoit faite de la trefve. Surquoy fut advisé qu'on se rassembleroit pour arrester à quoy on demoureroit d'accord : ce que ayant esté fait, ledit sieur de Lyon repeta sommairement les trois points, et sur tout qu'il ne se pouvoit faire autre chose que de remettre le jugement de la conversion du Roy au Pape, que faire autrement c'estoit introduire un schisme très-dangereux en ce royaume, et dit plusieurs autres choses sur ce subject.

M. de Bourges luy respondit qu'il entendoit qu'on mandast au Sainct Siege, mais ne se vouloit obliger si c'estoit avant ou après, et qu'il se vouloit expliquer plus avant et faire ouverture de luy mesme, laquelle il cuidoit que messieurs ses collegues ne desadoueroient, c'estoit que le Roy se feroit absoudre *ad futuram cautelam*, et iroit à la messe, et, après avoir eu l'absolution, manderoit une ambassade à Rome pour demander la benediction du Pape et luy faire l'obedience accoustumée, pour user du mot usité en cour de Rome; car, pour parler librement, ils ne vouloient pas mettre le Roy en ceste peine et hazard, et sa couronne en compromis au jugement des estrangers, et, sous pretexte de connexité et dependance de l'excommunication, luy bailler cognoissance de l'incapacité pretenduë, combien que ce n'estoit proprement excommunication, mais declaration; et qu'il y avoit des remedes domestiques et ordinaires, sans recourir aux estrangers et extraordinaires, qu'il monstreroit quand il seroit besoin, par droict commun, par raisons et par exemples, que les evesques pourroient bien y pourvoir en France, et qu'on sçavoit assez quels estoient les privileges de l'Eglise Gallicane. Car, si le Pape vouloit *repellere eum à limine judicii*, dire qu'il est relaps, impenitent, condamné, ou entrer en autres et semblables considerations, où en seroit-il, quelle faute auroit faict son conseil, en quel estat seroit ceste couronne, qui seroit le curateur aux biens vacans? Aux personnes privées on pouvoit user de ces termes là, mais non aux personnes illustres et de si haute et eminente dignité, mesmes aux roys et aux princes souverains qui portoient leurs couronnes sur la pointe de leurs espées, et n'estoient attachées aux loix et constitutions vulgaires; que, pour parler bon françois, ils n'estoient resolus d'engager la couronne de là les monts.

A ces mots tous les deputez de l'union se mirent à demander que l'on eust à produire les canons et les exemples des evesques qui eussent revoqué et retracté les jugemens des saincts peres.

« Vous ne demandez qu'à disputer, leur dit M. de Bourges; et toutes ces allegations d'exemples seroient sans utilité : traictons seulement de remedier aux maux de la France. Qu'y ferons nous donc? Trouvez nous quelque moyen, asseurez nous, joignez vous avec nous, prions le Pape qu'il face ce bien à la France. M. de Mayenne nous y peut beaucoup ayder, se rendre garent envers Sa Saincteté de la bonne volonté du Roy, et moyenner qu'elle mande un bref à M. le cardinal de Plaisance, qui a protesté, par son exhortation, d'aymer tant le bien de ce royaume, avec nombre de prelats ecclesiastiques, que de s'employer à une si saincte et si bonne œuvre. »

M. de Lyon respondit que ce n'estoit à eux qu'il se falloit addresser pour tel affaire, qu'ils ne pouvoient ny devoient y toucher, c'estoit à eux à se pourvoir comme ils devoient et comme ils l'entendoient; c'estoit à nostre Sainct Pere seul auquel il se failloit addresser pour juger de ladite conversion et de ce qui en dependoit, et ordonner la penitence à eux tous d'entendre ses mandemens et intentions, comme enfans de l'Eglise; que M. de Mayenne estoit par trop informé du devoir qu'il devoit à l'Eglise et respect à Sa Saincteté pour entreprendre chose qu'elle peust trouver mauvaise, ou apporter quelque prejugé à son intention en affaire de telle importance, qui regardoit la religion et l'estat de la chrestienté : bien les pouvoit il asseurer que M. de Mayenne embrasseroit trèsvolontiers les moyens que Sa Saincteté jugeroit estre propres pour le bien du royaume, voyant la religion hors de tout peril et danger, n'ayant autre but et interest.

Sur ce on entra en longue dispute les uns contre les autres, et avec telle contention, qu'on jugeoit tout estre rompu, et qu'il ne falloit attendre autre issuë de la conference, jusques là que M. de Bourges dit : « Messieurs, nous nous retirerons donc avec vos congez »; et, comme on se levoit, parlants avec M. de Bellievre, aucuns dirent qu'il ne failloit se despartir ainsi, et abandonner un si bon œuvre; en fin M. le comte de Schomberg dit qu'il prendroit la peine de faire encore un voyage vers les princes et seigneurs dont ils estoient deputez, et en feroient entendre la response le vendredy suyvant.

Et par ce que le terme de la surceance d'armes estoit expiré, ceux de l'union demanderent de le proroger : les deputez du party du Roy respondirent n'y pouvoir consentir et en avoir expresses deffenses, recognoissans fort bien que tout ce qui se faisoit n'estoit que pour gaigner le temps et faire advancer les forces estrangeres, outre qu'il se commettoit beaucoup d'abus au reglement, et qu'on faisoit entrer grande quantité de vivres à Paris. Ceux de l'union leur dirent qu'on sçavoit bien qu'ils avoient une entreprise sur une place de consequence ; que si c'estoit pour cela la mine estoit esvantée, et qu'ils ne devoient faire difficulté de continuër la surceance durant les festes de Pentecoste prochaines : en fin de part et d'autre fut mandé aux garnisons de se contenir pour trois jours.

Estans sur leur depart, ainsi que le sieur de Revol en la derniere conference avoit donné par escrit la proposition de M. de Bourges, ainsi un des deputez de l'union luy donna ceste response par escrit :

« Messieurs, vous nous avez dit et depuis escrit que le roy de Navarre se doit faire instruire et rendre bon et vray catholique dans peu de jours, que ce vœu et desir estoit en luy, ou, pour mieux dire, qu'il estoit catholique en l'interieur de son ame il y a desjà long temps, mais que le malheur de nos guerres l'avoit empesché de l'effectuer. Nous invitez sur ceste asseurance de traicter avec vous des moyens de bien asseurer la religion, et mettre le royaume en repos, luy se faisant catholique, et, pour arres de sa bonne volonté, offrez en son nom une surceance d'armes pour deux ou trois mois.

« Ceste proposition nous est autant aggreable que celle que vous fistes à l'entrée de nostre conference, de le recognoistre dès maintenant sous espoir de sa future conversion, nous fut deplaisante et ennuyeuse. En quoy si nostre response vous sembla aigre, excusez, ou plustost louez nostre zele, et confessez qu'il estoit juste, et que ne le pouviez esperer autre de nous, qui sommes tousjours demeurez sous l'obeyssance de l'Eglise, du Sainct Siege et des commandements des saincts peres.

« Nous desirons ceste conversion que promettez, prions Dieu qu'elle advienne, qu'elle soit vraye et sincere, et que les actions qui doivent preceder, accompagner et suivre ce bon œuvre, soient telles que nostre Sainct Pere, auquel seul appartient d'en faire le jugement et de le reconcilier à l'Eglise, en puisse demeurer satisfaict, et la religion asseurée, à son contentement et des catholiques, qui, après avoir souffert tant de miseres, ne desirent rien plus que de jouyr d'un bon et durable repos, sans lequel ils prevoyent et jugent bien la ruyne inevitable de cest Estat.

« Nous ne pouvons toutesfois vous celer que ne voyons encores rien en luy qui nous puisse donner cest espoir. Celuy qui veut faire le bien doit premierement laisser le mal; qui veut entrer à l'Eglise, et recevoir l'instruction par les mains des evesques, prelats et docteurs, comme vous le publiez desjà par tout, les doit approcher de luy, esloigner les ministres, discontinuer l'exercice de la religion qu'il commence à blasmer; et neantmoins chacun sçait qu'il est tousjours luy-mesme en ses paroles et actions, et en sa conduitte.

« Nous nous estonnons bien d'avantage de ce que nous avez dit et repeté si souvent qu'il estoit catholique en son ame dès long temps, quand nous considerons quelles ont esté ses actions du passé. Car, s'il est vray, comme se pourroit-il faire que ceste affection cachée en l'ame d'un prince qui a peu tousjours en ceste action ce qu'il a voulu, eust produict des effects si contraires, et tendans du tout à l'establissement de son erreur et à la ruyne de nostre religion, comme chacun l'a veu et cogneu ? Ou bien, s'il est conduit ainsi, estant desjà catholique en son ame, que devons nous craindre de l'advenir ?

« Il vaudroit mieux dire qu'il ne l'estoit pas lors, tel au moins que les catholiques qui recognoissent l'Eglise catholique, apostolique et romaine, le veulent et desirent, mais que Dieu lui en donne aujourd'huy le mouvement et la volonté : c'est luy seul qui le peut faire aussi quand il luy plaist. Et ce discours nous satisferoit d'avantage que de mettre encores en avant, comme vous faictes, qu'il s'est fleschy à la priere des siens; car les considerations temporelles et les raisons humaines peuvent bien changer l'exterieur, mais nostre ame ne peut estre teinte et rendue capable de ceste doctrine que par la grace du Saint Esprit.

« Vous estes assez instruicts, messieurs, de la forme et des moyens que l'Eglise a prescrit pour venir à une vraye conversion : nous vous exhortons et prions de luy en donner le conseil. Il se peut bien faire instruire par des bons evesques, prelats et docteurs, et c'est ce que nous vous avons dit, conferant avec vous; il peut aussi faire voir à chacun par ses actions que ceste instruction l'aura changé; mais c'est à nostre Sainct Pere et au

Sainct Siege d'y mettre la premiere et derniere main, comme estant celuy seul qui a le pouvoir et l'authorité d'approuver sa conversion et luy donner l'absolution, sans laquelle il ne peut estre tenu pour converty et reconcilié à l'Eglise parmy nous.

« Quand il se presentera et envoyera de sa part, le recognoissant chef de l'Eglise, avec la submission et respect qui luy est deu, nous nous promettons tant de la pieté, integrité et prudence de Sa Saincteté, que, sans aucune passion ou consideration de l'interest de qui que ce soit, elle y apportera tout ce qui sera jugé estre de son devoir et soin paternel, pour conserver et mettre, s'il est possible, ce royaume en repos, dont il a desjà monstré que la conservation luy estoit, après la religion, plus chere que toute autre chose.

« Vous ne devez faire aucun prejugé de sa volonté sur le refus qu'il a fait cy-devant de recevoir et ouyr M. le marquis de Pisany; car il estoit envoyé de la part des catholiques qui assistent le roy de Navarre, et non de la sienne, qui fut un mespris duquel il se pouvoit tenir offensé, et un tesmoignage aussi que la volonté de celuy de la conversion duquel on luy donnoit quelque espoir en estoit du tout esloignée, puis que luy-mesme n'y envoioit en son nom; outre ce, qu'au mesme temps que le voyage se fit, les magistrats qui tiennent lieu de parlement en son party donnoient des jugemens diffamatoires contre la bulle et authorité du Pape et du Sainct Siege. Or nous voulons croire qu'on y procedera à l'advenir d'autre façon et avec plus de respect et consideration de la dignité du Sainct Pere et du devoir que nous avons au Sainct Siege.

« C'est donc ce que nous pouvons respondre sur l'ouverture que nous avez faite de sa conversion, que la desirons vraye et sincere, mais qu'elle se doit faire avec l'authorité et consentement de nostre Sainct Pere, qu'il se doit adresser à luy, et non à nous. Tout ce que nous y pourrions apporter d'avantage, seroit d'envoyer de nostre part à Sa Saincteté pour luy representer l'estat deploré et miserable de ce royaume, le besoin qu'il a d'un bon et asseuré repos, et neantmoins que sommes deliberez de souffrir tout, moyennant la grace de Dieu, plustost que de laisser nostre religion en peril, entendre là dessus son intention, recevoir ses commandemens, et y obeyr; en quoy nous procederons avec telle foy et integrité, qu'un chacun cognoistra qu'avec la religion nous aymons et voulons recercher de tout nostre pouvoir le bien et repos de ce royaume, qui ne peut faire naufrage et perir que n'y trouvions nostre ruine, comme vous la vostre.

« Avant que ceste conversion soit advenue, et qu'elle soit ainsi receue et approuvée, nous vous prions prendre de bonne part si nous differons de traicter avec vous; car, ne le pouvant faire sans approuver dès maintenant ceste conversion, dont le jugement doit neantmoins estre remis à Sa Saincteté, nous desirons d'avantage, quand l'approbation en seroit faite, prendre l'advis de nostre Sainct Pere sur les seuretez requises pour conserver en ce royaume la seule et vraye religion, qui est la catholique, apostolique et romaine. Avec ce nous considerons que quelques difficultez pourroient naistre sur le traicté desdites seuretez, qui empescheroient ou retarderoient l'effect de ce bon œuvre, au blasme de ceux qui en seroient peut estre les moins coulpables, où après la conversion elles pourront estre demandées publiquement et comme à la face de toute la chrestienté, qui y a très-grand interest aussi bien que nous, chacun demourant obligé d'y apporter ce qu'il doit.

« Pour le regard de la surceance d'armes, après que serons esclaircis de vostre intention sur les deux precedens articles, nous y ferons responce qui tesmoignera que ne desirons rien plus que le bien, descharge et soulagement du peuple. »

Le vendredy, unziesme jour de juin, la conference se tint à La Villette, au milieu du chemin de Paris et Sainct Denis, en la maison du sieur d'Emeric de Thou, l'un des deputez royaux, où arriverent lesdits sieurs deputez de part et d'autre en mesme heure, environ le midy; et ne fut possible d'empescher qu'il ne s'y trouvast un grand nombre d'hommes venus de Paris, attentifs de sçavoir l'issuë de la trefve proposée.

Après s'estre assemblez M. de Bourges pria la compagnie de se resouvenir de ce qui avoit esté fait en la precedente conference, et adviser si on y avoit rien oublié, et dit que les sieurs de Schombert et de Revol, estans allez vers les princes catholiques qui les avoient deputez, leur avoient representé ce qu'il falloit, dont ils s'estoient dignement acquitez, comme il apparoistroit promptement par bons effects. Ne pensoit estre besoin d'user de plus long discours, car leur intention estoit de ne traitter plus que par escrit; et d'autant qu'on avoit insisté de y rediger tout ce qui s'estoit passé entre eux dès le commencement, ils l'avoient fait, sans y avoir rien oublié de ce qui estoit de la substance, comme on verroit par la declaration suivante, laquelle ils baillerent à ceux de l'union après avoir esté leuë par le sieur de Revol.

« Messieurs, en nos premieres conferences nous vous avons prié, sur les differens qui empeschoient nostre reconciliation, et sur le commun desir et besoin de la paix, qui ne peut estre que sous un roy legitime, ny sous autre que celuy qui en a le droict par la loy du royaume, de vouloir considerer avec quelle patience et modestie les anciens chrestiens ont tousjours obey aux princes souverains et magistrats par eux ordonnez, bien qu'ils fussent payens, ennemis et persecuteurs de ceux qui faisoient profession de la religion chrestienne, ceste leur patience procedant, non de leur petit nombre ou foiblesse, mais dès enseignemens qu'ils avoient en la Saincte Escriture, exhortations et exemples des saincts peres. Nous vous avons neantmoins remonstré, pour le regard du roy qu'il a pleu à Dieu nous donner, que nous estions en trop meilleure condition qu'eux, et que ce que nous desirons tous pour le regard de la religion, nous l'esperons par la grace de Dieu, selon la promesse que Sa Majesté auroit faite à son advenement à la couronne, et par plusieurs demonstrations et declarations subsequentes d'en vouloir prendre les moyens; dont faisoit assez de foy la despesche de M. le marquis de Pizany vers nostre sainct pere le Pape, laquelle, bien qu'elle fust sous autre nom que de Sa Majesté, n'estoit toutesfois sans son sceu et desir, de sorte que nous avions occasion de l'estimer comme faite par elle-mesmes. A cela se conformoit sa permission et volonté de nostre deputation et venuë en ceste conference. Surquoy nous vous aurions invitez et conjurez, au nom de Dieu, et pour l'affection que vous avez à la religion catholique et au bien et repos de cest Estat, de vouloir joindre vos vœux avec les nostres, estimant que Sa Majesté, suppliée d'un commun accord de ne vouloir plus differer l'effect et execution d'une si saincte resolution que nous croyons qu'elle avoit dans le cœur, seroit d'autant plus incitée d'accelerer ce contentement à ses bons subjects, quand elle cognoistroit que cela pust faciliter la paix que nous jugeons si necessaire pour la conservation de la religion catholique, et pour faire cesser les troubles et calamitez dont ce royaume est si miserablement affligé.

« C'est en somme la priere que nous vous avons faicte en premier lieu, et non autre, ny à autres conditions; et, pour ce que nous avons sceu que ce qui vous a esté dit de nostre part a esté en plusieurs lieux pris et interpreté autrement que n'a esté nostre intention, nous l'avons bien voulu derechef representer en ce peu de mots, et estimé estre à propos de le vous bailler par escrit, pour ne laisser aucun doubte en l'esprit de personne de la sincerité avecque laquelle nous avons voulu et voulons tousjours proceder en ce faict.

« Nous ne pouvons aussi moins faire, pour plus claire intelligence de ce qui est sur ce passé entre nous, que de dire que n'avons peu obtenir de vous autre responce, si ce n'est que vous desiriez comme nous la conversion de Sa Majesté, et vous en resjouissiez, mais que ne pouvez entrer en aucun traicté avec nous qui fust à son profit que n'eussiez sur ce l'advis de Sa Saincteté, alleguant, avecque quelque passage de l'Escriture, des raisons d'Estat qui regardent, comme vous dites, la conservation de vostre party, par lesquelles soustenez ne vous pouvoir plus amplement declarer sur ladite priere.

« Cela ayant esté rapporté aux princes et seigneurs de la part desquels nous sommes icy venus par deux d'entre nous, et le tout representé à Sa Majesté, elle auroit prins la bonne et finable resolution que nous vous avons baillé par escrit dès le dix-huitiesme jour de may, portant l'asseurance de ce que auparavant nous disions esperer, à laquelle, pour briefveté, nous nous remettons, n'y voulans et n'y pouvans adjouster aucune chose.

« Il reste maintenant à vous dire que, après avoir entendu ce que M. l'archevesque de Lyon nous a dit au nom de vous tous à nostre derniere entreveuë, en response de nostredit escrit, nous en avons pareillement donné compte à Sa Majesté et aux princes et seigneurs qui sont prez d'elle, estans deux d'entre nous allez faire cest office au nom de tous.

« Vostre responce consiste principalement en deux points : au premier, vous continuez à declarer le contentement que ce vous sera de veoir la conversion du Roy sincerement effectuée, affoiblissants neantmoins ce tesmoignage par quelque deffiance que vous monstrez sur ce que, depuis ladite declaration, vous avez entendu que Sa Majesté a continué l'exercice de sa religion comme elle faisoit auparavant.

« Messieurs, quand on vous accordera ce que pour ce regard vous dites, il ne se trouvera toutesfois qu'il y ait aucune contrarieté à ce que nous avons baillé par escrit, ny aussi aucune contravention ez promesses de Sa Majesté, lequel est d'ailleurs cognu pour prince de bonne foy, nourry en la simplicité militaire, qui n'a point de fard ny en ses parolles ny en autres choses.

« Que quelques-uns ont voulu calomnier ses actions : s'il estoit ainsi qu'il eust dans le cœur autre volonté que d'effectuer et observer ce qu'il a si expressement promis et asseuré, de se vouloir faire instruire et contenter ses bons subjects catholiques au fait de la religion, au lieu de ce qu'il fait, il n'eust pas eu faute de conseil et d'invention pour faire quelques actes exterieures à fin de faire croire qu'il est alienè de ladite religion.

« Mais la façon esloignée de tout artifice avecque laquelle il a procedé jusques à present peut asseurer un chacun que ce qu'il aura une fois promis il l'observera sainctement et de bonne foy. Ny le roy Clovis, ny l'empereur Constantin le Grand, ne declarerent pas au premier jour ce à quoy ils s'estoient resolus en leurs cœurs touchant la religion chrestienne : ce que combien qu'il ne convienne en la personne de Sa Majesté, d'autant qu'ils tenoient la loy payenne, et elle la chrestienne, seulement separée de nostre foy et religion par quelques erreurs dont l'on doit tascher de le retirer, toutesfois il semble n'estre hors de propos de la mettre en consideration, pour monstrer que les changemens où il va non seulement de la conscience, mais aussi de l'exemple, mesmement des personnes de si grande dignité, ne se peut faire en un moment, et faut que les formes qui y sont requises precedent.

« L'autre point de vostre response contient que vous ne pouvez traitter d'aucun accord avec nous si ce n'est par l'advis du Pape, remonstrant que vous n'approuveriez en aucune sorte la conversion de Sa Majesté si ce n'est après qu'elle aura esté jugée et approuvée par Sa Saincteté.

« A cela nous respondons que nul n'a monstré plus que les princes et seigneurs de la part desquels nous conferons de ces affaires, et avec lesquels nous sommes joints, desirer qu'il soit deferé à Sa Saincteté et au Sainct Siege apostolique; et encores que nous n'ayons veu jusques à present de sa part que toute faveur, secours d'hommes, de conseil et de toutes autres choses à vostre party en ceste guerre, et nous au contraire en avons senty et receu toute defaveur, si est-ce que cela n'a point changé ceux que nous representons, ny fait perdre le desir extreme qu'ils ont tousjours eu, et auquel ils continuent de regaigner la bonne grace de Sa Saincteté.

« Le refus ou plustost rigueur, si ainsi nous l'osons dire avecque la reverence que nous luy devons, qui a esté usée à M. le marquis de Pisany de ne le veoir et ouyr la charge qu'il a eu de leur part, n'a rien diminué de leur bonne affection et observance envers Sa Saincteté et le Sainct Siege; aussi ont-ils entendu et croyent cela estre advenu, non par mauvaise volonté qu'elle leur porte, mais pource que aucuns de vos ministres s'y sont tellement opposez et avec telle importunité et protestation, que Sa Saincteté, violentée avecque cela de la tyrannie des Espagnols, a esté retenuë de faire le recueil et traictement audit sieur marquis que meritoit sa legation et qualité, et que nous esperons neantmoins qu'elle se resoudra en fin de luy octroyer.

« Pour le regard de Sa Majesté, si sa conscience et

sa ferme resolution de se bien unir avecque Sa Saincteté et ledit Sainct Siege, et l'opinion qu'elle a du bon naturel de Sadite Saincteté, qu'elle estime aussi prince très-vertueux et amateur du repos de la chrestienté, ne l'asseuroit de la trouver favorable au bien de ce royaume, les apparences et procedures passées fourniroient assez juste argument pour s'excuser et justifier envers le monde, si elle demeuroit retenuë de s'addresser à Sa Saincteté; mais, par nostre escrit precedant, nous vous avons dit ouvertement la saincte intention de Sa Majesté, qui est de contenter au fait de la religion ses bons subjects catholiques, et se comporter, pour le regard de l'obeïssance et respect qui est deuë à Sa Saincteté, ainsi que doit un roy de France, premier fils de l'Eglise, très-chrestien et très-catholique : nous le vous confirmons derechef, comme sçachant bien que Sa Majesté continuë en ceste volonté, et ne devez douter qu'ayant ce desir de se bien unir avec Sa Saincteté, il ne le face par les moyens que l'on doit parvenir à ceste bonne reconciliation.

« Pour cest effect Sa Majesté a mandé et convoqué, ainsi que desjà vous avons declaré, les princes de son sang, autres princes, un bon nombre de gens d'eglise et docteurs en la Faculté de theologie, les officiers de sa couronne, et plusieurs autres grands seigneurs de ce royaume, ensemble aucuns des principaux et plus notables officiers de ses parlemens, esperant, moyennant la grace de Dieu et le bon conseil qui luy sera donné par une si notable assemblée, il sera prins une si bonne et si sage resolution touchant le fait de sa conversion et absolution, que Sa Saincteté et tous les autres potentats catholiques auront occasion d'en estre bien contents et satisfaits; et tenons pour asseuré que nul desirant la conservation de la religion catholique et la prosperité de cest Estat, n'y pourra ny voudra contredire.

« Au demeurant, la ruyne que nous voyons en ce royaume, et souffrons tous avecque infiny regret des gens de bien, et que nul bon François ne peut regarder à yeux secs, doit faire chercher tous les moyens, autant qu'il est au pouvoir des hommes, de haster les remedes pour empescher la totale ruyne de nostre patrie. C'est à ceste fin que Sa Majesté vous a fait dire par nous sa bonne resolution touchant la treve, à laquelle si vous ne voulez entendre, sinon en tant que serez plus avant satisfaits que ne pouvons et ne devons par raison de ce que desirez pour vostre response, Dieu, qui est le juge des uns et des autres, fera que tout ce royaume cognoistra et voira clairement d'où vient et à qui devra estre imputé le retardement du bien et soulagement qui adviendra par le moyen de ladite treve, qui nous pourroit avec l'aide de Dieu acheminer à une bonne et perdurable paix.

« Faict le onziesme jour de juin. Ainsi signé, R., archevesque de Bourges, Chavigny, Believre, Gaspart de Scomberg, Camus, de Thoul et Revol. »

Comme les deputez de l'union s'assembloient et retiroient à part pour deliberer, arriverent les sieurs de La Chastre et de Rosne, qui furent priez par eux de leur assister et bailler leurs advis sur ce qui se presentoit, et sur la difficulté si ils recevroient ladite declaration, de laquelle lecture derechef faite par le sieur Bernard, fut par commun advis entr'eux resolu de la prendre avec les qualitez et conditions que ledit sieur archevesque de Lyon devoit protester, comme il fit, qu'il y avoit en cest escrit à leur correction du changement, et pour les termes dont on avoit usé et pour la substance, combien, disoient-ils, qu'il en approchast aucunement. Quant à la treve, ils dirent qu'ils ne sçavoient comme on leur en faisoit tant d'instance, veu le siege de Dreux qu'on avoit commencé, et que M. le duc de Mayenne avoit commandé au comte Charles de ne passer outre; neantmoins qu'ils feroient tousjours recognoistre combien le soulagement du peuple leur seroit recommandable.

M. de Bourges leur repliqua qu'il devoit suffire de leur avoir monstré les principales conclusions redigées en escrit; que, du fait de Dreux, ils en diroient bien les justes occasions que le Roy avoit de l'assieger s'ils vouloient; mais, quant au comte Charles, que l'on sçavoit bien que luy et les chefs espagnols estoient assez empeschez pour pacifier les mutineries de leurs gens de guerre.

Ceste mutinerie commença à Aussi Le Chasteau, sur la riviere d'Authie qui separe la France d'avec l'Artois. Le comte Charles ayant pris Noyon, comme nous avons dit, il fut mandé par son pere, le comte Pierre Ernest, pour se joindre à luy afin de faire lever au prince Maurice le siege qu'il avoit mis devant Geertruydemberghe; mais, voulant faire justice d'un capitaine espagnol qui avoit forcé une fille de Hesdin, à l'instant tous les Espagnols s'esleverent contre luy et contre tous les soldats wallons qu'ils mirent en fuite, pillerent ses meubles et vaisselle, firent un chef d'entr'eux qu'ils nomment *electo*, et, s'estans mutinez, s'emparerent de la ville de Sainct Pol, qu'ils fortifierent, et d'où ils tindrent sujet et rançonnerent tout ce quartier d'Artois qu'on appelle *le haut pays*, entre Hesdin, Baspaulmes, Arras, Bethune, Aire et Sainct Omer, qu'ils contraignirent leur apporter toutes les semaines argent et vivres, laquelle mutinerie dura un an entier devant qu'on les sceust appaiser, à l'exemple desquels les Italiens et Vallons qui estoyent au pays de Hainaut se mutinerent tost après, et se fortifierent au Pont sur Sambre, d'où ils rançonnerent le pays d'alenviron de neuf cens florins par chacun jour qu'il falut que ceux de Mons leur fournissent toutes les semaines. Ceux de la garnison de la ville de Berck sur le Rhin n'en firent pas moins; et comme le pays d'alenviron est du diocese de Cologne ou duché de Juilliers, n'ayans moyen de le rançonner, ils y assirent, outre le peage ordinaire, de grandes impositions sur tous navires et marchandises qui devoyent necessairement passer par là, dont ils repartissoient l'argent chacun mois entr'eux.

Puis que nous sommes tombez sur les affaires des Pays-Bas, voyons tout d'une suite ce qui s'y passa jusques au commencement de ceste année. Le gouvernement des Pays-Bas estant remis, après la mort du duc de Parme, au comte de Mansfeldt, le 5 janvier il fit publier des deffences de payer certaines contributions que les gens du plat pays s'estoient cottisez de payer aux receveurs des Estats, affin de demeurer en paix en leurs maisons des champs. Plus, il fit declarer la mauvaise guerre, et que doresnavant les gens de guerre eussent à plustost mourir que se rendre en combattant, defendant toutes sortes de rançons et eschanges de prisonniers. Mais pas une de ces deux choses ne fut observée à cause des plaintes faites par les gens du plat pays, qui ne laisserent de continuër de payer leurs contributions. Quant aux gens de guerre, ils commencerent à murmurer, pour ce qu'ils aymerent mieux tirer rançon de leurs prisonniers que non pas de les delivrer ez mains d'un bourreau, et de courir eux-mesmes fortune d'estre pendus aussi s'ils estoient pris par ceux des Estats.

Or le prince Maurice, ne doutant pas que le comte de Mansfeldt n'eust bien deliberé de luy empescher ses desseins durant l'esté de ceste année, le voulant prevenir avant qu'il eust moyen de s'avancer, hasta au commencement du printemps son armée, et le 28 de mars se trouva avec toutes ses forces, tant par mer que par terre, devant la ville de Gheertruydenberghe pour l'assieger, et, par un siege long ou court, l'emporter. A une mousquetade de ceste ville il y avoit un fort nommé Stelhoff, qui est à dire jardin de voleurs, qui luy empeschoit de faire les approches de ce costé-là, et tenoit le passage ouvert au ravitaillement du costé d'Oosterhout; pour l'empescher le prince advisa de leur coupper ce chemin et separer ce fort de la ville. Ce qu'ayant fait, il eut par après bon marché du fort, lequel se rendit le 7 d'avril, et sortirent ceux de dedans, bagues sauves tant seulement. Ce fort estant rendu, le prince s'approcha plus près de la ville, et pied à pied gagna la contrescarpe du fossé, où ses soldats, comme enfouys en terre, se logerent à couvert du canon de la ville du costé d'occident, assignant le quartier au comte de Hohenloo, son lieutenant, avec ses troupes du costé d'orient par delà l'eau, au village de Ramsdonc, environ demie heure de chemin de la ville, où s'estans retrenchez, y fut fait un pont pour passer l'eau d'un quartier à l'autre, afin de s'entresecourir au besoin. Le prince retrancha son camp d'une promptitude et habileté incroyable, et, pour bien petit salaire, les soldats, faisans office de pionniers, chose rare, acheverent, comme chacun à l'envis et en peu de temps, tous les retranchemens du camp, qu'un bon pieton n'eust peu qu'à peine cheminer en quatre heures. Les tranchées estoient reparties par ravelins, flanquans et respondans les uns aux autres, comme si c'eust esté une ville forte, chacun ravelin muni de pieces d'artillerie, selon la necessité du lieu. Au devant de ces tranchées y avoit un fossé d'environ trente pieds de large. Et, jaçoit qu'en plusieurs endroits ce fussent lieux aquatiques, marescageux et plains de fondrieres qui n'estoient aisement cheminables, si est-ce qu'au lieu de contrescarpe ausdits fossez il y avoit des pieux fichez de la hauteur d'environ quatre pieds hors de terre, à chascun desquels y avoit en haut une longue pointe fichée pardevant, qui au plus grand homme y heurtant de nuict à despourveu eust peu donner en la poitrine, et qu'il n'estoit possible d'arracher (estans enchainez l'un à l'autre) sans faire grand bruit; tellement que les assiegeans se tenoyent plus asseurez en ce camp qu'en une forte ville. La discipline que tenoit le prince et l'obeyssance du soldat y fut si grande, que les paysans des villages circonvoisins se vindrent loger dedans ce camp à refuge, non seulement avec leurs femmes et enfans, mais avec leurs chevaux, vaches, brebis et autre bestail, jusques aux poulets, vendans aux soldats, comme en plain marché de ville, leurs œufs, lait, beurre, fromage et autres denrées. Mesmes à ceux qui avoient des terres labourables dedans l'enclos du camp fut permis de les labourer, chose qui sembleroit presque incroyable, et toutesfois veritable.

Le camp du prince Maurice et des Estats estant ainsi bien fermé, garanty et discipliné devant Gheertruydenberghe du costé de la terre, la ville fut pareillement serrée par mer avec environ cent navires, tant grandes que moyennes, pour empescher que rien n'y entrast de ce costé-là. Quant à la cavalerie, le prince l'envoya ez villes de Bergh sur le Soom, Breda et Heusden, pour coupper les vivres à l'Espagnol qui commençoit à s'amasser à Turnhout. Il en retint quelques compagnies qui furent campées à l'escart, entre le quartier du prince et celuy du comte de Hohenloo, en lieu mal accessible pour l'Espagnol à cause des eaux, mais à toute heure preste, par le moyen des ponts, pour secourir l'un et l'autre des deux quartiers du camp.

Le comte Pierre Ernest de Mansfeldt, deliberé de faire lever ce siege, s'approcha avec son armée qui estoit de douze mille hommes, tant de cheval que de pied, jusques à Oosterhout, distant demye lieuë du camp du prince, où il se tint retrenché dix jours. Mais, comme de ce costé là qui regardoit le quartier du prince il n'y voyoit nul moyen d'entreprendre, tant pour les marescages que pour les retranchemens et fortifications du camp, il changea de place, et alla camper, du costé d'orient, aux villages de Waesbeke et Cappelle, assez proches du quartier du comte de Hohenloo, auquel fut envoyé de renfort le chevalier

Veer avec six cents Anglois et environ mille Frisons, Mansfeldt estant là campé, sans monstrer aucun semblant de vouloir forcer le camp des Estats, mais tousjours attendant quelque opportunité, car, d'y aller par force, il n'eust peu sans se perdre pource que le camp des Estats estoit aussi suffisant au plus foible endroit que mainte forte place, et ne se pouvoit attacquer sans batterie ny sans hazarder beaucoup, avec peu d'espoir d'y acquerir honneur : aussi Mansfeldt, comme vieil capitaine prudent et avisé qu'il estoit, et qui ne vouloit rien mettre à l'aventure, demeura en ce lieu environ trois semaines, voyant de ses yeux tout ce qui se faisoit devant la ville sans y pouvoir remedier, ny donner autre empeschement que de bonne volonté. Et cependant, outre la batterie qui foudroyoit le rempar de la ville en trois divers endroits, le prince fit dresser des galleries pour venir à la sappe, l'une desquelles fut tant avancée qu'elle vint à aprocher le rempar à quatorze ou quinze pieds près, jusques où le fossé estoit presque rempli de la ruyne de la bresche qui y estoit tombée. Aussi le 24 de juin, qui estoit le jour de Sainct Jean Baptiste, un soldat du camp du prince s'advantura de passer le fossé de la ville de Gheertruydenberghe, environ une heure après midy, et de monter tout doucement par la ruine de la bresche jà faite au ravelin de la porte de Breda, tant qu'estant en haut il considera la contenance des soldats assiegez qui y estoient en garde, dont les uns disnoient, d'autres dormoient. Ce soldat fit signe à deux compagnies qui estoient là prez en garde de le suivre. Au mesme instant ils se jetterent à la foule dedans le fossé, franchirent ce ravelin, le gaignerent, tuërent une partie des soldats, et chasserent les autres qui y estoient, qu'ils poursuivirent jusques dedans la ville, où y en eut un attrapé qui fut amené au prince.

Sur cest alarme le sieur de Gisant, gouverneur de la ville, estant en armes pour venir au rempart, comme l'artillerie du camp ne cessoit, fut tué d'un coup de pierre tirée d'un mortier, et plusieurs autres autour de luy blessez, entr'autres le sergent major. Les assiegez, voyans ce ravelin gaigné, leur gouverneur mort, qui estoit le troisieme gouverneur qui durant ce siege y furent tuez, et qu'au quartier des Escossois le fossé n'estoit gueres moins advancé de remplir, qu'ils craignoient la nuict suivante devoir estre achevé, et ainsi pouvoir estre chargez par deux ou trois endroits, envoyerent leurs deputez vers le prince pour traitter d'accord. Sur ce furent envoyez des ostages pour eux dans la ville, tandis que ceste nuict ils demeureroyent au camp à traitter la composition, qui fut faite à certaines conditions lesquelles le lendemain furent confirmées, et sortirent avec leurs armes et bagages le 25 dudit mois, prenans le chemin d'Anvers.

Estant toute la gendarmerie de la garnison sortie, la plus part hauts Bourguignons et Alemans venans au dernier pont où le prince, accompagné des comtes de Hohenloo, Solms et autres, les voyoit passer, chasque porte enseigne remit son drapeau entre les mains dudit prince, suivant la composition, et en receut seize qu'il envoya à La Haye.

Ce jour mesme que ceste ville se rendit, le comte de Mansfeldt envoya quelques troupes d'infanterie pour recognoistre le quartier du comte de Hohenlo; mais ils furent chargez par la compagnie de cavalerie du comte, et par le chevalier Veer et sa cornette, et quelques autres qui desfirent ceste infanterie, et en amenerent au camp deux capitaines wallons prisonniers qui furent bien estonnez, voyans que la ville estoit renduë, car Mansfeldt n'en sceut rien que sur le soir, lors qu'il vid les feux de joye dedans la ville et parmy le camp des Estats, avec les salves du canon et de l'escopeterie. Ainsi fut ceste ville, que l'Espagnol estimoit imprenable, prinse après avoir enduré quatre mil cinq cents coups de canon de cinquante quatre pieces de batterie, à la barbe de l'armée du roy d'Espagne commandée par un si brave et vieil capitaine.

Mansfeldt, entendu qu'il eut la reddition de la ville, fit quant et quant marcher son armée en toute diligence au quartier de Bosleduc, et s'alla camper devant le fort de Crevecœur, situé sur la riviere de Meuse, à l'emboucheure du canal qui s'appelle la Dise, allant vers la ville de Bosleduc, pour par le moyen de ce fort tenir la ville sujette que rien n'eust peu descendre vers Heusden, Gorrichom et Dordrecht, ny de là remonter en haut. Le prince, entendant qu'il avoit la teste tournée de ce costé là, despescha tout aussi tost le frere du sieur de Brederode avec son regiment, et l'envoya par ladite riviere à ce fort de Crevecœur, faisant suivre ses navires de guerre et pontons avec l'artillerie, qui singlerent avec un vent d'ouest si ferme, que rien ne les peut empescher qu'ils ne vinssent ancrer droit au devant du fort, à l'une et à l'autre rive. Et comme on eut asseuré le prince que Mansfeldt avoit commencé à y planter son canon, deliberé de le battre, il y alla luy-mesme avec le reste de son armée qu'il fit entrer en l'isle de Bommel, s'allant camper au village de Heel, à l'opposite du fort qu'il renforça d'artillerie, avec laquelle les assiegez firent tel devoir, que Mansfeldt, veu l'inondation du quartier où il estoit, par l'accroissement des eaux, fut contraint retirer la sienne et aller camper demie lieuë arriere. Tandis le canal estoit tellement bouché que rien n'y pouvoit entrer ne sortir. Finalement, après que Mansfeldt y eut sejourné quelque temps, il ramena son armée en Brabant, en laquelle il n'y avoit pas sept mille hommes au plus, le reste s'estant desbandé qui çà qui là. Voylà le peu d'heur qu'eurent les Espagnols aux Pays-Bas.

Nous avons comme enchassé ce discours de l'estat des Pays-Bas parmy le recit de ladite conference qui se faisoit entre les royaux et ceux de l'union aux environs de Paris, et ce à cause que ceux de l'union y dirent, par forme de plainte, que le Roy assiegeoit Dreux, et que cependant M. le duc de Mayenne avoit mandé au comte Charles de cesser d'assieger et prendre places; ce qui ne pouvoit estre pour la mutinerie cydessus dite, qui advint en l'armée dudit comte Charles de Mansfeldt, et pour la necessité de tous les gens de guerre qui estoient ausdits Pays-Bas. Aussi le duc de Mayenne, en la response qu'il fit au duc de Feria, lequel l'accusoit envers le roy d'Espagne d'avoir laissé perdre Dreux, descouvre assez la necessité qui estoit lors en leur party, en ces termes :

« Ce calomniateur dit que j'ay laissé perdre la ville de Dreux assiegée par l'ennemy, afin d'intimider les estats et les induire à consentir la trefve. Ose-il bien si effrontement escrire à Vostre Majesté le contraire de ce qu'il sçait, et me contraindre à dire que je le pressay tous les jours, luy et les autres ministres de Vostre Majesté, de faire retourner l'armée, qui tost après la prise de Noyon s'estoit retirée sur la frontiere et dissipée pour la plus-part? Je leur remonstray qu'en ayant une portion d'icelle, avec ce que nous mettrions ensemble des forces françoises, elle suffiroit pour faire lever ce siege, d'autant que l'armée de l'ennemy estoit fort foible. S'ils ne l'ont pas voulu la coulpe en est à eux ; s'ils ne l'ont peu pour la mutinerie qui arriva parmy les troupes, comme il est vray, souffrons et excusons ensemble ce mal sans rejetter la coulpe sur celuy qui est innocent. J'en recevray pour tesmoin M. le legat, le sieur de Taxis et le sieur don Diego, de ce qui se passa lors en cest affaire. Je n'ay jamais pensé depuis à la perte de ceste ville tant affectionnée que les larmes aux yeux. Aurois-je aussi peu oublier leur genereuse resolution de vouloir mourir et souffrir tout ce qui rend les hommes miserables plustost que de se rendre à l'ennemy victorieux, lors qu'il retournoit de la bataille d'Yvry, ayans apprins aux autres, par cest exemple de leur constance et vertu, d'en faire autant?» Ainsi le duc de Mayenne deploroit la perte de la ville de Dreux, qui advint de ceste façon :

Le Roy voyant que le duc de Mayenne et ceux de l'union ne taschoient, par la surceance d'armes accordée pour la conference, qu'à l'amuser, tant afin que les chefs de l'armée d'Espagne pussent appaiser leurs mutinez et remettre sus un corps d'armée pour soustenir l'eslection d'un pretendu roy qu'ils vouloient eslire, que pour faire entrer le plus de vivres qu'ils pourroient dans Paris, il manda aux deputez royaux de ne continuer plus la surceance d'armes, et, suyvant la resolution qu'il avoit prise avec M. d'O d'assieger Dreux, place qui empeschoit la libre communication de Chartres à Mante, sur l'advis qu'il eut que le sieur de Vieuxpont, gouverneur de Dreux pour l'union, estoit à l'assemblée de Paris, il manda à M. l'admiral de Biron, qui conduisoit son armée, d'investir Dreux; ce qu'il fit si diligemment que dans quinze jours le Roy s'en rendit maistre par la force. La ville ainsi gaignée fut pillée à cause de l'opiniastreté des habitans, la plus-part desquels s'allerent confusement retirer dans le chasteau avec leurs femmes, enfans et bestial, où en peu de temps ils furent reduits à de grandes necessitez faute de vivres et principalement de l'eau. D'autres se retirerent dans une tour que l'on appelle la tour grise, où Gravelle, homme de justice et officier du Roy en ceste ville, s'opiniastra tellement dedans, que l'on fut contraint de miner ceste tour et la faire sauter. Plusieurs des royaux, qui entrerent des premiers pour butiner si tost que la premiere mine eut joué, se trouverent accablez dans les ruines que fit la seconde mine. En fin Gravelle se pensant sauver fut pris avec huict autres, et furent tous incontinent pendus à des arbres vis à vis de la bresche par où la ville avoit esté prise. Or le Roy avoit accordé trefves à ceux qui estoient dans le chasteau et parloient de se rendre; mais, aussi tost qu'ils virent la tour grise sauter, ils commencerent à tirer sur le Roy qui estoit proche dudit chasteau avec Madame, sa sœur, madame de Rohan et ses filles, et plusieurs autres dames et demoiselles. C'estoit trop hazarder, car les balles passerent si près de leurs personnes, que quelques officiers de leurs maisons en furent blessez. Peu de jours après ceux du chasteau furent contraints de se rendre à Sa Majesté vies et bagues sauves : ce qu'ils obtindrent du Roy, qui par ce moyen se rendit maistre de ceste ville, et y mit dedans pour commander le sieur de Manou, frere de M. d'O.

Durant ce siege Madame, sœur du Roy, estoit logée à Bus, où madame de Nevers et madame de Guise, sœurs, avec mademoiselle de Guise, à present princesse de Conty, la vindrent trouver. Le Roy leur fit cest honneur de s'y rendre au disner, là où il fut parlé de mariages de princes et princesses, tant de celuy de M. de Montpensier (qui peu de jours auparavant avoit receu une harquebuzade dans la gorge) avec Madame, sœur de Sa Majesté, que de celuy de M. de Guise avec l'infante d'Espagne, ainsi que le bruit en couroit lors. Il fut parlé aussi des armées estrangeres de l'union, et le Roy leur dit : « Je vous asseure, s'ils y viennent, je les renvoyeray en leurs logis sans trompette. »

Pendant le siege de Dreux on traicta fort à l'assemblée de Paris de l'eslection d'un roy. Or ils avoient, le douziesme may, faict une procession pour prier Dieu que leur assemblée eust un succez heureux en la nomination qu'ils en desiroient faire. Il y avoit en ceste procession trois archevesques, un françois, un italien et un escossois, avec neuf evesques, lesquels portoient les chasses des saincts martyrs et apostres de France, sainct Denis, sainct Rustique et sainct Eleutere. La chasse où est le corps du roy sainct Loys fut portée par treize conseillers de la cour, et la vraye croix par deux religieux de l'abbaye Sainct Denis, lesquels, dès le commencement de l'an 1589, lors que l'on apporta le thresor de Sainct Denis à Paris, y estoient demeurez pour y prendre garde. Ces religieux estoient pieds nuds sous un riche poile que ceux de la noblesse de l'union soustenoient. Tous les princes et seigneurs de ce party y estoient. Le cardinal de Pelvé dit la messe dans l'eglise Nostre Dame, et le docteur Boucher y fit la predication.

Après cesté procession, le reste de ce mois de may et le commencement de juin, chacun attendoit de jour en jour que les ambassadeurs d'Espagne deussent exposer leurs charges et instructions touchant ceste eslection d'un nouveau roy. Avant que de le vouloir faire en plaine assemblée ils en tindrent plusieurs devis particuliers par forme de conseils avec ledit sieur cardinal de Plaisance et le duc de Mayenne, et, continuans en leur premiere demande qu'ils avoient faicte audit duc de Mayenne au commencement de l'an 1592, à ce que l'infante d'Espagne fust receue au premier grade et declarée royne de France, ils proposerent aussi le mariage d'elle et de l'archiduc Ernest d'Austriche, frere de l'Empereur, qui devoit venir de la Hongrie gouverner les Pays-Bas. A ceste proposition, qui ne se faisoit qu'en particulier, tous ceux de l'union, tant le duc de Mayenne, les autres princes de sa maison, que les Seize mesmes qui en ouyrent parler, y contredirent; et, suyvant la premiere response qui leur fut faicte lors, on leur dit encores que l'on pourroit rompre pour ceste fois la loy salique, avec condition que l'Infante se marieroit en France à un prince de leur party, et par l'advis des princes et de leur assemblée d'estats.

Les ministres d'Espagne, voyans que ceste proposition n'avoit point esté trouvée bonne, s'adviserent d'une autre subtilité, et proposerent qu'il n'estoit pas raisonnable qu'autre que le Roy leur maistre choisist un mary pour sa fille, et que l'on luy en devoit laisser l'eslection, laquelle toutesfois il ne feroit que d'un prince françois, et qui seroit du party de l'union. A ceste proposition les grands de ce party s'accorderent, sur diverses pretensions toutesfois, ainsi qu'il se pourra cognoistre cy après.

Messieurs les deputez royaux pour la conference, estans tousjours à Sainct Denis, attendans la responce que ceux de l'union leur devoient faire à leur derniere proposition du 11 juin, et ayans eu advis des propositions cy-dessus faictes par les ministres d'Espagne, rescrivirent la lettre suivante à l'archevesque de Lyon et à ses autres condeputez.

« Messieurs, ayant sceu par M. de Talmet que l'on desiroit de vostre costé que nous prinssions en bonne part ce que differez de faire responce à ce que dez l'unziesme de ce mois vous a esté par nous proposé, et que dans dimanche prochain nous sçaurions vostre resolution, nous avons estimé, s'agissant du bien et repos commun de cest Estat, de vous devoir faire la response qu'aurez desjà sceuë par ledit sieur de Talmet. Et toutesfois, messieurs, nous sommes contraints de vous dire que les princes et seigneurs de la part desquels nous sommes icy venus se trouvent en bien grande peine de ce qu'en chose qui concerne si avant la religion catholique et le salut du royaume, ils n'ont veu jusques à present qu'il y ait esté donné l'avancement qu'ils jugent estre si necessaire pour faire cesser nos miseres et remettre nostre patrie en quelque meilleur estat; qui est la cause que nous vous prierons, avec toute affection, de vouloir considerer avec vos prudences que nous avons à rendre compte ausdits princes et seigneurs, non-seulement de nos actions, mais aussi d'une si longue demeure et retardement qui advient en ceste negotiation, pendant laquelle ce royaume se consume; nous ne dirons pas à petit feu, mais d'une violente flamme, avec un furieux embrasement qui ne tardera (s'il ne plaist à Dieu par sa saincte grace de nous inspirer meilleurs conseils) d'aneantir et reduire en cendres et les uns et les autres.

« Ce qui nous fait craindre que nous ne soyons aux derniers jours de la maladie, est que nous voyons que de jour en jour, d'heure à autre, il se met en avant de nouvelles inventions pour avancer et precipiter nostre ruine. Si l'ambition insatiable de ceux de la part desquels elles sont proposées n'estoit cognuë à un chacun de vous comme à nous mesmes; si l'on ne sçavoit, à nostre grand dommage, la violente passion que de tout temps ils ont monstrée de subjuguer nostre patrie et fouler aux pieds la dignité du nom françois, nous nous estendrions à le vous escrire, mais vos prudences n'ont besoin de nostre instruction; il nous suffira de vous dire que, depuis la venuë de ces deputez du roy d'Espagne, ils ont assez fait cognoistre par leur dire et actions le venin qu'ils ont preparé pour empoisonner ce royaume. Ils disent maintenant une chose, maintenant l'autre.

« Ces grands zelateurs de l'honneur de Dieu et de la France ne demandoient au commencement, sinon qu'il fust pourveu à ce qui concerne la seureté de la religion catholique. Vous le nous avez mandé et fait imprimer. Ce zele de religion les a fait entrer en goust de demander le royaume pour un Allemant que presque on ne sçavoit pas en ce royaume s'il estoit au monde, et avec cest Allemant ils veulent, contre la loy salique, loy fondamentale du royaume, mettre le sceptre entre les mains d'une fille. Voyans que leurs finesses n'avoient pas succedé de ce costé là, ils proposent de bailler la fille d'Espagne à celuy que le roy des Espagnols choisira, c'est-à-dire qu'ils vous demandent que vous mettiez l'eslection de ce royaume au jugement et discretion d'un roy qui en a tousjours esté le plus certain ennemy, et le proposent avec tant de finesse, que les aveugles peuvent voir qu'ils n'ont autre but que de perpetuer nos miseres, n'espargnans pour cest effect ny parolles, ny argent, ny promesses, qu'ils sçavent bien ne pouvoir estre contraints d'observer, pour nous tenir tousjours desunis, et nourrir l'inimitié et la zizanie qu'ils ont semé parmy nous. Ils font estat que, sur la deliberation de nommer celuy qui devra espouser madame l'Infante, ils feront aisement couler une couple d'années, et n'estiment pas, attendu la necessité en laquelle ils croyent nous avoir reduits, que le corps de cest Estat puisse subsister si longuement.

« Messieurs, nous sommes contraints d'user de ce langage envers vous, non pour estimer que vous n'y voyez aussi clair et plus clair que nous, mais pour ce que nous desirons que vous et un chacun sçache quelle est en cela nostre opinion; surquoy ne pouvons prendre autre resolution que de nous affermir et roidir de plus en plus à nous opposer aux mauvais et pernicieux desseins des ennemis communs de cest Estat. Ce n'est pas que nous ne cherchions par tous moyens possibles aux hommes qui ont Dieu, l'honneur et la charité de leûr patrie devant les yeux, de nous reconcilier et reunir avec vous.

« Nous estimons que le but où doivent tendre les gens de bien est de pouvoir vivre en repos avec dignité. Ce mot de repos comprend l'un et l'autre, consistant en ce qui concerne la conservation de nostre religion, de nos honneurs, vies et biens. Si ceste guerre ne se fait pour autre occasion, nous ne voyons pas chose qui doive empescher que nous ne vivions les uns avec les autres en paix, concorde et toute amitié. C'est le desir commun de tous les gens de bien qui servent Sa Majesté. Ils ne pretendent aucun droict sur vos biens. Ils estiment que le mal qui vous advient est le leur propre, et s'asseurent tant de vos bontez que vous n'estimez pas que leur mal soit vostre bien. Ils desirent vostre conservation, vous tenans pour membres très-honorables et très-utiles au corps de ceste couronne, pour le soustenement et honneur de laquelle ils combattent et combattront jusques au dernier souspir de leurs vies. Quand ils se perdront vous perdrez vos freres et bons amis, qui meritent d'estre tenus pour bons et necessaires appuis de la monarchie françoise. Ils font de vous et de vostre valeur le même jugement.

« Quelle malediction nous peut maintenant conseiller d'aguiser nos cousteaux contre ceux ausquels nous sommes obligez de desirer tout bien et prosperité? Nous desirons sur toutes choses que la religion catholique soit conservée, et que l'ordre ancien en la succession de la couronne soit observé. Dequoy pouvons nous donc estre accusez, si ce n'est de ce que nous ne voulons et ne pouvons consentir de souffrir le joug des anciens ennemis de la France? S'il y a chose que de part ou d'autre soit demandée avec raison, celuy qui s'y opposera sera jugé desraisonnable; il en sera blasmé tout le temps de sa vie, et sa memoire sera honteuse et detestable à la posterité. Au contraire, la memoire de ceux qui s'employeront loyaument à delivrer leur patrie du danger extreme où le malheur l'a precipitée, demeurera perpetuelle et très-honorable aux siecles à venir, et eux vivans seront aymez, respectez et honorez de tous les gens de bien, comme vrays enfans de Dieu et vrays François.

« Nous estimons, à la verité, que nostre maladie est très-grande, très-dangereuse et presque mortelle. Mais nous n'estimerons point qu'elle soit incurable s'il plaist aux gens d'honneur et de valeur, tant d'un party que d'autre, se despouillans de toutes autres passions que de la religion et de l'Estat, considerer meurement les causes et les remedes qui se peuvent apporter à nostre mal. Comme un navire agité des vents et des vagues, s'il donne sur un banc, force est qu'il s'ouvre, tellement que, prenant eau, s'il n'est promptement conduit à quelque port ou radde, il va à fonds et se perd avec les hommes et tout ce qui est dedans, mais, estant arrivé à port, il peut estre secouru et ce qui est dedans sauvé, avec le navire que l'on pourra refaire et remettre en aussi bon estat qu'il estoit auparavant; ainsi nous dirons qu'il adviendroit à ce royaume, qui a donné sur un banc, sur un escueil de sedition qui l'a miserablement ouvert aux estrangers. Il est en un très-evident danger de se perdre et couler à fond si nous tardons de le conduire au port de la paix. Mais nous voulons esperer, avec la bonne ayde de Dieu, que nous serons si heureux que de nous bien resoudre à une bonne reconciliation, que non-seulement nous nous garantirons de la violence de nos ennemis, mais aussi que nous reprendrons nos premieres forces et le mesme degré d'honneur et de preeminence que ce royaume a tenu depuis mil ans en çà sur tous les royaumes de la chrestienté. C'est le but où nous tendons que de continuer ceste monarchie françoise; c'est le but où tend l'Espagnol que de l'abattre, et vous solicite, pour cest effect, avec une si violente importunité, que vous procediez, nous ne dirons plus à l'eslection d'un nouveau roy, mais que vous luy en donniez la nomination. Nous estimons d'estre bien fondez en nos opinions que l'election qui se feroit en ce royaume d'un autre roy que celuy que Dieu et la nature nous a donné, mettroit les affaires de la religion catholique et du royaume de France au plus miserable estat qu'on l'ait veu depuis mil ans en çà. Aussi n'estimons-nous pas que vous voulussiez ny puissiez, comme aussi il n'appartient à aucun, quel qu'il soit, de violer la loy fondamentale du royaume qui donne la couronne au plus proche en degré en ligne masculine au roy dernier decedé. Les choses à venir sont invisibles, et n'y a rien de certain que ce qui est de Dieu et du passé.

« Le plus certain jugement que nous pouvons faire de l'advenir est de nous resoudre par ce qui est passé. Ceux qui disent que c'est chose aisée de oster la couronne au Roy, ne se remettent pas assez devant les yeux qu'estant au service du feu Roy tout ce qui est maintenant joint au party dont est chef M. le duc de Mayenne, comme aussi estoient tous les catholiques qui sont demourez fermes et constans au service de Sa

Majesté, le Pape, le roy d'Espagne faisans toute assistance audit feu Roy, qui fut aussi favorisé des déniers des Venitiens et du grand duc de Toscane, ce neantmoins tous ces potentats, toutes ces grandes forces, ne peurent abatre ce Roy n'estant lors que roy de Navarre.

« Maintenant que, legitimement et selon les ordres du royaume, il porte sur sa teste la couronne de France, s'estant fait maistre d'un si grand nombre de villes et pays, luy ayant tous les princes de son sang, autres princes, tous les officiers de la couronne, un excepté, et la noblesse en un nombre si infiny, fait une si grande et si expresse declaration de la volonté qu'ils ont de le servir, et luy rendre toute fidele obeyssance; se trouvant aussi fortifié de tant d'amitiez et alliances des potentats estrangers, comme se peut il dire que ce soit chose aisée de luy oster ceste couronne? Il se peut dire avec beaucoup d'apparence qu'il est aisé, avec l'appuy des princes qui soustiennent le party qui luy est contraire, de continuer longuement, ou plustost perpetuer nos miseres et calamitez que ce royaume a souffertes depuis cinq ans en çà, à quoy de vostre part nous desirons de tout le cœur qu'il y soit remedié. Vous prions et conjurons, au nom de Dieu, et par la charité qui est deuë à la patrie, de vous joindre et unir avec nous en ce sainct desir, et nous fortifier de vos bonnes volontez. Il faut que de part et d'autre nous nous efforcions de couper la racine à ce mal de division par tous moyens possibles.

« Nous sçavons assez que nos ennemis ne prennent autre argument pour nourrir entre nous la division, et ne couvrent leurs mauvaises volontez que du manteau de religion : c'est ce qu'ils ont ordinairement en la bouche, et qu'ils ont le moins dans le cœur. En fin chacun a veu et sçait maintenant que l'apostume de leur execrable ambition est crevée. Il n'y a bon François qui ne soit offencé de la puanteur qui en sort.

« Nous accordons avec vous qu'il faut que de part et d'autre nous soyons prudens; aussi n'est-il pas question de vouloir estre prudent plus qu'il ne faut. Il y en a qui disent que, si les catholiques estoient joints ensemble, il seroit aisé d'oster la couronne au Roy. Qui nous garantira que les catholiques qui entreprendront de luy oster la couronne viennent à bout de leur entreprinse? Il y a trop plus d'apparence que si le Roy eust esté destitué de l'assistance de ses subjets catholiques, et fust venu à bout de ses ennemis, comme toutes choses qui se decident par le jugement du cousteau sont douteuses et incertaines, que la trop grande prudence dont l'on eust voulu user à cercher un autre roy n'eust servy d'autre chose que de haster sans aucune necessité la ruyne de la religion catholique; car, estant ainsi que l'on seroit venu à conseils extremes, il estoit fort à craindre qu'aussi de l'autre part on ne fust venu à conseils extremes.

« Quelle necessité nous a deu ou doit forcer à prendre un conseil si hazardeux, que d'exposer la religion catholique à un si grand et si evident danger, et avec la religion ce beau royaume de France, nostre douce patrie, nos honneurs, nos biens et nos moyens, s'il sera procedé à l'election d'un autre roy? Il se peut dire qu'au lieu d'avoir trouvé le chemin du repos et de la paix l'on aura basty en ce royaume un temple à la discorde, un autel dressé à la continuation et perpetuité de nos miseres, qu'il n'est besoin que nous vous representions parce que vous en souffrez vostre bonne part, comme aussi nous y participons à la bonne mesure ; non plus que nous ne pourrions souffrir l'ardeur de deux soleils s'ils estoient au ciel, aussi ce royaume de France ne peut souffrir la domination de deux roys.

« Nous lisons en nostre histoire les sanglantes batailles qui ont esté données entre les François, et ruynes extremes advenuës en ce royaume ès temps des deux premieres races de nos rois, à cause que le royaume se divisoit lors entre les enfans des roys. L'histoire dit qu'en ces batailles il s'y entretuoit un si grand nombre de noblesse françoise, que depuis ce temps-là le royaume n'avoit peu estre remis en sa premiere splendeur. Les roys successeurs de Hugues Capet ont trop mieux advisé à la seureté et repos de cest Estat, laissans la monarchie et souveraineté à leurs fils aisnez, ou au plus proche en degré de leurs successeurs en ligne collaterale. Nous dirons donc que ceux qui auroient consenti à l'election d'un autre roy auroyent esleu la voye de voir en ce royaume, tout le temps de nos vies et celles de nos enfans, tout malheur, ruyne et desolation ; car, pour faire jouyr en paix de ceste couronne celuy qui auroit esté ainsi esleu, il faut, ou que le Roy à present regnant luy cede volontairement la place, ou qu'il soit forcé de le faire. Qu'il vueille ceder de son gré une telle dignité, il n'y a homme si fol qui le croye. Aussi peu doit-on croire que ce soit chose aisée de l'en despoüiller. On l'a veu en campagne combattre contre un plus grand nombre et principalles forces des princes qui vous assistent joinctes aux vostres. Vous avez cognu quelle est sa valleur, et m'asseure que ses ennemis, s'ils ne se veulent faire tort, ne diront point que ce ne soit un prince très-genereux et très-valeureux, et le plus digne de bien deffendre la couronne de France qu'homme qui soit sur la terre. Si tost que l'on auroit esleu un autre roy, la necessité contraindra les uns et les autres de se resoudre à conseils extremes. Il n'y aura plus nul moyen, et le Roy qui regne à present, auquel Dieu a donné la couronne, et celuy qui se pretendroit avoir esté esleu, voudront user de puissance royale contre ceux qui leur desobeyroient, qui est de confisquer, bannir et faire mourir ceux qu'ils auront declaré rebelles. Pourquoy est-ce que, sans necessité et comme de gayeté de cœur, nous attirerons sur nos testes ceste calamité avec l'embrazement, ruyne et desolation de notre patrie? Aucuns disent que c'est le zele de religion, la conservation de leurs vies, biens et honneurs, qui les fait prendre ce hazard. Si l'on peut obtenir par la paix ce que l'on desire, il n'est pas question de se mettre si avant au labyrinthe de ceste guerre, que l'on a trouvée plus longue et plus rude à supporter que les uns et les autres n'estimoyent lors qu'elle commença. Ayans donc esprouvé combien la rigueur de la guerre nous a apporté de ruyne, essayons maintenant ce que pourra la raison et la douceur, et ne mettons pas en ligne de compte quelques vaines esperances que l'on propose, que vous trouverez en fin n'estre autres que songes d'hommes malades et inventions de ceux qui ont conjuré nostre ruyne. En fin ceste election n'apporteroit à vostre party que ce qui y est desjà, et qui n'a servy et n'a peu servir jusques à present qu'à vous ruyner, et nous avec vous. Pardonnez nous si nous nous advanceons jusques là que de vous dire que telles inventions ne serviroyent qu'à vous diviser, et, au lieu d'attirer de vostre costé les princes et la noblesse qui sert le Roy, vous les lieriez et affectionneriez davantage à continuër le service de Sa Majesté; estant aussi à croire que plusieurs d'entre vous prendroyent opinion que tels conseils ne sont pas pour finyr la guerre, mais plustost pour la perpetuër tout le temps de nos vies. Pour nostre regard, nous protestons, devant Dieu et devant les hommes, que nous n'avons obmis chose qui soit au pouvoir pour parvenir avec vous à une bonne et saincte reconciliation, comme vous vous estes declarez, vous conformans à nos desirs, que vous souhaittiez qu'il pleust au Roy prendre une bonne resolution de se reconcilier à l'Eglise. Nous nous y sommes loyaument et fort vivement employez pour le zele premierement que estimons que ce seroit le salut de l'Estat, nostre grand bien, comme aussi nous sçavons que ce seroit le vostre. Et n'avons mis en oubly qu'il y a plus de deux ans que les principaux de vostre party ont fait dire au Roy que c'estoit leur principal desir, la seule cause, pour n'estre en cela satisfaits, qui les contraignoit de demourer armez : et de ce nous nous en remettons à ceux qui en ont porté la parole, qui sont personnages d'honneur; et ne faut pas croire qu'ils ayent mis en avant un tel propos sans en avoir eu charge bien expresse. Les maux que depuis ce temps-là et vous et nous avons soufferts, nous enseignent assez qu'il est maintenant requis plus qu'il ne fut oncques que nous demeurions fermes et constans en la mesme resolution, de laquelle seule, après Dieu, depend la conservation et le repos de cest Estat. Quand nous vous avons proposé en la conference que le Roy contenteroit tous ses bons subjects catholiques au fait de la religion, vous nous avez dit que vous vous en resjouyssiez, le desiriez de tout le cœur, priiez Dieu qu'il inspirast au cœur de Sa Majesté ceste bonne volonté de se reconcilier avec le Sainct Siege ; que de vostre part vous envoyeriez par devers Sa Saincteté pour avoir son bon et paternel advis sur l'estat des affaires de ce royaume, feriez tous bons offices, nous prians de nous vouloir comporter en sorte qu'il n'avinst aucun schisme en l'Eglise catholique, et que nous nous emploïassions à contenir toutes choses en douceur et au chemin de la paix et union qui nous est si necessaire. Messieurs, nous n'avons rien obmis de tout ce qui est en nostre pouvoir afin de vous donner tout le contentement que vous pouvez attendre de personnes qui vous ayment et desirent vostre amitié. Le Roy s'est declaré qu'il accordera volontiers une trefve afin de donner quelque relasche à son pauvre peuple de tant de miseres que la guerre luy fait souffrir. Il y a maintenant cinq sepmaines que cela vous a esté proposé de nostre part, et reiteré à nostre derniere conference. Nous avons avec beaucoup de patience et d'incommodités attendu vostre response. Ce n'est pas la necessité des affaires du Roy qui nous en a fait parler. Sa Majesté avoit lors son armée preste, qui a durant ces longueurs executé la prinse de sa pauvre ville de Dreux, qui a souffert ce que les ennemis de ce royaume desirent, au trèsgrand regret de Sa Majesté et de ses serviteurs, dont il vous peut assez aparoir parce que, sur la nouvelle que l'on eut de l'entreprise de Dreux, nous vous fismes entendre que vous vous deviez haster de nous faire response. Nous en avons escrit à Sa Majesté, qui nous a fait sa benigne response qu'encor qu'elle eust pour asseuré la prinse de ladite ville, si est-ce qu'elle vouloit donner au bien public le dommage qu'elle pouvoit souffrir pour ne l'avoir remise en son obeïssance. Messieurs, nous ne pouvons regarder à yeux secs les calamitez de ce royaume, la desolation des bonnes villes, et sur tout de celle de Paris qui a desjà tant souffert. Il ne s'agit pas icy des feux qui se mettent en la Tartarie ou en la Moscovie. C'est nostre patrie qui brusle, qui se perd, qu'on reduit en poudre et en cendres. Nous en pleurons et gemissons dans nos cœurs. Nos miseres font pleurer nos amis et rire nos ennemis, qui est l'extremité des malheurs qui peuvent advenir aux hommes. Nous sommes attendans vostre response que nous avons interest de sçavoir en bref : et comme nous pensons, et pensons le bien sçavoir, la bonne ville de Paris y est plus interessée que nulle autre : elle n'a desjà que trop souffert, où on ne sçavoit que c'est que de souffrir. Nous n'ignorons pas que les Espagnols vous veulent paistre de l'esperance de leurs armées qui ont esté battues quand elles ont voulu combattre, et depuis ont fuy le combat comme la peste, estimans qu'ils font assez de nous ruyner, consommer nos forces et faire mourir par nos propres armes la noblesse françoise, tant d'une part que d'autre. Quelque armée qu'ils puissent faire venir près de Paris, qui n'en approchera point qu'à leur grande honte et confusion, elle ne servira de rien que d'achever et consommer les vivres qui sont encore en ceste bonne ville pour en faire approcher l'armée du Roy, qui se trouvera lors fortifiée de la grace de Dieu qui aura reüny Sa Majesté à la religion catholique. Ce qui redouble le courage à tous ses bons subjets catholiques, qui pour rien du monde ne le pourroyent maintenant abandonner; et nul d'eux ne le peut plus faire, si ce n'est en abandonnant son honneur, les ayant Sadite Majesté gratifiez d'un don qui leur est si cher et si precieux que de s'estre declarée de si bonne volonté à se joindre à eux en la religion catholique, et à tesmoigner par tous bons effects à nostre Sainct Pere l'honneur et respect qu'il luy veut porter et à tous ses successeurs au Sainct Siege apostolique. Nous vous disons derechef que ceste saincte resolution de Sa Majesté a redoublé le cœur aux catholiques, que les principaux ont dit que bien qu'il leur aye esté grief de voir cy-devant consommer tous leurs revenus à la suite de ces guerres, que maintenant ils vendront fort volontiers leurs plus beaux heritages pour tesmoigner à leur bon Roy, s'estant fait catholique, l'affection qu'ils ont de s'opposer à tous ceux qui entreprendront contre son autorité. Ils considerent, et nous avec eux, que ceste guerre ruine la religion catholique, apporte toute confusion et desreglement en tous les ordres du royaume, remplit nostre nation de tous vices, corruption de mœurs, mespris de toutes loix divines et humaines, que la justice est foulée aux pieds et sousmise à la violence des plus forts et des plus meschans. Considerent que nous voyons desjà plus d'un million de familles reduites à pauvreté, la plus-part à mendicité, qu'il n'y a presque un seul ecclesiastique qui jouysse en repos de son benefice, la pluspart sont dechassez, le service divin est abandonné, se contristent, voyans qu'une partie des subjets de ce royaume se trouvent sans pasteurs ecclesiastiques et administration des saincts sacremens, que les princes mesmes et principaux seigneurs ne peuvent jouyr de leurs revenus. Considerent par là à quoy est reduite presque toute la noblesse, se representant devant les yeux en quelle decadence, ruyne et desespoir sont tombées toutes les villes de ce royaume, et principalement celles qui suivent vostre party. Mais sur tout ils ont une extreme compassion du pauvre peuple des champs, du tout innocent de ce qui se remuë en ces guerres. Les raisons deduites cy-dessus, et plusieurs autres que nous obmettons pour briefveté, nous font du tout resoudre que nous ne pouvons ny devons avoir, de part ny d'autre, aucune esperance de salut en ceste guerre, la continuation de laquelle pourroit faire perdre la religion, l'Estat, et tous les gens d'honneur et de valeur qui affectionnent la conservation d'iceluy. Nous avons desjà souffert infinies calamitez au desir, au souhait et à la dette de nos ennemis. L'Espagnol a jetté les yeux sur nous, et fait son compte que la perte de cest Estat ne peut advenir au profit de ceux qui s'entrebattent maintenant. C'est pourquoy il favorise si puissamment ceste division, que nous prions Dieu de vouloir bien tost finir par une bonne reconciliation entre nous, à sa gloire premierement, conservation du nom et de la couronne françoise, repos et contentement de tous les gens de bien, tant d'un party que d'autre. Il a pleu à Dieu nous visiter par la rigueur de beaucoup de miseres et calamitez que nous avons souffertes ; nous les prendrons pour admonestement d'un bon pere, si nous voulons estre appellez ses enfans. Ce que jusques à present il n'a pas permis nostre entiere ruine, comme il semble que toutes choses y estoient et sont encores disposées, nous le devons recevoir pour un offre qu'il nous fait de sa grande misericorde. Il nous donne temps pour nous recognoistre et suivre meilleurs conseils, ayans esté assez advertis, par l'experience des maux que de part et d'autre nous avons soufferts, que le chemin qui a esté suivy jusques à present est le chemin de la mort de ce royaume. Nous vous prions de nous pardonner si peut estre nous avons parlé de ces affaires avec plus de vehemence que quelques uns ne voudroient. Nous adressons ceste lettre à personnages de grand honneur que nous estimons aymer et affectionner la prosperité de cest Estat; et pensons que si les gens d'honneur qui sont parmy vous se voudront declarer aussi ouvertement de ce qu'ils ont sur le cœur, comme font sans aucune pudeur ceux qui sont contraires à la paix, que le nombre de ces protecteurs de la sedition et guerre civile se trouvera si petit et de si peu de consideration, que nous ne tarderons longuement à voir une bonne et heureuse fin à nos malheurs, et ce beau royaume remis en son ancienne splendeur et dignité. Et sur ce, messieurs, nous prierons Dieu, après nous estre humblement recommandez à vos bonnes graces, de vous donner très-bonne et très-longue vie.

« C'est de Sainct Denis, le vingt troisiesme jour de juin 1593. » Et au dessous estoit escrit : « Vos humbles et affectionnez à vous faire service, R., archevesque de Bourges, Bellievre, Chavigny, Gaspard de Schomberg, Camus, A. de Thou, et Revol. » Et à la subscription estoit aussi escrit : « A messieurs, messieurs les deputez de la part de M. le duc de Mayenne et de l'assemblée estant de present à Paris. »

Voylà ce que manderent les deputez royaux à ceux

de l'union qui avoient conferé avec eux, ainsi que nous avons dit cy dessus. Mais l'autheur du dialogue du Manant et du Maheustre dit qu'au mois de juin 1593, les Espagnols ayans receu advertissement certain que le Roy se vouloit faire catholique, suivant la resolution et promesse qu'il en avoit faict à sa noblesse, en la ville de Mante, le 25 (1) de may 1593, et après en avoir conferé avec le legat et leur conseil, considerans la consequence de la conversion du Roy, et d'ailleurs l'opiniastreté des estats tenus à Paris, qui ne vouloient entendre à l'infante d'Espagne seule, ny à l'archiduc Ernest, et après avoir faict tout ce qu'il leur estoit possible pour l'advantage de l'Infante et dudit archiduc Ernest, et voyant qu'ils n'y gaignoyent rien, au contraire que les affaires des catholiques affectionnez s'en alloyent terrasser, et les estats rompre, lors, et à temps prefix et necessaire, ils se transporterent en l'assemblée des estats tenus au Louvre, où, après plusieurs remonstrances faictes pour gratifier l'Infante et l'archiduc Ernest, en fin lascherent le mot secret qu'ils avoient, qui estoit d'accorder le mariage de l'Infante avec un prince françois, y comprins la maison de Lorraine, à la charge qu'ils seroient esleus et declarez par lesdits estats et royne de France *in solidum*, et fut ceste offre faicte en plains estats, en la presence du duc de Mayenne, des ducs de Guise, d'Aumalle et d'Elbœuf, et en la presence du legat, du cardinal de Pelvé, et des prelats de leur suitte, qui en furent fort joyeux. Et le lendemain furent deputez quatre de chacun ordre desdits estats pour communiquer avec lesdits Espagnols, en la presence des princes et prelats, en la maison du

(1) *Le* 25 : lisez le 15.

legat. « Ceste declaration, dit cest autheur, donna martel en teste au duc de Mayenne, parce qu'il avoit ouy le vent qu'ils vouloient nommer le duc de Guise. En fin le president Janin luy donna un conseil de dilayer cest affaire, et ce pendant amuser les Espagnols sur la suffisance ou insuffisance de leur pouvoir, lequel ne pourroit estre vallable, estimant qu'il ne portoit aucune nomination, et que, n'ayans pouvoir de nommer, pendant que le temps de la nomination viendroit, le duc de Mayenne donneroit ordre à ses affaires, envoyeroit en Espagne, à Rome, et autres endroits pour gaigner le cœur des potentats estrangers en sa faveur ou de son fils, et que pardeçà il failloit accorder la treve avec le roy de Navarre, par le moyen de laquelle toutes choses demeureroient en surseance. »

Voylà l'opinion de cest autheur. Mais la cour de parlement de Paris, qui eut l'advis de ladite proposition faicte de transferer la couronne en maison estrangere (eux qui à la procession faicte au mois de may dernier avoient porté les sainctes reliques du roy sainct Loys, dont il y avoit encor tant de braves princes ses nepveux), prevoyans le mal qui adviendroit si on changeoit l'ordre de la loy salique, donnerent et firent publier l'arrest cy dessous.

« Sur la remonstrance cy-devant faite par le procureur du Roy, et la matiere mise en deliberation, la cour, toutes les chambres assemblées, n'ayant, comme elle n'a jamais eu, autre intention que de maintenir la religion catholique, apostolique et romaine en l'Estat et couronne de France sous la protection d'un roy tres-chrestien, catholique et françois, a ordonné et ordonne que remonstrances seront faites ceste après-disnée par M. le president Le Maistre, assisté d'un bon nombre de ladite cour, à M. de Mayenne, lieutenant general de l'Estat et couronne de France, en la presence des princes et officiers de la couronne estans de present en ceste ville, à ce que aucun traitté ne se face pour transferer la couronne en la main de princes ou princesses estrangers, que les loix fondamentales de ce royaumes seront gardées, et les arrests donnez par ladite cour pour la declaration d'un roy catholique et françois soient executez, et qu'il ait à employer l'authorité qui luy est commise pour empescher que, sous le pretexte de la religion, la couronne ne soit transferée en main estrangere contre les loix du royaume, et pour venir le plus promptement que faire se pourra au repos du peuple, pour l'extreme necessité du quel il est rendu, et neantmoins, dez à present, a declaré et declare tous traictez faits et qui se feront cy après pour l'establissement d'un prince ou princesse estrangere, nuls et de nul effet et valeur, comme faits au prejudice de la loy salique et autres lois fondamentales du royaume de France. Fait à Paris le 28 juin 1593. »

Si tost que le duc de Mayenne eut eu advis de cest arrest, il envoya M. de Belin au Palais le dernier jour de juin au matin, lequel pria le president Le Maistre de vouloir aller incontinent après-disner au logis de M. l'archevesque de Lyon, où ledit sieur duc de Mayenne seroit, et qu'il s'accompagnast de deux des conseillers de la cour, tels qu'il les voudroit choisir : ce que ledit sieur president fit, ayant pris pour l'accompagner les sieurs de Fleury et d'Amours. Estans arrivez audit logis, ils y trouverent ledit sieur duc de Mayenne avec l'archevesque de Lyon et le sieur de Rosne.

Après que ledit president, assisté desdits conseillers, eut dit audit sieur duc que M. de Belin luy avoit dit qu'il desiroit de parler à luy, et qu'ils y estoient venus pour sçavoir ce qu'il desiroit d'eux, M. de Mayenne luy dit que la cour luy avoit fait un grand tort et affront, et que, veu le rang qu'il tenoit de lieutenant general de la couronne, ladite cour avoit usé de bien peu de respect en son endroict d'avoir donné son arrest lundy dernier, et que, comme prince et lieutenant general de l'Estat et pair de France, on l'en devoit advertir, comme aussi les autres princes et pairs de France qui estoient en ceste ville, pour, sy bon leur eust semblé, s'y trouver : à quoy fut respondu par ledit president que, pour le respect et honneur que la cour portoit audit sieur duc, elle l'avoit adverty, dès le vendredy precedent, de ce qui se devoit traitter au parlement, et que, suivant sa priere, ils avoient differé leur assemblée jusques au lundy, mais que, n'ayant eu aucune de ses nouvelles, la cour auroit trouvé bon de passer outre, comme elle avoit fait, et que, si il eust esté present, il eust cogneu que la cour ne parla jamais des princes que avec autant d'honneur et de respect comme elle avoit fait de luy, et que l'intention de la cour n'estoit point de mescontenter personne, ains de faire justice à tous.

Sur ce l'archevesque de Lyon prit la parole, et, avec collere, dit aussi que la cour avoit fait un grand affront audit sieur duc d'avoir donné un tel arrest qui pourroit causer une division dans le party de l'union à l'advantage de l'ennemy.

Ledit sieur president luy repliqua soudain, et luy dit que M. le duc de Mayenne avoit usé de ce mot d'affront qu'il avoit passé sous silence pour l'honneur et le respect que la cour luy portoit en general et en particulier, mais que de luy il ne le pouvoit endurer pource que la cour ne luy devoit aucun respect, au contraire que c'estoit luy qui le devoit à la cour; que la cour n'estoit point affronteuse, ains composée de gens d'honneur et de vertu qui faisoient la justice, et qu'une autresfois il parlast de la cour avec plus d'honneur, de respect et modestie. M. de Mayenne lors luy dit qu'il ne trouvoit point cela tant estrange de tout le corps de la cour que d'aucuns particuliers et des plus grands d'icelle, lesquels il avoit advancez aux plus belles charges et dignitez. Alors ledit sieur president luy fit response que s'il entendoit parler de luy, qu'à la verité il avoit receu beaucoup d'honneur de luy, estant pourveu d'un estat de president en icelle, mais neantmoins qu'il s'estoit toujours conservé la liberté de parler franchement, principalement des choses qui concernoient l'honneur de Dieu, la justice et le soulagement du peuple, n'ayant rapporté autre fruict de cest estat en son particulier que de la peine et du travail beaucoup, lequel estoit cause de la ruine de sa maison, et que luy estoit exposé à la calomnie de tous les meschans de la ville. M. de Mayenne leur ayant dit que cest arrest seroit cause d'une sedition et division du peuple, et qu'on les voyoit desjà assemblez par les ruës à murmurer, mesmes que depuis deux jours l'ennemy, estant adverty de cest arrest, s'estoit presenté la nuict près de ceste ville pour voir s'il pourroit entreprendre quelque chose, à cela fut respondu que s'il y avoit aucun qui fust si hardy que de commencer une sedition, on en advertist la cour, laquelle sçavoit fort bien les moyens de chastier les seditieux, et qu'ils s'asseuroient tant du peuple qu'il ne demandoit rien que le restablissement de la justice. Quant aux ennemis, qu'il pensoit que c'estoit un faux donné à entendre par la menée des Espagnols.

L'archevesque de Lyon, prenant la parole, dit que s'il advenoit maintenant de traitter la paix avec l'ennemy, que l'honneur estoit deferé à la cour, et non pas audit sieur duc de Mayenne. A quoy luy fut respondu que la cour estoit assez honorée d'elle-mesme, et qu'elle ne cerchoit point l'honneur ny l'ambition; et prierent ledit sieur duc et les autres de leur dire s'il y avoit quelque chose en l'arrest qui ne fust de justice et qui les ait peu tant offensés, car, quant à eux, ils ne pensoient point que, pour soustenir les loix fondamentales de ce royaume, et pour maintenir la couronne à qui elle appartenoit et exclure les estrangers qui les vouloient attraper, ils ayent fait autre chose que ce qu'ils devoient faire, au contraire que cest arrest pourroit servir pour reconcilier et reünir tous les bons catholiques françois à la couronne; et, quant audit sieur president, il leur dit qu'il souffriroit plustost cent fois la mort que d'estre ny espagnol ny heretique.

Ledit sieur de Rosne, parlant à M. de Mayenne, luy dit que ledit president luy avoit dit, quand la cour faisoit quelques remonstrances aux roys ou aux princes, que ce n'estoit par necessité, ains seulement quand elle trouvoit bon de ce faire. A cela ledit president dit qu'il confessoit l'avoir dit et le soustenoit, et dit audit sieur de Rosne qu'il ne luy pouvoit rien monstrer en sa charge, de laquelle il s'acquittoit aussi bien que luy de la sienne.

M. de Mayenne, pour mettre fin à ces discours, leur dit que, s'il eust esté adverty, et luy et les princes s'y fussent trouvez. A quoy fut respondu que la cour estoit la cour des pairs de France, que, quand ils y vouloient assister, ils estoient les bien venus, mais que de les en prier elle n'avoit accoustumé de ce faire.

Voylà quelles furent les paroles qu'eurent ledit sieur duc de Mayenne et le president Le Maistre sur le susdit arrest. Aussi de tous les quatre presidents de la cour qui avoient esté pourveus par M. de Mayenne, il n'y eut que cestuy-cy auquel le Roy donna, à la reduction de Paris, l'office de president.

Nonobstant toutesfois, le cardinal de Plaisance et les ministres d'Espagne craignans que le duc de Mayenne et ceux de l'assemblée de Paris n'accordassent quelque trefve avec le Roy, ils s'ayderent de toutes les inventions qu'ils purent, tant pour l'empescher que pour faire que cest arrest, qu'ils appelloient pretendu, fust sans effect par le moyen de la nomination d'un roy qu'ils poursuivirent plus qu'auparavant, affin de rendre les François, en une guerre les uns contre les autres, sans esperance de reconciliation. Voyant que la protestation qu'avoit fait faire dez le 13 de juin ledit sieur cardinal de Plaisance comme legat, par le cardinal de Pelvé, qui la fit en toutes les chambres de leur assemblée, pource que ledit sieur cardinal de Plaisance estoit lors malade, et qu'elle n'avoit servy de rien, quoy qu'il la fist publier en ces termes :

« Je veux bien aussi protester, pour mon particulier, qu'estant legat du Sainct Siege en ce royaume, je n'approuveray jamais aucune chose qui repugne tant soit peu aux sainctes intentions de nostre Sainct Pere, mais plustost me retireray incontinent de ceste ville et de tout le royaume, où l'on traitteroit cy-après avec l'heretique de paix ou de treve, ou d'autre chose quelconque qui puisse luy apporter aucun advantage. Plus, et en outre, parce que nostre Sainct Pere cognoist assez que le salut de ce très-noble royaume depend entierement de l'eslection d'un roy très-chrestien, il vous plaira aussi, monseigneur (parlant au cardinal de Pelvé), d'exciter, tant qu'il vous sera possible, messieurs desdits estats, de la part de Sa Saincteté, de vouloir, le plus promptement que faire se pourra, eslire un roy qui soit non seulement de nom et d'effet très-chrestien et vray catholique, mais qu'il ait encore le courage et les autres vertus requises pour pouvoir heureusement reprimer et aneantir du tout les efforts et mauvais desseins des heretiques. C'est la chose du monde que plus Sa Saincteté presse et desire. C'est à quoy tendent tous les vœux des bons catholiques, et ce que principalement requiert la necessité des affaires publiques. C'est en somme l'unique fondement sur lequel cet affligé royaume semble avoir estably l'entiere esperance de son salut, etc. »

Voyans donc que ceste lettre exhortative n'avoit fait qu'arrester pour un temps la deliberation de la trefve avec le Roy, et que la noblesse qui estoit en ceste assemblée de l'union avoit esté d'advis de la faire pour tel temps et à telles conditions que M. de

Mayenne trouveroit bon, et qu'il seroit supplié d'y vouloir entendre et la faire trouver juste et raisonnable, tant audit cardinal de Plaisance qu'aux ministres du roy d'Espagne, pour les rendre capables des causes et occasions d'icelle, et que le tiers estat aussi avoit trouvé bon de s'en rapporter audit sieur duc, et qu'il n'y avoit eu que ceux du clergé qui s'y opposoient, ils adviserent que pour rompre tous ces desseins de la trefve, qu'il falloit user d'une finesse (1), et que les ministres d'Espagne exposeroient que l'intention du Roy leur maistre estoit de nommer M. de Guyse pour roy avec l'infante d'Espagne, pensans qu'à ceste seule nomination tout pourparler d'accord ou de trefve seroit rompu.

Suivant ceste resolution, le samedy, dixiesme jour de juillet, le cardinal de Plaisance pria le duc de Mayenne et tous les princes de sa maison, ledict cardinal de Pelvé et les principaux de l'assemblée de Paris, de s'assembler chez luy. Ils y vont tous. Les agents d'Espagne, sçavoir, le duc de Feria, Jean Baptiste de Taxis, et don Diego d'Ibarra, ambassadeur, s'y rendirent aussi. Ledit sieur cardinal de Plaisance estant entré en parole de la nomination d'un roy en France et du pouvoir qu'en avoient lesdits Espagnols, M. de Mayenne luy dit que les pouvoirs qu'ils avoient communiquez estoient generaux et non particuliers ny speciaux pour nommer un roy, ce qui estoit necessaire, d'autant que d'accorder une

---

(1) *Il falloit user d'une finesse.* Le duc de Féria feignit d'avoir reçu une lettre de Philippe II, par laquelle ce monarque déclaroit qu'il avoit choisi le duc de Guise pour l'époux de sa fille. Mais les conditions les plus humiliantes étoient mises à l'élévation de ce jeune prince : il ne devoit jouir de l'autorité qu'après la consommation du mariage, et dans l'acte d'élection le nom de la Reine devoit précéder le sien.

royauté sans nomination c'estoit creer un roy en idée. Lesdits agents d'Espagne luy repliquerent qu'ils trouvoient fort estrange que l'on leur demandoit tant de fois leurs pouvoirs, toutesfois que dans mardy prochain ils feroient paroistre le pouvoir qu'ils avoient de nommer.

Le mardy en suivant, 13 juillet, au mesme logis dudit cardinal, s'estans tous rassemblez, les agents d'Espagne monstrerent un pouvoir qu'ils avoient de nommer le duc de Guise pour roy avec l'infante d'Espagne. Lors le duc de Mayenne et les plus entendus jugerent que c'estoit un traict espagnol, et qu'ayans divers blancs signez pour s'en servir suyvant les occasions, ils s'en estoient servis en ceste affaire : toutesfois le duc de Mayenne dit qu'il en estoit bien ayse, et qu'il failloit au surplus adviser à le desgager et recompenser, luy qui avoit porté tout le faix et charge, et qui avoit despensé tout son bien pour le party de l'union, et, outre ce, engagé plus qu'il n'avoit vaillant. Son desdommagement luy fut lors promis et accordé par les Espagnols : et à ceste fin ledit duc leur promit bailler par escrit ce qu'il demanderoit dedans quelques jours. Sur ce ceste assemblée se retira, et ne se rassemblerent que jusques au mardy 20 juillet.

En ceste troisiesme assemblée, faite aussi chez ledit cardinal, on ne fit que parler d'accorder les demandes du duc de Mayenne qu'il avoit baillées par escrit, et y fut mis en deliberation, sçavoir, s'ils ne devoient pas passer outre à la nomination d'un roy, suivant le pouvoir exhibé des Espagnols, et, au contraire, refuir la treve proposée par les royaux. En cest endroict y eut beaucoup de contradictions, les partisans espagnols voulans que la nomination se fist ; mais M. de Mayenne, au contraire, avec l'archevesque de Lyon et les principaux seigneurs de ce party là, s'y opposerent de vive voix. Ce qui s'y passa se pourra mieux cognoistre par ce qu'en a escrit ledit duc de Mayenne contre les calomnies que luy a depuis imputées le duc de Feria en la lettre qu'il escrivit au roy d'Espagne.

« Il faut venir aux particularitez et à ce qui a esté fait, lors de la tenue des estats à Paris peu avant, au temps, et depuis la conversion du roy de Navarre, car c'est de ces actions icy qu'on veut principalement tirer et faire cognoistre ma mauvaise conduitte et intention envers vous, Sire, et mon party. J'appelle Dieu à tesmoin de mon intention; il sçait si j'ay desiré et recherché de faire avec soin et integrité tout ce qui pouvoit servir au bien general et contentement particulier de Vostre Majesté, et les gens sages ce qu'ay peu, me conduisant avec la raison. Je ne m'addresse point à ces ignorans passionnez qui ont peut estre creu que ce fust assez d'avoir le suffrage d'une petite troupe assemblez ausdits estats, qui n'avoient charge particuliere de deliberer et donner advis sur ce qui se proposoit, car c'est une vraye brutalité de le penser ainsi, attendu mesmes qu'entre ces deputez il n'y en avoit un seul qui eust pouvoir et authorité de se faire suivre d'une place. Et quant aux seigneurs principaux du party qui avoient les charges et gouvernements, et s'estoient rencontrez sur le lieu, ils conseilloient tous aux ministres de Vostre Majesté, aussi bien que moy, de differer leur proposition et attendre qu'ils eussent des forces et moyens, jugeans que ce n'estoit le temps de la faire lors que l'ennemy estoit armé et nous desarmez, et prevoyant assez que cela seroit cause de faire advancer la conversion du roy de Navarre, non telle que les gens de bien, disoit-il, la devoient desirer, mais à dessein pour nous prevenir. J'offris lors et promis, ce que firent d'autres princes et seigneurs du party, d'y aviser et d'en resouldre aussi-tost que vos forces seroient venues, comme encores, pour le mettre hors de soupçon, de ne point cognoistre le roy de Navarre après sa conversion, sinon que ce fust par le commandement de nostre Sainct Pere, condition repetée plusieurs fois en la presence de M. le legat, ez mains duquel ceste promesse et serment fut fait, tant par moy que par les autres princes et seigneurs. Qu'il me face honte si je n'ay esté religieux observateur de ces promesses, si je ne suis demeuré ferme et resolu attendant ma ruine, qu'ay veuë comme inevitable quand chacun nous a abandonné, plustost que d'y avoir contrevenu. J'ay bien consideré que le mal ne finiroit pas par où il commençoit; et dèslors qu'une ou deux personnes de qualité auroient quitté le party sous pretexte de la conversion du roy de Navarre, ou pour autres causes, que trop de gens feroient après eux par exemple ce que ceux cy publioient avoir faict avec raison, que les grandes villes et les peuples qui avoient voulu la guerre avec fureur, las, recreus et ruinez pour les maux qu'ils en avoient soufferts, se precipiteroient à la paix avec mesme violence, sans conseil, sans raison, et sans mesmes nous donner loisir de la faire avec honneur et seureté. Ces choses estoient remonstrées lors par moy et plusieurs autres aux ministres de Vostre Majesté, Sire, qui disoient qu'il falloit opposer le nom, tiltre et dignité de roy à celuy de nostre ennemy, à nous rendre par ce moyen irreconciliables, et former deux partis, dont l'un ne peut subsister que par la ruine de l'autre. Nous confessons qu'il estoit vray : mais de faire un roy sans forces, nostre ennemy estant armé, et ayant fait jetter les yeux sur luy par sa conversion, qui seroit chose ridicule, et commencer une grande entreprise pour la faire faillir avec honte et blasme en un mesme jour, comme il fust advenu sans doubte, car ce n'estoit pas la raison qui la devoit persuader, mais la force qui la devoit faire souffrir, et l'espoir du bon succez desirer. Il estoit donc necessaire de chercher par prudence le loisir et moyen d'attendre nos forces, qu'on disoit devoir estre prestes dans deux mois, pour faire voir et toucher au doigt cest espoir. Sur ce aucuns proposoient la trefve, et fut l'advis des plus sages et mieux entendus aux affaires, comme elle estoit desjà faicte en plusieurs provinces du royaume, et n'y avoit presque que la Picardie, Bourgongne, l'Isle de France et Paris, où se faisoit l'effort de la guerre, qui fust privée de ce repos, qui crioit incessamment pour l'obtenir. »

Ainsi la nomination d'un roy proposée par les Espagnols fut rejettée comme ne pouvant estre validée à defaut de forces. En peu de jours il y eut bien des remuemens parmy ceux de l'union dans Paris, les uns desirans approuver ceste nomination, les autres la rejettans comme n'estant qu'une attrapoire pour les faire entrer en des guerres immortelles. M. de Guyse mesmes voulut tuër celuy qui luy alla porter les premieres nouvelles de ceste nomination. Tous les vrays amys de feu M. de Guise son pere l'advertirent de ce precipice, et fut conseillé sur tout de se joindre de volonté avec M. de Mayenne son oncle, quoy qu'il en fust disconseillé par dom Diego d'Ibarra, et par les Seize et leurs predicateurs, qui, voyans depuis leur bonne intelligence, disoient que le milan avoit pris la perdrix, et que le duc de Guise seroit ruiné par son oncle, qui n'avoit, disoient-ils, autre apprehension d'obstacle que son neveu par sa reputation. Plus, ils se mirent à detracter publiquement contre ledit sieur duc de Mayenne, les uns disans qu'il vouloit estre roy, les autres qu'il vouloit tousjours tenir la royauté sous le nom de lieutenant general de l'Estat; entr'autres un des predicateurs des Seize, F. Anastase Cochelet, preschant l'evangile du navire des apostres où Nostre Seigneur dormant, dit qu'à l'exemple des apostres il failloit exciter Dieu pour ayder à la religion catholique et eslire un roy pour gouverner l'Eglise en France, qui se perdoit et perissoit faute de roy, d'autant que le royaume de France ne pouvoit subsister sans roy, estant un royaume affecté à la monarchie et non à une regence, comme M. de Mayenne vouloit faire, ce qu'il ne failloit souffrir, ains passer outre à la nomination d'un bon roy catholique, à l'exclusion du roy de Navarre. Autant en disoit un F. Guarinus. Ausquels ledit sieur duc fut contraint de faire dire qu'il les feroit chastier s'ils ne se comportoient modestement. Sur ceste menace les Seize prirent occasion de penser calomnier ledit duc par une comparaison qu'ils firent de luy avec le feu roy Henry III.

« Le roy Henry III, escrivirent-ils, et le duc de Mayenne se rencontrent en plusieurs choses.

« Le roy Henry se servoit du sieur de Villeroy, aussi fait le duc de Mayenne.

« Le roy Henry avoit conceu une indignation contre le duc de Guise et les catholiques, par ce qu'ils communiquoient avec le roy d'Espagne pour la conservation de la religion contre le roy de Navarre, et empeschoient qu'il ne vinst à la couronne ; et, pour la mesme cause, M. de Mayenne a ruyné et perdu les Seize, ayant fait mourir les uns, banny les autres, et desauthoré le reste : tellement qu'approuvant l'acte qu'il a faict contre les catholiques, il approuve par mesme raison la mort de ses freres.

« Après la mort de messieurs de Guise ledit roy Henry fit une declaration pour oublier tout ce qui s'estoit passé, maintenir ses subjets en union, et qu'elle fust jurée de nouveau ; M. de Mayenne en a fait de mesme : après la penderie des Seize il a faict publier une abolition sans estre poursuivie des catholiques, se faisant juge sans cognoissance de cause, et l'a fait verifier à messieurs de la cour, ennemis capitaux des Seize ; et a fait jurer de nouveau à toutes personnes indifferemment un serment d'union, la forme duquel n'avoit esté approuvée par l'Eglise, à laquelle appartenoit de cognoistre des sermens concernans la religion catholique, comme auparavant avoit esté faict. Par ce serment M. de Mayenne se confirme en son authorité, outre les termes de son institution qui n'estoit que jusques à la tenue des estats. Il baille toute puissance à la cour sur les Seize, et remet les politiques partisans du Roy en creance et authorité. Par ce serment l'on a cognu à veuë d'œil qu'il a contraint les catholiques de se departir de l'union avec les autres provinces et villes catholiques, et de toute association avec les estrangers, à l'exclusion du roy Catholique.

« Plus, il a fait faire un reglement en la police par lequel il a fait deffences aux bourgeois commis à la garde des portes d'ouvrir les lettres qu'ils trouveront estre portées sans passeport, qui est le moyen de tenir toutes les menées et trahisons des ennemis couvertes.

« Davantage, on a fait deffences à tous bourgeois de porter espée de jour, tellement que les politiques, à cause de leurs charges, portent seuls les armes, et par ainsi les Seize sont exposez à la furie et bravade de leurs ennemis : le tout à l'exemple du roy Henry III, qui faisoit desarmer les ligueurs et armer ses partisans.

« Plus, que l'on devoit considerer le langage que M. de Mayenne et ses partisans tenoient contre les predicateurs et catholiques affectionnez, et que l'on trouveroit que c'estoit le mesme langage du deffunct roy Henry III et de ses partisans, car il ne vouloit pas qu'on parlast de luy et de l'Estat; il vouloit prescrire aux predicateurs ce qu'ils avoient à dire, ils estoient menacez de prison, d'estre bannis, d'estre jettez dans un sac à l'eau : les mesmes menaces se font aujourd'huy contre les predicateurs et les Seize par M. de Mayenne et ses partisans, et, passant outre, il a donné charge à la cour de parlement d'informer contre les predicateurs et les punir et corriger. »

Nonobstant toutes ces façons populaires et seditieuses des Seize, et que les ministres d'Espagne eussent aussi offert au duc de Mayenne cent mil escus tous les mois, outre les pretensions qu'il desiroit avoir pour son desdommagement, ledit sieur duc ne laissa, suyvant l'advis des principaux seigneurs de son party, d'entendre à une trefve. Il en avoit parlé avec ledit sieur cardinal de Plaisance, qui, faisant fort le fasché, y contredisoit, et disoit qu'il se vouloit retirer; mais l'archevesque de Lyon, avec quelques deputez de leur assemblée, y estant allé le prier de ne se retirer et de demeurer à Paris, voyant que c'estoit un faire le failloit, il leur dit:

« M. le duc de Mayenne m'a fait cest honneur que de m'en parler, et encor messieurs les ministres de Sa Majesté Catholique et tous les ordres de ceste ville; à present que je vois ceste celebre et iterée intercession, que je prens, non pour importunité, mais pour extreme faveur et obligation, je me vois comme forcé de condescendre à tant de bons advis qui me sont donnez; et d'ailleurs, par les dernieres despesches de Rome, du 11 juillet, que j'ay receuës par un courrier exprès, j'ay un peu plus de liberté de me dispenser touchant ma demeure en ceste ville. »

Ainsi le duc de Mayenne, le cardinal de Plaisance et les agents d'Espagne, quoy que divisez de volontez, s'accorderent en fin de faire une trefve, pour traicter de laquelle ledit sieur duc donna la charge à d'autres deputez qu'à ceux lesquels avoient esté employez à la susdite conference, sçavoir aux sieurs de La Chastre, de Rosne, de Bassompierre, de Villeroy, et aux presidens Janin et Dampierre, laquelle ils accorderent avec les deputez royaux, ainsi que nous dirons cy dessous.

Pendant toutes ces choses le Roy ayant pris Dreux, comme nous avons dit, assina le lieu de son instruction pour sa conversion à Sainct-Denis. De toutes les parts de la France, les princes, les officiers de la couronne, les principaux des cours de parlement et les grands seigneurs, s'y rendirent pour assister à un acte si remarquable.

Le jeudy, 22 de juillet, Sa Majesté estant venu de

Mante à Sainct Denis, le lendemain il fut, depuis les six heures du matin jusques à une heûre après midy, assisté de M. l'archevesque de Bourges, grand aumosnier de France, de messieurs les evesques de Nantes et du Mans, et de M. du Perron, nommé à l'evesché d'Evreux, auxquels il fit les trois questions suyvantes : la premiere, s'il estoit necessaire qu'il priast tous les saincts par devoir de chrestien. On luy fit response qu'il suffisoit que chacun prist un propre patron, neantmoins qu'il failloit tousjours invoquer les saincts selon les letanies, pour joindre tous nos vœux les uns avec les autres, et tous ensemble avec tous les saincts. La seconde question fut de la confession auriculaire : car ce prince pensoit pouvoir estre subject à certaines considerations qu'il leur dit, lesquelles ne sont point communes. Surquoy luy fut dit que le juste s'accuse de soy mesme, et toutesfois que c'estoit le devoir d'un bon chrestien de recognoistre faute où il n'y en avoit point, et que le confesseur avoit ce devoir de s'enquerir des choses necessaires, à cause des cas reservez. La troisiesme fut touchant l'authorité papale : à quoy on luy dit qu'il avoit toute authorité ès causes purement spirituelles, et qu'aux temporelles il n'y pouvoit toucher au prejudice de la liberté des roys et des royaumes. Il y eut encore d'autres questions sur plusieurs incidents dont on le resolut. Mais, quand se vint à parler de la realité du sacrement de l'autel, il leur dit : « Je n'en suis point en doute, car je l'ay tousjours ainsi creu. » Les resolutions de ce qu'il devoit croire luy estans declarées par M. l'evesque du Mans, il leur promit de se conformer du tout en la foy de l'Eglise catholique, apostolique et romaine.

Le cardinal de Plaisance, comme legat du Sainct Siege, pensant empescher ceste instruction et ceste conversion, fit ce mesme jour publier une exhortation imprimée, laquelle il addressoit à tous les catholiques de France, où il asseuroit que tout ce qui seroit faict sur ceste conversion seroit du tout nul, de nul effect et valeur; exhortoit les catholiques de l'union de ne se laisser decevoir en chose de si grande importance; aux catholiques royaux, de n'accumuler erreur sur erreur; et defendoit aux ecclesiastiques dudit party de l'union de se transporter à Sainct Denis, ville qu'il appelloit estre en l'obeyssance de l'heretique, sur peine d'encourir sentence d'excommunication, avec privation de benefices et dignitez ecclesiastiques qu'ils pourroient obtenir.

Nonobstant ceste exhortation, dont les royaux ne firent beaucoup d'estat, ny mesmes aucuns de ceux de l'union, la prejugeans avoir esté faicte à dessein à la persuasion des ministres d'Espagne, qui ne craignoient que ceste conversion, le dimanche, vingt-cinquiesme juillet, sur les huict à neuf heures du matin, le Roy, revestu d'un pourpoint et chausses de satin blanc, bas à attaches de soye blanche et soulliers blancs, d'un manteau et chapeau noir, assisté de plusieurs grands princes et seigneurs, officiers de la couronne et autres gentils-hommes en grand nombre, convoqués par Sa Majesté pour cest effect, des suisses de sa garde, le tambour battant, des officiers de la prevosté de son hostel et ses autres gardes du corps, tant escossois que françois, et de douze trompettes, tous marchans devant luy, fut conduit depuis la sortie de son logis jusques à la grande eglise dudit Sainct-Denis, très-richement préparée de tapisseries relevées de soye et fil d'or pour le recevoir ; les ruës estoient aussi tapissées et plaines de jonchées et fleurs. Le peuple, venu exprès de toutes parts et en nombre infiny pour voir ceste saincte ceremonie, crioit d'allegresse : *Vive le Roy! Vive le Roy! Vive le Roy!*

Sa Majesté arrivée au grand portail de ladite eglise, et de cinq à six pieds entrée en icelle, où M. l'archevesque de Bourges l'attendoit assis en une chaire couverte de damas blanc, où sur les deux bouts du dossier estoient les armes de France et de Navarre, aussi M. le cardinal de Bourbon, accompagné de plusieurs evesques et de tous les religieux dudit Sainct Denis, qui là l'attendoient avec la croix et le sacré livre de l'Evangile, ledit archevesque de Bourges, qui faisoit l'office, luy demanda quel il estoit. Sa Majesté luy respondit : « Je suis le roy. » Ledit archevesque repliqua : « Que demandez-vous ? — Je demande, dit Sa Majesté, estre receu au giron de l'Eglise catholique, apostolique et romaine. — Le voulez-vous ? » dit M. de Bourges. A quoy Sa Majesté fit response : « Ouy, je le veux et le desire. » Et à l'instant, à genoux, Sadite Majesté fit profession de sa foy, disant :

« Je proteste et jure, devant la face de Dieu tout puissant, de vivre et mourir en la religion catholique, apostolique et romaine, de la proteger et deffendre envers tous au peril de mon sang et de ma vie, renonçant à toutes heresies contraires à icelle Eglise catholique, apostolique et romaine. » Et à l'heure bailla audit archevesque de Bourges un papier dedans lequel estoit la forme de sa profession signée de sa main.

Cela faict, Sa Majesté, encores à genoux à l'entrée de ladite eglise, baisa l'aneau sacré, et ayant receu l'absolution et benediction dudit archevesque, fut relevé, non sans grand peine pour la grande multitude et presse du peuple espars en icelle, et jusques sur les voutes et ouvertures des vitres, et fut conduit au cœur de ladite eglise par messieurs les evesques de Nantes, de Seez, de Digne, Maillezais, de Chartres, du Mans, d'Angers, messire René d'Aillon, abbé de Chastelliers, nommé à l'evesché de Baycux, messire Jacques d'Avi du Perron, nommé à l'evesché d'Evreux, les religieux et convent de ladite eglise de Sainct Denis, les doyens de Paris et Beauvais, les abbez de Bellozane et de la Couronne, l'archidiacre d'Avranche, nommé à l'abbaye de Sainct Estienne de Caën, les curez de Sainct Eustache, Sainct Supplice, docteurs en theologie, frere Olivier Beranger, aussi docteur en theologie et predicateur ordinaire du Roy, les curez de Sainct Gervais et de Sainct Mederic de Paris; presens lesquels Sadite Majesté, estant à genoux devant le grand autel, reïtera sur les saincts evangiles son serment et protestation cy-dessus, le peuple criant à haute voix : *Vive le Roy! Vive le Roy! Vive le Roy!*

Et à l'instant Sa Majesté fut relevé derechef par M. le cardinal de Bourbon et par ledit archevesque, et conduit audit autel, où ayant faict le signe de la croix, il baisa ledit autel, et derriere iceluy fut ouy en confession par ledit sieur archevesque. Ce pendant fut chanté en musique ce beau et très-excellent canti- *Te Deum laudamus*, d'une telle harmonie que les grands et petits pleuroient tous de joye, continuant de mesme voix à crier : *Vive le Roy! Vive le Roy! Vive le Roy!*

Confessé que fut Sa Majesté, l'archevesque de Bourges

le ramena s'agenoüiller et accouder sur l'oratoire couvert de velours cramoisi brun, semé de fleurs de lis d'or, qui là estoit preparé sous un dais ou poësle de mesme velours et drap d'or. Et là, ayant à main droicte ledit sieur archevesque, et à la gauche M. le cardinal de Bourbon, et tout autour estoient aussi tous lesdits sieurs evesques et autres cy dessus nommez, et au derriere tous les princes, M. le chancelier et les officiers de la couronne, messieurs des cours de parlement, du grand conseil, chambre des comptes, presens, ouyt en très-grande devotion la grand messe, qui fut celebrée par M. l'evesque de Nantes, s'estant en signe de ce Sadite Majesté, durant icelle, levée lors de l'Evangile, et baisé le livre qui luy fut aporté par ledit sieur cardinal. Il fut aussi à l'offrande très-devotieusement, conduit par ledit archevesque et M. le cardinal de Bourbon, accompagné de M. le comte de Sainct Paul qui alloit derriere. A l'elevation de la saincte eucharistie et calice, il se prosterna les mains jointes, en battant sa poitrine. Après l'*Agnus Dei* chanté, il baisa la paix qui luy fut aussi apportée par ledit sieur cardinal.

Ladite messe finie, fut chanté melodieusement en musique *vive le Roy!* et largesse faicte de grande somme d'argent qui fut jettee dedans ladite eglise, avec un applaudissement du peuple. Et de là Sa Majesté, accompagnée de cinq à six cents seigneurs et gentilshommes, de ses gardes, de Suisses, Escossois et François, officiers de la prevosté de son hostel, fut reconduite, le tambour battant, trompette sonnant, et artillerie jouant de dessus les murailles et bouleverts de la ville jusques à son logis, avec continuel cri du peuple, disant: *Vive le Roy! Vive le Roy!* Et avant son disner fut dit *Benedicite*. Après le disner furent chantées *Graces* en musique : le tout selon l'usage de l'Eglise catholique, apostolique et romaine.

Après le disner Sa Majesté assista aussi d'une devotieuse affection à la predication qui fut faite par ledit archevesque de Bourges en ladite eglise de Sainct Denis, et, icelle finie, ouït vespres aussi devotieusement.

Et à l'issuë desdites vespres, Sa Majesté monta à cheval pour aller à Montmartre rendre graces à Dieu en l'eglise dudit lieu, où, au sortir d'icelle, fut faict un grand feu de joye, et, à cet exemple, ès villages de la vallée de Montmorency et ès environs dudit Montmartre, et de là Sadite Majesté retourna à Sainct Denis avec une resjouïssance de tout le peuple qui l'attendoit, en criant encores plus qu'auparavant : *Vive le Roy ! Vive le Roy ! Vive le Roy !*

La lettre suyvante fut envoyée aussi par Sa Majesté par tous les parlements.

« Nos amez et feaux, suyvant la promesse que nous fismes à nostre advenement à ceste couronne par la mort du feu Roy, nostre très-honoré seigneur et frere dernier decedé, que Dieu absolve, et la convocation par nous faite des prelats et docteurs de nostre royaume pour entendre à nostre instruction par nous tant desirée, et tant de fois interrompuë par les artifices de nos ennemis, en fin nous avons, Dieu mercy, conferé avec lesdits prelats et docteurs, assemblez en ceste ville pour cest effect, des poincts sur lesquels nous desirions estre esclaircis ; et après la grace qu'il a pleu à Dieu nous faire, par l'inspiration de son sainct esprit, que nous en avons recherchée par tous nos vœux et de tout nostre cœur pour nostre salut, et satisfaits par les preuves qu'iceux prelats et docteurs nous ont renduës par les escrits des apostres et des saincts peres et docteurs receus en l'Eglise, recognoissant l'Eglise catholique, apostolique et romaine estre la vraye Eglise de Dieu, pleine de verité, et laquelle ne peut errer, nous l'avons embrassée, et nous sommes resolus d'y vivre et mourir. Et pour donner commencement à ce bon œuvre, et faire cognoistre que nos intentions n'ont eu jamais autre but que d'estre instruits sans aucune opiniastreté, et d'estre esclaircis de la verité et de la vraye religion pour la suivre, nous avons ce jourd'huy oüi la messe et joint et uni nos prieres avec ladite Eglise, après les ceremonies necessaires et accoustumées en telles choses, resolus d'y continuer le reste des jours qu'il plaira à Dieu nous donner en ce monde; dont nous vous avons bien voulu advertir, pour vous resjouyr d'une si aggreable nouvelle, et confondre par nos actions les bruits que nosdits ennemis ont fait courir jusques à ceste heure que la promesse que nous en avions cy devant faite estoit seulement pour abuser nos bons sujets et les entretenir d'une vaine esperance, sans aucune volonté de la mettre à execution. Dequoy nous desirons qu'il soit rendu graces à Dieu par processions et prieres publiques, affin qu'il plaise à sa divine bonté nous confirmer et maintenir le reste de nos jours en une si bonne et si saincte resolution. Donné à Sainct Denis en France, le dimanche 25 juillet 1593. Signé Henry. Et plus bas, Potier. »

Ceste lettre ayant esté receue, on ne fit aux villes

royales que chanter *Te Deum*, faire feux de joye et processions generales pour actions de graces envers Dieu de ceste heureuse conversion ; mais les Seize, leurs predicateurs et les partisans d'Espagne, dans les villes de l'union, publierent et prescherent une infinité de calomnies à l'encontre. Le docteur Boucher entr'autres se monstra fort violent, et comme il avoit presché dès le commencement de l'assemblée de Paris sur l'eslection d'un roy, et avoit pris ce texte : *Eripe me de luto fœcis,* lequel il avoit expliqué et interpreté : *Seigneur desbourbez nous, ostez nous ceste race de Bourbon, il n'en faut plus parler, ils sont tous heretiques ou fauteurs des heretiques,* aussi ce docteur commença dans Sainct Mederic à prescher contre la susdite conversion, où il dit une infinité de choses faulses du Roy, entr'autres que de jour Sa Majesté avoit esté à la messe, et la nuict suivante au presche, et que la saincte messe que l'on chantoit devant luy n'estoit qu'une farce. Du depuis il fit imprimer ces sermons ou plustost invectives contre le Roy, lesquels furent bruslez à la Croix du Tiroir, le lendemain de la reduction de Paris. L'autheur du livre du Catholique anglois fit aussi imprimer un livret intitulé le *Banquet du comte d'Arete,* dans lequel, après avoir dit une infinité d'impostures touchant ceste conversion, il asseuroit que ce seroit le salut de la France si on bailloit tous les ministres de la religion pretendue reformée aux Seize de Paris, pour les attacher comme fagots depuis le pied jusques au sommet de l'arbre du feu de la Sainct Jean, pourveu que le Roy fust dans le muid où on mettoit les chats, et que ce seroit un sacrifice agreable au ciel et delectable à toute la terre. Ceste forme d'escrire si satyrique fut blasmée de beaucoup de gens du party mesmes de l'union, et l'autheur de ce livret, ayant depuis eu besoin de la clemence du Roy, s'est repenty d'avoir ainsi parlé de son prince. Aussi le Roy ressemblant en cela à Auguste, ayant tousjours eu autant de volonté de pardonner à ceux qui ont entrepris contre luy que les entrepreneurs ont eu d'envie de luy nuire, les a laissé vivre pour porter tesmoignage de sa clemence au regne heureux de la paix dont jouyt la France en ceste année que j'escris ceste histoire, 1606. Aussi lors que l'on a pensé parler à Sa Majesté qu'il falloit punir tels escrivains, « Je ne le veux, dit-il, pas, c'est un mal que Dieu a envoyé sur nous pour nous punir de nos fautes; je veux tout oublier, je veux tout pardonner, et ne leur en doit on sçavoir plus mauvais gré de ce qu'ils ont fait, qu'à un furieux quand il frappe, et qu'à un insensé quand il se pourmene tout nud. »

Or, quatre jours après que le Roy eut esté à la messe, les deputez du Roy et ceux de l'union, s'estans plusieurs fois assemblez pour accorder une trefve generale par toute la France, signerent en fin les articles suivans.

I. Qu'il y aura bonne et loyale trefve et cessation d'armes generale par tout le royaume, pays, terres, seigneuries d'iceluy et de la protection de la couronne de France pour le temps et espace de trois mois, à commencer, à sçavoir, au gouvernement de l'Isle de France le jour de la publication qui s'en fera à Paris, et à Sainct Denis en mesme jour, et dès le lendemain que les presens articles seront arrestez et signez; ez gouvernemens de Champagne, Picardie, Normandie, Chartres, Orleans et Berry, Touraine, Anjou et Maine, huict jours après la datte d'iceux ; ez gouvernemens de Bretagne, Poictou, Angoumois, Xaintonge, Limosin, haute et basse Marche, Bourbonnois, Auvergne, Lyonnois et Bourgongne, quinze jours après; ez gouvernemens de Guyenne, Languedoc, Provence et Dauphiné, vingt jours après la conclusion dudit present traicté; et neantmoins finira par tout à semblable jour.

II. Toutes personnes ecclesiastiques, noblesse, habitans des villes, du plat pays, et autres, pourront, durant la presente trefve, recueillir leurs fruits et revenus et en jouyr, en quelque part qu'ils soient scituez et assis, et rentreront en leurs maisons et chasteaux des champs, que ceux qui les occupent seront tenus leur rendre et laisser libres de tous empeschemens, à la charge toutesfois qu'ils n'y pourront faire aucune fortification durant ladite trefve. Et sont aussi exceptées les maisons et chasteaux où y a garnisons employées en l'estat de la guerre, lesquelles ne seront rendues; neantmoins les proprietaires jouyront des fruicts et revenus qui en dependent, le tout nonobstant les dons et saisies qui en auroyent esté faits, lesquels ne pourront empescher l'effect du present accord.

III. Sera loisible à toutes personnes, de quelque qualité et condition qu'elles soient, de demeurer librement en leurs maisons qu'ils tiennent à present avec leurs familles, excepté ès villes et places fortes qui sont gardées, èsquelles ceux qui sont absens à l'occasion des presents troubles, ne seront receus pour y demeurer sans permission du gouverneur.

IV. Les laboureurs pourront en toute liberté faire

leurs labourages, charrois et œuvres accoustumez, sans qu'ils y puissent estre empeschez ny molestez, en quelque façon que ce soit, sur peine de la vie à ceux qui feront le contraire.

V. Le port et voiture de toutes sortes de vivres, et le commerce et trafiq de toutes marchandises, fors et excepté les armes et munitions de guerre, sera libre, tant par eau que par terre, ès villes de l'un party et de l'autre, en payant les peages et impositions comme ils se levent à present ès bureaux qui pour ce sont establis; et suivant les panchartes et tableaux sur ce cy devant arrestez, excepté pour le regard de la ville de Paris, qu'ils seront payez suyvant le traicté particulier sur ce fait. Le tout sur peine de confiscation en cas de fraude, et sans que ceux qui les y trouveront puissent estre empeschez de prendre et ramener les marchandises et chevaux qui les conduiront au bureau où ils auront failly d'acquitter. Et où il seroit usé de force et violence contr'eux, leur sera fait justice, tant de la confiscation que de l'excez, par ceux qui auront commandement sur les personnes qui l'auront commis. Et neantmoins ne pourront estre arrestez lesdites marchandises, chevaux et vivres, ny ceux qui les porteront, au dedans de la ban-lieue de Paris, encores qu'ils n'ayent acquitté lesdites impositions; mais, sur la plainte et poursuitte, en sera fait droict à qui il appartiendra.

VI. Ne pourront estre augmentées lesdites impositions ne autres nouvelles mises sus durant ladite trefve, ne pareillement dressez autres bureaux que ceux qui sont desjà establis.

VII. Chacun pourra librement voyager par tout le royaume sans estre adstraint de prendre passe-port, et neantmoins nul ne pourra entrer ès villes et places fortes de party contraire avec autres armes, les gens de pied que l'espée, et les gens de cheval l'espée, la pistole ou harquebuse, ny sans envoyer auparavant advertir ceux qui y ont commandement, lesquels seront tenus bailler la permission d'entrer, si ce n'est que la qualité et nombre des personnes portast juste jalousie de la seureté des places où ils commandent; ce qui est remis à leur jugement et discretion. Et si aucuns du party contraire estoient entrez en aucunes desdites places sans s'estre declarez tels et avoir ladite permission, ils seront de bonne prise. Et pour obvier à toutes disputes qui pourroient sur ce intervenir, ceux qui commandent èsdites places, accordans ladite permission, seront tenus la bailler par escrit, sans frais.

VIII. Les deniers des tailles et taillon seront levez comme ils ont esté cy-devant, et suivant les departemens faits et commissions envoyées d'une part et d'autre au commencement de l'année, fors pour le regard des places prises depuis l'envoy des commissions, dont les gouverneurs et officiers des lieux demeureront d'accord par traicté particulier, et sans prejudice aussi des autres accords et traictez particuliers desjà faits pour la perception et levée desdites tailles et taillon, lesquels seront entretenus et gardez.

IX. Ne pourront toutesfois estre levez par anticipation des quartiers, mais seulement le quartier courant, et par les officiers des eslections, lesquels, en cas de resistance, auront recours au gouverneur de la plus prochaine ville de leur party pour estre assistez de forces. Et ne pourra neantmoins à ceste occasion estre exigé pour les frais qu'à raison d'un sol pour livre des sommes pour lesquelles les contraintes seront faictes.

X. Quant aux arrerages des tailles et taillon, n'en pourra estre levé, de part ny d'autre, outre ledit quartier courant et durant iceluy, si ce n'est un autre quartier sur tout ce qui en est deu du passé.

XI. Ceux qui se trouvent à present prisonniers de guerre, et qui n'ont composé de leur rançon, seront delivrez dans quinze jours après la publication de ladite trefve; sçavoir, les simples soldats sans rançon, les autres gens de guerre tirans solde d'un party ou d'autre, moyennant un quartier de leur solde, excepté les chefs des gens de cheval, lesquels, ensemble les autres sieurs et gentils-hommes qui n'ont charge, en seront quittes au plus pour demie année de leur revenu; et toutes autres personnes seront traictées au fait de ladite rançon le plus gracieusement qu'il sera possible, eu esgard à leurs facultez et vacations; et, s'il y a des femmes ou filles prisonnieres, seront incontinent mises en liberté sans payer rançon, ensemble les enfans au dessous de seize ans, et les sexagenaires ne faisans la guerre.

XII. Qu'il ne sera, durant le temps de la presente trefve, entrepris ny attenté aucune chose sur les places les uns des autres, ny faict aucun autre acte d'hostilité; et si aucun s'oublioit de tant de faire le contraire, les chefs feront reparer les attentats, punir les contrevenans comme perturbateurs du repos public, sans ce que neantmoins lesdites contraventions puissent estre cause de la rupture de ladite trefve.

XIII. Si aucun refuse d'obeyr au contenu des presens articles, le chef du party fera tout le devoir et effort qu'il luy sera possible pour l'y contraindre. Et où, dans quinze jours après la requisition qui luy en sera faicte, l'execution n'en soit ensuivie, sera loisible au chef de l'autre party de faire la guerre à celuy ou ceux qui feroient tels refus, sans qu'ils puissent estre secourus ny assistez de l'autre part en quelque sorte que ce soit.

XIV. Ne sera loisible prendre de nouveau aucunes places durant la presente trefve pour les fortifier, encores qu'elles ne fussent occupées de personne.

XV. Tous gens de guerre, d'une part et d'autre, seront mis en garnison, sans qu'il leur soit permis tenir les champs à la foule du peuple et ruyne du plat pays.

XVI. Les prevosts des mareschaux feront leurs charges et toutes captures aux champs et en flagrant delict, sans distinction de partis, à la charge de renvoy aux juges ausquels la cognoissance en devra appartenir.

XVII. Ne sera permis de se quereller et recercher par voye de fait, duels et assemblées d'amis, pour differens advenus à cause des presens troubles, soit pour prinses de personnes, maisons, bestail, ou autre occasion quelconque, pendant que la trefve durera.

XVIII. S'assembleront les gouverneurs et lieutenans generaux des deux partis en chacune province, incontinent après la publication du present traicté, ou deputeront commissaires de leur part, pour adviser à ce qui sera necessaire pour l'execution d'iceluy, au bien et soulagement de ceux qui sont sous leurs charges; et où il seroit jugé entr'eux utile et necessaire d'y adjouster, corriger ou diminuer quelque chose pour le bien particulier de ladite province, en advertiront les chefs pour y estre pourveu.

XIX. Les presens articles sont accordez, sans entendre prejudicier aux accords et reglemens particuliers faits entre les gouverneurs et lieutenans generaux des provinces, qui ont esté confirmez et approuvez par les chefs des deux partis.

XX. Aucunes entreprises ne pourront estre faictes durant la presente trefve, par l'un ou l'autre party, sur les pays, biens et subjets des princes et Estats qui les ont assisté. Comme au semblable, lesdits princes et Estats ne pourront de leur costé rien entreprendre sur ce royaume et pays estant en la protection de la couronne; ains lesdicts princes retireront hors d'iceluy, incontinent après la conclusion du present traicté, leurs forces qui sont en la campagne, et n'en feront point rentrer durant ledit temps. Et pour le regard de celles qui sont en Bretagne, seront renvoyées ou separées, et mises en garnison en lieux et places qui ne puissent apporter aucun juste soupçon. Et quant aux autres provinces, ès places où y a des estrangers en garnison, le nombre d'iceux estrangers estans à la solde desdits princes n'y pourra estre augmenté durant la presente trefve. Ce que les chefs des deux partis promettent respectivement pour lesdits princes, et y obligent leur foy et honneur. Et neantmoins ladite promesse et obligation ne s'estendra à M. le duc de Savoye; mais, s'il veut estre compris au present traicté, envoyant sa declaration dans un mois, il en sera lors advisé et resolu au bien commun de l'un et de l'autre party.

XXI. Les ambassadeurs, agents et entremetteurs des princes estrangers, qui ont assisté l'un ou l'autre party, ayans passe-port du chef du party qu'ils ont assisté, se pourront retirer librement et en toute seureté, sans qu'il leur soit besoing d'autre passe-port que du present traicté, à la charge neantmoins qu'ils ne pourront entrer ès villes et places fortes du party contraire, sinon avec la permission des gouverneurs d'icelles.

XXII. Que d'une part et d'autre seront baillez passe-ports pour ceux qui seront respectivement envoyez porter ladite trefve en chacune des provinces et villes qui de besoin sera.

Faict et accordé à La Villette, entre Paris et Sainct Denis, le dernier jour de juillet 1593, et publié le premier jour d'aoust ensuivant èsdites villes de Paris et Sainct Denis, à son de trompe et cry public, ès lieux accoustumez. Et est signé en l'original : Henry et Charles de Lorraine. Et plus bas, Ruzé et Baudouyn.

Ceste trefve, publiée à Sainct-Denis et à Paris, fut observée incontinent par tous ceux du party royal. Quant à ceux de l'union, quelques-uns en firent au commencement difficulté. Le duc de Mercœur en Bretagne ne la voulut accepter pour un temps, et fit mine de vouloir battre Montfort ; mais voyant les royaux, partis de Rennes en corps d'armée, aller droict à luy pour le contraindre de lever son siege, il l'accorda. Quant au duc de Nemours, nous dirons cy après le peu d'obeyssance qu'il portoit au duc de Mayenne, chef de ce party, et ce qui luy advint à Lyon. En fin les Espagnols, les Lorrains, et les Savoyards mesmes, l'accepterent, non pas en esperance d'une paix) qui estoit l'intention des royaux), mais c'estoit pour prendre nouveaux conseils et nouveaux desseins pour remettre sus leurs armées, et recommencer la guerre, ainsi qu'il se pourra mieux conoistre par ce qui sera dit cy après.

Après la publication de la trefve, et que le Roy eut faict donner ordre aux environs de Paris pour recevoir les taxes et impositions accordées qu'il leveroit de tout ce qui y entreroit, sçavoir : pour chasque septier de bled un escu et demy, pour chasque muid de vin deux escus, pour chasque bœuf cinq escus, pour chacun mouton un escu, et ainsi au prorata de toutes autres sortes de marchandises, outre l'unziesme denier et trois sols six deniers pour livre des sommes payées par les marchans acquittans ledit peage, et deux escus pour chasque muid de bled qui passeroit à Corbeil, et à Bray sur Seyne douze sols de chasque septier de bled, et vingt sols pour muid de vin, à Montereau deux sols six deniers pour chacun septier de tout grain, et aux bureaux de Chevreuse, Dourdan et Chartres, l'unziesme denier et dix-huict deniers pour livre, le tout outre la taxe ordinaire, les receveurs royaux establirent leurs receptes aux prochains villages de la banlieuë de Paris, tellement qu'il n'y entroit du tout rien sans payer. Les Parisiens, pour ces grandes charges, ne laisserent de trouver bonne ceste trefve, et en retirer de la commodité pour le grand nombre de marchands qui y allerent acheter une infinité de marchandises manufacturées, dont ils eurent en ce commencement bon marché, et aussi de la liberté qu'ils eurent de trafiquer ; et tel sortit de Paris qui estoit ligueur tout outre, que, quand il revenoit et avoit veu ce qui se faisoit aux villes royales, il changeoit son opinion de ligue.

Le duc de Mayenne, ayant preveu que ceste trefve pourroit apporter quelque changement au party de l'union, advisa de faire deux choses : l'une, de faire renouveller le serment par tous ceux de son party; l'autre, de faire publier le concile de Trente pour contenter le Pape et les ecclesiastiques qui le demandoient. Quant au serment, le 8 d'aoust, ainsi qu'il avoit esté accordé en leur assemblée tenuë deux jours auparavant, il fut faict après que M. de Mayenne eut asseuré un chacun que ses intentions estoient justes, et qu'elles ne tendoient à autre but qu'à l'advancement de l'honneur de Dieu, et au salut de ce royaume, et dit qu'il avoit trouvé bon, puisque pour plusieurs grandes considerations on ne pouvoit prendre si promptement une resolution des principaux affaires, de licencier aucuns des deputez pour informer au vray les provinces de tout ce qui s'estoit passé, pourveu que le corps des estats demeurast en son entier; les exhorta de demeurer tous en bonne union et concorde, si on vouloit voir reüssir les communs desirs à quelque bon effet, et jugeoit très à propos la forme du serment qui avoit esté dressée à cest effect; adjousta le contentement qu'il recevoit de la resolution desdits estats sur la publication du sainct concile de Trente, et, après avoir finy, commanda au secretaire de ladite assemblée de faire lecture à haute voix de la forme dudit serment.

« Nous promettons et jurons de demeurer unis ensemble, et de ne consentir jamais, pour quelque accident ou peril qui puisse arriver, qu'aucune chose soit faite à l'avantage de l'heresie et au prejudice de nostre religion, pour la defence de laquelle nous promettons aussi d'obeyr aux saints decrets et ordonnances de nostre Sainct Pere et du Sainct Siege, sans jamais nous en departir. Et d'autant que nous n'avons encores pu, pour beaucoup de grandes considerations, prendre une entiere et ferme resolution sur les moyens pour parvenir à ce bien, a esté ordonné que lesdits estats continuëront icy ou ailleurs, ainsi qu'il sera par nous advisé. Et neantmoins, si aucuns des deputez demandoient leur congé pour causes qui soient trouvées legitimes et justes, qu'il leur sera accordé, pourveu qu'ils promettent par serment, avant leur depart, de retourner, ou procurer par effet que autres soient envoyez et deputez en leur place au lieu de ladite assemblée dedans la fin du mois d'octobre prochain; lequel temps passé, sera procedé à la resolution et conclusion entiere des principaux points et affaires. »

Laquelle lecture faicte, le duc de Mayenne presta le premier le serment, après le cardinal de Pelvé, puis les autres princes, prelats, seigneurs et deputez de ladite assemblée, mettans les mains sur les evangiles, et baisans le livre.

Ce fait, ils allerent au devant du cardinal de Plaisance, qui, comme legat du Sainct Siege, se vouloit trouver à l'acte qu'ils avoient resolu de faire de la publication du concile de Trente.

Dez le commencement de ceste assemblée ledit sieur cardinal de Plaisance avoit demandé la publication dudit concile. Il y eut plusieurs seances pour cela, et, dez le vingt-troisiesme avril, il fut ordonné par ladite assemblée que les oppositions seroient enregistrées, et que copie en seroit baillée à ceux des deputez qui la demanderoient, laquelle a esté depuis imprimée sous ce tiltre : *Extraict d'aucuns articles du concile de Trente qui semblent estre contre et au prejudice de la justice royale et liberté de l'Eglise Gallicane.* Il y avoit vingt-trois articles avec les responses au dessous de chacune d'icelles. Mais, nonobstant ces oppositions, aussi-tost que ledit sieur cardinal de Plaisance fut entré en l'assemblée, et que chacun eut pris sa place, le duc de Mayenne commanda de lire sa declaration, ce que l'un des secretaires fit, la fin de laquelle estoit en ces termes :

« Avons dit, statué et ordonné, disons, statuons et ordonnons que ledit sainct sacré concile universel de Trente sera receu, publié et observé purement et simplement en tous lieux et endroits de ce royaume, comme presentement en corps d'estats generaux de France nous le recevons et publions. Et pource exhortons tous archevesques, evesques et prelats, enjoignons à tous autres ecclesiastiques, d'observer et faire observer, chacun en ce qui depend de soy, les decrets et constitutions dudit sainct concile. Prions toutes cours souveraines, et mandons à tous autres juges, tant ecclesiastiques que seculiers, de quelque condition et qualité qu'ils soient, de le faire publier et garder en tout son contenu selon sa forme et teneur, et sans restrinctions ny modifications quelsconques. »

Et après ceste lecture, le silence estant fait, ledit cardinal de Plaisance dit :

Que c'estoit la coustume des sages mariniers, voyans leur vaisseau trop furieusement battu par l'impetuosité des vagues et vents contraires, de caller la voile et jetter l'ancre pour affermir et asseurer iceluy du mieux qu'ils pouvoient contre les perils de l'orage, taschans à reprendre cependant un peu d'haleine, et à donner quelque relasche à leurs travaux passez, pour, aussi tost qu'ils verroient la tormente cessée et les vents adoucis, rehausser la voile et poursuivre heureusement leur route. Que de la mesme prudence luy sembloit-il ce jour là avoir usé ceste assemblée, indubitablement assistée, disoit-il, de la grace du Sainct Esprit. Car, ayant recogneu que, parmy les tempestes de tant de partialitez et discordes que les horribles vents de l'heresie avoient excité en France, il leur estoit comme impossible de conduire quant à present ceste grande nef, qui comprent en soy la religion catholique et l'Estat, et dont ils sont les nochers, jusques au vray port de salut où tendoient tous leurs vœux et desirs, craignant l'exposer à plus grand peril, ils auroient jugé necessaire d'abbaisser la voile pour quelque temps, et quant et quant auroient bien voulu affermir leur vaisseau avec deux nouveaux ancres, dont il ne s'en pouvoit imaginer de plus fermes, qui estoit la reception du concile de Trente et le serment de l'union ce mesme jour renouvellé. Qu'en tel estat ceste assemblée s'estoit resoluë de respirer un peu en attendant qu'il pleust au souverain moderateur de la terre et des ondes luy rendre la tranquillité que plus elle desiroit pour continuër le voyage qu'elle avoit entrepris pour la gloire de Sa Divine Majesté. Et que comme ceste presente action de ceste assemblée seroit loüée à jamais de tous ceux qui desiroient veoir remise sus en France l'ancienne pieté et discipline qui l'avoit jadis si glorieusement fait fleurir, aussi vouloit-il bien presentement les en remercier de tout son cœur et affection, tant au nom de Sa Saincteté que du sien propre. Protestant au surplus que, comme il tenoit pour asseuré que M. de Mayenne là present n'abandonneroit le gouvernail que Dieu luy avoit mis en main, ains le guideroit tousjours avec son accoustumée constance et invincible courage, aussi pour ne les frustrer de sa part de l'effect de leurs prieres et de la confiance qu'ils avoient tousjours monstrée avoir en luy, il vouloit demeurer très-constant dans le mesme navire avec eux et y travailler comme eux, se tenant en la hune à fin de preveoir et pourvoir, en tant qu'il luy seroit possible, à tous les dangers, jusques à ce que, venans à descouvrir le feu Sainct Herme, asseuré indice d'une saison plus calme, il peust derechef les exciter à mettre la main à la voile, à fin que, moyennant l'air favorable du Sainct Esprit, tous ensemblement peussent arriver au port où tous bons catholiques devoient esperer.

Le cardinal de Pelvé puis après fit la response au nom de l'assemblée, et dit que à la verité il recognoissoit un ouvrage de la main de Dieu, lequel, au jour qu'on celebroit la memoire de la transfiguration de nostre Seigneur Jesus-Christ, avoit tellement transfiguré le cœur de l'assemblée de bien en mieux, et inspiré d'accepter unanimement ledit sainct concile; jour auquel nostre Seigneur avoit tenu ses estats, y assistans le Pere, le Fils et le Sainct Esprit pour le ciel; Jesus-Christ et ses apostres pour la terre; Helie pour le paradis terrestre; Moyse pour ceux qui estoient aux limbes; les apostres encore pour les vivants; Moyse de la part des deffuncts; Helie pour les prophetes; Moyse pour la loy naturelle et escrite; sainct Pierre, sainct Jean et sainct Jacques pour la loy evangelique; l'un pour l'Eglise romaine, maistresse et souveraine des autres, l'autre pour celle de Hierusalem, et l'autre pour l'Eglise grecque, pour le salut universel de tous les hommes. Avoit particulier sujet de contentement et resjouyssance de voir les bons François, bons catholiques, vrays zelateurs de la foy chrestienne et de l'ancien honneur de leur patrie, embrasser avec toute obeïssance les saincts decrets et belles constitutions de ce concile, qu'il pouvoit dire estre un des plus celebres qui eust esté tenu en l'Eglise. Sçavoit bien qu'en ce qui concernoit la foy et doctrine, les François catholiques n'avoient jamais faict difficulté, mais avoient seulement apprehendé le changement de quelques coustumes et abolition de privileges, qu'ils s'imaginoient plustost par une vaine apprehension que pour estre appuyez sur aucun fondement de verité; mais à present, se soubmettans aux ordonnances de l'Eglise par une vraye obeïssance, comme vrays et legitimes enfans, pouvoient à bon droit se vendiquer le tiltre de très-chrestiens, hereditaire et proprietaire aux roys de France et à la nation françoise; qui luy faisoit concevoir une meilleure esperance des affaires que jamais, ayant tousjours estimé que la plus-part des calamitez que ce royaume avoit souffertes depuis longtemps procedoit pour avoir esté refractaires aux ordonnances du Sainct Esprit et de l'Eglise universelle; si bien que justement on avoit peu reprocher aux François ce que sainct Estienne reprochoit aux Juifs : *Semper Spiritui sancto restitistis.*

Après qu'il eut dit encor plusieurs choses sur ce subject, et qu'il eut finy sa harangue, toute ceste assemblée s'en alla en l'eglise Sainct Germain de l'Auxerrois, où fut chanté le *Te Deum* pour ceste publication. Mais depuis, comme ceste assemblée ne l'avoit consentie qu'avec asseurance que si aux immunitez et franchises du royaume il y avoit chose qui meritast d'estre entretenuë, que Sa Saincteté estant requise d'y pouvoir il n'y feroit aucune difficulté, aussi les contentions de la justice ecclesiastique et seculiere n'ayant esté reglées avant ceste publication, elle demeura sans effect. Toutesfois elle servit, avec le susdit serment, tant au duc de Mayenne que à ceux de son party et aux Espagnols, pour faire croire au Pape que ceux de l'union estoient les vrays arcs-boutans de la religion catholique romaine en France; et mesmes il creut tout ce qu'ils luy manderent touchant la conversion du Roy, et mesprisa M. de Nevers, envoyé depuis par le Roy vers Sa Saincteté, tellement que les guerres civiles furent continuées en ce royaume, ainsi qu'il se pourra voir cy-après.

Or le Roy ayant donné de son costé l'ordre requis pour l'entretenement de la trefve, il ne pensa qu'à satisfaire à la promesse qu'il avoit faicte à messieurs du clergé qui luy avoient donné absolution à la charge qu'il envoyeroit vers Sa Saincteté le requerir d'approuver ce qu'ils avoient fait : ce qu'ils voulurent estre enregistré où besoin seroit pour leur descharge, principalement à cause des deffences dont nous avons parlé cy-dessus, que le cardinal de Plaisance, comme legat, avoit faict publier, et affin qu'il ne semblast à Sa Saincteté que lesdits sieurs du clergé qui avoient assisté à ceste conversion eussent entrepris par dessus son authorité ou du Sainct Siege, mais que ce qu'ils en avoient faict estoit selon les libertez anciennes de l'Eglise catholique, apostolique et romaine. Sa Majesté envoya premierement vers Sa Saincteté le sieur de La Clielle avec ceste lettre.

« Très-Sainct Pere, ayant, par l'inspiration qu'il a pleu à Dieu me donner, recognu que l'Eglise catholique, apostolique et romaine est la vraye Eglise, plaine de verité, et où gist le salut des hommes, conforté encores en ceste foy et creance par l'esclaircissement que m'ont donné les prelats et docteurs en la saincte Faculté de theologie, que j'ay à ceste fin assemblez, des points qui m'en ont tenu separé par le passé, je me suis resolu de me unir à ceste saincte Eglise, très-resolu d'y vivre et mourir, avec l'ayde de celuy qui m'a fait la grace de m'y appeller. Et pour donner commencement à ce bon œuvre, après avoir esté receu à ce faire par lesdits prelats avec les formes et ceremonies qu'ils ont jugé estre necessaires, ausquelles je me suis volontiers sousmis, le dimanche 25 juillet j'ay ouy la messe et joinct mes prieres à celles des autres bons catholiques, comme incorporé en ladite Eglise, avec ferme intention d'y perseverer toute ma vie et de rendre l'obeyssance et respect deu à Vostre Saincteté et au Sainct Siege, ainsi qu'ont faict les rois Très-Chrestiens mes predecesseurs. Et m'asseurant, Très-Sainct Pere, que Vostre Saincteté ressentira la joye de ceste saincte action, qui convient au lieu où il a pleu à Dieu la constituër, j'ay bien voulu, attendant que sur ce je luy rende plus ample devoir, comme dans peu de jours je deputeray à cet effect vers elle une ambassade solemnelle et de personnage de bonne et grande qualité, luy donner par ce peu de lignes de ma main ce premier tesmoignage de ma devotion filliale envers elle, la suppliant très-affectueusement l'avoir agreable et recevoir d'aussi bonne part comme elle procede d'un cœur très-sincere et plain d'affection.

Et sur ce, Très-Sainct Pere, je prie Dieu qu'il vueille longuement maintenir Vostre Saincteté en très-bonne santé au bon gouvernement de sa saincte Eglise. De Sainct Denis, ce dix-huitiesme jour d'aoust 1593. »

Et plus bas estoit escrit : « Vostre bon et devot fils,
                                            HENRY. »

Pour l'ambassade mentionnée dans ceste lettre, M. le duc de Nevers y fut envoyé par le Roy. Et pour rendre compte à Sa Saincteté de ce qui s'estoit passé en la conversion de Sa Majesté, trois prelats furent deputez pour cest effect, qui accompagnerent ledit sieur duc à Rome. Avant leur partement le cardinal de Plaisance envoya le sieur de Chanvalon vers M. de Nevers à Sainct Denis, luy dire qu'il desiroit parler à luy, lequel luy fit response, avec la permission du Roy, qu'il estoit content de retarder son partement pour parler audit sieur cardinal auprès de Paris, où il se transporteroit : « Mais, luy dit le duc, s'il ne desire de parler à moy pour autre chose que pour me divertir d'aller vers Sa Saincteté, il n'a que faire de s'incommoder. » Ledit sieur cardinal, sçachant ceste resolution, ne parla plus de ce pourparler : au contraire il rescrivit plusieurs calomnies dudit sieur duc au Pape, et tascha par tous les moyens qu'il put de traverser son voyage.

TABLE DES MATIÈRES

CONTENUES

DANS LE QUARANTE-UNIÈME VOLUME.

SUITE DE LA CHRONOLOGIE NOVENAIRE DE CAYET.

Livre Quatriesme. . . . . Page 1

Mort d'Elisabeth d'Austriche, royne douairiere de France. . 1
Mort du duc Jean Casimir. 2
Mort du duc de Cleves. 4
Clément VIII esleu pape. 4
Des conferences qui furent tenues entre les ducs de Mayenne et de Parme, où les Espagnols proposerent qu'il failloit recevoir l'infante d'Espagne pour royne de France. 5
Lettre du duc de Parme au roy d'Espagne sur ce qui s'estoit passé ausdites conferences. 9
Jalousies entre le duc de Parme et celuy de Montemarcian. . 20
Jalousies entre le duc de Guise et le duc de Mayenne. . . 21
Continuation du siege de Rouen. 25
Ce que fit le sieur de Villars pour estre gouverneur dans Rouen. 26
Des sorties que firent ceux de Roüen. 28
Comment le sieur de Villars descouvrit ceux qui estoient du party royal dans Rouen. 30
Arrest de la cour de parlement de Rouen. 31
Solemnité de l'ordre du Sainct Esprit faicte à Dernetail. . . 32
Des navires holandois qui vindrent au siege devant Rouen. . 33
De la sortie que firent les lansquenets de dedans Rouen. . . 35
Mort du chevalier Picard. 36
Armée des ducs de Mayenne, de Parme et de Montemarcian, pour le secours de ceux de Rouen. 37
De la rencontre à Aumale. 39
Neuf-chastel rendu au duc de Parme. 40
De la grande sortie que firent ceux de Rouen. 42
Comment les ducs de Mayenne et de Parme firent retourner leur armée au delà de la riviere de Somme, et du secours qu'ils

envoyerent dans Rouen. . . . . Page 51
Retour du Roy au siège de Rouen. 52
Comment les ducs de Mayenne et de Parme retournerent
pour secourir Rouen. 54
Comment les royaux leverent le siege de devant Rouen. . . 54
Caudebec assiegé et rendu au duc de Parme. 55
Le duc de Parme blessé d'une mousquetade au bras. . . . 57
De ce qui se passa entre l'armée du Roy et celle desdits ducs
à Ivetot. 60
Comment le Roy tenoit l'armée des ducs assiegée, et comme
ils furent contraints de sortir d'Ivetot et se retirer à Caudebec. . 60
Deffaitte de la cavalerie legere des ducs. 63
Comment les ducs passerent la riviere de Seine à Caudebec, et
comme ils se retirerent vers Paris. 64
Du siege de Craon, et comme les royaux y furent desfaicts. . 65
Chasteau-gontier et Laval rendus au duc de Mercœur. . . 69
Retraitte de jour à la teste d'une armée ennemie ne se faict jamais sans perte et dommage. 71
Mort du sieur du Fayl Belesbat, chancelier de Navarre. . . 72
Ce que fit le duc de Mayenne après que le duc de Parme eut
repassé la Seine à Charenton. 73
Comment le sieur de Hacqueville se mit du party de l'union
et receut le duc de Mayenne à Pontaudemer. 74
Du siege de Quilebœuf. 74
Espernay pris par le duc de Parme et repris par le Roy. . . 80
Mort du mareschal de Biron. 80
Comment le prince d'Anhalt avec ses reistres s'en retourna en
Allemagne. 81
Ce qui se passa aux Pays-Bas au commencement de ceste année. 81
Factions des consistoriaux et des jacobites. 82
Steenvich assiegé et rendu au prince Maurice. 84
Pourquoy le duc de Parme fut à Spa. 90
Exploits de Montdragon contre ceux des Estats. 91
Otmarson rendu au prince Maurice, et Covoerden. . . . 92
Comment le sieur de Maugeron se mit du party de l'union et
livra Vienne au duc de Nemours. 96
Le fort des Eschelles rendu audit duc. 97
Mort de M. de La Valette, et des exploicts que fit en Provence depuis sa mort le sieur Desdiguieres. 98
Surprise d'Antibes, et comme il fut repris par le duc de Savoye. 99
Comment le sieur Desdiguieres passa les monts et alla faire la
guerre dans le pays de Piedmont. 104
Deffaicte des Savoyards à Vigon. 105
Places dont le duc de Savoye s'estoit emparé en Provence. . 106

DES MATIÈRES 483

Comment les François fortifierent Briqueras. . . . Page 107
Comment le sieur Desdiguieres fit passer son artillerie de là les monts. 109
Escarmouches et combats entre les François et Savoyards à Greziliane. 113
Comment Cavours se rendit au sieur Desdiguieres après qu'il eut deffaict le secours que le duc de Savoye y avoit envoyé pour entrer dedans. 116
Comment le duc d'Espernon alla en Provence et reprit Antibes. 118
Deffaitte des royaux à Lautrec par le duc de Joyeuse. . . . 120
Du siege qu'il mit devant Villemur, que le duc d'Espernon luy fit lever. 122
Autre deffaitte des royaux par ledit duc de Joyeuse, et comme il assiegea Villemur pour la seconde fois. 122
Comment les royaux attaquerent les retranchemens dudit duc de Joyeuse, et comme son armée fut deffaitte devant Villemur. Sa mort. 127
Le comte de Bouchage quitte l'habit de capucin, et est declaré gouverneur de Thoulouze 129
Division entre la maison de Joyeuse et le marquis de Villars. . 130
Deffaitte des royaux à Sainct Yriez La Perche. 130
Comment le mareschal de Bouillon deffit devant Beaumont le sieur d'Amblize, mareschal de Lorraine. 131
Comment ledit sieur mareschal surprint la ville de Dun sur le duc de Lorraine. 135
Comment l'entreprise qu'avoient les Espagnols sur Bayonne fut descouverte. 139
Le baron de Biron fait admiral de France. 140
Du fort de Gournay, appellé Pillebadaut. 140
Harangue que fit le duc de Mayenne en l'Hostel de Ville de Paris, sur la proposition que l'on avoit faict d'envoyer vers le Roy pour avoir le commerce libre. 141
Des politiques dans Paris, comme ils se recogneurent et se banderent contre les Seize. 143
Conference entre les politiques et les Seize. 147
Ecclesiastiques du party des Seize et de celuy des politiques. . 149
Paroles du prevost des marchands aux politiques et aux Seize. 149
Les Seize vouloient que l'on punist ceux qui appelloient seulement le roy, en parlant du roy de Navarre. 156
Discord entre les politiques et les Seize sur la forme du serment de l'union. 156
Requestes et demandes faictes et baillées au duc de Mayenne par les docteurs et predicateurs des Seize sous le nom de la Faculté de theologie en l'Université de Paris. 160

Des brigues et menées qui se faisoient dans Orleans par les politiques et ceux du Cordon. . . . . Page 166

Chasteau Neuf sur Loire rendu à M. de La Chastre. . . . 168
Politiques d'Orleans appellez francs bourgeois. 168
Courses de M. de La Chastre au Dunois. 169
Surprise d'Auneau par ceux de l'union. 170
Du voyage de M. le cardinal de Goudy à Rome. 170
De l'argent que le roy d'Espagne envoya pour faire la guerre en France et en Flandres. 172
Mort du duc de Parme à Arras, et de ce qui se passa aux Pays-Bas après sa mort. 173
Des bulles et mandemens publiez és villes du party de l'union pour l'eslection d'un roy, et de l'arrest que le parlement de Chalons fit contre. 177
Des mareschaux et admiral du party de l'union. 178
Surprinse de Fescamp par le sieur de Bois-rozé. 182
Siege de Rochefort levé par les royaux. 183
Surprise de Sablé par ceux de l'union. 183
Mort de l'evesque de Strasbourg 184
Jean George de Brandebourg esleu evesque de Strasbourg par les protestans, et le cardinal de Lorraine par les catholiques. . 184
Exploicts de l'armée du cardinal de Lorraine au diocese de Strasbourg. 186
Desfaicte de ceux de Strasbourg à Dippichen. 188
Le prince d'Anhalt, general de l'armée de ceux de Strasbourg, prend Moltzein. 189
D'un heraut imperial qui fit mettre les armes bas à ceux de Strasbourg et au cardinal de Lorraine. 191
Le professeur Gunderman abjure le calvinisme. 192
Comment les lutheriens chasserent les calvinistes de Saxe, et comme les calvinistes chasserent aussi les lutheriens du Palatinat. 192
Des erreurs de Fidilinus. 193
Sigismond, roy de Pologne, marié à la fille de l'archiduc Charles. 194
Des simultez d'entre le Roy et le chancellier de Polongne. . 195
Desfaicte des chrestiens en la Croatie par les Turcs. . . . 196
Fort de Petrine basty par les Turcs sur la riviere de Culpe. . 197
De la grande peste qui fut ceste année en Candie. 198
Comment l'empereur de Mogor se fit chrestien. 201

Livre cinquiesme. 202

Quel estoit l'estat de la France au commencement de l'an 1593. 202
Du conseil que dom Diego d'Ibarra donna au duc de Guise. 207
Declaration du duc de Mayenne sur l'assemblée d'estats de

DES MATIÈRES. 485

ceux du party de la ligue, qu'il convoqua à Paris. . . . Page 209
Exhortation du cardinal de Plaisance aux catholiques qui suivoient le party du Roy. 224
Proposition des princes, prelats et officiers de la couronne, du conseil du Roy, faicte au duc de Mayenne et autres princes de sa maison, prelats, sieurs et autres, assemblez à Paris. . . 231
Declaration du Roy pour responce à celle du duc de Mayenne. 235
Comment Madame vint de Bearn à Saumur pour veoir le Roy son frere. De l'entrée qu'elle fit à Bourdeaux. Du desordre qui advint à Bourdeaux pour la curiosité d'aucuns habitans qui allerent au presche en son logis. 249
Des anabaptistes. 252
Comment le Roy alla veoir Madame, sa sœur, à Saumur. . . 254
Entreprise sur Rennes descouverte, et les entrepreneurs punis. 255
Meun sur Loire pris par l'admiral de Biron. 255
Comment quelques theologiens du college de Sorbonne declarerent absurde et heretique la proposition des princes, prelats et officiers de la couronne, du conseil du Roy; et des difficultez que firent ceux de l'union en leur assemblée d'estats pour se resouldre s'ils y devoient respondre. 256
Responce du duc de Mayenne et des deputez du party de l'union assemblez à Paris, à la proposition des princes, prelats et seigneurs catholiques du party du Roy. 259
De la prise de Noyou par le comte de Mansfeldt. Mort d'Appius Contius devant Noyon. 264
Replique des princes catholiques royaux à la responce du duc de Mayenne. 265
Comment le duc de Feria arriva à Paris, et de la harangue qu'il fit à l'assemblée des estats de la ligue qui se tenoit dans la chambre royale du Louvre. 267
Lettre du roy d'Espagne presentée par le duc de Feria à ladicte assemblée. 272
Responce du cardinal de Pellevé à la harangue du duc de Feria. 274
Responce faicte par ceux de l'assemblée de Paris à la replique des princes du party du Roy. 283
Comment le village de Suresne prez Paris fut choisy pour tenir la conference entre les deputez du party du Roy et ceux de l'union assemblez à Paris. 284
Deputez du party de l'union pour se trouver à la conference à Suresne. 285
Premiere declaration, protestation et desadveu des Seize et de leurs predicateurs, contre l'accord de la conference à Suresne. 285
De ce que les Seize disoient de l'archevesque de Lyon. . . 293
Memoires des Seize pour proposer en l'assemblée de Paris

qu'ils appelloient estats. . . . . Page 293
Deputez du party du Roy pour se trouver à la conference de Suresne. 298
Du tiers-party qui se vouloit eslever en France, et de plusieurs discours sur la proposition de la conversion du Roy. . . 298
Comment les deputez du party du Roy et ceux de l'union arriverent à Suresne, et de leur premiere seance. 304
Seconde seance, et de ce que dit M. de Rambouillet sur ce qui s'estoit passé à Blois en la mort du duc de Guise. . . 306
Troisiesme seance, où fut accordé une surseance d'armes. . 308
Quatriesme seance. Harangue de l'archevesque de Bourges qui estoit du party du Roy, et la harangue de l'archevesque de Lyon qui estoit du party de l'union. Discours de l'archevesque de Bourges. Responce de l'archevesque de Lyon. Paroles du comte de Chavigny. Responce de l'archevesque de Bourges aux passages alleguez par l'archevesque de Lyon. 312
Cinquiesme seance. Responce de l'archevesque de Lyon aux passages alleguez par l'archevesque de Bourges. Replique de l'archevesque de Bourges. Dispute entre tous les deputez. . . . 343
Sixiesme seance. Description de l'assemblée de Paris. . . 356
Septiesme seance. L'archevesque de Bourges dit aux deputez de l'union la resolution du Roy touchant sa conversion; et la responce que fit l'archevesque de Lyon. 359
Lettres du Roy à aucuns prelats et docteurs ecclesiastiques pour le venir trouver à Mantes, et luy donner instruction sur le schisme qui estoit en l'Eglise. 366
Plaintes de ceux de la religion pretenduë reformée sur ce que le Roy vouloit entendre à sa conversion en l'Eglise catholique, apostolique et romaine. 368
Promesse des catholiques du party du Roy à ceux de la religion pretenduë reformée. 369
Advertissement au Roy de ne changer de religion. 370
Des divisions qui se firent au party de l'union après que l'archevesque de Lyon eut leu en leur assemblée à Paris la proposition faicte par l'archevesque de Bourges sur le faict de la conversion du Roy. 376
Seconde protestation des Seize contre la conference de Suresne. 377
Comment aucuns des Seize ayant gaigné un des religieux de Saincte Geneviefve, il leur bailla les lettres de son abbé, lesquelles il portoit à Sainct Denis. Comme ledit abbé fut mené devant le duc de Mayenne, et des propos qu'il luy tint. 378
Du serment faict par le duc de Mayenne et les autres princes et seigneurs du party de l'union, entre les mains du cardinal de Plaisance, comme legat du Pape. 383

Huictiesme seance de la conference entre les catholiques du party du Roy et ceux de l'union, tenuë à La Roquette. Autre response de l'archevesque de Lyon sur la proposition faicte par l'archevesque de Bourges sur le faict de la conversion du Roy. Page 384

Replique de l'archevesque de Bourges. Responce baillée par escrit par ceux de l'union sur le faict de ladicte conversion... 386

Neufiesme seance tenuë à La Villette, où les royaux baillerent à ceux de l'union ce qu'ils avoient redigé par escrit de tout ce qui s'estoit passé entr'eux depuis le commencement de la conference. 401

Mutinerie des Espagnols en l'armée du comte Charles de Mansfeldt. 409

Comment Geertruydemberghe fut assiegé par le prince Maurice, et de ce qui se passa en ce siege entre l'armée d'Espagne, conduitte par le comte Pierre Ernest de Mansfeldt, et celle du prince Maurice, et comme le prince prit ceste ville à composition... 411

Comment le Roy assiegea et prit de force la ville de Dreux; et la responce du duc de Mayenne à ceux qui l'accusoient de l'avoir laissé perdre. 418

Procession faicte dans Paris le 12 may, où les conseillers de la cour porterent la chasse de sainct Louys. 420

Comment les ambassadeurs d'Espagne demanderent la couronne de France pour l'infante d'Espagne et pour l'archiduc Ernest d'Austriche. 421

Lettre des deputez des princes et seigneurs du party du Roy aux deputez de l'union. 422

Arrest par lequel la cour de parlement de Paris declare nuls tous les traictez qui se feroient pour transferer la couronne de France en la main d'aucun prince ou princesse estrangere. Paroles entre le duc de Mayenne et le president Le Maistre sur cest arrest. 439

Protestation faite par le cardinal de Plaisance de sortir hors de Paris, si on parloit de paix ou de trefve. 445

Comment les agents d'Espagne monstrerent un pouvoir qu'ils avoient de nommer le duc de Guise et l'infante d'Espagne pour roy et royne de France. 447

Responce du duc de Mayenne à ce que le duc de Feria avoit escrit contre luy touchant ce qui s'estoit passé en l'assemblée de Paris sur l'eslection d'un roy. 448

Comment les Espagnols vouloient rendre les deux partys en France irreconciliables. 448

Des predicateurs des Seize qui commencerent à prescher contre le duc de Mayenne. 450

Comment le Roy alla à Sainct Denis, où les evesques et docteurs le resolurent des questions dont il doutoit. 454

Exhortation du cardinal de Plaisance à tous catholiques de n'assister à la conversion du Roy. . . . . Page 455

Des ceremonies qui se firent à la conversion du Roy dans l'eglise Sainct Denis. 456

Des impostures preschées et imprimées contre la conversion du Roy. 461

Comment les deputez du Roy et ceux du duc de Mayenne accorderent la trefve generale. 463

Des taxes et impositions que le Roy levoit de tout ce qui entroit dans Paris. 471

Comment le duc de Mayenne licentia plusieurs des deputez de l'assemblée de Paris, après qu'ils eurent renouvellé le serment de leur union, et assisté à la publication qu'il fit faire du concile de Trente. 471

Lettres que le Roy envoya au Pape par le sieur de La Clielle. 479

FIN DU QUARANTE-UNIÈME VOLUME.

www.ingramcontent.com/pod-product-compliance
Lightning Source LLC
Chambersburg PA
CBHW060238230426
43664CB00011B/1687